ROBERTA
SARA

Saras Para Sara

DEVOCIONAL

hagnos

Devocional saradas para sarar

1ª edição: outubro de 2025
1ª reimpressão: janeiro de 2026

Revisão: Amanda Graniso e Pedro Nolasco
Projeto gráfico e diagramação: Sonia Peticov
Capa: Julio Carvalho
Editor-chefe: Aldo Menezes
Editor-assistente: Fabiano Silveira Medeiros
Assistente editorial: Isaildes Oliveira
Coordenador de produção: Mauro Terrengui
Impressão e acabamento: Imprensa da Fé

Editora Hagnos Ltda.
Rua Geraldo Flausino Gomes, 42, conj. 41
CEP 04575-060 — São Paulo, SP
Tel.: (11) 5990-3308

E-mail: editorial@hagnos.com.br
Home page: www.hagnos.com.br

Editora associada à Associação Brasileira de Direitos Reprográficos (ABDR)

Dados Internacionais de Catalogação na Publicação (CIP)

Sara, Roberta

Devocional saradas para sarar : porções diárias de cura / Roberta Sara. – São Paulo : Hagnos, 2025.

ISBN 978-85-7742-691-1

1. Devoções diárias 2. Desenvolvimento pessoal I. Título

25-4257 CDD 242.2

Índices para catálogo sistemático:
1. Devoções diárias

Angélica Ilacqua – Bibliotecária - CRB-8/7057

Introdução

Então o anjo me mostrou o rio da água da vida que, claro como cristal, fluía do trono de Deus e do Cordeiro, no meio da rua principal da cidade. De cada lado do rio estava a árvore da vida, que frutifica doze vezes por ano, uma por mês. As folhas da árvore servem para a cura das nações. Já não haverá maldição nenhuma (Apocalipse 22:1-3).

Eu sou a videira; vocês são os ramos. Se alguém permanecer em mim e eu nele, esse dará muito fruto; pois sem mim vocês não podem fazer coisa alguma (João 15:5).

Jesus é a Árvore da vida que carrega em si folhas de cura. Quando permanecemos nele, somos curadas, nutridas e capacitadas a gerar frutos e folhas que transmitam a cura e o amor de Cristo aos outros.

O *Devocional Saradas para Sarar* nasceu com o propósito de guiá-la em uma jornada de cura e fortalecimento espiritual. Este não é um livro apenas de reflexões, mas um convite diário a uma caminhada de intimidade com o Pai celestial, onde você será convidada a refletir sobre sua vida, suas dores e sobre o amor restaurador de Deus.

Ao longo desta jornada de 365 dias, você encontrará versículos bíblicos que servirão como lâmpadas para os seus pés, reflexões que falarão ao seu coração, orações que abrirão o caminho para um diálogo sincero com Deus e alguns exercícios terapêuticos que ajudarão na cura emocional.

Que este devocional seja para você um bálsamo diário, um lembrete constante do cuidado de Deus e uma fonte de fortalecimento para enfrentar os desafios da vida com confiança e fé. Enquanto você trilha este caminho de restauração, vai perceber que Deus não a cura para que você apenas sinta alívio ou paz interior, mas para que, através da sua cura, você seja uma fonte de vida para outras pessoas.

Deixe este livro transformar seu coração diariamente e caminhe mais perto do seu Pai celestial, descobrindo cura, propósito e força para viver com plenitude.

Preciso compartilhar duas informações finais importantes. Primeira: este devocional não substitui sua leitura bíblica; ele serve como um incentivo para você iniciar seu tempo de devoção. Continue seguindo seu plano de leitura bíblica normalmente e utilize este material como um suporte adicional para o seu crescimento espiritual e emocional. Segunda: ele foi projetado para ser um companheiro flexível em sua jornada, com meditações numeradas de 1 a 365. Assim, você pode iniciá-lo em qualquer época do ano e avançar em seu próprio tempo. Simplesmente comece na primeira página e siga a ordem numérica, usando o espaço fornecido para datar cada leitura e personalizar sua experiência.

Minha oração e desejo ao finalizar este devocional reflexivo é que, a cada dia deste ano, você receba uma porção de fé, cura, paz e encorajamento. Que você se sinta abraçada, acolhida e amparada por seu Pai Celestial, através do amor revelado por seu Filho amado, Jesus Cristo!

Com carinho,

Roberta Sara

porções diárias de cura

1

___/___/___

Novos começos

Esqueçam o que se foi; não vivam no passado. Vejam, estou fazendo uma coisa nova! (Isaías 43:18-19a, NVI).

O futuro **pertence àqueles que acreditam na beleza de seus sonhos.**

O início de um novo ano traz consigo a oportunidade de recomeçar, de abrir portas para novas experiências e deixar para trás o que não nos serve mais. É como uma página em branco, pronta para ser preenchida com sonhos, metas e momentos de alegria. Que tal abraçar esse presente e permitir que Deus nos guie por caminhos de esperança e renovação?

Imagine o que pode acontecer quando entregamos nossos planos nas mãos daquele que nos ama incondicionalmente. Deus tem coisas incríveis preparadas para nós, e tudo o que precisamos fazer é confiar e dar o primeiro passo. Deixe a luz dele iluminar cada área da sua vida, trazendo clareza e propósito para cada decisão.

Neste ano, vamos nos permitir sonhar mais alto, amar mais profundamente e sorrir com mais frequência. Vamos cultivar a gratidão pelos pequenos e grandes momentos, reconhecendo a bondade de Deus em cada detalhe. Afinal, cada novo dia é uma chance de crescer, aprender e nos aproximarmos mais do nosso Criador.

Que possamos encarar os desafios com coragem e celebrar as conquistas com alegria. Lembre-se de que não estamos sozinhas nessa jornada; Deus caminha ao nosso lado, nos fortalecendo e enchendo nosso coração de paz. Com Ele, o impossível se torna possível, e os nossos sonhos ganham vida. Estaremos juntas em cada uma das 365 reflexões deste devocional e creio desde já que a sua primeira porção de cura já foi liberada!

Confie que os planos de Deus para sua vida são extraordinários, e cada novo dia traz consigo a chance de recomeçar com propósito. Que este seja o início de uma jornada marcada por alegria, crescimento e realizações que reflitam o cuidado de Deus!

Feliz nova VOCÊ!

Senhor, agradeço-te por este novo ano que se inicia. Entrego em tuas mãos os meus planos e sonhos, confiando que tu tens o melhor para mim. Guia-me pelos teus caminhos e renova em mim a esperança e a alegria. Amém.

2

__/__/__

Comece certo

As tuas mãos me fizeram e me formaram; dá-me entendimento para aprender os teus mandamentos (Salmos 119:73).

O início de um novo ano é a oportunidade perfeita para renovar nosso relacionamento com Deus. Talvez você sinta a necessidade de um novo nascimento espiritual, assim como Nicodemos perguntou a Jesus: "Como alguém pode nascer de novo?" (João 3:4). Jesus nos ensina que é preciso nascer do Espírito para vivermos uma transformação verdadeira.

Assim como um bebê precisa ser alimentado para crescer, nós também precisamos nos nutrir espiritualmente. Independentemente de quanto tempo estamos na fé, sempre há espaço para conhecer mais a Deus. Às vezes, é necessário abandonar conhecimentos prévios e nos aproximarmos da Bíblia com humildade, dispostas a aprender desde o início.

Aprendemos pela repetição. Quanto mais lemos a Palavra, mais natural se torna esse hábito. No início pode ser difícil, mas o Espírito Santo nos ajuda a entender e ilumina nosso caminho.

Se você já se sentiu incapaz de compreender as Escrituras, não desanime. Persevere e peça ao Espírito Santo sabedoria. Com o tempo, sua compreensão aumentará e sua vida será transformada pela Palavra de Deus.

Aproveite este começo de ano para criar o hábito de ler a Bíblia diariamente, mesmo que por 15 minutos. A leitura da Palavra alimenta nossa alma e nos aproxima de Deus. Comprometa-se e veja como isso influenciará positivamente sua maneira de pensar e agir.

Imagine que, por algum motivo, a Bíblia foi extinta e está sendo reescrita utilizando a **memória** e o **conhecimento** de cada filho de Deus. Quanto você poderia **contribuir** com essa escrita **com base na prática da sua leitura diária**?

Espírito Santo, dá-me sabedoria para entender tua Palavra e entendimento para aprender e crescer em conhecimento.

3

___/___/___

Mudança de mentalidade

Não imitem o comportamento e os costumes deste mundo, mas deixem que Deus os transforme pela renovação da sua mente, para que possam experimentar a boa, agradável e perfeita vontade de Deus (Romanos 12:2).

Precisamos **atualizar nossa forma de pensar**, assim como um celular atualiza seu sistema operacional.

Não pense que será fácil. Como diz uma amiga minha: de Fácil na vida, só vem o "F". Existe uma batalha constante em nossa mente. Muitas de nossas atitudes são automáticas, baseadas em padrões de pensamento construídos ao longo dos anos por experiências pessoais, relacionamentos e estímulos diversos. Pensamentos geram sentimentos, que levam a comportamentos.

Se você deseja uma mudança de vida e quer viver um ano realmente novo, com novos hábitos, precisa começar mudando sua mentalidade, pois ela influencia significativamente seu comportamento. Toda mudança exige esforço porque nosso cérebro prefere a zona de conforto. É natural resistirmos ao novo, mas é necessário para crescermos.

A melhor maneira de transformar a mente é conectando-a ao Espírito de Deus, enchendo-se da sua Palavra e selecionando cuidadosamente os estímulos que recebemos. Tudo o que consumimos influencia nossa maneira de pensar, sentir e agir. A Bíblia diz que "a boca fala do que está cheio o coração" (Mateus 12:34). Se nosso coração estiver cheio da Palavra de Deus, nossas palavras e ações refletirão isso.

O coração representa a alma. Redes sociais, entretenimento, conversas, livros — tudo entra em nossa mente, muitas vezes de forma inconsciente, influenciando-nos pela cultura e padrões que repetimos em nossa vida. Por isso, é importante alimentar nossa mente com o que edifica e nos aproxima de Deus.

Assim como velhos hábitos foram formados por repetições, serão necessárias muitas repetições para inserir novos hábitos. Repita intencionalmente seu tempo devocional com Deus diariamente, preferencialmente no mesmo horário. Assim, seu cérebro registrará essa ação como um novo hábito mais rapidamente.

Senhor, ajuda-me a desconstruir velhos hábitos e inserir práticas saudáveis, como a leitura da tua Palavra. Guia-me a escolher estímulos que gerem pensamentos e ações mais saudáveis.

4

___/___/___

Escolha seus pensamentos

Concentrem-se em tudo que é verdadeiro, tudo que é nobre, tudo que é correto, tudo que é puro, tudo que é amável e tudo que é admirável. Pensem no que é excelente e digno de louvor (Filipenses 4:8).

Você já parou para pensar no poder que seus pensamentos têm sobre a sua vida? Que tal imaginar sua mente como uma prateleira cheia de opções, onde você pode escolher quais pensamentos vai levar consigo? J.B. Carvalho, em seu livro Metanoia, nos convida a "escolher nossos pensamentos como quem escolhe produtos numa prateleira". Muitas vezes, não nos damos conta do que estamos pensando e acabamos acolhendo todo tipo de pensamento que surge em nossa mente.

Martinho Lutero disse: "Não podemos impedir que os pássaros voem sobre nossas cabeças, mas podemos impedir que façam ninho nelas". Não podemos evitar que pensamentos ruins apareçam, mas podemos decidir se vamos alimentá-los ou descartá-los. Deus nos deu esse poder de escolha.

Grande parte de nossos pensamentos opera no piloto automático. Por isso, é essencial avaliar a natureza e a origem daqueles que nos deixam tristes, irritadas ou ansiosas. Precisamos exercitar continuamente o controle sobre nossa mente, escolhendo focar no que é bom e edificante. Isso exige prática e atenção, mas os resultados valem a pena.

O Dr. Augusto Cury, renomado psiquiatra cristão, nos ensina a duvidar, criticar e questionar nossos pensamentos. Essa é uma ferramenta poderosa para impedir que ideias negativas criem raízes em nossa mente. Ao praticar isso, evitamos que "os pássaros façam ninho" em nossos pensamentos.

Assim como selecionamos cuidadosamente o que consumimos fisicamente, devemos ser intencionais com o que alimenta nossa mente. Ao encher nossos pensamentos com a Palavra de Deus e coisas positivas, fortalecemos nossa mente contra ataques e permanecemos firmes na fé. Lembre-se de que a renovação da mente é um processo contínuo e diário, que requer dedicação e perseverança.

Alimente sua mente com **pensamentos positivos** e veja a **vida florescer** ao seu redor.

Pai amado, agradeço por me dares a capacidade de escolher meus pensamentos. Ajuda-me a focar no que é bom e verdadeiro, enchendo minha mente com a tua paz e alegria. Que meus pensamentos reflitam o teu amor em tudo que eu fizer.

5

__/__/__

Pense alto

Pensem nas coisas do alto, e não nas coisas da terra (Colossenses 3:2).

Você **colhe resultados do que faz**, e não apenas do que planeja fazer.

Você já parou para refletir sobre o que tem ocupado seus pensamentos? Nossos pensamentos influenciam nossos sentimentos, atitudes e a forma como interpretamos as situações ao nosso redor. Que tal direcionar nossa mente para as coisas do alto, enchendo-a com a esperança, a alegria e a paz que vêm de Deus?

Há dias em que parece que uma nuvem paira sobre nós, trazendo preocupações e ansiedades. Mas podemos escolher focar nos pensamentos que edificam. Quando nossa mente tende a se preocupar com as impossibilidades, podemos nos lembrar do poder infinito do nosso Deus Altíssimo, que torna o impossível possível.

A melhor maneira de pensar nas coisas do alto é criando um "arquivo" em nossa mente, alimentado diariamente pela Palavra de Deus. Se você ainda não tem o hábito de ler a Bíblia diariamente, que tal começar agora? Os evangelhos do Novo Testamento são um ótimo ponto de partida para conhecer mais sobre Jesus e seu amor por nós.

Para tornar esse momento ainda mais especial, tenha um caderninho para anotar *insights* e versículos que tocam seu coração. Não se preocupe com a quantidade, mas com a qualidade do tempo que você passa com Deus. Mesmo que seja um versículo por dia, permita que ele fale profundamente ao seu coração.

Outra dica é ler um capítulo de Provérbios por dia, correspondendo ao dia do mês. Esse livro está repleto de sabedoria para nossas vidas. E antes de cada leitura, lembre-se de orar, pedindo ao Espírito Santo que lhe conceda entendimento e revele o que Deus quer falar ao seu coração.

Espírito Santo de Deus, ajuda-me a ser intencional na minha leitura bíblica diária. Abre meu entendimento para compreender o que tu queres ministrar ao meu coração. Enche minha mente com pensamentos do alto e renova-me a cada dia.

Cuide do que você vê

6

_/_/_

Seus olhos são como uma lâmpada que ilumina todo o corpo. Se seus olhos forem bons, todo o seu corpo será cheio de luz (Lucas 11:34).

Você já percebeu como o que vemos influencia nossa vida? A frase "os olhos são a janela da alma" nos lembra disso. A psicologia diz que grande parte dos estímulos que recebemos entra pela visão e audição. Tudo o que contemplamos ajuda a formar nossos conceitos, desejos e ideias.

Suas **escolhas** definem seu **destino.**

Neste início de ano, que tal prestarmos mais atenção ao que vemos e ouvimos? Se queremos um ano diferente, precisamos escolher estímulos que nos edificam e inspiram. Jesus nos ensina que quando nossos olhos são bons, todo o nosso ser se enche de luz.

Pense nas coisas maravilhosas que você pode contemplar: a beleza da natureza, um sorriso sincero, palavras de encorajamento, músicas que elevam a alma. Ao escolhermos focar no positivo, alimentamos nosso espírito com alegria e esperança. Vamos refletir: o que temos assistido e ouvido nos aproxima de Deus e nos faz bem?

Hoje temos à disposição uma infinidade de conteúdos ao alcance das mãos. Podemos optar por filmes inspiradores, mensagens edificantes, livros que nos fazem crescer. Em um mundo onde ser influenciador se tornou comum, podemos escolher ser influenciadas por aqueles que refletem os princípios de Cristo.

Que tal fazermos uma seleção consciente do que entra pelos nossos olhos e ouvidos? Assim, encheremos nosso coração de luz e nossa vida refletirá essa luminosidade. Vamos juntas cultivar um ambiente positivo ao nosso redor, impactando não só a nós mesmas, mas também as pessoas que amamos.

Senhor, agradeço a oportunidade de escolher o que vejo e ouço. Dá-me discernimento para buscar conteúdos que edifiquem e me aproximem de ti. Ajuda-me a encher minha mente com o que é bom e agradável aos teus olhos.

7

/ /

A importância do descanso

Então, no sétimo dia, Deus já havia concluído a obra que realizara, e nesse dia descansou (Gênesis 2:2).

Descanse em Deus e permita que Ele **renove suas forças** para o caminho à frente.

Em meio à agitação do nosso cotidiano, com tantas tarefas e metas, é fácil esquecer o valor do descanso. Vivemos em uma era em que estar sempre ocupada parece ser a norma, mas Deus nos mostra, desde a criação, a importância de pausar e renovar nossas forças. Que tal seguirmos esse exemplo e permitirmos momentos de tranquilidade em nossas vidas?

Descansar não é apenas dormir ou ficar sem fazer nada; é cuidar de nós mesmas em todas as áreas. Existem diversos tipos de descanso que podem trazer alegria e renovação[1]: físico (relaxar o corpo), mental (acalmar a mente), sensorial (desconectar de estímulos digitais), criativo (inspirar-se na natureza), emocional (expressar sentimentos através da oração ou escrita), social (compartilhar momentos com pessoas queridas ou consigo mesma) e espiritual (aprofundar a conexão com Deus).

Escolha o descanso que mais a revitaliza. Ler um bom livro, caminhar ao ar livre, ouvir músicas que nos inspirem ou simplesmente apreciar a beleza ao nosso redor são maneiras simples e eficazes de recarregar as energias. Pequenas pausas podem fazer uma grande diferença no nosso bem-estar e na forma como enfrentamos os desafios.

Lembre-se de que descansar também é um ato de confiança em Deus. Quando entregamos a Ele nossas preocupações e permitimos que cuide de nós, encontramos paz e renovação. Assim como Deus descansou no sétimo dia, podemos nos permitir esse tempo para nos revigorar e nos preparar para as bênçãos que Ele tem reservado.

Senhor, agradeço a dádiva do descanso. Ajuda-me a identificar as áreas em que preciso pausar e renovar minhas forças. Que eu possa confiar em ti e encontrar paz na tua presença.

Desenvolva a escrita

Agora vá e escreva estas palavras; registre-as num livro (Isaías 30:8a).

O diário de reflexão, ou caderno do autoconhecimento, nos ajuda a identificar comportamentos que precisam ser revistos, mudados ou eliminados, além de reconhecer nossos pontos fortes e áreas em que já rompemos. Para fazer o seu, sugiro usar um caderno de 10 matérias, destinando 2 matérias para cada área: Áreas a Romper, Áreas Rompidas, Orações, Devocional e Gratidão.

Na seção *Áreas a Romper*, escreva sobre sentimentos e comportamentos que a fazem se sentir fraca diante de situações ou desafios. Anote quando e diante de quem se sente fragilizada, coisas que gostaria de mudar em si mesma, coisas que não gosta ou até "não suporta" em você. Após escrever, ore para que Deus a ajude a superar essas áreas. Já na parte de *Áreas Rompidas*, registre sempre que sentir que passou de fase, superou um desafio ou rompeu em alguma área anotada anteriormente. Isso a encorajará ao ver seu próprio progresso.

O *Diário de Oração* pode incluir pedidos por você e por outras pessoas. É gratificante ver, após algum tempo, como nossas orações foram respondidas ou perceber o quanto evoluímos e amadurecemos, entendendo que se Deus não deu ou não abriu a porta, é porque esse não era o caminho. Na seção do *Devocional*, anote tudo o que sentir que Deus falou ao seu coração, seja por meio da Bíblia, mensagens, canções, livros, pessoas ou situações.

Por fim, a parte da *Gratidão* serve para você anotar tudo pelo que se sente grata diariamente (ou semanalmente, se o tempo for corrido). Rever essas anotações fortalecem nossa fé e nos lembra da bondade de Deus em nossas vidas.

Quem não tem costume de **refletir** e **ajustar** ações, não alcança nenhuma **mudança de vida**.

Jesus, creio que este recurso me auxiliará a ser mais parecida contigo, pois me ajudará a trabalhar minhas emoções de maneira mais organizada. Peço que teu Espírito Santo me ajuda a ser disciplinada em minha escrita e que me leve a revê-lo sempre que o Senhor quiser falar ao meu coração.

9

__/__/__

Receita da felicidade

Como são felizes os que obedecem aos seus estatutos e de todo o coração o buscam! (Salmos 119:2).

A **presença de Deus** em nossa vida é a base segura para a **verdadeira felicidade.**

Muitas pessoas procuram a felicidade em coisas materiais, relacionamentos, conquistas ou status. Mas a verdadeira felicidade não está nas coisas externas, e sim dentro de nós. Ela não é um destino a ser alcançado, mas uma jornada de obediência e busca sincera por Deus ao longo da vida.

Quanto mais perseguimos essas coisas como fonte de alegria, mais nos distanciamos da felicidade que vem do Senhor. Não estou dizendo que não possamos desfrutar dessas bênçãos, mas não devemos atrelar nossa felicidade a elas. Se colocarmos algo além da presença de Deus como centro da nossa alegria, corremos o risco de idolatrar nossos próprios desejos.

O versículo de hoje nos oferece uma receita simples para a felicidade: obedecer aos estatutos de Deus e buscá-lo de todo o coração. Isso significa dedicar tempo para conhecê-lo melhor, ler sua Palavra, orar e aplicar seus ensinamentos em nossa vida diária. Quando fazemos isso, experimentamos uma alegria profunda e duradoura que não depende das circunstâncias.

Para praticar essa receita, é importante estabelecer momentos diários de comunhão com Deus. Passe tempo em oração, medite nas Escrituras, louve e adore ao Senhor. Ao alinhar nossos pensamentos e ações com a vontade dele, encontramos propósito e satisfação genuína. A felicidade torna-se então um estado contínuo, resultado de um relacionamento profundo com o nosso Criador.

Que possamos fazer da presença de Deus a base da nossa felicidade, confiando que Ele nos guia e supre todas as nossas necessidades. Assim, experimentaremos a verdadeira alegria que só Ele pode proporcionar.

Senhor, ajuda-me a trilhar o caminho da verdadeira felicidade, obedecendo aos teus estatutos e buscando-te de todo o coração. Dá-me ânimo para dedicar tempo a ti e praticar o que ensinas. Que minha alegria esteja em ti, e não nas coisas passageiras deste mundo. Amém.

Caminho da felicidade

10

__/__/__

Como é feliz aquele que teme o Senhor, que anda em seus caminhos! (Salmos 128:1).

Por muitos anos, acreditei que a felicidade estava no futuro: "Ah! quando eu tiver tal coisa, quando me casar, tiver filhos, me formar, conquistar minha casa ou carro, abrir um negócio, realizar meu sonho..."

Também pensei que a felicidade estava no passado: "Quando trabalhava em tal lugar, morava em tal cidade, tinha mais recursos financeiros, podia comprar tal coisa, quando era solteira..."

Mas Deus me ensinou que a verdadeira felicidade está nas coisas simples da vida: no abraço apertado de alguém que você ama, no "eu te amo" dito com sinceridade, no leite com chocolate ou café quentinho, no doce trazido com carinho, no copo de água refrescante em dias de calor, no banho relaxante depois de um longo dia, no pijama confortável e na sua cama e travesseiro que a abraçam de um jeito especial. Está no sorriso sincero, na gargalhada espontânea, no olhar amoroso, no perdão dado ou recebido, no gesto de carinho, nas conversas longas com amigos e nos encontros familiares.

A felicidade também está em ajudar pessoas, em ver a resposta de uma oração que só Deus sabia, na ação de amor-próprio, na busca por mais de Deus e na gratidão genuína pelas pequenas coisas. Está na contemplação da natureza — árvores, flores, o mar, o céu, os pássaros. Também está no suspiro profundo em dias cansativos e no sussurro suave de Deus em momentos de desânimo, quando Ele renova nossa esperança e nos fortalece.

Que possamos valorizar essas pequenas coisas que fazem toda a diferença e reconhecer a presença de Deus em cada detalhe da nossa vida. Ao caminharmos em Seus caminhos e seguirmos Seus ensinamentos, encontraremos a felicidade verdadeira que tanto buscamos.

As melhores coisas da vida não são **coisas**. São **pessoas**, **lembranças** e **momentos**!

Perdoa-me, Pai, por ter buscado a felicidade em outros lugares e pessoas, e não na tua presença e em teus caminhos. Perdoa-me por ser insatisfeita e ingrata, por não ver quantas coisas boas ocorrem na simplicidade do cotidiano da minha vida. Ajuda-me a ser feliz com as pequenas coisas da vida.

11

__/__/__

Seja feliz

Você desfrutará o fruto de seu trabalho; será feliz e próspero (Salmos 128:2).

Muitas vezes, permitimos que o medo de ser feliz tome conta de nossos pensamentos, como se a felicidade fosse algo que não merecemos ou que poderia desaparecer a qualquer momento. Talvez você tenha enfrentado dificuldades, provações ou momentos de tristeza, e por isso sinta que a alegria é sempre passageira. No entanto, Deus nos chama para viver em plenitude e nos convida a desfrutar da felicidade que Ele nos oferece todos os dias, independentemente das circunstâncias.

Não precisamos temer a felicidade. Comentários como "Tá podendo, hein?" ou "Nunca tive essa chance" podem nos fazer sentir culpados por nossas conquistas, mas é importante lembrar que ninguém conhece as batalhas que travamos para chegar até aqui. Cada pessoa enfrenta suas próprias lutas e desafios e as bênçãos que recebemos são fruto do nosso esforço e, acima de tudo, da graça de Deus em nossas vidas.

Deus deseja que celebremos os frutos do nosso trabalho com gratidão e alegria. Ele nos abençoa com momentos de paz, felicidade e prosperidade. Não há razão para se sentir culpada por estar vivendo uma estação de colheita e vitória.

Jesus nos prometeu uma vida abundante, cheia de momentos de celebração e gratidão. Quando deixamos que a culpa ou o medo roubem nossa alegria, estamos negando o presente que Deus nos deu. É hora de abraçar esses momentos com gratidão, sem nos compararmos aos outros ou nos sentirmos inferiores.

A vida tem altos e baixos e se hoje você está colhendo os frutos de seu trabalho e dedicação, celebre! Deus preparou esse tempo para você. Você merece viver essa alegria sem culpa, desfrutando plenamente de cada bênção que Ele derramou sobre sua vida.

Se lutássemos para nos manter felizes na **mesma intensidade** que lutamos para permanecer infelizes, seríamos, de fato, **mais felizes**.

Pai, agradeço-te por todas as bênçãos que me tens concedido. Peço-te que retires todo medo ou culpa do meu coração por estar prosperando. Reconheço que isso vem de ti, e sou grata por tudo.

Seja intencional

Ouçam, meus filhos, a instrução de um pai; estejam atentos, e obterão discernimento (Provérbios 4:1,2).

Quantas vezes sentimos falta de acessar redes sociais, saborear algo gostoso ou fazer uma viagem? Agora, pare e pense: quando foi a última vez que você realmente sentiu falta de passar um tempo com Deus e ler sua Palavra? Muitas vezes, nos deixamos levar por distrações momentâneas, mas é importante lembrar que o nosso tempo com Deus deve ser intencional e mais valioso do que qualquer outra coisa.

Se você **começar hoje, amanhã terá dado um passo** que seja.

Nosso cérebro tende a buscar atividades que trazem recompensas rápidas, como as redes sociais. Elas oferecem prazer imediato, mas não nos preenchem de forma duradoura. Quando nos dedicamos à Palavra de Deus, encontramos algo muito mais profundo e significativo. A Bíblia nos guia, consola, ensina e transforma. Ao estudá-la com sinceridade, encontramos respostas e direções que superam as distrações do cotidiano.

Por isso, aproveite este início de ano para criar o hábito de ler a Bíblia. Dedicar apenas 15 minutos por dia à leitura da Palavra de Deus pode trazer grandes mudanças em sua vida. Antes de começar, faça uma oração pedindo discernimento ao Espírito Santo e, enquanto lê, anote em um diário o que Deus está falando ao seu coração. Essas pequenas ações podem abrir caminho para transformações maiores.

Além disso, lembre-se de que não basta apenas ler a Bíblia; é fundamental colocar o que aprendemos em prática. A ação é o complemento essencial da sabedoria. Quanto mais aplicamos os ensinamentos da Palavra, mais crescemos espiritualmente e nos aproximamos de Deus.

Se você adotar esse plano ao longo do ano, verá uma transformação notável. Você terminará o ano muito mais sábia, fortalecida e com uma fé renovada.

Espírito Santo, ajuda-me a compreender e aplicar a tua Palavra em minha vida.

13

__/__/__

O poder da oração

De manhã ouves, Senhor, o meu clamor; de manhã te apresento a minha oração e aguardo com esperança (Salmos 5:3).

A **oração** deve sempre ser o nosso **primeiro recurso**, e não o último!

A oração tem o poder de iluminar nossa mente, trazer paz ao coração, desfazer dúvidas e fortalecer nossa fé. Quando nos dirigimos a Deus em oração, estamos declarando que dependemos dele e confiamos em sua sabedoria para nos guiar. Não importa o quão grande seja o desafio, podemos sempre orar antes de tomar qualquer atitude, sabendo que Ele nos escuta.

Muitas vezes, deixamos a oração como última opção. Quando tudo parece falhar, então dizemos: "Agora só me resta orar". Mas, na verdade, a oração deveria ser nossa primeira escolha, pois é através dela que encontramos direção e forças para enfrentar qualquer situação. Deus nos convida a buscá-lo de forma constante, sabendo que Ele é a solução antes mesmo de tentarmos por nós mesmas.

Aprendi, ao longo da minha jornada de vida, que tudo começa e termina com a oração. Começa porque é através dela que tocamos o coração de Deus, e termina porque Ele responde com o melhor, no tempo perfeito. Quando colocamos nossas necessidades nas mãos do Senhor, entregamos nossas limitações e confiamos no seu poder para fazer o que nós não podemos.

A prática diária da oração nos aproxima de Deus e nos torna mais sensíveis às suas orientações. É nesse diálogo com o Pai que encontramos a paz e a certeza de que Ele está no controle de tudo. O salmista nos ensina a clamar a Deus e a esperar com esperança, sabendo que Ele está agindo por nós.

Lembre-se: a oração é a chave que abre as portas das bênçãos de Deus. Clame com fé e espere com confiança!

Senhor, perdoa-me por todas as vezes que deixei a oração como último recurso. Ajuda-me a lembrar que dependo de ti em tudo, e que tu és a solução para qualquer desafio que eu enfrentar.

Cansada de esperar

A esperança adiada faz o coração ficar doente, mas o desejo realizado enche o coração de vida (Provérbios 13:12, NTLH)

Esperar por algo que desejamos profundamente pode ser uma jornada desgastante. Talvez você esteja aguardando por uma mudança, uma resposta ou uma realização que parece nunca chegar. A verdade é que quando a espera se prolonga, ela pode nos deixar desanimadas, afetando tanto nosso coração quanto nossa disposição. Mas a boa notícia é que, em meio à espera, Deus é nossa fonte de esperança e renovação.

A **fé** deve andar de mãos dadas com a **esperança** e a **perseverança**.

A espera pode muitas vezes parecer solitária e, em alguns casos, até injusta. Sentimos como se estivéssemos lutando contra um muro invisível, sem entender por que as coisas não acontecem como esperávamos. No entanto, é importante lembrar que mesmo que não entendamos o "porquê", Deus está no controle. Ele usa esses momentos para nos fortalecer e nos ensinar a confiar plenamente em seus planos.

Talvez você se sinta cansada, sem forças para continuar. Nesse momento, a chave é buscar o Senhor de todo o coração. A oração, o descanso e a meditação na Palavra de Deus são fontes de renovação para a alma cansada. Deus promete que, no tempo certo, Ele trará a resposta e cumprirá os desejos do nosso coração. Enquanto isso, é fundamental cuidar de si mesma, tanto física quanto emocionalmente, e manter viva a esperança.

Lembre-se de que a espera não dura para sempre. A vitória e a realização virão, e todo o desgaste da espera será recompensado. O segredo é perseverar, manter a fé viva e confiar que Deus está trabalhando em seu favor, mesmo quando você não consegue ver.

Senhor, estou cansada de esperar, mas confio em ti. Renova minhas forças, minha fé e minha esperança. Que eu nunca desista, e que o teu tempo se cumpra na minha vida.

15

__/__/__

Mal começou, e...

Aqui no mundo vocês terão aflições, mas animem-se, pois eu venci o mundo (João 16:33).

Uma **tempestade** não tem o poder de afundar um barco. O que afunda é a **quantidade de água** que entra nele.

Às vezes o ano mal começa e já somos surpreendidas por desafios. Talvez você tenha recebido uma notícia preocupante, enfrentado uma perda, ou algo inesperado tenha abalado sua rotina, como um problema financeiro ou de saúde. Situações como essas podem nos deixar sem chão, e é fácil nos sentirmos desanimadas logo no início do ano, quando esperávamos recomeçar com novas energias.

Essas surpresas negativas têm o poder de abalar profundamente nossas emoções. Lembro de anos em que logo nas primeiras semanas de janeiro, minha família e eu enfrentamos grandes dificuldades. Parecia que os problemas vinham todos de uma vez, sem aviso, como se quisessem nos derrubar completamente. Foi um tempo de luta constante, onde as preocupações diárias e as notícias ruins se acumulavam. Nessas horas, a única saída era buscar forças no Senhor.

A verdade é que, embora as aflições façam parte da vida, não precisamos enfrentá-las sozinhas. Em momentos assim, aprendi a viver um dia de cada vez, me "apossando" de um lema poderoso amplamente utilizado em grupos de apoio e programas de recuperação, como o Alcoólicos Anônimos (AA): "Só por hoje!". Esse princípio de focar no presente e confiar em Deus para superar cada dia foi o que me sustentou. Não havia respostas fáceis ou rápidas, mas havia a certeza de que Ele estava ao meu lado, me fortalecendo e dando ânimo para continuar.

Se você também está enfrentando dificuldades, lembre-se de que o mais importante é como lidamos com elas. A forma como reagimos aos problemas define a direção da nossa caminhada. Deus nos dá a força para enfrentar qualquer tempestade, e podemos confiar que, com Ele, venceremos.

Senhor, estou enfrentando dias difíceis, mas escolho confiar em ti. Fortalece-me para que eu encontre ânimo em tua Palavra e tua força.

Não perca a esperança

Tu és o meu refúgio e a minha fortaleza, o meu Deus, em quem confio (Salmos 91:2).

Por natureza, temos muita dificuldade em esperar, e parece que Deus gosta de nos moldar através dessa espera. Se Ele age assim, é porque sabe que ela nos ajuda a amadurecer e a alinhar nossos desejos com o propósito certo. Muitas vezes, a espera revela o que é empolgação passageira e o que realmente faz parte dos nossos verdadeiros anseios. Já aconteceu de você querer muito algo e, depois de um tempo, perceber que o melhor foi aquilo não ter se realizado? Se Deus atendesse a todas as nossas orações quando pedimos, nossa vida seria um caos de desejos conflitantes!

Pare de querer respostas para tudo. **Simplesmente confie em Deus**!

Essa espera tem o poder de separar o que é passageiro do que é duradouro. O que Deus planejou para nós permanecerá em nosso coração, e se cumprirá no tempo certo.

A grande lição que aprendi é que Deus não nos deve nada. Ele já fez tudo por nós quando nos deu a salvação em Cristo. Aprendi a amá-lo e confiar nele, mesmo quando suas mãos parecem "vazias". Aceitar o "não" de Deus sem explicações pode ser difícil, mas é transformador. Já passei por situações que pareciam não ter saída, mas Deus sempre mostrou que nada foge do Seu controle.

Se você está passando por uma fase difícil de espera, não perca a esperança. Continue buscando a presença de Deus, pois é ela que a sustentará. Mesmo que tudo pareça sem solução, confie: seu deserto vai passar. Assim como o meu passou, o seu também passará.

Senhor, sei que não entendo tudo o que está acontecendo agora, mas confio em ti. Renova minha fé e me sustenta, pois sei que esse deserto vai passar.

17

__/__/__

É só esperar acontecer

Por que você está tão abatida, ó minha alma? Por que está tão triste? Espere em Deus! Ainda voltarei a louvá-lo, meu Salvador e meu Deus! (Salmos 42:11).

Faça o que você puder e **confie** que Deus fará **o que você não pode.**

Uma canção que sempre me traz consolo e esperança é *Plano melhor*, do grupo Renascer Praise. Em um trecho, ela diz: "É só esperar acontecer, é só continuar e não deixar que as lágrimas embacem o olhar, e não deixar que a tristeza tire a força do caminhar...". Esse cântico já me sustentou em muitos momentos de dor e desânimo. Quando enfrentamos os "invernos" da alma, ansiamos pelo apoio de um amigo, familiar ou líder espiritual. Mas a verdade é que, por mais que nos amem, há momentos em que ninguém pode resolver o que estamos passando.

Há dias em que estamos desanimadas, tristes e angustiadas, sentindo-nos sozinhas e preocupadas. E, por experiência própria, posso afirmar: *ninguém* pode resolver seu problema, a não ser *Jesus*. Ele não apenas carrega nossos fardos, mas também nos guia, consola e fortalece para seguir em frente. Mesmo quando a solução não parece próxima, o Senhor renova nossas forças, encoraja nosso coração e, às vezes, usa alguém para nos enviar uma mensagem de ânimo, uma oração ou até uma canção.

A chave está em depender completamente de Deus, sem esperar que a solução venha de outra pessoa. Nos dias difíceis, ouça louvores, cante e escreva suas dores, assim como Davi fazia em seus salmos. Sempre que estou abatida, encontro consolo na música e na escrita. Muitas vezes, Deus transforma essas experiências pessoais em bênçãos que podem abençoar outras vidas.

Confie que Deus está trabalhando, mesmo quando você não vê. Ele é fiel para transformar cada lágrima em aprendizado, cada luta em vitória e cada espera em amadurecimento espiritual. No tempo certo, tudo se encaixará conforme o plano de Deus.

Senhor, confesso que estou desanimada e angustiada, sentindo o peso do silêncio. Ajuda-me a confiar plenamente em ti e a renovar minhas forças em tua presença. Que minha esperança seja fortalecida e que eu não perca a fé, mesmo diante das dificuldades.

Nunca se esqueça

Se você parar de ouvir a instrução, meu filho, irá afastar-se das palavras que dão conhecimento (Provérbios 19:27).

Nosso cérebro tem a tendência de esquecer coisas que não ouve ou pratica com frequência. Precisamos, a todo tempo, reforçar os aprendizados. Por isso, meu conselho hoje para você é:

Não deixe de ler a Palavra de Deus e de buscar seu próprio alimento. Se você negligenciar a leitura da Palavra de Deus, pensará e agirá como o mundo age. Diariamente, somos bombardeadas com informações e estímulos de todos os lados. Se não tivermos a Palavra de Deus como um modelo padrão e exemplo para seguirmos, facilmente nos perderemos em meio às paixões terrenas.

Não deixe de ir à igreja e ouvir ensinamentos e instruções de pessoas escolhidas e preparadas por Deus para estarem ali.

Não deixe de falar e se relacionar com Deus – isso alimenta sua mente nessa conexão.

Não deixe de ouvir canções que sustentem e fortaleçam sua FÉ. As canções sempre dão uma energia extra.

Não deixe de ser grata todos os dias pela vida, saúde, família, salvação, alimento, provisão, proteção, amor, graça e misericórdia.

Não deixe de ouvir ou assistir a mensagens no YouTube durante a semana – ouça enquanto faz as tarefas de casa.

Não deixe de ler livros que abram sua mente e melhorem você enquanto pessoa em todas as áreas da sua vida: pessoal, emocional, espiritual, conjugal, familiar e profissional.

Não deixe de jejuar sempre que sentir que precisa afinar melhor seus ouvidos à voz do Senhor.

Desenvolva tempo de solitude e quietude na presença de Deus, refletindo sobre sua vida, ações, decisões, comportamentos, sentimentos.

Essas ações são o que eu chamo de *kit cura*, e elas mantêm sua mente conectada com Deus.

Nunca se esqueça do que **SEMPRE** deve ser lembrado e sempre se **LEMBRE** do que **NUNCA** deve ser esquecido.

Pai, amo ouvir tuas instruções e reconheço a importância de estar sempre conectada à fonte, que é Jesus. Espírito Santo, ajuda-me a lembrar das ações que devo manter para nunca esquecer tuas palavras.

19

__/__/__

Guarde energia

Marche uma vez ao redor da cidade [...] no sétimo dia, marchem sete vezes [...] e o muro da cidade cairá (Josué 6:3-5).

Se Deus **não autoriza** você a fazer algo, **não faça**!

Você provavelmente conhece a história da queda das muralhas de Jericó. Esses versículos chamaram minha atenção para o processo que Deus utilizou para conduzir seu povo à vitória. Eles não gastaram toda a energia nos primeiros dias; ao contrário, o maior esforço foi necessário no último dia, quando marcharam sete vezes e deram um forte grito. Isso nos ensina a importância de administrar nossas forças ao longo da jornada.

Assim como corredores experientes guardam energia extra para a reta final de uma corrida, devemos aprender a usar nossas forças de maneira sábia. Já reparou como aqueles que começam a correr com tudo acabam desistindo antes da metade do percurso? Eu mesma nunca participei de uma corrida, mas ao assistir pela televisão, percebo que a estratégia faz toda a diferença. Os mais sábios mantêm um ritmo constante e deixam o melhor para o final.

Se você está enfrentando desafios em seu casamento, trabalho ou qualquer área da vida, use suas palavras e ações com moderação. Dê um passo de cada vez e guarde forças para os momentos decisivos. Em vez de gastar energia tentando convencer ou mudar situações imediatamente, dedique-se a declarar a Palavra de Deus sobre elas. Pense em como cada pequeno avanço diário representa uma volta ao redor da sua "muralha", preparando-se para o momento da vitória final.

Não desista da sua caminhada. Continue dando as voltas necessárias em torno dos seus obstáculos e guarde fôlego para o "grito final" de triunfo. Muitas vezes, o maior esforço é exigido no final do processo, e é essencial estarmos preparadas. Mantenha-se equilibrada, perseverante e constante em suas ações, e você verá as muralhas das dificuldades caírem, em nome de Jesus.

Senhor Jesus, por favor, ajuda-me a ter sabedoria e discernimento para perceber as estratégias que estás me dando diante desta batalha. Ajuda-me a saber o que fazer a cada dia, para que eu não gaste todas as minhas energias no início e fique sem forças para o final da jornada.

Cultive a gratidão

Deem graças em todas as circunstâncias, pois esta é a vontade de Deus para vocês em Cristo Jesus (1Tessalonicenses 5:18).

A neurociência já comprovou que a gratidão desperta neurônios e hormônios que produzem sensação de bem-estar em nós. Deus nos ensina a sermos gratos em todo tempo. Se você está buscando maneiras de fazer a vontade de Deus, aqui está uma oportunidade: ser grata. O versículo nos ensina que a gratidão é a vontade de Deus para nossa vida.

A **gratidão** abre portas para mais **milagres**!

Quantas pessoas vivem insatisfeitas e caem na armadilha de comparar sua vida com a dos outros, simplesmente porque não praticam a gratidão diariamente. A gratidão alegra o coração e manda embora a insatisfação, a comparação e a inveja! Quando somos gratos, somos mais felizes.

Reflita sobre tudo o que Deus já lhe deu: vida, saúde, família, amigos, trabalho, alimento, amor, proteção, salvação, dons, habilidades, sonhos, e até mesmo as coisas materiais como casa, carro, roupas. Faça uma lista de tudo pelo que você é grata. Ao fazer isso, observe como o seu coração se enche de boas memórias e expressa a Deus essa gratidão no mesmo instante.

Imagine que sua vida é um jardim e que a gratidão é uma planta que precisa ser cultivada para dar frutos. Quando você expressa gratidão a Deus e às pessoas, está regando essa planta. Quanto mais você cultiva a gratidão, mais feliz e equilibrada emocionalmente você será.

Seja intencionalmente grata todos os dias. Isso abrirá portas para mais milagres em sua vida!

Pai, obrigada por tudo o que já fizeste por mim. Obrigada pela vida, saúde, família, e pelo sacrifício de Jesus. Espírito Santo, ajuda-me a ver tua mão nas pequenas coisas e a nunca deixar de ser grata.

21

__/__/__

Prioridade

Busquem, em primeiro lugar, o reino de Deus e a sua justiça, e todas essas coisas lhes serão dadas (Mateus 6:33).

Como está sua lista de **prioridades**? Quem ou o que está no **topo** da sua vida ou do seu dia?

Ter um relacionamento verdadeiro e constante com Deus vai muito além de uma visita semanal à igreja. Embora a participação na igreja seja importante e enriquecedora, é essencial lembrar que nós, como indivíduos, somos a "igreja viva". O Espírito Santo habita em cada uma de nós e devemos representar Cristo em todos os lugares, especialmente dentro de nossos lares.

Nosso maior alvo deve ser ter um relacionamento íntimo com Deus diariamente, buscando sua presença em tudo o que fazemos. Quando colocamos Deus em primeiro lugar, Ele nos ajuda a ser pessoas melhores: como filhas dele esposas, mães, amigas e profissionais. Ao priorizarmos Deus, começamos a perceber mais claramente onde precisamos ajustar nosso comportamento e nos tornamos mais sensíveis às necessidades dos outros.

Que tal desenvolver a prática de reservar, todos os dias, um tempo para estar a sós com Deus? Busque a Deus para além do ato religioso — desenvolva intimidade verdadeira. Ao se abrir para Deus, expondo suas falhas, sentimentos e lutas, você verá a profundidade de um relacionamento sem máscaras. Desde 2012, desenvolvi a prática de, todos os dias, acordar mais cedo do que meu horário habitual dos meus compromissos e tarefas para estar a sós com Deus. Sei que, se não priorizar esse tempo de conexão com o Senhor de maneira intencional, esse momento não acontecerá devido às tantas demandas, compromissos e responsabilidades diárias.

Priorizar a busca por Deus requer entrega e confiança. Quando fazemos isso, podemos descansar na certeza de que Ele suprirá tudo o que precisarmos no tempo certo. Lembre-se: damos tempo de qualidade ao que realmente priorizamos, e só priorizamos aquilo que amamos.

Pai, perdoa-me por não te priorizar diariamente. A partir de hoje, decido colocar-te em primeiro lugar, buscando a intimidade e a conexão contigo como a primeira ação do meu dia.

Avalie suas conversas

Evite, igualmente, os falatórios inúteis e profanos, pois os que se entregam a isso avançarão cada vez mais na impiedade (2Timóteo 2:16).

É importante analisar as mesas de relacionamentos e rodas de conversa em que participamos. Que tipos de assuntos são discutidos? Eles estão alinhados com a "nova você" que Deus está formando? Se as conversas giram em torno de fofocas, críticas, reclamações, invejas ou maledicências, saiba que isso pode intoxicar seu coração e desviar seu foco dos princípios de Cristo.

Não fale algo **sobre alguém** que você não diria se essa pessoa estivesse **presente.**

Lembro que no início do meu processo de transformação uma das primeiras coisas que Deus me mostrou foi a necessidade de mudar minhas conversas. Eu era muito crítica, falava mal do meu marido e me colocava sempre como vítima. Infelizmente, eu gostava de participar de fofocas, como contar que alguém havia se separado. Percebi que falava sobre separação porque, no fundo, era algo que eu desejava para mim, devido às crises no meu casamento. Ao compartilhar essas histórias, alimentava o desejo de me separar também. Foi um processo doloroso, mas, com a graça de Deus, fui liberta e perdoada.

Lembro de orar sinceramente: "Espírito Santo, por favor, me ajude. Não quero mais pecar contra ti com minhas palavras. Sinalize-me se eu cair nessa armadilha novamente". Pedi que Deus me alertasse de forma clara, e Ele o fez. Em uma conversa, enquanto eu falava mal de alguém, comecei a tossir tão forte que não conseguia mais falar. Lembrei da minha oração, pedi perdão e aprendi a lição. A transformação começou a partir do momento em que decidi abandonar essas conversas.

Deus nos dá a oportunidade de escolher o que alimentamos em nosso coração. Conversas poluídas afastam o que Ele tem de melhor para nós. Que possamos ser firmes em dizer "não" a conversas que nos desviam do propósito de Deus.

Espírito Santo, ajuda-me a ser firme e a dizer NÃO às conversas poluídas, críticas e fofocas. Revela ao meu coração tudo o que não agrada a ti para que eu não peque contra o Senhor.

23

__/__/__

Conversa tem presença

As palavras de uma pessoa são águas profundas, e a fonte da sabedoria é um ribeiro que transborda (Provérbios 18:4).

Se você quer **sair de um problema,** comece **parando de falar** sobre ele o tempo todo.

Certa vez, ouvi uma frase que me marcou: "Conversa tem presença". É verdade! Já percebeu que quando você fala sobre algo negativo ou pesado, o ambiente ao redor fica denso? Nossas palavras podem trazer a energia daquilo que estamos discutindo, seja sobre uma pessoa ou uma situação difícil. As palavras carregam peso e podem influenciar o clima ao nosso redor.

Lembro de uma história contada por um pastor, na qual ele relatava que estava conversando com sua esposa na cama sobre os dilemas de algumas famílias da igreja. Eles queriam ajudar essas pessoas. De repente, o pastor percebeu que aquele não era o momento ou o lugar certo para isso. Ele ainda brincou para interromper a conversa com a esposa: *Meu bem, você não acha que tem gente demais na cama conosco? Vamos parar de trazer essas pessoas para cá! Conversamos sobre isso na igreja, em uma reunião focada nesse objetivo, pode ser?* Achei perfeito esse exemplo para trazer aqui, porque ainda que nossas conversas sejam carregadas de boas intenções, existe a hora e o lugar certo para acioná-las.

O que aprendemos com isso? Nossas conversas, tanto as externas quanto as internas, têm poder. Falo das internas porque frequentemente mantemos diálogos duros e críticos dentro de nossa mente, o que acaba nos deixando para baixo, com culpas, medos e pensamentos limitantes. Essas conversas internas podem nos impedir de experimentar o melhor que Deus tem para nós.

Isso também vale para nossas preocupações. Quanto mais falamos sobre os problemas financeiros, de saúde ou emocionais, mais reforçamos o ambiente de escassez e preocupação. Como Jó disse: "O que eu temia me sobreveio". Nossas palavras têm poder, então devemos usá-las com sabedoria.

Jesus, ajuda-me a atrair tua presença por meio das minhas conversas. Que minhas palavras sejam usadas para manifestar tua presença e sabedoria.

Analise suas companhias

Não se enganem: "As más companhias corrompem os bons costumes" (1Coríntios 15:33).

Quando permitimos que Deus inicie uma obra de transformação em nossa vida, muitas mudanças acontecem, e uma das primeiras áreas afetadas são as nossas companhias. Já ouviu falar que somos a média das cinco pessoas com quem mais convivemos? Isso faz sentido, pois somos influenciados pelas pessoas ao nosso redor. Estudos mostram que ao passar tempo com alguém, nossas ondas cerebrais começam a se sincronizar com as delas, impactando nosso comportamento, emoções e pensamentos.

Você é a **média** das **cinco pessoas** com quem **mais convive.**

Segundo o neurocientista[2] Moran Cerf, da Universidade de Northwestern, quando passamos tempo com pessoas, assistimos aos mesmos filmes, lemos os mesmos livros e trocamos experiências, nossos cérebros começam a se alinhar. Essa descoberta científica nos faz refletir sobre a importância de escolher bem as pessoas com quem nos conectamos. Antes mesmo das descobertas científicas, a Bíblia já nos alertava sobre o impacto das más companhias, como vemos no versículo de hoje.

Com isso em mente, é essencial que façamos uma análise das nossas amizades. Que tipos de influências suas companhias exercem sobre você? Quem são as pessoas que encorajam você a crescer e se aproximar de Deus? Quais a afastam do seu propósito? Não é preciso rejeitar ninguém diretamente, mas peça sabedoria a Deus para se afastar gradualmente das companhias que não lhe fazem bem, permitindo que essa desconexão aconteça de forma natural. Lembre-se: é importante cercar-se de pessoas que despertam o melhor em você, encorajam-na a crescer e lhe aproximam de Deus.

E não se esqueça: a melhor companhia que podemos ter é Jesus. Quanto mais tempo passamos na presença dele mais nossa vida reflete quem Ele é.

Senhor, ajuda-me a identificar quais companhias estão me afastando de teus planos e dá-me sabedoria para escolher com quem devo me conectar.

A cura é geracional

[...] trato com bondade até mil gerações dos que me amam e obedecem aos meus mandamentos (Êxodo 20:6).

O que você está esperando para buscar **cura** e **transformação** para você e as **futuras gerações** que Deus lhe confiou?

A epigenética[3] comprova que herdamos os impactos dos traumas vividos por nossos pais e antepassados. Muitas vezes, repetimos padrões de comportamento de maneira inconsciente, sem perceber que carregamos comportamentos indesejados de gerações anteriores. Se você fizer uma autoavaliação sincera, poderá notar que também repete atitudes dos seus pais que não gostaria de ter, não é mesmo? Isso acontece com muita gente.

A boa notícia é que, embora possamos herdar traços negativos, seja por genética ou convivência, Deus está sempre disposto a nos curar e libertar dessas influências. Ele está empenhado em nos ajudar a romper com as sequelas desses traumas. À medida que mudamos nossas atitudes e nos aproximamos dele nossos filhos e futuras gerações são diretamente impactados por essa transformação. O versículo de hoje confirma que, embora possamos herdar consequências de pecados e traumas geracionais, também podemos ser instrumentos de bênção para nossa descendência.

Meu processo de cura durou longos oito anos. Durante esse período, Deus foi curando e libertando camadas de traumas do passado, muitas vezes através de experiências dolorosas que eu enfrentava no presente. Sou imensamente grata pelo que Ele fez em mim, mas ainda mais grata por sua graça e misericórdia, que também alcançaram minhas filhas. Cada cura que recebi impactou diretamente a vida delas, restaurando nossa relação.

Sabemos que parte do que vivemos emocionalmente acaba sendo transmitido às gerações seguintes. Eu havia passado muitos sentimentos negativos para minhas filhas, mas sempre que Deus me curava, eu orava para que Ele também as curasse.

A transformação que vivemos não afeta apenas a nós, mas abençoa as próximas gerações de maneira poderosa e duradoura.

Senhor, como filha, percebo que herdei alguns maus comportamentos de meus pais, e, como mãe, percebo que transmiti alguns desses comportamentos aos meus filhos. Conduze-me por um caminho de cura geracional, por amor de teu Filho, Jesus Cristo.

Respeite seu ritmo

Melhor é ter um punhado com tranquilidade do que dois à custa de muito esforço e correr atrás do vento (Eclesiastes 4:6).

Respeite seu tempo e suas limitações. Não é necessário ser veloz ou superprodutiva apenas porque as pessoas ao seu redor são. Faça o que precisa ser feito com honestidade e excelência, mas sem tentar ser alguém que você não foi criada para ser. Cada um tem seu ritmo, e Deus conhece o seu melhor.

Lembre-se da tartaruga: ela segue seu ritmo e cumpre seu propósito. Muitos acreditam que para cumprir seu propósito é preciso estar constantemente ativa nas redes sociais. No entanto, esse ritmo frenético tem causado problemas sérios para muitas pessoas, tanto físicos quanto emocionais.

O *burnout*,[4] causado pelo excesso de trabalho, tem paralisado muita gente que, diante de tanto estresse, acaba "pifando". Pessoas ansiosas acham que precisam estar sempre ocupadas, seja no trabalho, em casa ou com a família. Isso vem da falsa ideia de que "fazer muito" define o valor de uma pessoa. O que fazemos é importante, mas não determina quem somos em Deus.

Essa pirâmide está invertida. O valor de uma pessoa está primeiro no seu *ser*, e depois no que ela *faz*. Deus e as pessoas ao seu redor se agradam pelo bem que você oferece de coração. Livre-se da culpa de achar que está perdendo tempo. Organize seu tempo de maneira equilibrada entre Deus, você, as pessoas que ama, o trabalho e o descanso, e perceba a paz que isso traz.

Muitas vezes, nossa ansiedade vem das nossas cobranças internas. Exigimos um padrão inalcançável e nos perdemos em comparações e competições. Sempre haverá alguém à sua frente, mas lembre-se: também há muitas pessoas que gostariam de estar onde você está. Espere sua vez, com confiança, e siga seu caminho sabendo que Deus guia cada passo.

Às vezes, ficamos tão preocupados em **remar** que não paramos para ver em que **direção** o barco está indo.
– Wayne Cordeiro

Senhor, ajuda-me a encontrar meu ritmo, entendê-lo e respeitá-lo, para que eu tenha uma vida saudável em todas as áreas.

27

__/__/__

Interrompa o fluxo

Como são preciosos para mim os teus pensamentos, ó Deus! (Salmos 139:17a).

Isto é apenas um **sentimento** ou é um **fato**?

Quantas vezes somos inundadas por pensamentos negativos, críticos e confusos que quase nos enlouquecem? Mas fique tranquila: isso não significa falta de fé ou de Deus em sua vida. Às vezes, esses pensamentos não são ataques espirituais, mas fruto do excesso de preocupações e informações que sobrecarregam nossa mente, criando um cansaço mental.

Nossa mente é capaz de criar coisas incríveis, mas quando está sob estresse, ela pode inventar cenários catastróficos. Assumir o controle sobre isso é fundamental. Uma boa prática é anotar esses pensamentos. Tenha sempre papel e caneta à mão ou use um bloco de notas digital. Eu, pessoalmente, prefiro escrever à mão, pois me faz parar e refletir.

A verdade é que, muitas vezes, somos nós mesmas que alimentamos esses pensamentos sem perceber. Isso acontece quando deixamos nossa mente vagar sem direcionamento. Por isso, é importante parar e redirecionar nossos pensamentos sempre que percebermos que estamos caindo em um ciclo de negatividade. Esse ato simples pode quebrar o fluxo e trazer mais clareza.

Anote os pensamentos que causam medo e ansiedade, assim como os sentimentos que perturbam sua paz. Depois, pergunte-se: "Isso é real ou fruto da minha imaginação?". Analise criticamente e veja se aquilo que tanto lhe aflige realmente condiz com a sua realidade.

Muitas vezes, o que nos atormenta não é verdade. Faça perguntas como: "O que posso realmente mudar nesta situação?" e "Quais são as melhores possibilidades de solução?". Isso abre espaço para que a sua mente pense de maneira positiva e criativa, afastando os pensamentos negativos.

Pai, fico imaginando os pensamentos belos que habitam em ti. Empresta-me essa capacidade de criar cenários positivos e de dominar pensamentos críticos e negativos.

Pausa de amor

Tu formaste o meu interior e me teceste no ventre de minha mãe. Eu te agradeço por me teres feito de modo tão extraordinário; tuas obras são maravilhosas, e disso eu sei muito bem (Salmos 139:13,14).

O devocional de hoje é só para lembrar que você é uma filha amada do seu Pai Celestial. Ele sonhou com você desejou sua vida com satisfação e alegria. Ele gerou expectativas ao seu respeito, planejou e criou você, e autorizou sua vinda à terra. Ele pensou em um lindo propósito e a capacitou com dons e habilidades para que você pudesse realizar grandes coisas para a glória dele.

Eu sou uma ideia de Deus e Deus só tem **boas** ideias.
– Talitha Pereira

Você não é uma obra do acaso. Você nasceu para este tempo. Você está no *kairós* de Deus, que significa "momento certo ou oportuno". Portanto, você não está nem atrasada e nem adiantada no seu tempo geracional. Você nasceu para abençoar vidas, ensinar pessoas, amar e acolher, revelando e expressando o amor de Cristo através das suas ações e escolhas.

Deus se importa com você. Tudo o que você viveu, sente e dá importância, também é importante para Ele. Permita apenas que Ele a ajude você a organizar essas experiências para que você consiga perceber a presença dele em muitos desses momentos, livrando-a de coisas piores, protegendo-a, amando-a e cuidando de você.

Ainda que ao seu redor tudo esteja desmoronando, que a vida não esteja tão florida e colorida como você gostaria, permita que seu Pai Celestial traga cor e alegria ao seu cenário. Talvez suas experiências passadas tenham criado a falsa ideia de que ninguém ama você ou que todo mundo é feliz, menos você. Também já pensei assim, mas descobri que eu precisava mergulhar na principal fonte de amor e alegria disponível para qualquer ser humano: Jesus e Deus Pai!

Faça uma pausa e releia os três primeiros parágrafos como uma declaração da sua identidade em Deus.

Pai, permita-me ver, sentir e experimentar o teu amor. Quero, de fato, sentir que o Senhor me desejou, me planejou e que minha vida é um presente para a terra neste tempo geracional.

29

__/__/__

Como você vê Deus?

Então disse Deus: "Façamos o homem à nossa imagem, conforme a nossa semelhança" (Gênesis 1:26).

Em certa ocasião, o Espírito Santo ministrou algo ao meu coração sobre esse versículo, além da aplicação que comumente conhecemos, e gostaria de compartilhar isso com você: cada um de nós é a imagem e semelhança do Deus que formamos em nossa concepção. Como assim? Talvez pareça confuso, mas deixe-me explicar com alguns exemplos do que Deus me revelou naquela ocasião.

Se uma pessoa acredita e vê Deus como um ser austero, exigente, bravo, vingativo, punitivo e julgador, ela refletirá essas mesmas atitudes em seus relacionamentos e em si mesma.. Por outro lado, se perceber Deus como um Pai amoroso, perdoador, generoso, compassivo, misericordioso, empático, manso, compreensivo e leve, será dessa forma que se relacionará com as pessoas ao seu redor e consigo mesma.

Esse *insight* fez muito sentido para mim na época, porque durante muitos anos da minha caminhada cristã eu via Deus apenas como no primeiro exemplo que dei. O resultado foi que eu agia da mesma maneira comigo mesma e com os outros: julgava demais, cobrava demais, exigia perfeição e era uma pessoa muito pesada, tanto para mim quanto para aqueles com quem me relacionava.

Quando minha perspectiva sobre Deus começou a mudar, como resultado de uma maior aproximação com Cristo, também mudei a maneira como refletia Deus. Se isso faz sentido para você, reflita sobre como você se trata e como trata as pessoas à sua volta.

Talvez seja necessário ajustar suas lentes para ser a imagem e semelhança da essência do único e verdadeiro Deus!

A **imagem** que você cria ou que lhe apresentaram sobre Deus **influencia** a maneira como você se **relaciona** com Ele, com você e com as pessoas.

Pai, peço que me ajudes a ter uma visão clara de quem o Senhor é. Se minha percepção estiver distorcida pela religião, vendo o Senhor como um Deus frio e distante, desconstrói essa imagem. Desejo conhecer-te como um Pai amoroso, que se importa, protege e está presente, movendo as circunstâncias para meu crescimento.

Acolha a sua criança

Irmãos, não lhes pude falar como a espirituais, mas como a carnais, como a crianças em Cristo (1Coríntios 3:1).

Todas nós temos uma criança, uma menina dentro de nós que continua interferindo em nossas emoções. Quanto mais traumas nossa criança vivenciou no passado, mais sentimentos e interpretações infantis sobre as circunstâncias teremos.

Cure a **menina**, amadureça a **mulher**.

Uma criança não curada pode manifestar na fase adulta muitos prejuízos. Essa menina que existia dentro de mim estava paralisada em diversas experiências traumáticas, causando uma tristeza excessiva nas minhas emoções, além de continuar controlando minhas interpretações sobre a vida e relacionamentos de modo infantil e imaturo.

O processo de amadurecimento se iniciou quando voltei (em pensamento e oração) àquela menininha abandonada, malcuidada e solitária, e pude dar colo e carinho a ela. Quando pude dizer que ela não teve culpa por ter sido rejeitada e abandonada, muito menos abusada. Dizer que ela não é má e que ela não foi abandonada porque não merecia o amor de ninguém. Dizer que ela não tinha nascido 'estragada ou com defeito'. Dizer que as pessoas apenas ainda não tinham visto a beleza e doçura dela, mas que um dia alguém veria (como realmente aconteceu quando meu esposo se apaixonou por mim).

Só posso dizer que essa experiência "meio louca" surtiu bons resultados pouco tempo depois. Passei a me sentir mais segura e percebi um crescimento e amadurecimento na minha maneira de ver a vida, as pessoas e de resolver os conflitos.

O que a sua menina ou criança interior tem a dizer para você? Será que ela está esperando você resgatá-la de alguma situação paralisante em que ela sentiu muito medo?

Se ela precisar de carinho, acolha-a, abrace-a, converse com ela e permita que o Espírito Santo cure ainda mais suas memórias e faltas da infância.

Pai, como o Senhor sabe, minha infância não foi fácil. Senti medo e solidão, mas hoje sei que o Senhor sempre cuidou de mim. Ajuda-me a curar essas memórias para que eu me torne uma mulher madura espiritual e emocionalmente.

31

__/__/__

Substitua as memórias

Quando eu era criança, falava, pensava e raciocinava como criança. Mas, quando me tornei homem, deixei para trás as coisas de criança (1Coríntios 13:11).

A **vida adulta** é sempre menos adulta do que parece. Ela é pilotada por **restos e rastros da infância.** - Contardo Calligaris

Há mulheres adultas que são extremamente carentes e buscam uma figura materna ou paterna porque não tiveram, quando crianças, alguém que correspondesse às suas necessidades nessa função. Hoje elas procuram se conectar com mulheres fortes e mais velhas — líderes, professoras, pastoras, mentoras — e até com mulheres influentes nas redes sociais.

É saudável aprender com pessoas experientes, mas é importante avaliar se você não está transferindo a falta de um pai ou mãe para essa figura de autoridade.

Por alguns anos, transferi a falta que tive das figuras de pai e mãe para lideranças religiosas, de maneira inconsciente. Nutria expectativas irreais e infantis de aceitação, até que Deus me permitiu entender que eu precisava olhar para a minha criança que foi negligenciada, abandonada e abusada.

Um dia, em meu lugar secreto de oração, senti o Espírito Santo me levando às memórias da falta da minha mãe e do meu pai em relação a mim quando criança. Pensei no que eu gostaria que eles tivessem feito, mas não fizeram. E pasmem! Coisas que parecem tão "bobas" começaram a surgir: minha mãe penteando meus cabelos, me levando para a escola; meu pai me levando para passear ou assistindo minhas apresentações na igreja.

À medida que recriei essas cenas em minha memória, o vazio da minha criança foi sendo preenchido. Poucos meses depois, percebi que não precisava mais buscar aceitação nas figuras que antes buscava. Como nosso cérebro não distingue entre "viver a situação real" e "pensar com forte emoção", foi como se substituísse o sentimento de falta. Quais memórias você pode recriar para sua criança, que contribuirão com seu processo de cura emocional e amadurecimento?

Pai, toma minha criança em teu colo e cura minhas memórias de dor, em nome de Jesus!

Escolha as bagagens certas

[...] que castigo os filhos pelos pecados de seus pais até a terceira e quarta geração [...], mas trato com bondade até mil gerações aos que me amam e obedecem aos meus mandamentos (Êxodo 20:5,6).

Todos carregamos bagagens do passado, mesmo com pais que tentaram ser melhores que os nossos Não existe criação perfeita, e os erros são inevitáveis. Nossos pais não tiveram acesso ao conhecimento sobre vida emocional como temos hoje, o que influenciou diretamente suas maneiras de nos criar.

A obstetra Dra. Ana Cristina Duarte ressalta que, no parto, não damos à luz apenas ao bebê, mas também às nossas dores acumuladas: traumas, rejeições e tensões. Ela recomenda que enfrentemos nossas dores antes de nos tornarmos pais, para que essas bagagens não sejam transmitidas aos nossos filhos.

A **bagagem** da nossa vida **interfere** na forma como lemos, ouvimos e interpretamos as informações.

Errei muito com minhas filhas por falta de conhecimento, e vejo que elas carregam bagagens que não são delas. Culpar os pais ou usar isso como desculpa para não evoluir não é o caminho. Assim como minha mãe errou comigo, tive que abrir minhas malas emocionais e reter apenas o que era bom. Sempre há algo positivo a se preservar.

Minha mãe era apaixonada por Jesus, divertida e emocionalmente entregue na presença de Deus. Retive essas características e abandonei as lembranças negativas. Convido você a fazer o mesmo: abra suas malas, avalie o que tem nelas e guarde apenas o que é bom. Use papel e caneta para listar as características de seus pais, separando as positivas das negativas.

Se você já tem filhos, ensine-os a fazer o mesmo com as bagagens que você e seu cônjuge inadvertidamente passaram a eles. Isso permitirá que eles sigam mais leves, e até mesmo as gerações futuras agradecerão por esse gesto de cura.

Senhor, não posso ser injusta com meus pais, porque reconheço erros em minha maternidade também. Peço-te apenas que me ajudes a reter o que for bom e me desfazer do que me prejudica.

33

__/__/__

Desligue as vozes

Fiz calar e sossegar a minha alma [...] (Salmos 131:2).

Coloque as **vozes do medo** no modo mudo.

Vivemos em um mundo cada vez mais barulhento, tanto externamente quanto internamente. Sons constantes, como o trânsito, as informações incessantes e a opinião das pessoas, nos cercam diariamente. Além disso, enfrentamos o barulho interno: pensamentos negativos, autocríticas, preocupações e medos, que dificultam a conexão com Deus. Essa sobrecarga de vozes externas e internas afeta nossa paz e nos distrai do que realmente importa.

Desligar essas vozes é um desafio, mas é essencial para buscar equilíbrio e comunhão com Deus. Uma forma prática de começar é limitando o uso do celular e das redes sociais, estipulando um tempo controlado para acessá-las. Além disso, devemos refletir sobre a importância que damos às opiniões alheias. Muitas vezes, nos deixamos abalar por pessoas que não têm um impacto real em nossas vidas a longo prazo.

Outro passo importante é parar de assumir os problemas dos outros sem discernimento. Ouça a voz do Espírito Santo antes de intervir. Se Ele não a direcionar a ajudar, desligue essa preocupação e não se sobrecarregue com o peso que não pertence a você.

Para silenciar as vozes internas, escreva seus pensamentos e submeta-os ao crivo de Cristo, filtrando o que é verdadeiro, nobre e edificante, como nos ensina Filipenses 4:8. Esse exercício trará clareza mental e espiritual, ajudando a enfrentar medos e ansiedades com a ajuda de Deus.

Esforce-se para não se importar tanto com a opinião do outro ao seu respeito. Pense: "Que importância o que essa pessoa está falando ou pensando a meu respeito terá daqui 1 ou 2 meses? Essa pessoa é tão importante assim para minha vida?".

Jesus, ajuda-me a calar as vozes agitadas em minha mente para que eu tenha mais foco em nossa conexão diária.

Feche as janelas

A voz do Senhor é poderosa; a voz do Senhor é majestosa [...] (Salmos 29:4).

O barulho externo está alto demais? Imagine-se dirigindo com as janelas abertas, cercado por buzinas, gritos e confusão. O som lá fora começa a incomodar, e a melhor solução é fechar as janelas e aumentar o som dentro do carro. Assim é a vida. Muitas vezes, estamos caminhando tranquilamente, mas o barulho externo – problemas dos outros, críticas, pessimismo – tenta nos desestabilizar.

Você precisa parar e se **aquietar** para **ouvir a voz de Deus**!

Por anos, envolvi-me emocionalmente com os problemas de pessoas próximas, tentando ajudá-las enquanto elas insistiam em decisões erradas. Esse barulho quase me enlouqueceu. Além disso, escutava vozes que me diziam que eu não era capaz, que falharia, que não era suficiente. Esses ruídos internos também me afetavam profundamente.

Então, tomei uma decisão: fechei as janelas e aumentei o som interno. Ouvi meu Pai dizendo que não preciso resolver tudo. Aumentei o som da verdade de Deus sobre quem eu sou e o que Ele me capacitou a fazer. Subi o volume da alegria de Deus, abandonando a culpa e acusação na cruz de Cristo.

Também aumentei o som do perdão, que trouxe leveza à minha vida, e o da esperança e coragem, enfrentando os desafios apesar do medo.

E você? Quais sons internos precisa aumentar para viver em paz?

Jesus, ajuda-me a colocar a tua voz e o teu som acima de qualquer som externo. Ajuda-me a fechar o vidro para o som do medo, da angústia, da ansiedade, da insegurança, da tristeza... que o teu som grite alto dentro de mim, trazendo vida e salvação.

__/__/__

A porta é estreita demais

Como é estreita a porta, e apertado o caminho que leva à vida! São poucos os que a encontram (Mateus 7:14).

É na morte do Ego que a **humildade de Cristo** é aperfeiçoada.
- Andrew Murray

Ah, a eterna luta contra o ego! Nossa natureza humana, afetada pelo pecado, busca atenção, reconhecimento e prazeres fáceis a todo momento. Lembro-me de ler uma frase que dizia: "A porta é estreita demais para teu ego passar junto contigo por ela". Isso foi em 2014, durante um período de profundas transformações em meu caráter. Dali nasceu meu segundo livro, *Desconstruindo o Meu Eu*. Após eu ministrar em um evento, uma pastora, segurando meu livro, comentou: "Esse processo é para a vida toda!" E, de fato, é!

De tempos em tempos, Deus nos leva de volta à olaria, onde somos moldadas conforme seu propósito. Ser quebrada e desconstruída é doloroso, mas ao mesmo tempo libertador.

Não consigo contar quantas áreas da minha vida foram transformadas por esse processo, embora todas tenham sido acompanhadas de constrangimento, vergonha e arrependimento profundo. No entanto, essas dores também trouxeram aceitação, conhecimento, direção e cura.

Quer saber o que a impede de viver plenamente o que Deus tem para você? Seu ego. Ele é o maior obstáculo. Enquanto seu coração estiver ferido, vitimizado, orgulhoso ou buscando aprovação pelas razões erradas, nada de significativo acontecerá.

Por isso, convido você a permitir que as mãos do Grande Oleiro a moldem, assim como Ele tem feito comigo.

Acredite: a dor e a vergonha que você sente hoje trarão maturidade e crescimento para sua vida e ministério.

Senhor, tenho consciência de que meu ego, orgulho e feridas me impedem de ser parecida contigo. Aceito teu convite de tomar a minha cruz e te seguir, renunciando tudo o que me afasta da tua essência. Ajuda-me a quebrar meu ego, ainda que a porta seja estreita, ajuda-me a não desistir.

Compartilhadora

Cada um cuide, não somente dos seus interesses, mas também dos interesses dos outros (Filipenses 2:4).

Em um momento de leitura devocional, tive uma percepção interessante sobre a passagem de Eva e a serpente: Eva não foi escolhida por ser mais "fraca" ou mais suscetível ao engano, mas por sua natureza influente e compartilhadora. A serpente sabia que, se atingisse Eva, ela dividiria o fruto com Adão, alcançando o efeito desejado. Talvez, se a tentação tivesse sido dirigida diretamente ao homem, ele até cedesse, mas pode ser que viesse a comer o fruto sozinho, sem compartilhá-lo.

A característica de compartilhar é algo muito presente em nós, mulheres. Gostamos de dividir o que aprendemos, ouvimos e vivemos. Jesus, inclusive, escolheu uma mulher para ser a primeira a anunciar sua ressurreição. A serpente sabia que, ao atingir as emoções de Eva, afetaria toda a humanidade, já que a mulher é responsável por nutrir emocionalmente e fisicamente as próximas gerações.

Ao tocar nas emoções da mulher, a serpente alcançou toda a descendência humana. No entanto, a boa notícia é que Jesus Cristo veio à terra, também através de uma mulher, para compartilhar o dom da vida e da redenção, sentindo as mesmas emoções que nós.

Portanto, use sua capacidade de compartilhar não para propagar o erro, mas para contribuir com o crescimento do Reino de Deus.

O que você pode compartilhar hoje? Seu testemunho? Ensinamentos? A Palavra de Deus? Seus recursos? Quanto mais você ajuda a aliviar a carga de alguém, mais a sua será diminuída.

Lembre-se: assim como Eva influenciou negativamente, nós podemos usar nossa natureza compartilhadora para abençoar e edificar aqueles ao nosso redor.

A **sabedoria** das suas **experiências** é um dom que você pode **compartilhar**.

Jesus, obrigada pela redenção e por compartilhar o teu Pai comigo. Que eu seja uma compartilhadora das tuas boas obras.

37

__/__/__

Escolha não responder

Escolhi nada ouvir e nada responder (Salmos 38:14).

Não considere a **crítica** maior que seu **propósito de vida.**

Jesus, sei que o Senhor me entende, pois sofreste calúnias, rejeições e foste acusado injustamente de muitas coisas. Em diversas passagens, aprendo contigo que o Senhor não revidava e se calava. Ajuda-me a não revidar às ofensas que recebo, mas também a encontrar um caminho para trabalhar isso emocionalmente de maneira que eu não adoeça psicologicamente.

Davi enfrentou ameaças, críticas e mal-entendidos, mas escolheu não reagir às provocações. E você, já viveu situações parecidas? Talvez seja hora de agir como Davi. Aprendi que quem nos ama de verdade não precisa de explicações, pois nos compreende. E tentar convencer alguém que não quer entender é cansativo e inútil. Mesmo que você se esforce, se a pessoa não renunciar à sua própria "verdade", será em vão.

Na prática, lidar com julgamentos e calúnias dói. A teoria de "simplesmente ignorar" parece fácil, mas sabemos o quão profundo isso nos afeta. No entanto, a Bíblia nos consola, mostrando que muitos grandes homens de Deus também sofreram esses males, incluindo Jesus. Paulo, por exemplo, ao ser picado por uma cobra em Malta (Atos 28), foi acusado de ser assassino, mas logo depois foi chamado de "deus" quando nada lhe aconteceu. Isso prova que não podemos basear nossa identidade no que os outros dizem.

Há uma frase que ilustra isso bem: "Enquanto os cachorros latem para a lua, ela não revida, simplesmente continua brilhando". O brilho de Cristo em você incomoda muitos, e isso desperta inveja. Foi assim com Jesus, e será assim com você, que pertence a Ele.

Em momentos assim, leve tudo ao Pai. Jesus é o maior psicólogo que você pode ter. Se a dor persistir, compartilhe com uma amiga de confiança, mas no final, faça como Davi: pare de ouvir e não responda. Quando você pensa em desistir por causa de críticas ou opiniões alheias, é porque seu foco está no lugar errado. Mantenha sua paz e peça que Deus a ajude a lidar com as opiniões e críticas, enquanto você segue brilhando em Cristo Jesus.

Orgulho

Por isso diz a Escritura: "Deus se opõe aos orgulhosos, mas concede graça aos humildes" (Tiago 4:6).

Ah, o orgulho! Uma das barreiras mais difíceis de identificar, pois muitas vezes ele se esconde atrás de uma máscara de humildade. Às vezes, ele se manifesta na pessoa que se vê como vítima, ou como guerreira e vencedora. Reconhecer o orgulho é constrangedor, até vergonhoso. Admitir que, como cristãos, ainda estamos longe de seguir o exemplo de Cristo é difícil.

Não há orgulho mais **perigoso** do que o **orgulho da santidade.** – Andrew Murray

Muitos acreditam estar corretos só por não falarem palavrão, não roubarem, ou por frequentarem a igreja semanalmente. No entanto, condenam o marido, os filhos ou quem não se encaixe no padrão religioso que defendem. Isso também é orgulho!

Eu mesma passei por isso. Tinha orgulho ao dar meu dízimo e queria que os líderes da igreja vissem minha "fidelidade". Exibia minha Bíblia marcada, esperando admiração por minha "dedicação". Ajudava outros a encontrar passagens, mais preocupada com o que pensariam de mim. Esse foi o primeiro orgulho que precisei quebrar: o orgulho farisaico que Jesus tanto condenou.

Você já parou para pensar se, em algum momento, se orgulha de ter superado seus traumas sem ajuda? Talvez sinta orgulho de resolver tudo sozinha, de criar seus filhos sem apoio, de trabalhar fora e, quem sabe, até de ganhar mais que seu esposo em algumas fases da vida. Será que você se orgulha de ser independente, de ajudar a todos e ser vista como "boazinha"? No entanto, será que, em meio a tudo isso, você consegue enxergar seus próprios erros, ou será que esse orgulho acaba cegando você para suas próprias falhas?

Reconhecer essa cegueira foi um processo doloroso, mas transformador. Convido você a fazer o mesmo.

Senhor, ajuda-me a descer mais profundamente em tua essência e quebrar esse orgulho tolo que me aprisiona em meu ego. Não posso viver afastada de ti, e como sei que abominas o orgulho, peço-te que me faças humilde, como teu Filho amado, Jesus Cristo.

Superfície e profundo

Eu sou a videira; vocês são os ramos. Se alguém permanecer em mim e eu nele, esse dará muito fruto; pois sem mim vocês não podem fazer coisa alguma (João 15:5).

Qualquer árvore que queira tocar os céus precisa ter **raízes tão profundas** a ponto de tocar os infernos.
- Carl Jung

Jesus, aprofunda minhas raízes em ti, para que meus frutos reflitam tua essência. Reconheço que nada posso fazer sem o Senhor. Às vezes, sinto que nada está mudando, mas sei que estás removendo as raízes que precisam ser arrancadas. Continua curando meu coração, para que eu possa expressar os frutos de tua árvore, na qual desejo sempre estar enxertada.

Não ver os resultados na superfície não significa que nada está acontecendo nas profundezas. Assim como uma árvore leva tempo para mostrar suas primeiras folhagens, ao plantar uma árvore hoje, você deve ser paciente: levará um período até que suas raízes se aprofundem e mais tempo ainda para que algo surja acima do solo. Mesmo quando não há sinais visíveis, a árvore está se desenvolvendo em meio à escuridão da terra.

Aplicando essa analogia à nossa vida pessoal e ministerial, a mesma lição se torna relevante. Você pode estar há um tempo orando pela transformação do seu esposo, de seus filhos ou até mesmo por uma mudança em si mesma.

E, embora pareça que nada está mudando, isso não significa que, nos bastidores, Deus não esteja trabalhando nas sementes de lágrimas, orações e renúncias que você tem plantado.

Hoje, quero encorajá-la a não desistir de continuar plantando, mesmo que isso seja feito com lágrimas. Permita-se estar no seu "escuro", no seu secreto, enquanto o Agricultor e Jardineiro está nutrindo e fazendo crescer os sonhos que Ele colocou em seu coração.

Se você tem orado pelo seu propósito de vida ou pelo crescimento do seu ministério e não vê resultados a olho nu, lembre-se: calma! Suas raízes estão sendo firmemente implantadas. O tempo de alimentar outras pessoas com os frutos que você irá produzir chegará, pois esse é o verdadeiro propósito de estarmos enxertados na videira!

Porta da cura

Ele dizia: "Arrependam-se, pois o Reino dos céus está próximo" (Mateus 3:2).

Quem busca cura emocional precisa entender que o arrependimento é a primeira porta para a transformação. Nunca experimentei cura, libertação ou mudança de vida sem antes passar pelo arrependimento. Esse conceito significa "mudança de mente" e é fundamental para qualquer transformação. Sem arrependimento, não há mudança verdadeira. Isso é tão importante que João Batista, o precursor de Jesus, pregava sobre o arrependimento, preparando o caminho para Cristo. A primeira mensagem de Jesus também foi sobre isso, mostrando que o arrependimento é essencial para qualquer crescimento espiritual.

Lembro-me de quando compartilhei meu testemunho pela primeira vez. Falei sobre as rejeições, abandonos e abusos que sofri, e como precisei me arrepender de meus comportamentos tóxicos. Uma jovem me perguntou: "Como você, sendo vítima, teve que se arrepender?". Ela não compreendeu que, apesar das feridas, eu precisava reconhecer que desenvolvi comportamentos errados em resposta a esses traumas.

Quando vivemos traumas, criamos defesas mentais que acabam se tornando pecados e fortalezas. Se fui ferida pela rejeição, por exemplo, posso me tornar egoísta e isolada, tentando evitar novas feridas. Arrepender-se significa mudar essa mentalidade, rompendo com as barreiras que construímos em meio à dor.

É possível que pessoas tenham falhado com você, e lamento por isso. Mas se enxergar apenas como vítima não trará cura. Talvez hoje você carregue comportamentos negativos que nasceram de experiências ruins. O arrependimento abre caminho para uma nova mentalidade, permitindo que você vá além das feridas.

Esse processo inclui perdoar quem a machucou e pedir perdão a Deus por quem você se tornou: orgulhosa, magoada, vingativa... O arrependimento é a primeira porta para sua cura!

O **sofrimento nos transforma**, mas não necessariamente para melhor. Precisamos **optar** por isso. E foi essa opção que fez toda diferença em minha vida. - Wayne Cordeiro

Senhor, posso não entender os motivos que me trouxeram sofrimentos, mas também reconheço que desenvolvi atitudes em defesa a essas situações que não agradam a ti, por isso, peço-te perdão por abrigar esses maus sentimentos em meu coração.

41

__/__/__

Atadas emocionalmente

Acaso estou tentando conquistar a aprovação das pessoas? Ou será que procuro a aprovação de Deus? Se meu objetivo fosse agradar as pessoas, não seria servo de Cristo (Gálatas 1:10).

Você se torna escrava daquilo que **deseja agradar**. Se quiser agradar pessoas, se tornará escrava delas.

Quantas vezes vivemos presas à opinião dos outros? Temos medo de sermos mal interpretadas, julgadas ou criticadas. Tememos dizer "não" e, com isso, perder a admiração das pessoas. Esse medo nos mantém "atadas" a elas, como se fôssemos prisioneiras.

Certa vez, em oração, Deus me mostrou uma visão impactante. Eu estava lutando internamente entre agradar algumas pessoas e fazer a vontade de Deus. Quando priorizamos alguém acima de Deus, Ele nos chama a destituir esses ídolos. Às vezes, Ele nos pede para nos afastarmos de pessoas ou ambientes, não porque elas sejam o problema, mas para tratar nosso coração e revelar o quanto estamos apegadas.

O desejo de aprovação é humano, mas Deus quer que busquemos isso nele e não nos outros. Naquela manhã, em meu lugar secreto, vi meus pulsos atados a várias pessoas. Enquanto clamava pela libertação, vi as mãos de Cristo desfazendo essas amarras e dizendo: "Você está livre!". A partir daquele momento, algo mudou em mim. Hoje, consigo dizer "não" sem medo.

Nem sempre será possível agradar a todos, e algumas pessoas irão julgar, mas isso não define quem alguém realmente é. A maneira como os outros interpretam alguém diz mais sobre eles mesmos do que sobre a pessoa que estão julgando.

Oro para que você também experimente essa libertação. Que você se sinta livre para ser quem Deus a chamou para ser, sem o peso da opinião alheia. Assim, sua vida será mais leve e centrada em Cristo, a verdadeira fonte de aprovação e liberdade.

Pai, perdoa-me por buscar mais a aprovação das pessoas do que a tua aprovação. Peço que o Senhor tire essas ataduras que me prendem aos outros. Quero ser livre em Cristo Jesus!

Os propósitos de Deus

"Porque sou eu que conheço os planos que tenho para vocês", diz o Senhor, "planos de fazê-los prosperar e não de causar dano, planos de dar a vocês esperança e um futuro" (Jeremias 29:11).

A busca pelo propósito de vida é uma das maiores inquietações do ser humano. Perguntas como "Para que nasci?", "Deus tem um plano para mim?" e "Por que nada dá certo para mim?" podem tomar conta da mente, roubando a paz e a alegria. Quando não conhecemos nosso propósito, sentimos um vazio, mas para encontrá-lo, é necessário primeiro entender o sentido da vida.

O verdadeiro sentido da vida só pode ser encontrado em Deus. Nenhuma outra fonte pode preencher o vazio que existe em cada ser humano, exceto um relacionamento íntimo e constante com o Senhor. O propósito, por outro lado, está relacionado ao legado que deixamos nas nossas relações, no lar, no trabalho, no ministério e na missão que realizamos no mundo.

Todos nós precisamos de um propósito. Sem ele, somos como um barco à deriva. Quando nos aproximamos de Deus, Ele nos revela não apenas o sentido da vida, mas também nos guia ao propósito específico que Ele desenhou para nós. Deus criou tudo com um propósito, e Efésios 2:10 nos lembra que fomos feitos para realizar boas obras, as quais Ele já preparou para que andássemos nelas.

Nosso propósito é glorificar a Deus e fazer Jesus conhecido. Isso pode ser realizado de muitas formas diferentes. Cada pessoa precisa descobrir, por meio de seu relacionamento com Deus, como pode cumprir o plano divino em sua vida. Quanto mais próximos estamos de Deus, mais claros se tornam os caminhos para viver esse propósito.

Enquanto **não encontrarmos** o nosso **propósito** aqui na terra, nada fará sentido em nossa vida.

Pai, eu creio que o Senhor me enviou à terra com um grande propósito. Quero glorificar a Cristo em tudo o que eu fizer, e sei que esse é o maior propósito da minha vida. Ajuda-me a encontrar alegria e satisfação, entendendo de que forma posso atuar através do meu propósito.

43

Propósito divino

Clame a mim e eu responderei e lhe direi coisas grandiosas e insondáveis que você não conhece (Jeremias 33:3).

Se os seus **sonhos** parecem ser **grandes demais** é porque Deus quer fazer você **crescer** com eles.

A Bíblia nos ensina a clamar a Deus por revelação de seus propósitos e sonhos para nossa vida. Até os meus 31 anos, eu não sabia que Deus tinha um propósito benéfico para mim, acreditando que minha missão era apenas sofrer e ser infeliz. No entanto, ao iniciar um relacionamento verdadeiro, íntimo e dependente de Deus, Ele começou a revelar sua vontade para minha vida.

No início do meu processo de cura emocional, lembro-me de acordar com Jeremias 33:3 em mente, sem lembrar exatamente do que falava o texto. Ao abrir a Bíblia, entendi que era um recado de Deus para clamar por revelação e clareza sobre meu chamado. Orei esse versículo por meses, e,, aos poucos, o Espírito Santo foi me revelando sonhos, visões e clareza sobre meu propósito de vida.

Hoje sei quais são as promessas de Deus para mim e seu propósito para minha vida. Deus sempre nos dá uma visão ou missão que parece maior do que somos capazes de cumprir, mas não devemos nos assustar. As grandes promessas de Deus se realizam gradativamente, através de pequenas missões e ações diárias. Obedecer em cada passo é o caminho para viver seu plano.

Quando comecei minha jornada, não imaginava o alcance que meus livros, textos e vídeos teriam. Apenas obedeci ao que Deus colocou em meu coração: compartilhar o que Ele fez em minha vida e o que pode fazer na vida de quem se permitir.

O "grande" de Deus pode despertar insegurança ou entusiasmo, mas ambos precisam ser refinados em nosso caráter. O importante é continuar obedecendo aos direcionamentos de Deus e confiar que Ele é quem realiza tudo, para sua glória.

Pai, revela as grandezas ocultas do teu coração ao meu, mas me ajuda a não sucumbir nem aos sentimentos de incapacidade, nem aos sentimentos egoicos que visam o destaque do "Eu". Que eu faça teu nome grande nesta terra através de pequenas ações diárias.

Habilidades direcionadas

Cada um exerça o dom que recebeu para servir os outros, administrando fielmente a graça de Deus em suas múltiplas formas (1Pedro 4:10).

Que tal fazer deste ano o mais ativo no Reino de Deus da sua vida? Grande parte da sua realização pessoal está em ajudar pessoas de alguma forma. Suas paixões e habilidades naturais são pistas sobre o propósito de Deus para você. Quais talentos você pode canalizar para cumprir esse propósito?

Muitas mulheres dizem não saber no que são boas, além das responsabilidades como esposa e mãe. Talvez você se identifique com isso. Eu mesma pensava assim. Nunca imaginei que poderia ajudar tantas pessoas simplesmente doando parte do meu tempo e compartilhando minhas experiências através de diversas ferramentas.

Desde jovem, sempre gostei de escrever e ouvir pessoas. Mesmo antes de entender sobre cura emocional, amigos já me procuravam para desabafar e pedir conselhos, e eu, sem perceber, exercia uma das minhas maiores habilidades naturais. Quando me aproximei mais de Jesus, entendi que meu propósito estava vinculado a esses dons.

Agora, pense sobre suas próprias habilidades. Ore ao Espírito Santo pedindo revelação sobre como elas podem ser usadas para cumprir o seu propósito. Que tal dizer como eu um dia disse: "Eis-me aqui, Senhor, envia-me a mim"?

Aqui vai um exercício para ajudá-la:

Escreva em um papel suas paixões e o que você faz com alegria. Se o dinheiro não fosse um problema, no que gostaria de trabalhar?

Pelo que as pessoas procuram você e a elogiam?

Você pode viver seu propósito em casa, como mãe, incentivando seus filhos, ou como esposa, apoiando seu marido. Além disso, pode canalizar suas habilidades naturais em atividades como cozinhar, escrever, ouvir pessoas, cuidar de outros, ou em qualquer outra área em que Deus a chamou a servir.

Deus quer usar a **capacidade** e **habilidades** que colocou em você para **propósitos específicos.**

Senhor, ajuda-me a descobrir quais habilidades existem em mim para que eu possa cumprir os teus propósitos.

45

__/__/__

O mesmo propósito

Não importa quem planta ou quem rega, mas sim Deus, que faz crescer. Quem planta e quem rega trabalham para o mesmo fim, e ambos serão recompensados por seu árduo trabalho (1Coríntios 3:6-8).

Sem **amor**, os dons podem ser um festival de **competição**, em vez de uma plataforma de **serviço**.

Imagine que você tenha cinco filhas e que possa oferecer a elas a melhor educação. Como mãe, você daria as mesmas oportunidades para cada uma, pois ama todas igualmente. Agora, imagine que todas decidam ser médicas, mas com especialidades diferentes: uma pediatra, outra dermatologista, e as demais na mesma área. Juntas, elas abrem um consultório. Você ficaria feliz em ver suas filhas seguindo suas vocações, certo?

Agora pense: elas competiriam entre si pelos mesmos pacientes? Certamente não. Há muitas pessoas precisando de cuidados. Da mesma forma, no ministério, Deus levantou muitas mulheres para pregar, mentorear e cuidar de outras. Como você acha que o Pai está vendo isso? Ele está alegre em ver suas filhas servindo ao mesmo propósito, usando os dons que Ele lhes deu.

Assim como as médicas, algumas mulheres podem começar seu ministério antes, outras depois. O importante é que, assim como essas irmãs compartilham experiências e se apoiam, nós, como filhas de Deus, devemos nos unir em prol do mesmo objetivo. Juntas, podemos alcançar mais vidas e levar a cura emocional e espiritual.

Lembre-se, tanto na medicina quanto no ministério, o objetivo final é o mesmo: curar os necessitados. E quem patrocina essa jornada é o mesmo Pai, que deseja que todas encontrem seu espaço para servir. Não se preocupe, o Senhor tem um campo de atuação para cada uma, e o propósito é sempre trazer cura e restauração às pessoas.

Que essa reflexão motive você a seguir adiante, sabendo que há espaço para todos no Reino de Deus, e que Ele se alegra em ver suas filhas cumprindo seu propósito.

Senhor, ajuda-me a não competir com minhas irmãs e focar no propósito que está em ti.

Comunique ao outro

Se um irmão pecar contra você, fale com ele em particular e chame-lhe a atenção para o erro. Se ele o ouvir, você terá recuperado seu irmão (Mateus 18:15).

Por muito tempo, evitei comunicar o que me feriu. O medo de parecer boba ou de expor meus sentimentos me impedia de falar e, muitas vezes, nem sabia como expressar o impacto da ação do outro em minha vida. Ficava presa aos meus julgamentos, achando que era óbvio o quanto fui ferida. No entanto, aprendi que a mesma situação pode ferir ambos os lados.

Em certa ocasião, levei mais de quatro anos para falar com uma pessoa querida sobre uma dor que ela me causou. Para minha surpresa, ao conversar, descobri que meu silêncio também a feriu. Pedimos perdão uma à outra, e isso foi libertador. Nossa amizade cresceu, amadureceu e se fortaleceu com essa honestidade.

Se você está ferida, meu conselho é orar e liberar perdão antes de abordar a pessoa. No meu caso, já havia perdoado há muito tempo, mas faltava coragem para expor minha dor. Peça ao Espírito Santo para preparar o momento certo e o coração da pessoa para que ela entenda o que você deseja comunicar.

Quando for falar, não comece atacando. Ao contrário, reconheça as qualidades da pessoa e os momentos bons. Seja vulnerável, sincera e humilde. Eu sei que não é fácil. Pode ser que suas mãos tremam, sua boca seque e as palavras se embaracem, mas se você agir com verdade, será recompensada.

Se a pessoa não reconhecer o erro ou não pedir perdão, tudo bem. O importante é você alcançar sua própria liberdade. Afinal, aprendi que, independentemente das circunstâncias, somos as únicas responsáveis pelos nossos sentimentos. Isso é o que nos traz cura e paz interior.

O **PERDÃO** passa também por assumir a responsabilidade dos **seus sentimentos** em relação à pessoa que lhe feriu.

Espírito Santo de Deus, dá-me coragem e humildade para falar com __________ sobre o ocorrido e ajuda-me a liberar meu coração de toda ofensa e mágoa, em nome de Jesus.

Cuidado ou autoritarismo?

Pais, não tratem seus filhos de modo a irritá-los; antes, eduquem--nos com a disciplina e a instrução que vêm do Senhor (Efésios 6:4).

Algumas **mudanças** começam com a **consciência** do que **nós causamos** às pessoas à nossa volta.

Você é uma daquelas mães que defende os filhos a todo custo, está sempre presente e acredita que é quase perfeita? Mas será que você equilibra bem entre proteger e defender, ou acaba sendo autoritária, mandona e impondo suas ideias? Muitas mães, em busca de fazer o melhor, podem agir de forma controladora, sem perceber.

Durante anos, agi assim com minha filha mais velha e minha irmã-filha. Queria o melhor para elas, mas acabei sufocando com minhas sugestões, impondo meus desejos e até fazendo cenas que me envergonham. Muitas vezes, pensei estar defendendo, mas na verdade, estava impondo o que achava certo, ignorando os propósitos de Deus para suas vidas.

Reflita: você age de forma autoritária com seus filhos? Conquista tudo através de gritos e imposições? Será que eles lhe respeitam, ou têm medo de você? Minha sugestão é que você ouça mais seus filhos. Pergunte como eles se sentem em relação às suas atitudes. Se perceber que nunca aceita ser contrariada, talvez seja um sinal de controle excessivo.

Talvez você não aja assim por mal, mas essas atitudes podem causar danos. Pode ser uma tentativa inconsciente de evitar perdas ou de manter tudo em ordem, ou talvez seja um padrão familiar repetido. Independentemente do motivo, lembre-se: o controle vem da insegurança e a verdadeira segurança só é encontrada em Jesus.

Se não houver mudança, as consequências na vida adulta serão distanciamento e frieza entre vocês. Afinal, ninguém gosta de conviver com quem não respeita a visão e os desejos do outro. Por isso, é essencial aprender a dar espaço e valorizar a voz dos seus filhos.

Perdoa-me, Senhor, por ser dura e exigente com meus filhos. Ajuda-me a tratá-los como tu me tratas.

___/___/___

Desafio da primeira hora

De manhã ouves, Senhor, o meu clamor; de manhã te apresento a minha oração e aguardo com esperança (Salmos 5:3).

Você sabia que acessar as redes sociais logo ao acordar pode aumentar seu estresse durante o dia? Em tempos de sobrecarga de informações, nosso cérebro se cansa rapidamente e muitas vezes nem percebemos isso. Para ajudá-la a começar o dia com mais calma e propósito, quero propor um desafio: durante 21 dias, não acesse redes sociais, incluindo o WhatsApp, na primeira hora do seu dia.

Tudo o que não é colocado em **primeiro lugar** perde sua importância.

A primeira hora do dia é fundamental para definir o ritmo das suas atividades. Se você já começa lidando com problemas, notícias, contas ou demandas, pode ser mais impulsiva e imprudente nas decisões ao longo do dia. No entanto, ao dedicar esse momento para orar, louvar e ler a Palavra de Deus, você encontrará mais paz e equilíbrio.

Imagine que a primeira hora do seu dia é como o primeiro pedaço de bolo em uma festa, que oferecemos à pessoa mais especial como um gesto de honra. Dê esse "primeiro pedaço" do seu tempo para Deus. Você pode usar esse momento para orar, ler um capítulo de Provérbios, meditar em um versículo, ficar em silêncio, fazer anotações reflexivas, louvar a Deus ou ler um trecho de um livro.

Essas práticas podem transformar seu dia e sua forma de reagir às adversidades. Quando você começa o dia buscando a presença de Deus, seus pensamentos e atitudes se tornam mais calmos e centrados.

Aceite esse desafio e observe como suas respostas às dificuldades mudam após alguns dias. Acredito que você será menos impulsiva e mais reflexiva ao enfrentar os desafios diários.

Senhor, ajuda-me a vencer a tentação de ocupar o horário mais importante do meu dia com distrações e preocupações. Que o meu 1º pensamento pela manhã seja voltado a ti.

49

__/__/__

Termine bem o dia

Quando me deito, fico acordado pensando em ti, meditando a teu respeito a noite toda. Pois tu és meu auxílio; à sombra de tuas asas canto de alegria [...] (Salmos 63:6-8).

Os pensamentos que **alimentamos** determinam nossa **saúde psíquica, emocional e física.**

Assim como começar o dia da maneira correta é importante, terminá-lo com bons pensamentos também ajuda a ter uma boa noite de sono e, consequentemente, menos estresse.

Sugiro que antes de dormir você leia um trecho de um livro ou da Bíblia. Ler reduz o estresse e a ansiedade, já que o cérebro precisa concentrar uma grande quantidade de energia para interpretar o que está sendo lido e, como consequência desse foco na leitura, os demais músculos são relaxados.

Ler antes de dormir também ajuda a combater a insônia e melhora a qualidade do sono. O hábito de ler antes de dormir funciona como um sinal para o corpo entender que é hora de relaxar a mente, descansar e dormir.

Segundo os neurologistas[5], a leitura, no entanto, não tem o mesmo impacto se for feita em um celular ou no computador. Folhear um livro impresso é a melhor opção. Os livros digitais, que são lidos em tablets, smartphones e computadores, não causam a mesma sensação de sono que os livros impressos, uma vez que emitem luz azul, o que diminui a produção de melatonina (um dos hormônios que regulam o sono).[5]

Outra dica importante é a escolha do que você vai ler, já que o cérebro processa melhor as últimas informações que recebeu antes de dormir, então, faça boas escolhas.

Experimente agradecer a Deus por ter vida, saúde, trabalho, família, amigos, parentes, pessoas especiais ao seu lado, alimento, transporte, casa, proteção, livramentos e tantas coisas boas que Deus tem abençoado a você diariamente.

Senhor, ajuda-me a elevar meu pensamento a ti antes de dormir e a encher meu coração de gratidão. Orienta-me enquanto durmo para que eu tenha sabedoria no dia que está por vir. Ajuda-me a escolher bons livros que ensinem os teus princípios.

Amenize o estresse

Em verdes pastagens me faz repousar e me conduz a águas tranquilas; restaura-me o vigor (Salmos 23:2).

Com o aumento da tecnologia e do acesso à informação, o estresse e a correria do dia a dia também aumentam. Essas dicas práticas podem trazer alívio nos momentos de maior estresse:

1. *Exercícios de respiração*. Quando sentir que está perdendo o controle ou muito ansiosa, faça respirações profundas. Inspire lentamente contando até 4, segure o ar por 2 segundos, e depois expire contando até 6. Repita este processo pelo menos 5 vezes. O oxigênio vai ajudá-la a pensar com mais clareza e a equilibrar suas emoções.
2. *Exercícios mentais positivos*. Concentre-se em coisas boas. Imagine paisagens bonitas, como flores, rios e o som da natureza. Coloque sons relaxantes de água ou pássaros para ouvir de olhos fechados. Isso ajuda a interromper os padrões de pensamentos negativos, trazendo paz à mente.
3. *Faça pausas*. Durante o dia, faça pequenas pausas de 5 minutos para descansar a mente. Se você trabalha com criação de conteúdo ou atendimento ao público, essas pausas ajudam a recuperar a criatividade, pois o estresse é um grande inimigo da inspiração.
4. *Ouça músicas relaxantes*. Crie uma playlist com músicas calmas. A música tem o poder de ajudar na concentração e aumentar sua produtividade, mantendo você mais focada.
5. *Limite o uso de redes sociais*. Estabeleça horários para acessar suas redes. O excesso de informação muitas vezes não se transforma em conhecimento útil, apenas sobrecarregando sua mente.

Incorporar essas práticas simples pode ajudá-la a viver de maneira mais equilibrada, mantendo sua mente e espírito mais conectados a Deus e longe do estresse excessivo.

O **exercício físico** é um dos maiores **aliviadores de estresse** e tensão. – Wayne Cordeiro

Senhor, leva-me a lugares tranquilos internamente para que eu possa ter mais saúde.

51

___/___/___

Camadas de cura

Tenho certeza de que aquele que começou a boa obra em vocês irá completá-la até o dia em que Cristo Jesus voltar (Filipenses 1:6).

A própria natureza do **processo de cura** exigirá que você **revele seus sentimentos e sua dor** interna. – Wayne Cordeiro

Nossa vida emocional é como uma cebola, composta por camadas de experiências, lembranças e emoções. Cada camada forma nossas "cascas emocionais", moldando quem somos. Quando iniciamos um processo de cura, Deus nos conduz a retirar a primeira camada, que é a mais superficial, tal como descascamos uma cebola.

Esse processo é gradativo, pois enfrentar todas as feridas de uma vez pode ser devastador. A cura acontece no tempo certo, conforme estamos preparadas. Às vezes, uma área é curada superficialmente e só mais tarde conseguimos acessar as camadas mais profundas dessa dor.

Por isso, é fundamental depender de Deus e do Espírito Santo nesse processo. A terapia pode ser uma ferramenta valiosa, com um bom profissional guiando as reflexões, mas o verdadeiro progresso vem do nosso posicionamento e da ajuda divina. Deus sabe o momento certo de lidar com cada camada emocional, e cada vez que acessamos essas feridas, avançamos mais em nossa cura.

Não adianta fugir de sentir dor em processos de cura. Eles são necessários para libertar a dor reprimida e trazer luz ao que está oculto. Saiba que para cada novo degrau que Deus quiser levá-la em sua vida, você terá que acessar alguma crença, dor, memória ou trava, para, então, estar preparada para o *novo* de Deus nessa etapa ou estação, por isso, *deixe* Deus acessar lugares ocultos e protegidos por sua defesa em sua alma. *Perdoe* quem faz parte dessa memória de dor. Coloque o *amor* de Cristo em cada ferida. Deixe Ele surpreender você!

Senhor, peço a ti que inicies um processo de cura em minha alma, passando por todas as camadas até chegar à raiz mais profunda. Confio em ti!

Espere no Senhor

Aqueles que esperam no Senhor renovam as suas forças. Voam alto como águias; correm e não ficam exaustos, andam e não se cansam (Isaías 40:31).

Quando estamos construindo uma casa, investindo em um sonho ou esperando a chegada de um bebê, a espera é inevitável. É nesse tempo de expectativa que crescemos, nos preparamos e alimentamos a alegria e a motivação. A espera, por mais desafiadora que seja, é essencial para nos levar a níveis que ainda não alcançamos.

No entanto, quando o que tanto desejamos parece distante ou inalcançável, o desânimo pode surgir. E com ele, a perda da esperança e da fé, elementos essenciais para que qualquer transformação ocorra em nossa vida. É comum que as dificuldades da vida nos façam focar apenas em nossas limitações, gerando ansiedade, dúvidas e medos.

Por isso, quero encorajá-la a interromper o ciclo da preocupação. Talvez você pense: "Eu quero parar de me preocupar. Mas como?" O segredo está em esperar com esperança, assim como Abraão. Uma maneira eficaz de renovar sua esperança é declarar a Palavra de Deus sobre sua vida e lembrar dos momentos em que Ele já interveio milagrosamente.

Faça uma pausa, reflita e escreva uma lista de situações em que Deus agiu na sua vida ou na sua família. Deixe que a gratidão inunde seu coração. A gratidão tem o poder de dissipar a ansiedade e a preocupação.

Lembre-se, você não está sozinha. Você tem um Pai que cuida de você. Ainda que as coisas não saiam como você imaginou, no final, tudo fará sentido. Creia que Ele pode fazer infinitamente mais do que você sonha, pede ou imagina!

Ver a **mudança** que esperamos em nós e nos que estão à nossa volta exige **paciência**!

Senhor, às vezes me canso de esperar por não ver nada acontecendo. Ultimamente meus olhos têm se fixado na circunstância e tenho perdido o ânimo, a fé e a esperança; mas não quero ficar nesse lugar de apatia. Creio que esperando com esperança em ti, minhas forças serão restauradas como tua palavra promete.

___/___/___

Deus está falando?

Minhas ovelhas ouvem a minha voz; eu as conheço, e elas me seguem (João 10:27).

Você precisa parar e se **aquietar** para ouvir a voz de Deus!

Você consegue identificar quando Deus está falando com você? Em um mundo repleto de vozes concorrendo pela nossa atenção — nossas emoções, traumas, orgulho, redes sociais, estresse, e até tentações — é comum nos sentirmos confusas e termos dificuldade em discernir a voz de Deus.

Aprender a reconhecer a voz de Deus é um processo que demanda prática e tempo. Quanto mais você ouve e se familiariza com essa voz, mais fácil será identificá-la. Para isso, é essencial investir tempo diário na sua relação com Deus, ouvindo e buscando sua orientação.

Algumas ações fundamentais para discernir a voz de Deus são: depender totalmente do Espírito Santo, ter a Palavra de Deus como guia, e sentir paz no coração. Também é importante buscar conhecimento por meio de outros cristãos e suas experiências. Geralmente, a vontade de Deus se opõe à nossa vontade carnal, então faça perguntas reflexivas, como: "O que Deus diria sobre isso?".

Deus usa várias formas para se comunicar conosco: a Bíblia, canções, pessoas, sonhos, profecias, impressões no coração, *insights*, e até a natureza. Tudo isso pode ser uma forma de Ele se revelar.

Minha sugestão é que você busque momentos de quietude e atenção quando estiver buscando discernimento. Fique atenta aos sinais e perceba como Deus fala contigo de maneiras sutis, porém profundas.

Jesus, confesso que muitas vezes não reconheço quando o Senhor fala comigo em meio a tantas vozes. Peço que me ajudes a perceber claramente sua voz e a te conhecer de modo que ela seja inconfundível para mim.

Plenitude

Tu me farás ver os caminhos da vida; na tua presença há plenitude de alegria, na tua destra, delícias perpetuamente (Salmo 16:11).

Segundo o dicionário, a palavra "plena" significa "sem espaços; absolutamente completa; inteira; repleta de algo". Quando comecei meu processo de cura e compreendi a cruz, a graça e o amor de Cristo por mim, experimentei essa plenitude de maneira profunda. Eu me sentia tão completa, tão cheia da presença de Deus, que nada mais parecia importar. Apesar de, materialmente, ter muito menos do que tenho hoje, a sensação de que nada me faltava era indescritível.

Refletindo sobre o que me levou a essa plenitude, percebi que foi ao me esvaziar de tudo que impedia Cristo de entrar. Orgulho, egoísmo, culpa, mágoas, falta de perdão, inferioridade, comparação, insatisfação, preocupação e até pecados de estimação ocupam o espaço que pertence a Deus. Esses sentimentos autodestrutivos impedem a plenitude, pois preenchem o coração com coisas que nos afastam da paz que só Ele pode dar.

Para viver essa plenitude, é necessário negar a nós mesmas, esvaziar os espaços preenchidos por tudo o que nos adoece emocionalmente, e abrir o coração para o amor e a paternidade de Deus, que é quem verdadeiramente nos completa.

A plenitude é o resultado de uma vida dedicada ao Senhor e à obediência aos seus princípios. Esse caminho exige oração constante, perseverança e um relacionamento intencional com Jesus. A vantagem é que, ao seguir por esse caminho, você experimentará uma transformação que impactará seus hábitos, pensamentos e relacionamentos. Contudo, é importante estar ciente de que esse processo pode ser desafiador e exige paciência.

Mas à medida que você permite que Jesus a encha de sua essência, Ele preencherá você por completo, e não sobrará espaço para mais nada!

Quando Deus está no **centro da sua vida, Ele basta para você.** Quando Ele não está no centro, você fica em busca de tudo o que possa preencher esse **vazio**, mas não encontra.

Senhor, peço que o teu Espírito quebre meu orgulho e esvazie minha alma e espírito dessas coisas. Que o Senhor ocupe todos os espaços que te pertencem, enchendo-me com a plenitude do teu Espírito Santo, em nome de Jesus, amém.

Sem esperança?

A esperança adiada faz o coração ficar doente, mas o sonho realizado é árvore de vida (Provérbios 13:12).

Não desista de crer na **esperança**, apesar das dificuldades da vida. Enquanto você tem **vida**, significa que há **coisas para você realizar**.

Talvez você tenha esperado por algo no ano passado e, agora, tenha desistido. Talvez essa espera dure anos: pode ser a volta de um filho para os caminhos de Deus, um marido, uma gestação, ou uma promessa divina. Pode ser um processo judicial, um acordo, ou a compra de uma casa. Talvez você ache que este novo ano é apenas mais uma página virada no calendário, e que nada mudou.

Deus, em sua sabedoria, dividiu nossa vida em ciclos (dias, meses, anos), pois conhece o funcionamento do nosso cérebro. Precisamos de recomeços, novas chances para renovar a esperança. Cada vez que um ciclo se inicia, nosso cérebro está pronto para receber novas informações e comandos.

Quando você sonha, planeja e coloca expectativas no seu coração, seu corpo se alinha para cumprir esses objetivos. A chave para evitar frustrações é não focar no "como" as coisas acontecerão, mas confiar em Deus, que sempre realiza tudo da melhor maneira, mesmo que seja diferente do que imaginamos.

Sim, pode parecer que apenas uma página do calendário mudou, mas se você direcionar sua mente para acreditar que algo novo pode acontecer em qualquer área da sua vida, seu corpo e espírito se alinharão com a vontade de Deus.

Abra-se para o novo, mesmo que sejam pequenos recomeços em diferentes aspectos da sua vida.

Pai, entrego-te todas as minhas frustrações, decepções e perdas. Peço que o Senhor ative os seus sonhos em meu coração. Eu me abro para o novo. Eu me abro para o que o Senhor tem para mim.

Construa memórias

Respondeu Jesus: "Digo-lhe a verdade: Ninguém pode entrar no Reino de Deus, se não nascer da água e do Espírito (João 3:5).

A ciência comprova que a falta de afeto e estímulos no início da vida gera desordens emocionais e cerebrais. Da mesma forma, a falta de intimidade com Deus e de tempo com sua Palavra provoca desordens espirituais, que podem se refletir em diversas áreas da nossa vida, como a emocional, financeira e relacional. O espiritual é a base de tudo.

Assim como precisamos de afeto e amor no início da nossa vida física, também precisamos desses elementos no início da nossa jornada espiritual. Lembro que, aos 31 anos, mesmo sendo cristã há mais de 25 anos, percebi que precisava nascer de novo espiritualmente. Eu não sentia o amor de Deus e não havia construído uma relação pessoal com Ele, apenas com a religião, o que me fez muito mal.

É importante separar tempo todos os dias para louvar a Deus, orar, ler a Bíblia e devocionais. Anotar o que Ele ministra ao coração também é uma prática valiosa. Durante o dia, ao realizar as tarefas diárias, é possível ouvir pregações e louvores, criando uma atmosfera de adoração constante. Esse mergulho na busca por conhecer a Deus transforma o relacionamento com Ele de maneira profunda.

Assim como cantamos: "Antes eu te conhecia de ouvir falar, mas agora de contigo andar" (leia Jó 42:5), essa jornada de intimidade faz toda a diferença e traz muitos frutos para a vida. Criar memórias intencionais com Deus é uma forma de fortalecer essa caminhada espiritual. O convite é simples: construa memórias com o Pai e experimente o amor abundante que Ele tem para oferecer.

Foi o tempo que **dedicaste à tua rosa** que a fez tão importante.
– Saint-Exupéry

Espírito Santo, ajuda-me a criar memórias com Cristo que impactem todas as áreas da minha vida.

Boas memórias

Quero trazer à memória o que me pode dar esperança (Lamentações 3:21, ARA).

Se você diz que algo tem **valor** para você, então deve **investir tempo** e **dedicação** nisso!

Nossos pensamentos resultam de conexões neurais que o cérebro cria. Quanto mais repetimos uma informação, mais ele forma caminhos e memórias fortes em torno dessas experiências. Momentos de grande impacto emocional são registrados com maior intensidade, e isso inclui nossos encontros com Deus. Quando temos experiências profundas e emotivas com Ele, essas memórias ficam marcadas, trazendo de volta as mesmas sensações sempre que as relembramos.

Sabe o que acontece quando criamos essas conexões neurais com Deus? Independentemente das tempestades que enfrentamos, sabemos onde nos apoiar. Temos recursos internos que nos ajudam a vencer as dificuldades com fé e confiança em Deus. Ao longo dos anos, fortalecendo meu relacionamento com Ele, aprendi quem sou e de onde vim. Fui formada na essência do amor e intimidade com Deus.

Mesmo que eu balance diante das tempestades, decepções ou dores, sei onde encontrar meu alicerce. Eu sei qual é meu propósito e missão. Quando volto para aquele lugar de intimidade, lembro-me de quem sou e para quem fui chamada. Construímos uma história juntos.

Assim como boas lembranças podem mudar nosso humor, as guerras espirituais podem ser vencidas ao nos lembrarmos do que Deus já fez por nós. Os milagres e intervenções divinas estão gravados em nossas memórias e podem renovar nossa fé.

Você consegue se lembrar de algo marcante que Deus fez por você? Mesmo em momentos difíceis, há sempre uma história de milagre para lembrar. Ative essas memórias hoje e tenha sua fé renovada.

Espírito Santo de Deus, traz à minha memória momentos marcantes entre nós: conversas, intervenções divinas, milagres, livramentos. Aquece meu coração com memórias que fortaleçam minha fé, em nome de Jesus.

Deus não explica

Lembrem-se de como o Senhor [...] colocou à prova seu caráter, para ver se vocês obedeceriam ou não a seus mandamentos (Deuteronômio 8:2).

Quando o povo de Israel saiu do Egito, precisou passar pelo deserto para ter o coração purificado e suas motivações alinhadas. O pecado nos escraviza em padrões viciantes e disfuncionais, e o deserto serve como uma escola, nos ajudando a identificar e tratar esses comportamentos. Ele é um tempo de preparação para o melhor que Deus tem para nós.

Carregamos marcas como orgulho, autossuficiência e religiosidade, que precisam ser tratadas. Se não passarmos por essa transformação, não representaremos Deus com dignidade. Deus, muitas vezes, não oferece explicações sobre os desafios que enfrentamos. Em vez disso, Ele permite que passemos por provas para que possamos conhecer nosso verdadeiro caráter.

Quando enfrentamos dificuldades, não devemos buscar respostas imediatas, devemos nos perguntar: "O que Deus está tentando me ensinar nesta situação?" Este questionamento nos ajuda a manter uma atitude de humildade. O deserto não é um castigo, mas uma escola onde aprendemos a depender mais de Deus e menos de nós mesmas.

É nesse cenário desafiador que podemos refletir sobre as nossas reações diante das adversidades e como elas revelam nossas fraquezas e áreas que necessitam de cura. Por exemplo, em momentos de escassez ou pressão, podemos nos deparar com o medo que nos faz agir de maneira egoísta ou defensiva, não confiando plenamente em Deus. O deserto nos ensina a renunciar a esses instintos e a abraçar a vulnerabilidade, permitindo que o Espírito Santo trabalhe em nós. Este é um convite para examinar as áreas em que temos sido relutantes em deixar Deus entrar. Ao passarmos pela escola do deserto, começamos a entender que a transformação não é apenas sobre a mudança externa, mas sobre um alinhamento profundo de coração e mente.

Deus a ama e sabe o que é melhor para você. Ele tem um plano bom para sua vida. **Nada deu errado, só está sendo ajustado**!

Senhor ajuda-me a aceitar os teus "nãos" sem duvidar do teu amor e bondade.

Diário da gratidão

Bendiga o Senhor a minha alma! Não esqueça nenhuma de suas bênçãos! (Salmos 103:2).

A **gratidão** tem o poder de deixá-la **leve** e completamente **satisfeita** ainda que nada ao seu redor mude.

Há anos, inseri o hábito de registrar semanalmente as coisas boas que acontecem em minha vida. Tenho um caderno em que anoto de forma simples e objetiva pequenos momentos significativos. Desde evoluções em áreas que buscava transformação, conquistas das minhas filhas ou esposo, até concluir desafios difíceis.

Também registro a sabedoria que tive para lidar com situações delicadas, passar tempo com pessoas queridas, receber presentes ou ofertas, reconhecimento no trabalho, ou até comprar coisas que antes não podia. Quando não há algo específico, escrevo: "Essa semana tive saúde para levantar, realizar minhas tarefas, e não precisei enfrentar filas de hospital. Tenho vida! Obrigada, Pai!".

A gratidão transforma nossa perspectiva. Ela abre portas para mais milagres, afasta a insatisfação e a inveja, e libera neurotransmissores que promovem bem-estar e plenitude, melhorando nossa saúde emocional e física.

Esse diário serve como um lembrete para manter o coração humilde, grato e dependente de Deus. Ele é a fonte de todo suprimento, saúde e vida, e todas as bênçãos vêm dele. Nada é fruto apenas do esforço humano ou da própria inteligência, mas da graça e provisão divina.

Nos dias difíceis, esse diário se torna um verdadeiro tesouro. Nos momentos nublados, ao revisitar as anotações, o coração se enche de fé. Ao ler tudo o que Deus já fez, fica claro que, assim como Ele agiu no passado, certamente continuará a agir no presente e no futuro.

Convido você a criar seu diário da gratidão e a expandir suas ideias de escrita com base nos exemplos que compartilhei sobre como utilizo o meu.

Pai, quero te agradecer por bênçãos específicas (fale quais) e pela tua constante presença e cuidado. Obrigada porque hoje já tenho coisas pelas quais orei um dia.

Encoraje uma amiga

[...] a mulher que teme o Senhor será elogiada (Provérbios 31:30b).

Este é o mês em que comemoramos o Dia Internacional da Mulher, conhecido como o "mês da mulher". Embora os homens tenham grande valor na sociedade e na família, é importante reconhecer os inúmeros atributos que existem em nós, mulheres.

Somos sensíveis às necessidades das pessoas ao nosso redor. Gostamos de presentear, ensinar, elogiar, encorajar e cuidar. Sentimos prazer em servir e em cuidar da casa, das pessoas e das coisas da vida. Sabemos a importância de ouvir, apoiar, aconselhar, orar...

Acredito que este é o desejo de Deus: que tenhamos relações saudáveis umas com as outras, que possamos somar e não competir, estender as mãos em vez de invejar ou julgar maldosamente.

Como é gostoso receber um elogio ou uma palavra de encorajamento de uma amiga ou irmã em Cristo. Você se lembra de momentos em que foi abençoada por mulheres que passaram por sua vida e deixaram boas sementes? Eu me lembro de algumas que marcaram minha vida de forma muito positiva e sou grata a Deus por cada uma delas. Hoje enviei uma mensagem expressando meu carinho e gratidão.

Também houve mulheres que me feriram ou competiram comigo, mas transformei essas experiências em oportunidades de cura e aprendizado para minha alma. Quero encorajá-la a focar nas mulheres que a abençoaram e ser grata por elas. Que tal enviar uma mensagem expressando sua gratidão pelo impacto que tiveram na sua vida e família?

Meu desejo é que você seja uma *compartilhadora*. Que estenda as mãos e levante mulheres caídas, ouça sem julgamentos e aconselhe com amor e sabedoria. Que você encoraje e construa mulheres fortes, com a ajuda de Deus, para a expansão do Reino de Cristo.

Economize críticas e julgamentos; mas **não economize elogios.**

Pai, obrigada pelas irmãs amigas que o Senhor me apresentou. Traz à minha mente quem eu posso encorajar hoje. Quero ser grata às mulheres que o Senhor usou para me abençoar. Que eu seja um canal de bençãos na vida dela como um dia ela foi na minha.

61

__/__/__

Ative as mudanças

Mas se vocês realmente corrigirem a sua conduta e as suas ações [...] (Jeremias 7:5a).

Existem algumas condições para que a mudança seja efetiva em nossa vida. Termos **todos os dias** um tempo de **oração e leitura da Palavra** faz parte disso.

As principais chaves para iniciar um ciclo de mudanças são:

- Oração
- Humildade
- Fé e declaração da Palavra de Deus
- Ação

A oração nos conecta ao único capaz de gerar transformações reais. A humildade nos ajuda a reconhecer nossos erros, enquanto a Palavra de Deus nos confronta, traz a verdade, liberta e cura. A ação, por sua vez, nos move em direção à verdadeira mudança.

Todos os dias devemos nos apresentar a Deus em oração, buscando intimidade e conhecimento através de sua Palavra. Muitas vezes sabemos o que precisa ser feito e estamos dispostas a agir, mas falhamos ao não incluir Deus no processo de mudança. Ao tentar pela nossa própria força, acabamos nos frustrando e voltando ao ponto de partida. Nesses momentos, acreditamos em mentiras como "não tem jeito para mim", "não sou capaz" ou "não sou forte o suficiente". Porém, essas são apenas mentiras!

Mudanças permanentes acontecem pela graça e pelo poder de Deus. Se, com humildade, pedirmos que Ele nos guie em cada pequena mudança, que seja nossa força e nos dê sabedoria e discernimento, o processo será muito mais leve e rápido. Deus deseja participar da nossa vida em todos os detalhes. Ele se importa com tudo que vivemos, e nada do que pedirmos será "pequeno demais" para Ele.

Durante a minha caminhada de cura emocional, aprendi a dividir tudo com Ele, e experimentei o apoio constante de um Pai presente em cada detalhe da minha vida.

Hoje, faça de Deus sua prioridade, ore por mudança e humilhe-se em sua presença. Ele ouvirá sua oração, pois o Senhor não resiste a um coração contrito.

Ajuda-me a melhorar, Senhor.

Encare a verdade

E conhecerão a verdade, e a verdade os libertará (João 8:32).

Quando comecei minha jornada em busca de conhecer a Deus e a mim mesma, não fazia ideia do que precisava ser transformado em mim. Eu frequentava a igreja regularmente, não falava palavrões, não cometia atos errados, e acreditava que era uma pessoa 'boazinha'. Na minha visão, eram os outros ao meu redor que precisavam de mudanças.

Todos nós temos áreas de nossas vidas que não enxergamos com clareza. Precisamos da luz do Espírito Santo para expor essas partes escondidas e nos mostrar o que deve ser transformado. A Palavra de Deus nos diz que somente o Senhor sonda nosso coração, e Ele sabe exatamente o que precisa ser arrancado e ajustado em nós. Ele conhece nossas verdadeiras intenções.

Recordo-me das vezes em que o Espírito Santo me mostrou, com amor, minhas más intenções, mesmo quando eu estava fazendo a coisa certa externamente. Ele revelava as motivações erradas em meu coração. Encarar essas verdades sobre mim mesma foi doloroso, e sei que muitas pessoas desistem nesse estágio por não conseguirem lidar com a realidade sem as máscaras que usaram por tanto tempo.

No entanto, o propósito de Deus não é trazer condenação, mas sim luz e arrependimento, para que a verdadeira mudança possa acontecer. A transformação começa na mente, e o verdadeiro arrependimento significa justamente isso: mudar a mente.

Dê o primeiro passo na sua jornada de autoconhecimento com a ajuda do Espírito Santo. A Palavra de Deus e bons livros serão grandes aliados. Faça disso uma prioridade, pois as distrações do dia a dia tentarão afastar você desse processo. Orar e ler a Palavra todos os dias permitirá que você veja mudanças reais em seus pensamentos, sentimentos e atitudes.

Chega de buscar a Deus na **superfície**, Ele é **infinito**! Cave mais fundo e descubra verdades sobre si mesma e seu futuro que só serão **reveladas na profundidade**.

Senhor, peço-te perdão por tanto tempo ter olhado para as falhas dos outros, mas hoje reconheço que preciso do espelho da tua verdade para enxergar o que não consigo ver sozinha.

__/__/__

Abandone o vitimismo

[...] Ao vê-la, Jesus chamou-a à frente e lhe disse: "Mulher, você está livre da sua doença". Então lhe impôs as mãos, e imediatamente ela se endireitou, e passou a louvar a Deus (Lucas 13:11-13).

Pare de se fazer de vítima! Você não pode ser **vítima** e **vencedora** ao mesmo tempo. Terá que escolher uma das duas opções.

Essa passagem relata o milagre de Jesus em uma mulher que vivia encurvada por 18 anos, olhando sempre para baixo. Se aplicarmos isso às nossas vidas emocionais, quantas vezes nos sentimos assim, cabisbaixas e presas ao vitimismo diante de nossas dores?

Muitas vezes, nos apegamos à ideia de sermos a "coitada da história". Contamos nossa versão triste dos fatos para obter apoio ou para evitar olhar nossos próprios erros. O vitimismo é uma fuga, uma maneira de não encarar nosso papel nas situações de conflito.

Em qualquer situação de desentendimento, sempre há algo que poderíamos ter feito ou interpretado de maneira diferente. Pessoas que se libertam do vitimismo aprendem a dar menos importância a pequenos problemas e vivem de forma mais leve e livre.

Se você busca mudanças reais em sua vida, é hora de deixar a "capa" do vitimismo. Por muito tempo, usei essa capa, acreditando que minhas dores eram as maiores do mundo. Eu alimentava pensamentos destrutivos, chorava diante do espelho e me afundava ainda mais no sofrimento. Foi difícil perceber que essa atitude apenas agravava o adoecimento da minha alma.

Precisamos parar de ter pena de nós mesmas. Sua dor é legítima, mas talvez quem feriu você não tenha feito por mal, ou talvez aquela pessoa só tenha feito o que podia naquele momento. Mesmo se a intenção foi má, a Palavra de Deus nos ensina a orar por nossos inimigos.

Focar apenas nas próprias dores alimenta o egoísmo. Reclamar do passado não trará mudanças! A transformação vem pelo arrependimento e pela escolha de novas atitudes.

Pai, percebi que tenho cedido à tentação de me sentir uma pobre coitada diante de tudo o que vivi. Entendi que isso é pecado e paralisa minha vida, por isso, me arrependo.

Seja responsável

Disse o homem: 'Foi a mulher que me deste por companheira que me deu do fruto da árvore, e eu comi' [...] Respondeu a mulher: 'A serpente me enganou, e eu comi' (Gênesis 3:12,13).

Desde o início da humanidade, o jogo de culpas existe. Quando Adão foi questionado, culpou Eva. Eva, por sua vez, culpou a serpente. Esse padrão de culpar o outro por nossas falhas é comum até hoje. Talvez seus pais tenham cometido erros que impactaram sua vida. Mesmo pais que tentaram ser os melhores falham, assim como nós falhamos com nossos filhos.

Mas se todos somos falhos, faz sentido continuar culpando os outros por erros que também podemos cometer? Quando focamos em culpar quem nos machucou, acabamos nos aprisionando. O Espírito Santo pode nos mostrar que, embora não sejamos responsáveis pelo que aconteceu, somos responsáveis por como lidamos com as marcas que ficaram. A mudança verdadeira começa quando paramos de culpar e decidimos assumir nossa parte no processo de cura e transformação.

Ao invés de focarmos nas falhas dos outros, podemos escolher enxergar as lições que essas experiências nos trouxeram. Cada desafio enfrentado tem o potencial de nos fortalecer e nos ensinar algo valioso. Quando olhamos para nossas cicatrizes com uma perspectiva de crescimento, deixamos de ser vítimas das circunstâncias e nos tornamos protagonistas da nossa própria história. Essa mudança de atitude é libertadora e nos permite avançar, sem ficarmos presas ao passado.

Se você se sente presa ao passado e percebe que não consegue se libertar dessas memórias e do sentimento de vitimismo, é importante buscar ajuda. Existem profissionais, conselheiras e mentoras cristãs que podem caminhar contigo nesse processo. Elas podem ajudá-la a entender suas dores e a lidar com elas de maneira saudável, para que você assuma seu papel de protagonista da sua vida, junto com Jesus, e escrever uma nova história cheia de propósito e cura.

Libertar-se da posição de vítima também inclui libertar os outros dos papéis de algozes que lhes atribuímos. – Dra. Edith Eva Eger

Senhor, reconheço que culpei os outros pelas minhas feridas sem assumir minha parte na mudança. Peço perdão e te peço ajuda para assumir minha responsabilidade e buscar transformação.

Pare de fugir!

Mas Jonas fugiu da presença do Senhor, dirigindo-se para Társis (Jonas 1:3a)

Quanto mais você **fugir da dor**, mais ela continuará se apresentando. Sinta a dor de uma vez para **curar**.

Quantas vezes fugimos dos processos de Deus sem nem perceber? Muitas vezes, a fuga se disfarça em diferentes formas: trabalhar demais, tentar resolver os problemas de todos ao redor, manter a mente sempre ocupada com redes sociais, televisão ou outras distrações. Até criticar os outros e culpar as pessoas são maneiras de evitar enfrentar o que precisa ser tratado. Estar na posição de vítima também é uma fuga.

Essas atitudes mostram que, muitas vezes, o inconsciente tenta evitar realidades difíceis ou dolorosas. Em vez de enfrentar as verdades necessárias para a mudança, as fugas se acumulam e criam mais barreiras. Muitas pessoas agem assim, sem perceber que estão fugindo de suas próprias dores e dos processos de cura que precisam acontecer.

A história de Jonas, que fugiu da vontade de Deus, é um exemplo claro do que acontece quando se tenta evitar os propósitos divinos. Jonas causou uma tempestade que prejudicou todos ao seu redor, até ser engolido por um grande peixe. Só então, ao refletir e clamar a Deus, ele foi levado de volta ao caminho certo. Esse exemplo mostra que fugir não elimina os problemas; pelo contrário, só faz com que eles cresçam.

Então, pare de fugir e tenha coragem para encarar aquilo que a desafia. Quando você decide enfrentar seus medos e dificuldades, a verdadeira transformação acontece, e Deus estará contigo em cada passo. Lembre-se, Ele já aceita você como você está e é a única fonte capaz de curá-la e restaurá-la plenamente.

É importante avaliar o tempo perdido com fugas e evitar continuar nesse ciclo. Há sempre a chance de mudar de atitude enquanto há tempo!

Pai, inconscientemente tenho fugido dos processos que a vida tem me apresentado, mas vejo muitos prejuízos. Ajuda-me a voltar.

Pare de esperar

Assim diz o Senhor: "Maldito é quem confia nas pessoas, que se apoia na força humana e afasta seu coração do Senhor" (Jeremias 17:5).

Quantas vezes esperamos que as pessoas se importem conosco, nos ajudem, ou que nos tirem de um buraco emocional? Esperamos reconhecimento, amor e validação do outro. Porém, ao agir assim, nos colocamos em uma posição infantil, de dependência emocional, onde a expectativa está sempre no que o outro pode nos oferecer.

Quando crianças, dependemos dos nossos cuidadores para nos amar, proteger e alimentar. Contudo, muitas de nós não tivemos essa presença de um pai ou mãe e a criança interior carrega essas carências na fase adulta, aguardando que alguém faça aquilo que faltou no passado.

Vivi essa realidade por muitos anos, esperando que meu marido me fizesse feliz, que as pessoas tivessem compaixão da minha história ou me incluíssem em suas vidas. Isso trouxe muitas frustrações e percebi que a responsabilidade de ser feliz era minha, não do outro. Deus usou esses momentos para amadurecer a criança que esperava ser amada e cuidada, e me ensinou a confiar nele, o único capaz de suprir todas as necessidades do meu coração.

Esperar que alguém nos faça felizes alimenta a imaturidade emocional e nos afasta do Senhor, porque buscamos nas mãos humanas o que só Deus pode oferecer. Muitas vezes, as pessoas não conseguem nos dar o que esperamos porque também não receberam isso em suas próprias vidas. O segredo da paz está em colocar nossa confiança no Senhor.

Convido você a refletir sobre as expectativas que tem colocado nas pessoas. Faça uma lista dessas expectativas e, em oração, entregue-as a Deus. Libere perdão e liberte as pessoas da responsabilidade de fazerem você feliz.

Nossas **expectativas irreais** são fonte de boa parte da nossa **ansiedade** e **frustração**. – Dr. Leandro Teles

Coloco minha expectativa em ti, Senhor, e no teu amor por mim.

A beleza de ser mulher

Não se preocupe com nada, minha filha. Farei o que me pediu, pois toda a cidade sabe que você é uma mulher virtuosa (Rute 3:11).

Você não precisa ser o que todo mundo é! Você só precisa ser VOCÊ! **Você é especial e única sendo VOCÊ!**

O dia 8 de março é o dia das sensíveis, fortes, guerreiras, pacientes, estressadas, descontroladas...(risos). É o dia das persistentes, dramáticas, equilibradas, engraçadas, alegres, animadas, bonitas. Também celebramos as organizadas, bagunceiras, metódicas, práticas, bravas, temperamentais e controladoras.

É o dia daquelas que dão à luz: a filhos, orações, projetos, sonhos e um mundo melhor. Daquelas que oferecem alimento emocional, que não temem o futuro porque confiam em Deus, e fazem o amanhã melhor através do fruto do ventre e do coração.

É o dia daquelas que amam presentear, ouvir, aconselhar, ajudar, instruir, proteger e cuidar. Hoje é, também, o dia daquelas que amam "mandar" e que querem ter tudo sob seu controle, e usam a desculpa: "É que gosto de tudo organizado!"

É o dia daquelas que sempre dizem: "Não tenho nada para vestir... engordei 3 quilos... estou precisando ir ao Shopping...".

É o dia daquelas que precisam de um sapato de cada cor e de cada modelo, de saias, calças de vários tamanhos, cores e modelos... daquelas que precisam de vestido, casaco, blazer, t-shirt, camisa, jaqueta, bolsas, maquiagem, colares, pulseiras, brincos, anéis...

Ahhh, a beleza de ser mulher! Somos tão diferentes, mas ao mesmo tempo temos tanto em comum. Que neste dia sejamos mais unidas, acolhedoras, amigáveis e respeitosas umas com as outras. Meu desejo é que deixemos de lado a bobagem da competição, da comparação, da inferioridade, da concorrência, porque somos filhas de um mesmo *Pai*, trabalhando por um mesmo *propósito* e objetivo, ainda que cada uma à sua maneira, com sua singularidade e essência.

Vença a necessidade de aprovação recebendo o amor do Pai e se amando corretamente!

Feliz dia para uma *nova mulher*!

Deus, obrigada por me fazer a mulher que sou. Ajuda-me a enxergar a beleza que há em mim, a me amar e valorizar do jeito que o Senhor me criou. E ajuda-me a lidar com aquilo que é fruto do pecado em mim.

Aceite a "nova você"

Quanto ao mais, irmãos, já os instruímos acerca de como viver a fim de agradar a Deus [...] cresçam nisso cada vez mais (1Tessalonicenses 4:1).

Quando iniciamos um processo de mudança em nossa vida, as coisas e, principalmente, os relacionamentos à nossa volta passarão por transformações bruscas. Se nosso círculo de amizades ou parentesco contribuem ou acionam gatilhos que perpetuam maus sentimentos e comportamentos em nós, Deus nos moverá para fora desse grupo por um tempo.

Havia pessoas ao meu redor que me manipulavam e me criticavam constantemente. Eu percebi que, se continuasse ligada a elas, jamais alcançaria as mudanças que tanto buscava. Foi um processo doloroso, mas necessário, de me afastar para poder me reconstruir. Não foi fácil, principalmente para quem, como eu, já enfrentava dependência e carência emocional. A dor de me distanciar dessas pessoas foi grande, mas com a ajuda de Cristo, fui vencendo, aos poucos, esses desafios e me libertando da necessidade de aprovação e aceitação. E isso foi crucial para que eu encontrasse minha força e propósito em Deus.

Ao mudar, esteja preparada para as críticas que virão. Comentários como "Você não é mais a mesma" ou "Agora você não tem mais tempo para os amigos" são comuns. Essas críticas virão para fortalecer a sua fé e compromisso com a mudança, ou armadilhas para tentar desviá-la. De qualquer forma, é essencial não se deixar abalar. Aceite que nem todos vão gostar da pessoa em que Deus está transformando você, e isso é parte natural do processo.

Deus está construindo uma nova versão de você. A crítica e a cobrança fazem parte dessa jornada, mas a recompensa é uma vida alinhada com o propósito que Ele tem para você. Aceite a "nova você" que Deus está moldando com tanto cuidado e amor.

Pessoas influenciam o meio, e o **meio** influencia as pessoas!

Senhor, reconheço que busco reconhecimento das pessoas, mas sei que isso desagrada a ti. Ajuda-me a identificar quem me afasta dos teus propósitos e me dá força para me afastar sem conflitos e sem intrigas.

__/__/__

Fale menos

[...] tempo de calar e tempo de falar (Eclesiastes 3:7b).

Quanto **mais você fala**, mais **poder** está dando a alguém sobre você!

Se muitos não aceitam e nem apoiam sua mudança pessoal, outros também não apoiarão seus novos sonhos. Sempre que passamos por processos de transformação e mudança, Deus começa a liberar novas visões e novos sonhos. Mas não se iluda! Não é todo mundo que vai se entusiasmar com os seus sonhos e com sua visão. Nem todos estão preparados para entender ou colaborar com o propósito que Deus colocou em sua vida.

Assim como o conselho dado às gestantes para não anunciar a gravidez antes dos primeiros meses, o mesmo vale para seus projetos. Quando um sonho ainda está sendo gestado, é necessário silêncio e cuidado. As energias negativas liberadas por pessoas podem impactar suas emoções, mesmo que não tenham o poder de impedir o agir de Deus. Portanto, escolha bem a quem você compartilha seus sonhos.

Quando escrevi meu primeiro livro, Saradas para Sarar, Deus me direcionou a não falar com ninguém além da minha família. Só depois de concluído, Ele indicou as pessoas certas para fazer o projeto nascer. Percebi que Deus estava guardando esse propósito no mundo espiritual, pois ele tinha um grande objetivo a cumprir.

Deus levará você a novas fases da vida, e nem todos que estão ao seu lado agora estarão lá no futuro. Isso não significa que há algo de errado com essas pessoas, mas sim que elas não foram destinadas a compartilhar desse novo propósito. Fale menos, guarde seus sonhos e confie que Deus trará a equipe certa no tempo certo.

Senhor, ajuda-me a guardar os segredos que o Senhor tem contado ao meu coração.

Valorize e agradeça

[...] não o adoraram nem lhe agradeceram. Em vez disso, começaram a inventar ideias tolas e, com isso, sua mente ficou obscurecida e confusa (Romanos 1:21).

Muitas pessoas buscam conselhos sobre como encontrar o propósito de suas vidas. O primeiro passo é parar de olhar para o propósito dos outros! Você pode começar entendendo para o que não foi chamada, eliminando assim as distrações que tiram o foco do seu propósito.

Frequentemente, queremos que Deus faça por nós o que Ele faz por outras pessoas, mas Deus tem um propósito único para cada uma de nós. Aceite e confie que Ele escolheu um caminho específico para conduzir você. Olhe ao seu redor e veja o que Deus já lhe deu: vida, saúde, dons, talentos, casa, emprego, família... Todas nós temos grandes oportunidades diante de Deus, só precisamos reconhecê-las.

Comece o dia agradecendo: pela vida, pela saúde, pela salvação, pelo amor de Cristo, por Ele aceitar você como você é. Agradeça por sua família, amigos e pela provisão de Deus em sua vida. Muitas vezes, Deus nos livrou, respondeu nossas orações e nos abençoou de maneiras que nem percebemos. Pare para reconhecer e agradecer por tudo.

Além de agradecer a Deus, valorize também as pessoas ao seu redor. Se você for casada, agradeça ao seu esposo por ser seu parceiro e pai de seus filhos. Agradeça aos seus filhos pelas virtudes que têm, por serem amorosos e obedientes. Agradeça à sua mãe ou sogra pela ajuda com as crianças, ou ao seu pai e sogro pelo apoio financeiro. Quem o Espírito Santo está trazendo ao seu coração agora? Agradeça por essa pessoa!

A gratidão transforma o coração. Quanto mais você agradece, menos murmura e critica. É impossível ser grata e reclamona ao mesmo tempo.

Deus não deixou de fazer coisas por nós, talvez nós que estejamos tão acostumadas a **receber sem agradecer**, que **não percebemos mais o seu agir**.
– Joyce Meyer

Pai, perdoa-me por olhar para os propósitos e conquistas dos outros. Ajuda-me a reconhecer o bem que o Senhor faz por mim e a ser mais grata.

Perdoe

E quando estiverem orando, se tiverem alguma coisa contra alguém, perdoem-no, para que também o Pai celestial lhes perdoe os seus pecados (Marcos 11:25).

Quando você libera perdão, **liberta a si mesma**!

Perdoar é uma das tarefas mais difíceis da vida, talvez o maior desafio emocional que enfrentamos, algo que precisamos praticar repetidamente. Jesus deixou isso claro a Pedro, ao indicar que deveríamos perdoar tantas vezes que seria impossível contar. Quantos pesos desnecessários carregamos por não perdoar? As faltas, dores e feridas do passado continuam pesando sobre nós porque não liberamos perdão. Guardamos palavras duras e amargura porque não conseguimos perdoar quem nos machucou, e até mesmo carregamos culpa por não nos perdoarmos.

O exercício do perdão está sempre presente em nossa vida. Mas perdoar uma vez não torna o próximo perdão mais fácil. A razão para isso está em nosso orgulho, que age como uma barreira, insistindo que a injustiça cometida contra nós foi grande demais para ser perdoada. De fato, pode ter sido injusto, mas quando colocamos essa injustiça na cruz de Cristo e optamos por perdoar, quem realmente fica livre somos nós. Sem esse ato de perdão, as lembranças do que aconteceu continuam a nos ferir e destruir.

Hoje, sugiro que você faça um exercício prático. Faça uma lista das pessoas que a machucaram, feriram, ou decepcionaram de alguma forma. Não esqueça de colocar o seu nome também e anotar os momentos em que você mesma se prejudicou. Coloque essa lista diante de Deus em oração, falando em voz alta os nomes e liberando perdão para cada um. Depois, abençoe a vida de cada pessoa e devolva a dor e o sofrimento para Jesus.

Mesmo que os sentimentos não mudem imediatamente, continue abençoando essas pessoas toda vez que as memórias surgirem. Ao longo do tempo, seus sentimentos acompanharão sua decisão de perdoar, e as lembranças deixarão de machucar.

Senhor, ajuda-me a perdoar quantas vezes for necessário e a obedecer a tuas instruções para que meu coração encontre paz.

Aceite o amor de Deus

Então Cristo habitará em seu coração à medida que vocês confiarem nele. Suas raízes se aprofundarão em amor e os manterão fortes (Efésios 3:17).

Aceitar o amor de Deus pode ser mais difícil do que parece. Isso envolve confiar totalmente nesse amor e depender de Deus, o que não acontece de forma instantânea. Esse aprendizado costuma vir durante as maiores dificuldades, quando passamos pelas tempestades da vida. São nesses momentos que conhecemos e entendemos mais profundamente o amor de Deus.

Muitas vezes somos levadas a pensar que Deus não se importa conosco, ou que nossa vida é mais difícil do que a dos outros. Esses pensamentos podem nos distanciar de Deus, fazendo-nos acreditar que Ele nos castiga ou se afasta quando erramos. No entanto, a verdade é que o medo de Deus é o que nos afasta dele, e não o contrário. Como lemos em 1João 4:18: "[...] o perfeito amor afasta todo medo. Se temos medo, é porque tememos o castigo, e isso mostra que ainda não experimentamos plenamente o amor".

Frequentemente, acreditamos que quando pecamos, Deus se distancia de nós. No entanto, na verdade, somos nós que nos afastamos, movidas pelo medo de punição. Deus, com seu amor e graça, deseja nos transformar, e embora o processo seja desafiador, a dor da mudança é sempre melhor do que permanecer estagnada. Não tenha receio do que Ele pode fazer em sua vida, pois Ele sempre lhe dará forças para suportar cada fase.

Além disso, ao aceitar o amor de Deus, aprendemos a reconhecer sua paternidade. Ele nos conhece profundamente e sabe o que precisa ser transformado. O amor de Deus nos ensina a amá-lo, a nos amar e a amar o próximo de uma maneira mais verdadeira.

Deus a ama exatamente **como você é**, mas por saber que você pode ir além, **Ele se recusa a deixá-la assim.**

Pai, ajuda-me a perceber e confiar em teu amor, mesmo quando me sinto distante. Quero me aproximar e ser inundada por esse profundo amor.

Não tenha medo da mudança

Não tenha medo, pois estou com você; não desanime, pois sou o seu Deus. Eu o fortalecerei e o ajudarei; com minha vitoriosa mão direita o sustentarei (Isaías 41:10).

Se você quiser alguma **mudança**, mas não fizer **nada** para consegui-la, **nada acontecerá**!

Toda mudança traz incertezas, e é natural que surjam medos. O desconhecido nos deixa apreensivas porque o cérebro prefere a estabilidade e rejeita o que não pode prever. Muitas vezes, nos acomodamos em situações que já conhecemos, resistindo à mudança por um único sentimento: medo.

A maioria de nós teme a mudança. Temos medo do novo, do confronto, do fracasso, ou de não sermos capazes de lidar com as transformações que vêm pela frente. Quando passei por um grande processo de mudança, também senti medo. Ouvia mentiras em minha mente, dizendo que eu não conseguiria, que nada iria realmente mudar. Lembro que tinha medo até de cantar louvores, como: "podes fazer em mim, o que tens que fazer" ou "quebra minha vida e faze-a de novo" ou "mexe com minha estrutura, sara todas as feridas"... Pensava que se pedisse para Deus trabalhar em mim, as coisas iriam piorar.

É verdade que, às vezes, as coisas parecem piorar antes de melhorar, mas isso faz parte do processo. Muitas vezes, precisamos dar alguns passos para trás antes de avançar. Lembre-se: mesmo que comece a plantar novas sementes hoje, ainda precisará colher os frutos das escolhas passadas por algum tempo.

Se deseja mudanças reais, peça ajuda ao Espírito Santo para identificar áreas que precisam de cura, perdão e transformação. Traumas, perdas, relacionamentos, e até seu temperamento podem ser pontos de partida para essa jornada. Perdoar e ressignificar são partes essenciais desse processo.

Deus não trata todas as áreas de uma vez. Portanto, leve paciência, fé e perseverança nessa jornada de autoconhecimento. Quando sentir vontade de desistir, declare este versículo para si mesma e confie que Deus está com você.

Senhor, ajuda-me a prosseguir quando eu estiver com medo das mudanças que estão diante de mim.

Recomece

Se, contudo, alguém pecar, temos um advogado que defende nossa causa diante do Pai: Jesus Cristo, aquele que é justo (1João 2:1b).

Nos processos de transformação e mudança, errar mais no início é completamente natural. O importante é não desistir e não cair em condenação. Quando errar, fale com Deus, arrependa-se e recomece. A humildade nos aproxima de Deus, e Ele sempre estende sua graça e misericórdia.

Deus nos ama, mesmo quando falhamos, e permanece ao nosso lado. Há sempre lugar para recomeços em Deus. Cada manhã, o nascer do sol é como um lembrete de Deus: "Vamos começar de novo!". As misericórdias do Senhor se renovam a cada dia. Se você errou ontem, vença a culpa e a condenação. Perdoe-se e peça ajuda ao Espírito Santo para errar menos hoje.

A graça de Deus nos dá o perdão que não merecemos, e a sua misericórdia nos poupa da condenação que merecíamos. Que bênção é saber que o Senhor nos dá novas oportunidades diariamente! "Graças ao grande amor do Senhor é que não somos consumidos, pois suas misericórdias são inesgotáveis. Renovam-se a cada manhã; grande é a tua fidelidade!" (Lamentações 3:22,23).

Às vezes você está esperando um "grande" milagre para seu recomeço, mas olhe à sua volta e veja que um "grande milagre", na maioria das vezes, são os pequenos milagres diários! Seja grata em todo o tempo! A gratidão antecipa até mesmo os "grandes milagres" que você precisa e trará um novo olhar para seus novos começos.

Lembre-se, em todo processo de transformação é essencial estar conectada a Cristo, a videira verdadeira, para que você possa dar bons frutos (João 15:5).

Não podemos **voltar no tempo** para **consertar os erros**, mas podemos **recomeçar hoje** e fazer **diferente.**

Pai, obrigada por me perdoar e me ajudar a recomeçar sempre que preciso. Ajuda-me a recomeçar com sabedoria e maturidade.

Plante novas sementes

E Deus, que dá semente ao que semeia e pão para alimento, também suprirá e aumentará as sementes e multiplicará os frutos da justiça de vocês (2Coríntios 9:10, NAA).

Arranque a colheita ruim e plante **sementes boas.**

Todos nós estamos semeando em nossa jornada. Hoje colhemos os frutos das sementes que lançamos no passado, e o que semeamos agora resultará na colheita futura. Nossas ações, palavras e decisões têm grande impacto na nossa vida e no que desejamos construir. Reflita sobre os frutos que tem colhido até agora. Suas árvores são saudáveis ou estão secas e cheias de espinhos?

Esse foi o cenário que enfrentei em meu casamento após 15 anos. As sementes que semeei durante esse período foram de palavras duras, críticas, falta de afeto e amor, tanto com meu esposo quanto com minhas filhas. Não havia um ambiente de carinho, vivíamos em distanciamento, brigas e falta de perdão. O resultado? Uma família emocionalmente desestruturada. A dor que essas sementes ruins trouxeram me fez questionar o casamento diversas vezes.

Foi então que pedi a Deus que me ajudasse a plantar novas sementes. Em uma visão, vi-me andando por uma estrada, e de um lado havia árvores secas e espinhosas, resultado das minhas más escolhas. O Espírito Santo me mostrava que eu precisava arrancá-las. Era um processo doloroso. Do outro lado da estrada, havia um campo arado e pronto para receber novas sementes, que Deus colocava em minhas mãos.

Essa visão refletia a restauração do meu casamento. Com o tempo, aprendi a honrar e respeitar meu esposo, a ser mais presente e carinhosa com minhas filhas, e a plantar palavras de bênção. O processo foi difícil, mas valeu a pena.

Hoje colho bons frutos que têm alimentado a vida de muitas pessoas. Peça a Deus novas sementes e esteja disposta a passar pelo processo de transformação. Ele vai restaurar o seu jardim.

Jesus, ajuda-me a arrancar a colheita ruim e a plantar novas e boas sementes.

Volte ao Jordão

Tenham o cuidado de não se esquecer do Senhor, do seu Deus... que os tirou do Egito, da terra da escravidão (Deuteronômio 8:11-14).

De tempos em tempos, é necessário voltarmos ao Jordão. O Jordão simboliza um novo começo. Jesus foi batizado no rio Jordão e, a partir desse momento, foi confirmado como o Filho Amado de Deus antes de enfrentar o deserto e ser preparado para o seu ministério.

Nunca se esqueça daquilo que sempre **deve ser lembrado**!

Quando Deus nos chama para uma caminhada mais íntima com Ele, inicia um longo processo de treinamento. Nesse processo, Deus usa desertos e tempos de escassez para nos ensinar a depender totalmente dele. Circunstâncias difíceis são ferramentas que Ele utiliza para nos moldar, Ele remove pessoas ou coisas de nossas vidas para nos ajudar a lidar com nossos ídolos internos. Deus usa pessoas para nos corrigir, confrontar e até para nos ferir, com o objetivo de curar feridas profundas e nos amadurecer.

Com o passar do tempo, algumas dessas lições podem ser esquecidas. Quando a dor das experiências passa, o que aprendemos pode ficar guardado na memória de longo prazo e, se não for praticado, corre o risco de se perder. Você já se pegou orando desesperadamente por provisão, multiplicação ou por uma solução em tempos difíceis? Eu me lembro de fazer essas orações, mas, com o tempo, o deserto passa, a tranquilidade chega e podemos cometer o erro de deixar de orar, de buscar a Deus ou de agradecê-lo. É aí que mora o perigo.

Talvez seja hora de voltar às suas práticas de quando sua jornada com Deus começou (Apocalipse 2:4). Lembre-se de como você o buscava com paixão e nada mais importava além da presença dele. Reflita: onde você se perdeu? Quais ensinamentos e práticas você deixou de lado?

Arrependa-se, ajuste suas prioridades e recomece a busca com o mesmo fervor de antes.

Jesus, ajuda-me a voltar à prática das boas obras.

Difícil mesmo

Agora, pois, permanecem a fé, a esperança e o amor, estes três; porém o maior deles é o amor (1Coríntios 13:13).

É tão difícil e perigoso libertar um povo disposto a viver **escravo**, como reduzir à escravidão um povo que queira **viver livre**! – Nicolau Maquiavel

Muitas pessoas consideram difícil ajudar os outros, principalmente quando cuidar de vidas feridas nos machuca também. Para alguns, doar dinheiro é desafiador devido ao apego aos bens materiais. Mas existem aqueles que não têm dificuldade em se doar ou em ajudar financeiramente, achando que isso os coloca em boa posição diante de Deus, esperando recompensas.

No entanto, eu aprendi algo mais profundo: doar cestas básicas ou ajudar os outros é "fácil". Difícil mesmo é perdoar sem que a pessoa peça perdão. Difícil é pedir desculpas quando o erro foi do outro. É se calar durante uma discussão, permanecer ao lado de pessoas complicadas, e amar incondicionalmente, sem esperar nada em troca.

O que realmente desafia nossa fé é depender exclusivamente de Deus, sem buscar apoio nas pessoas. É optar por ser feliz em vez de estar certa. Difícil mesmo é falar a verdade sem usar máscaras para se encaixar em algum grupo, e não querer se justificar diante de falsas acusações. Remover todos os ídolos de nossa vida e colocar Deus no centro é o maior desafio de todos.

Difícil é criar um relacionamento profundo com Deus, dedicar a primeira hora do dia a Ele, e trocar distrações como redes sociais e séries por momentos de oração, louvor e leitura da Bíblia. É igualmente difícil voltar ao passado para curar feridas e entregar tudo a Jesus. Mostrar nossas vulnerabilidades em um mundo onde todos usam máscaras também não é fácil.

Porém, existe o "caminho mais fácil": reclamar que ninguém ajuda, carregar pesos emocionais, adoecer por questões não resolvidas. Será que é mais fácil ou mais perigoso?

Senhor, quão difícil é morrer para nós mesmas. Ajuda-me a renunciar ao meu ego e fazer a tua vontade.

Desfrute a jornada

Por isso, desfrute da vida, porque debaixo do sol não há nada melhor para o homem do que comer, beber e se alegrar (Eclesiastes 8:15).

Durante muitos anos, não soube como desfrutar a vida. Eu apenas "existia" sem realmente "viver". Em 2012, comecei um processo de cura, que continua até hoje. A psicanálise sugere que, para curar, é preciso relembrar, reviver a dor e ressignificar experiências traumáticas. Essa jornada de cura me levou a enfrentar várias questões que surgiram pela ausência de figuras parentais e outras experiências dolorosas.

Você já sofreu o processo, agora **desfrute da promessa**!

Revivi as marcas deixadas pela ausência paterna: falta de afeto, proteção, segurança e amor. Essas lacunas geraram problemas como insegurança, medo extremo, necessidade de aprovação e ansiedade. Da mesma forma, os abusos que sofri deixaram cicatrizes profundas: desconfiança, falta de amor-próprio e dificuldades em relacionamentos.

Além disso, a ausência materna desde o nascimento também deixou marcas. A falta de carinho e proteção resultou em comportamentos tóxicos, como comparação, sentimento de inferioridade, perfeccionismo e medo constante de ser rejeitada. Esses traumas afetaram minha autoestima e meus relacionamentos.

Hoje, reconheço o quanto Deus me fez avançar. Estou em um processo de me aceitar, me amar e confiar mais em mim mesma. Deus tem falado ao meu coração sobre a importância de amar a vida e ser feliz, apesar dos traumas do passado. Ele nos colocou aqui para desfrutar da vida com alegria, aceitando quem somos, com nossas falhas e limitações, mas sempre buscando avançar.

Se você tem dificuldades em se alegrar com a vida que Deus lhe deu, lembre-se: assim como pais se alegram ao ver seus filhos felizes e realizados, Deus também se alegra em ver suas conquistas. Ele quer que você desfrute das bênçãos com alegria e sem culpa.

Senhor, ajuda-me a desfrutar com alegria das bênçãos que o Senhor tem me dado. Eu me abro para a vida, para suas bênçãos e para ser feliz.

Como você se sente?

Mas eu disse: Ah, Soberano Senhor! Eu não sei falar, pois ainda sou muito jovem (Jeremias 1:6).

Ninguém pode lhe fazer se sentir inferior sem o seu **consentimento**. – Eleanor Roosevelt

Quando Deus chamou Jeremias para ser profeta, ele se sentiu pequeno e incapaz diante de uma missão tão grande. Apesar de ter sido escolhido por Deus desde o ventre de sua mãe (v.5), Jeremias via a si mesmo como jovem e despreparado. Muitas vezes, assim como ele, nos sentimos pequenos ou deslocados em certos ambientes, seja por causa da nossa percepção de nós mesmas ou pela forma como os outros nos tratam.

O mais importante não é como as pessoas nos tratam, mas como nos sentimos diante dessas situações. Sentir-se rejeitada, excluída ou fora de lugar pode ser mais um reflexo de como nos enxergamos do que de como as pessoas nos tratam. Eu já me senti assim por muitos anos, e era horrível. Mas com o tempo e, pela graça de Deus, fui liberta desses sentimentos de inferioridade.

Aprendi que, muitas vezes, não são os outros que nos rejeitam, somos nós que nos excluímos por medo de mais rejeição. Ficava em silêncio, com medo de ser inconveniente, desnecessária ou mal interpretada, e esse comportamento me fazia sofrer. Quando entendi que era eu mesma que me afastava das conversas, comecei a trilhar um caminho de cura para minha autoestima. Fiz um exercício terapêutico que me libertou: escrevi uma carta para mim mesma, me aceitando e me incluindo na vida.

Desde então, não espero mais ser acolhida pelas pessoas. Eu me sinto confortável comigo mesma, e não me escondo mais em um canto com medo de puxar assunto. Aprendi que como falo e penso sobre mim impacta profundamente minha visão de quem sou. Mesmo que algumas pessoas não celebrem nossa presença, isso não define nosso valor.

Pai, ajuda-me a me ver como o Senhor me vê. Me ensina a me amar e a abandonar todo sentimento de inferioridade. Em nome de Jesus, amém.

É sua responsabilidade

Cada um examine os próprios atos [...], pois cada um de nós é responsável pela própria conduta (Gálatas 6:4a,5).

Imagine uma pessoa que foi atropelada por um carro ou sofreu um acidente em uma estrada. Embora a culpa seja do motorista, a responsabilidade pela recuperação é da vítima. Ela terá que passar por tratamentos, cirurgias e fisioterapia até estar completamente restaurada. O mesmo acontece com nossa vida emocional.

Muitas vezes somos "atropelados" por pessoas que nos rejeitaram, traíram, ou nos machucaram, seja de forma intencional ou não. Embora a culpa pelo dano seja do outro, a responsabilidade pela nossa cura é nossa. Se ficarmos apenas acusando quem nos feriu, continuaremos a sangrar emocionalmente, e isso nos impede de avançar. Permanecer na posição de vítima nunca trará cura.

Já vivi assim por muitos anos, responsabilizando os outros pelos meus sentimentos. Mas para me curar, precisei aceitar um "tratamento", que incluiu "cirurgias" emocionais e espirituais (analogicamente falando) e uma "fisioterapia" dolorosa, tal como na vida física. Mesmo que a vida tenha atropelado você, com grandes danos, é sua responsabilidade buscar a cura. Não importa o tamanho das feridas, você é quem terá que passar pelos processos dolorosos de recuperação.

Isso significa falar sobre suas dores com pessoas capacitadas, liberar perdão para quem a machucou, e buscar em Deus as lições que farão você amadurecer. Sim, parece injusto, especialmente quando vemos que quem nos causou o mal segue vivendo normalmente. Mas o mundo não é justo. Felizmente, temos o "Sol da Justiça", que é Cristo, e Ele nos justifica de maneira perfeita.

Lembre-se: a responsabilidade pelas ações dos outros não é nossa, mas lidar com o impacto delas em nossa vida é totalmente nossa.

Não é nossa responsabilidade as **ações do outro**, mas é nossa responsabilidade **lidar com o impacto e efeito** dessas ações em nossa vida!

Jesus, ajuda-me a não ficar sangrando na estrada da vida culpando as pessoas que me feriram. Limpa minhas feridas e ajuda-me a encarar todos os processos emocionais necessários para minha cura e restauração.

Estou livre, e agora?

Ele nos resgatou do poder das trevas e nos trouxe para o reino de seu Filho amado, que comprou nossa liberdade e perdoou nossos pecados (Colossenses 1:13-14).

Algumas pessoas não querem sair da **prisão**, apenas encontrar uma prisão mais **confortável**.

Durante o meu processo de cura emocional, que durou quase 10 anos, tive uma visão que foi profundamente libertadora. Deus me mostrou minha jornada de cura através de uma imagem de uma prisão, cheia de celas e corredores. No início, eu estava trancada em uma cela, sem saber como sair. Deus usou uma pessoa, a Erondina, para me entregar a primeira chave, que abriu a cela onde eu estava presa.

A partir daquele momento, eu teria que buscar outras chaves para abrir os portões dos corredores que me levariam à liberdade. À medida que eu me aprofundava no relacionamento com Deus, outras chaves surgiam. Me vi com um molho de chaves nas mãos, cada uma para um portão específico. Esses portões representavam as dificuldades e desafios do meu processo de cura, que eu precisava enfrentar para seguir em frente.

Finalmente, cheguei ao último portão, enorme e pesado. Na visão, eu estava saindo da prisão após muitos anos de luta. Ao atravessar aquele portão, percebi como o sol da liberdade era brilhante, depois de tanto tempo vivendo na escuridão das feridas emocionais. Estava livre, mas percebi que a liberdade também é um aprendizado.

Em algum momento, todas nós fomos prisioneiras de algo emocional. Quando nos abrimos para o processo de cura, Deus nos entrega chaves de perdão, amor, sabedoria e ressignificação. O desafio é usá-las corretamente para abrir os portões que nos levam à liberdade. Reconheço o quão difícil foi cada passo, mas posso testemunhar como valeu a pena me submeter a esse processo.

A liberdade pode ser desconfortável para quem não a conhece, mas com a ajuda de Cristo, aprendemos a viver uma vida leve e plena, repleta de graça.

Obrigada, Jesus, pelo teu sangue que abre portas de cura e libertação. Ajuda-me a usar as chaves que o Senhor me deu, sabendo quando pedir e liberar perdão, me calar ou renunciar, até alcançar a liberdade completa.

Exercício constante

Mas o alimento sólido é para os adultos, os quais, pelo exercício constante, tornaram-se aptos para discernir tanto o bem quanto o mal (Hebreus 5:14).

O trecho "pelo exercício constante" chama nossa atenção para uma ação contínua: a leitura e a prática da Palavra de Deus. O resultado dessa prática? Tornar-se apta para discernir o bem e o mal. Quantas vezes nos sentimos enganadas, manipuladas ou tomamos decisões erradas que acabam nos prejudicando? Muitas dessas situações poderiam ter sido evitadas se tivéssemos discernimento espiritual mais apurado.

Em outra passagem, Paulo fala de pessoas que ainda estão "tomando leite", quando já deveriam estar maduras o suficiente para se alimentar de algo mais sólido (Hebreus 5:13). Isso nos ensina que o crescimento espiritual requer esforço e constância. Discernir as situações e pessoas ao nosso redor, evitar frustrações e tomar decisões sábias são frutos dessa prática contínua.

A Palavra de Deus nos capacita a discernir o bem e o mal, mas essa aptidão só vem com o exercício constante. Precisamos ler, praticar e avançar no conhecimento de Deus todos os dias. Ao fazer isso, tornamo-nos mais sensíveis àquilo que vem dele e conseguimos identificar melhor quais projetos devemos seguir e até reconhecer o que há de bom e ruim dentro de nós mesmas. Isso nos ajuda a alinhar nossas ações à vontade de Deus.

Quebremos as barreiras da apatia espiritual e da preguiça. A Palavra de Deus nos cura, nos transforma e nos amadurece. A cada situação enfrentada, encontramos respostas nas Escrituras. Quanto mais lemos e praticamos a Palavra, mais o Espírito Santo molda nossa mente para pensarmos e agirmos como Deus deseja.

Leia insistentemente a Bíblia! Ela revela quem Deus é, como Ele age e, principalmente, como você pode viver em conformidade com os princípios divinos. Ela é o alimento sólido que precisamos para o crescimento espiritual.

Quando a Palavra de Deus é **acolhida** e **praticada**, ela tem o poder de gerar e transmitir a **natureza de Deus** através da **nossa vida**.

Pai, coloca em mim um desejo ardente pela tua Palavra. Ajuda-me a ser constante na leitura e prática, vencendo toda apatia espiritual para que eu cresça e saiba discernir o bem do mal e a tua vontade para minha vida.

Não dê explicações

[...] não falamos para agradar pessoas, mas a Deus, que prova o nosso coração (1Tessalonicenses 2:4b).

Não adianta falar para quem **não quer entender**, e quem a ama não precisa de **explicações**, pois a entende.

Muitas vezes, é comum sentir a necessidade de explicar nossas decisões ou ações, especialmente quando buscamos a aprovação dos outros. Não sei você, mas eu já sofri muito dando explicações para todo mundo. Se eu trocava de sofá, tinha que "justificar" que parcelei em 10x. Se alguém elogiava uma roupa minha, eu explicava que tinha ganhado de alguém. Se eu estava no shopping e encontrava uma conhecida, sentia a necessidade de dizer que não estava lá "gastando dinheiro", dizendo algo como: "só vim resolver umas coisas... não estou passeando". Era como se eu nunca pudesse aproveitar momentos bons sem culpa ou a necessidade de me explicar.

Também me justificava por não poder estar presente em almoços, churrascos ou encontros de amigos, tentando evitar que ficassem chateadas comigo. No entanto, mesmo com explicações, algumas ainda ficavam. Também gastei energia explicando pontos de vista ou corrigindo interpretações erradas. Com o tempo, percebi que, na maioria das vezes, as pessoas não queriam ouvir minhas explicações; apenas queriam que eu concordasse com elas. E isso é extremamente exaustivo.

Não estou dizendo que nunca devemos dar explicações. Em relações conjugais, entre pais e filhos, uma boa comunicação é fundamental. Falo aqui de explicações desnecessárias, aquelas que damos para manter uma imagem ou agradar aos outros. Há alguns anos, comecei a reduzir minhas explicações, e no início foi estranho. Senti culpa e medo de ser mal interpretada. Mas um dia, senti o Espírito Santo me orientando com suavidade: "Fique tranquila, você não precisa se justificar. Deixe que as pessoas pensem o que quiserem".

Parar de se justificar exige coragem, pois isso permite que os outros tirem conclusões equivocadas sobre você. Está preparada para essa liberdade?

Senhor, perdoa-me por me preocupar tanto com o que as pessoas pensam de mim. Ajuda-me a vencer a tentação de sempre me justificar para manter uma boa imagem.

Farei acontecer depressa

Eu sou o Senhor; na hora certa farei que isso aconteça depressa (Isaías 60:22).

A ansiedade para ver as promessas de Deus se cumprirem pode ser intensa. Muitas vezes, parece que quanto mais desejamos que algo aconteça, mais demora. E nessa espera, surgem tentativas de acelerar o processo, com o desejo de ver logo o resultado. No entanto, o que percebemos é que, por mais esforço que façamos, nada muda. E com isso, o desânimo começa a tomar conta. Surgem então pensamentos, como: "Será que vai acontecer? Será que Deus realmente falou isso comigo? Por que nada acontece?"

Esses pensamentos são comuns em tempos de espera e podem enfraquecer nossa fé. Mas é nesse momento que precisamos voltar à Palavra de Deus. O versículo de hoje nos lembra que Deus cumprirá suas promessas no tempo certo, e quando esse tempo chegar, tudo acontecerá rapidamente. Mesmo que a espera pareça longa, a promessa se cumprirá.

Isso já aconteceu em minha própria jornada. Quando comecei a seguir o chamado de Deus, Ele revelou que meus livros seriam um sustento para nossa casa e para a obra dele Por anos, vendíamos apenas 500 livros por ano. Parecia que a promessa estava longe de se realizar. Mas durante a pandemia, após meu esposo assumir a parte comercial, tudo mudou. De repente, começamos a vender quase 3 mil livros por mês! Foi algo rápido, mas houve muita preparação, trabalho e fé até que o tempo de Deus chegasse. E no tempo certo, a promessa se cumpriu de forma inesperada.

O mesmo pode acontecer com você. Talvez pareça que nada está acontecendo, mas Deus está preparando o terreno. Continue firme, confiando, porque quando a promessa se cumprir, será rápido e surpreendente. Não desista, porque o tempo de Deus é perfeito.

"Porque vivemos por fé, e não pelo que vemos" (2Coríntios 5:7).

Deus faz '**de repente**', mas não '**do nada**!' – Mac Anderson Continue plantando!

Senhor, renova minha fé e esperança. Ajuda-me a continuar plantando com confiança em ti, crendo que, no tempo certo, o Senhor fará tudo acontecer depressa.

__/__/__

Limpe a bagunça

Sejam compreensivos uns com os outros e perdoem quem os ofender (Colossenses 3:13).

A palavra grega que traduz '**perdão**' na Bíblia significa '**abrir mão**', '**deixar ir embora**'. Isso é o que devemos fazer com os lixos e marcas lançadas em nós.

Já aconteceu de seu vizinho deixar o lixo dele em sua calçada? Ou de receber visitas e as crianças acabarem fazendo uma bagunça, até quebrando alguma coisa? Certamente, é algo comum de ocorrer. Vamos refletir sobre isso. Quando o vizinho deixa sua calçada suja, quem limpa é você, afinal, o lixo está em frente à sua casa. No caso das visitas, por mais que peçam desculpas, quem acaba pagando o preço e limpando a bagunça é você.

Isso também ocorre na nossa vida emocional. As pessoas deixam lixos na calçada do nosso coração o tempo todo: palavras duras, calúnias, inveja, fofocas, rejeição, traição, entre tantos outros sentimentos que nos ferem. Cada situação traz um "saco de lixo" que, se não for removido, atrai sentimentos ainda piores – como mágoa, raiva e ressentimento.

Assim como o caminhão de lixo não entra na sua casa para retirar o que está lá dentro, ninguém pode limpar esses lixos emocionais por você. É responsabilidade nossa separar e jogar fora o que sujou nossa alma. Precisamos limpar a bagunça deixada pelos outros, pois se não o fizermos, a sujeira continuará a nos prejudicar.

Embora seja difícil e, muitas vezes, pareça injusto, o convite é esse: pegue um saco de lixo bem grande e comece a retirar tudo que foi deixado na entrada do seu coração. Limpe a bagunça, mesmo que tenha sido feita por outros, porque raramente eles vão ajudá-la a arrumar.

Jesus, só tu sabes quantos lixos emocionais foram depositados em meu coração e o quanto isso tem infectado minha alma. Sei que não posso esperar que as pessoas limpem a bagunça, por isso, peço que me ensines a perdoar e ajuda-me a colocar todo esse lixo emocional para fora.

Limpe suas vidraças

Por que você se preocupa com o cisco no olho de seu amigo enquanto há um tronco no seu? [...] Primeiro, livre-se do tronco em seu olho; então verá o suficiente para ajudar seu amigo (Mateus 7:3-5).

Um casal[6], recém-casado, mudou-se para um bairro tranquilo. Na primeira manhã na nova casa, enquanto tomavam café, a mulher reparou numa vizinha pendurando lençóis no varal e comentou com o marido:

— Que lençóis sujos! Ela precisa de um sabão melhor. Se eu a conhecesse, ensinaria a lavar as roupas!

O marido ouviu calado. Alguns dias depois, durante o café, a mesma cena se repetiu:

— Nossa vizinha continua com os lençóis sujos! Se eu a conhecesse, ofereceria ajuda.

A cada dois ou três dias, a mulher repetia seu comentário. Até que, um mês depois, ao ver os lençóis perfeitamente brancos no varal, surpreendida, ela disse ao marido:

— Veja, ela finalmente aprendeu a lavar! Será que outra vizinha ensinou?

O marido respondeu:

— Não, meu bem, fui eu que limpei nossas janelas ontem.

Moral da história: Quantas vezes criticamos os outros sem perceber que estamos enxergando através de vidraças sujas? As experiências, feridas e traumas da vida, ou até mesmo a religiosidade, podem embaçar nossas lentes e fazer-nos ver o lado negativo de tudo. Nossa percepção determina a forma como lemos as pessoas e como nos relacionamos com o outro, também como vemos a vida e como interpretamos as situações, as circunstâncias, e até como decidimos sobre nosso futuro, além de influenciar como pensamos, sentimos e nos comportamos.

A nossa visão do mundo é influenciada por nossa história de vida, mas é possível ressignificar essa visão. Talvez seja o momento de permitir que o Espírito Santo limpe suas vidraças, para que você possa enxergar a vida e as pessoas de forma mais clara, justa e amorosa.

Lave sua vidraça e **abra** sua janela!

Pai, perdoa-me por julgar as pessoas e as circunstâncias através da minha ótica embaçada e suja pelas dores e feridas da vida. Ajuda-me a limpar minha janela e enxergar a vida e as pessoas com mais leveza e menos julgamento, crítica e condenação.

Mais valioso

Os filhos são um presente do Senhor, uma recompensa que ele dá (Salmos 127:3).

Sua casa é **alvo das bênçãos de Deus** quando você o **obedece**.

Quando Deus deseja realinhar nossas prioridades, Ele pode nos conduzir por um período de ajustes e renúncias. Hoje, com tantas oportunidades de trabalho remoto e flexibilidade de horários, parece mais fácil conciliar carreira e criação de filhos, mas isso nem sempre significa menos desafios.

Sempre fui muito agitada e acreditava que meu valor estava no quanto trabalhava e contribuía financeiramente. Por anos, vivi na dupla jornada de cuidar do lar e trabalhar fora. Mas em 2012, quando comecei meu processo de cura emocional, uma das primeiras coisas que o Espírito Santo me direcionou foi para que deixasse meu emprego. Foi um grande desafio, pois eu tinha um cargo estável como concursada pública, e naquela época não existiam as opções de home-office ou trabalho digital. No entanto, entendi que Deus tinha algo mais valioso para mim naquele período.

Não estou dizendo que você deva deixar o que faz, pois o direcionamento de Deus é único para cada uma de nós. Mas se o Senhor está guiando você para uma fase de renúncia, encorajo você a ver isso com outros olhos. Com o tempo, compreendi que momentos são únicos e que criar memórias afetivas com os filhos é um grande privilégio.

Enquanto pensava estar perdendo algo, na verdade, ganhava muito mais. Aprendi a valorizar minha casa, servir minha família com amor e entender que meu valor não estava no trabalho externo. Deus, no tempo certo, restaurou meus sonhos e me mostrou planos ainda maiores. Valeu a pena! Curta cada momento, pois esses momentos passam rápido e não voltam mais.

Pai, se é tempo de voltar totalmente para meu lar, peço que o Senhor me permita ver a beleza e a alegria nas pequenas coisas.

Não é justo!

Jesus dizia a todos: "Se alguém quiser acompanhar-me, negue-se a si mesmo, tome diariamente a sua cruz e siga-me [...] quem perder a sua vida por minha causa, este a salvará" (Lucas 9:24).

Quando nos ofendemos, estamos em pecado. Isso mesmo! Também fiquei chocada com essa revelação do Espírito Santo em um momento em que estava profundamente ofendida com alguém. Percebi que quando guardamos ofensas, deixamos que um peso desnecessário afete nossa alma e, com isso, abrimos portas para o pecado.

A primeira pessoa a ser **beneficiada pelo perdão** é quem perdoa, não quem é perdoado.

É natural e saudável passarmos por diversas fases emocionais ao enfrentar uma dor. No começo, podemos sentir raiva, querer nos afastar ou até nos isolar para não termos contato com aquela pessoa que nos feriu. No entanto, devemos ter cuidado para não cair na tentação de falar mal dela a outras pessoas, pois isso pode acabar contaminando o coração de quem nos ouve.

Nossos sentimentos são legítimos e precisam ser processados, mas a maneira correta de fazê-lo é diante de Deus. Quanto mais você fala com Ele com sinceridade, mais Ele limpa a sua visão e o seu coração, removendo o peso da mágoa. Não é fácil, mas é o caminho que nos leva à paz.

Com o tempo, administrar esses sentimentos passa a ser crucial, e a melhor forma de eliminá-los é por meio do perdão. Não importa o que o outro fez, é o perdão que nos liberta. Se permitirmos que a ação de outra pessoa nos leve ao erro, estamos errando o alvo que Deus deseja que alcancemos.

Peça perdão a Deus por ter carregado esse ressentimento e permita que Ele ajude você a perdoar com sinceridade. O perdão é libertador, mesmo quando parece difícil. Parece "injusto", mas o Reino de Deus nos chama a renunciar ao nosso ego e renunciar aos nossos direitos, para vivermos em Cristo e experimentarmos a verdadeira vida abundante que Ele tem para nós.

Senhor, hoje entendi que é pecado alimentar maus sentimentos em relação a quem me feriu. Perdoa-me e ajuda-me a liberar perdão de todo o coração, mesmo que eu tenha que morrer para minha justiça própria.

Acerte as contas

Se você estiver apresentando uma oferta no altar [...] e lembrar que alguém tem algo contra você, deixe a oferta e vá se reconciliar. Depois volte e apresente sua oferta (Mateus 5:23,24).

Deus honra promessas quando **honramos princípios.** A promessa é cumprida quando os princípios são cumpridos. – Tiago Brunet

Enquanto o devocional de ontem tratou sobre seu coração ofendido, o de hoje fala sobre o coração de alguém que você tenha ferido, mesmo que inconscientemente. Quantas vezes falamos coisas impensadas, palavras duras para filhos, cônjuge, familiares ou colegas, que acabam machucando, especialmente pessoas mais sensíveis.

O versículo de hoje nos instrui a nos reconciliar com quem está ferido por nós antes de ofertarmos. Muitas vezes, focamos nas nossas próprias feridas e esquecemos de examinar se, sem querer, magoamos alguém.

Algo que me chama a atenção nesse versículo é a conexão clara entre a reconciliação e a oferta. Jesus nos instrui a deixar a oferta no altar e ir acertar as contas com quem tem algo contra nós. Não estou falando de *haters* ou de pessoas que, por inveja, se incomodam com quem você é. Refiro-me a relacionamentos próximos, onde existe troca de sentimentos e emoções.

Será que, ao não acertarmos essas pendências, nossa vida financeira ou espiritual pode ser afetada? Não tenho como provar isso cientificamente, mas, por experiência própria, percebi que quando resolvi questões de perdão e reconciliação, minha vida começou a melhorar em várias áreas, incluindo a financeira.

Acredito que Jesus conecta esses aspectos porque tudo está interligado. Se há princípios que liberam bênçãos, como Efésios 1:3 afirma, então nossa reconciliação pode abrir portas para bênçãos que estão retidas. Mãe, peça perdão ao seu filho. Esposa, reconcilie-se com seu marido. Filha, peça perdão aos seus pais. Irmã, reconcilie-se com seus irmãos.

Pai, quero ofertar ao Senhor de maneira que o agrade e que o Senhor receba minha oferta de gratidão e de adoração. Se há alguém que devo pedir perdão e me reconciliar, peço que o teu Espírito me sinalize e me revele, para que eu possa cumprir os princípios que o Senhor estabeleceu.

Deus, eu e os outros

Quatro homens vieram carregando um paralítico numa maca. [...] Ao ver a fé que eles tinham, Jesus disse ao paralítico: "Filho, seus pecados estão perdoados" (Marcos 2:3-5).

Nesse texto, podemos entender como identificar as responsabilidades de cada parte em um processo de transformação. Nessa história, temos três personagens principais: o paralítico, os amigos e Jesus. Talvez você esteja desanimada, ferida, ou passando por um luto. Quem sabe esteja lidando com o fim de um casamento, a perda de um emprego ou qualquer situação que a tenha paralisado emocionalmente.

Pode ser que suas amigas tenham a convidado para ir à igreja, a uma conferência ou a um simples passeio. No entanto, o desânimo e a tristeza talvez tenham feito você recusar. Aqui vai um conselho importante: aceite o convite. Saia da paralisia emocional e vá ao encontro de Jesus, o único que pode transformar sua história e fazê-la caminhar novamente.

Na passagem bíblica, os amigos do paralítico cumpriram sua parte ao levá-lo até Jesus, assim como suas amigas podem estar conduzindo você até Ele. Mas depois de ser ajudada, é sua responsabilidade se levantar e continuar a caminhada. Jesus ordenou ao paralítico: "Levante-se, pegue sua maca e vá para casa" (v.11), e o homem obedeceu, glorificando a Deus diante de todos (v.12).

Assim, sua parte é clara: buscar a Deus, ler sua Palavra e desenvolver intimidade com Ele. Deus já fez a parte dele ao morrer na cruz por você e ressuscitar para dar-lhe vida abundante. Agora, cabe a você andar em fé e glorificar o nome de Jesus.

Quando você **entende o quanto já recebeu** de Deus e das pessoas que Ele usou para ajudá-la em parte da sua jornada, você deve querer **fazer o mesmo** por outras pessoas.

Espírito Santo, ajuda-me a identificar qual minha parte e cumpri-la, para a glória de Cristo Jesus.

Fale a verdade

[...] Ananias, como você permitiu que Satanás enchesse o seu coração, ao ponto de você mentir ao Espírito Santo [...]? (Atos 5:3).

Que **máscaras** você tem usado para **esconder** quem você é verdadeiramente?

Essa história bíblica é intrigante. Em Atos 5:1-11, Ananias e Safira venderam uma propriedade e, ao ofertar o valor, guardaram parte do dinheiro para si. O problema não foi guardar parte do valor, mas mentir, fingindo que estavam dando tudo para serem vistos como generosos. A intenção deles não era honesta; estavam mais preocupados com a aparência e reputação diante dos apóstolos do que com a sinceridade no Reino de Deus.

Muitas vezes, esse comportamento se repete. Pessoas fingem práticas espirituais que não realizaram, seja jejum, oração ou leitura da Bíblia, apenas para impressionar os outros. É fácil cair na tentação de tentar agradar aos olhos humanos, mas isso não traz benefícios para o coração.

Lembro de um exemplo pessoal. Logo após me casar, aos 17 anos, sentia necessidade de impressionar minha madrasta, querendo parecer uma dona de casa exemplar. Embora pudesse ter a rotina que quisesse, mentia dizendo que acordava cedo e limpava a casa, apenas para ser aprovada por ela. No fundo, eu sabia que isso não refletia quem eu realmente era.

É importante refletir se você está tentando agradar alguém apenas para ser aceita ou reconhecida. Deus não se impressiona com aparências; Ele se importa com a verdade. Ninguém precisa ver o quanto você ora, jejua ou se consagra. O que importa é o resultado dessas práticas em sua vida, nas suas ações e atitudes.

Hoje, no "Dia da Mentira", lembre-se de que Satanás é o pai da mentira (João 8:44), mas, como filha de Deus, você carrega a verdade no seu DNA. Expresse essa verdade em tudo o que faz.

Senhor, perdoa-me por querer parecer ser o que não sou. Que eu seja como o Senhor.

Tentação

Porque, tendo em vista o que ele mesmo sofreu quando tentado, ele é capaz de socorrer aqueles que também estão sendo tentados (Hebreus 2:18).

Lembro de uma fase difícil em que me vi tentada a comparar meus resultados profissionais aos de outras pessoas. Sentia-me insatisfeita e desvalorizava o "pouco" que tinha em comparação ao "muito" dos outros. Por ter uma tendência a me cobrar excessivamente, comecei a me culpar por esses sentimentos, brigando internamente comigo mesma.

Orei ao Espírito Santo, pedindo que sondasse meu coração e revelasse as motivações ocultas que me levavam a esses pensamentos. No meu momento de oração, desabafei com Deus, frustrada comigo mesma e sem paciência para lidar com aquela situação. Foi então que o Espírito Santo me levou à passagem bíblica que li no devocional de hoje.

Ele me mostrou que não é pecado ser tentada, mas sim ceder à tentação. Eu não estava alimentando intencionalmente aqueles sentimentos; estava confessando e buscando a libertação. A passagem de Mateus 4, onde Jesus é tentado, me trouxe alívio. Se até Jesus sofreu tentações, Ele compreende nossas lutas e pode nos socorrer. É por isso que Ele nos ensinou a orar: "E não nos deixes cair em tentação" (Mateus 6:13).

Somos tentadas a murmurar, a nos comparar, a cobiçar o que outros têm, e a desconfiar de Deus. A tentação de controlar tudo, evitar surpresas, e lidar com preocupações sempre está presente. No entanto, em todas essas situações, Jesus está ao nosso lado, pronto para nos ajudar a resistir e vencer.

Portanto, se você está enfrentando tentações, não se sinta menos amada ou aceita por Deus, nem se condene. Continue confessando e pedindo a graça de Cristo para vencer toda tentação.

O **poço da graça** de Deus não tem fim.
– Max Lucado

Senhor, ajuda-me a identificar as áreas em que estou sendo tentada em minha vida e ajuda-me a vencer essas tentações.

Legado

[...] você terá um filho [...] É ele que vai construir um templo em honra ao meu nome (1Crônicas 22:10).

Você tem **honrado o legado** que recebeu e está se esforçando para construir o seu próprio legado?

Neste texto, Davi passa a seu filho Salomão a missão que Deus havia colocado em seu coração: a construção do templo. Embora o desejo de construir o templo tenha nascido em Davi, coube a Salomão executá-lo. Em 1Crônicas 22:11-13, Davi abençoa Salomão, encorajando-o a ser forte e corajoso para cumprir essa missão. Nos versículos 14 e 15, ele mostra ao filho os recursos que já havia providenciado: ouro, prata, bronze, ferro, madeira e pedra, deixando claro que Salomão ainda poderia aumentar essa provisão.

A frase "Seu teto será o chão que seus filhos irão pisar" reflete a grandeza do legado geracional. Somos responsáveis por continuar a obra de nossos antecessores e, ao mesmo tempo, por preparar um caminho para que nossos filhos, biológicos ou espirituais, possam ir além. O que construímos hoje serve como base para que eles avancem ainda mais.

Lembro dos muitos trabalhos voluntários que minha mãe realizou na igreja. Ela sempre me levava para ajudá-la e, mais tarde, eu percebi que havia herdado seu dom. Ela aconselhava jovens como líder de adolescentes e, anos depois, eu fazia o mesmo, atuando como conselheira e mentora cristã. O legado dela se tornou a base do meu próprio chamado.

Davi deixou a Salomão uma base sólida para a construção do templo, mas o encorajou a ampliar esses recursos. Da mesma forma, Deus sempre acrescenta ao nosso chamado, permitindo que, a partir do que recebemos, construamos algo maior. O legado deixado por aqueles que vieram antes de nós serve de alicerce para que possamos realizar ainda mais no Reino de Deus.

Senhor, ajuda-me a concluir a obra que o Senhor confiou aos meus pais e ajuda-me a deixar um legado para aqueles que vierem após mim.

No seu lugar

Quem julgava Israel nessa época era Débora, uma profetisa [...] o Senhor entregará Sísera nas mãos de uma mulher (Juízes 4:4,9).

Sugiro que leia Juízes 4 para extrair importantes lições. Nesse capítulo, encontramos personagens-chave:

Débora: juíza que aconselhava o povo de Deus.

Sísera: comandante do exército inimigo.

Baraque: escolhido por Débora para liderar o exército de Israel.

Jael: uma mulher comum que derrotou Sísera com uma estratégia simples.

Esse capítulo destaca o papel de duas mulheres em funções diferentes, mas ambas cumprindo o mesmo propósito: derrotar o inimigo do povo de Deus. Débora, uma líder forte e conselheira, e Jael, uma mulher de vida comum, sem posição de liderança. Na simplicidade de Jael, Deus trouxe a vitória.

Nos dias de hoje, muitas mulheres são levantadas por Deus para expandir seu Reino, mas isso pode gerar comparações e competições. A história de Débora e Jael nos ensina que cada uma cumpriu sua função sem rivalidade. Algumas mulheres são chamadas para posições de destaque, como Débora, enquanto outras, como Jael, atuam nos bastidores, sem exposição pública, mas com um impacto igualmente poderoso.

Jael usou o que tinha em casa para derrotar Sísera, e Deus nos convida a fazer o mesmo. Em vez de cobiçar o papel de outras mulheres em destaque, peça a Deus oportunidades para vencer o inimigo em sua própria casa. Não subestime sua vida "comum" e o que Deus pode fazer através de você como dona de casa, filha, esposa ou mãe.

O propósito de Deus é cumprido tanto em posições públicas quanto nas mais simples. Cada papel tem valor no Reino.

Deus nos dá uma **vida extraordinária** de acordo com **o quanto entregamos** de nossa vida comum a Ele.

Senhor, aceito teu chamado e ocupo minha posição, seja ela qual for: de guerreira ou de caseira. O importante é estar no centro da tua vontade e contribuir para o avanço do teu Reino.

Mochila cheia

[...] livremo-nos de todo peso que nos torna vagarosos e do pecado que nos atrapalha, e corramos com perseverança a corrida que foi posta diante de nós (Hebreus 12:1).

Retire os **pesos** da sua mochila e encontre **tesouros** escondidos.

Quando Deus nos envia à terra, Ele nos equipa com dons, talentos e tudo o que precisamos para cumprir nossa missão. Sabendo disso, Satanás tenta soterrar esses presentes. Ele investe pesado, colocando em nossa "mochila" rejeição, abandono, abuso, violência, traições e muitos outros pesos emocionais.

Carreguei uma mochila pesada por anos e quando não cabia mais nada nela, peguei um "saco de lixo emocional" e passei a enchê-lo com sentimentos de vitimismo, tristeza, amargura, mágoas, insatisfação, inveja, culpa, medo e desânimo. O processo de cura começou quando entendi que precisava largar esse saco e mochila na cruz de Cristo, que tem o poder de destruir todo mal.

Você se identificou com o meu relato? Será que também carrega uma mochila pesada de traumas e dores do passado?

Ao abandonar esses pesos, sua "mochila" é reaberta, revelando os tesouros que Deus confiou a você no início da sua jornada terrena. Dons como ouvir, aconselhar, ensinar e comunicar podem estar presentes em sua mochila, assim como estavam na minha.

Soterrados sob o peso emocional, esses presentes divinos são redescobertos, juntamente com os suprimentos necessários para sua jornada: fé, coragem, amor, alegria, gratidão, paz e perdão.

Ao se livrar desses fardos e reencontrar os dons dados por Deus, você tem a oportunidade de reconectar-se à missão que Deus preparou para você, equipada com tudo o que é necessário para caminhar cumprindo seu propósito.

Jesus, deixo aos pés da tua cruz todo lixo e peso que colocaram em minha mochila.

Na hora certa

Não andem ansiosos por coisa alguma, mas em tudo, pela oração e súplicas, e com ação de graças, apresentem seus pedidos a Deus (Filipenses 4:6).

Quando você compra algo pela internet, não fica esperando no portão 24 horas por dia. Você continua com suas atividades: trabalhando, estudando, cuidando da casa e da família. Até que, em um momento inesperado, o carteiro ou transportadora chega com sua encomenda. Assim também é em nossa vida, com as promessas de Deus. Temos sonhos e expectativas – seja o retorno de um filho a Deus, a restauração do casamento, uma promoção no trabalho, uma cura ou a conquista de bens materiais – e aguardamos ansiosamente por seu cumprimento.

Na **hora certa**, Deus toca a campainha da sua casa e entrega sua **encomenda**!

No entanto, a espera precisa ser encarada com a atitude correta, ou ela pode nos adoecer. Provérbios 13:12 nos alerta: "A esperança adiada faz o coração ficar doente, mas o sonho realizado é árvore de vida". Se ficarmos focadas excessivamente naquilo que esperamos, podemos nos desgastar emocionalmente, como se estivéssemos esperando no portão, sob sol, chuva e vento, até adoecermos.

Além disso, quando focamos demais nas nossas metas, elas podem se tornar ídolos, tirando Deus do centro de nossa vida. A ansiedade nos faz sentir que um mês parece um ano, e que um ano parece uma década, tudo por estarmos obcecadas em receber a promessa. A chave é aprender a estar feliz e satisfeita enquanto esperamos a promessa.

A espera nos ensina a discernir entre desejos genuínos e empolgações passageiras. Se o que você espera ainda não aconteceu, as razões podem ser: ainda não é o tempo (*kairós*) de Deus, você ou as pessoas ao seu redor não estão prontas, ou simplesmente esse não é o caminho que Deus planejou para você. Confie e seja grata no processo!

Senhor, ajuda-me a acalmar minha alma ansiosa e inquieta. Agradeço-te porque o Senhor tem cuidado de cada detalhe em minha vida e sei que o "kairós" do Senhor vai chegar para mim.

Não é sobre você

[...] Deus, por meio de Cristo Jesus, julgará os pensamentos secretos de todas as pessoas (Romanos 2:16b).

Enquanto você achar que pode **controlar** o que as pessoas **pensam** a seu respeito, estará **presa às opiniões delas** Jesus Cristo morreu para **dar liberdade a você**, então, seja livre!

Quantas vezes você teve a impressão de que um grupo estava falando sobre você antes de você chegar? Ou pensou que suas amigas estavam fazendo um complô, talvez até criando um grupo no WhatsApp sem você? Quantas vezes você acreditou que as pessoas mais próximas estavam falando mal de você pelas costas, ou espalhando seus segredos? Talvez tenha se chateado por não curtirem suas postagens nas redes sociais ou achado que alguém estava evitando você por não responder suas mensagens.

Esses pensamentos giram constantemente em torno de nós mesmos. Confesso que já tive muitos desses pensamentos, mas aprendi algo importante: *não é sobre você!* Nós não somos o centro das atenções das outras pessoas. Elas estão ocupadas demais com suas próprias vidas para se preocupar tanto assim. Pode parecer duro, mas é verdade: *você não é tão importante assim para os outros.*

Porém, saiba que, para Deus, você é *extremamente importante.* Ele fala sobre você com Jesus e com os anjos, planejando um futuro bom, perfeito e agradável para sua vida. O que realmente é *sobre você* foi o que Jesus fez na cruz.

Lembre-se de que as ações dos outros não são sua responsabilidade. O que as pessoas dizem ou deixam de dizer a seu respeito tem mais a ver com elas do que com você. Em vez de se preocupar com o que os outros pensam, foque em cuidar dos seus próprios pensamentos e em agradar a Deus. Afinal, só Ele pode julgar o coração e os pensamentos secretos de cada um.

Perdoa-me, Senhor, por perder tempo julgando o pensamento das pessoas a meu respeito. Quero conhecer os pensamentos que o Senhor tem ao meu respeito, porque são eles que importam de verdade.

Expresse a gratidão

Não deixo de dar graças por vocês, mencionando-os em minhas orações (Efésios 1:16).

Você já percebeu como a ingratidão é comum hoje em dia? A insatisfação, o orgulho e a falta de gentileza tornam as pessoas ingratas. Muitas vezes, as pessoas exigem muito, mas nunca estão satisfeitas com o que recebem. O egoísmo faz com que elas não reconheçam os esforços dos outros, como se o mundo sempre lhes devesse algo.

Quando nos sobrecarregamos com responsabilidades – como cuidar da casa, dos filhos, do cônjuge e do trabalho – deixamos de valorizar as pequenas coisas que os outros fazem por nós. Não agradecemos gestos simples porque estamos focados no "muito" que fazemos. Isso pode nos tornar amargas e reclamantes, afastando as pessoas de nós. E então, nos sentimos injustiçadas e adotamos a posição de vítima.

Você alguma vez já agradeceu ao seu esposo por dividir a jornada de vida com você? Ou agradeceu a alguém por pequenos gestos que facilitam sua vida? Pense nas pequenas ajudas: uma mãe ou sogra que cuida dos filhos, um marido que busca as crianças na escola, ou uma amiga que lhe dá carona. Gestos simples que passam despercebidos, mas que fazem diferença no seu dia a dia.

Que tal, hoje, lembrar-se de pessoas que a abençoaram no passado? Envie uma mensagem carinhosa, agradecendo por algo que fizeram por você. Melhor ainda, escreva uma carta expressando sua gratidão e envie um mimo. Esse ato pode ser um abraço em um dia difícil para alguém, ou um carinho especial de Deus para essa pessoa.

A gratidão gera boas conexões e relacionamentos saudáveis. Ela aumenta a empatia, sensibilidade e compaixão. Aproveite o momento para orar por aqueles que vieram à sua mente enquanto refletia sobre isso.

É tentador entrar em um estado de **ingratidão** sempre que sentimos que nossos **desejos não estão sendo atendidos.**
– Robert Morris

Pai, te agradeço de todo o coração por

____

(nome da pessoa) e por me abençoar de

____

____

(descreva) tal maneira. Que o Senhor derrame bençãos sem medidas sobre a vida dela e a recompense como somente o Senhor pode fazer.

Muito mais

O homem olhou para eles com atenção, esperando receber deles alguma coisa (Atos 3:5).

Está na **cruz** o amor, afeto, reconhecimento e **validação** que você tanto procura nas pessoas.

Na passagem bíblica referente a esse texto, um homem aleijado esperava que Pedro e João lhe dessem uma esmola, mas os discípulos, em vez de dinheiro, ofereceram algo muito maior: a cura, em nome de Jesus.

Assim como esse homem, muitas vezes colocamos expectativas em outras pessoas, esperando algo específico: ajuda, afeto, agradecimento, retribuição ou atenção. No entanto, quanto mais expectativas depositamos nos outros, maior a chance de nos decepcionarmos. Esperamos que os outros ajam como agimos com eles, mas raramente recebemos de volta o que entregamos.

Esse homem nos ensina uma lição valiosa: enquanto esperamos receber algo de alguém, Deus quer nos curar da nossa condição de dependência. Ele recebeu muito mais do que esperava! Isso nos lembra que cada pessoa só pode dar aquilo que tem. Talvez estejamos esperando amor ou ajuda de alguém que não tem isso em seu "tanque emocional".

Além disso, precisamos reconhecer que também falhamos em corresponder às expectativas dos outros. Muitas vezes, criamos imagens irreais de quem as pessoas são ou deveríamos ser, resultando em frustrações para ambos os lados.

No passado, eu também tive expectativas irreais e fui frustrada. No entanto, essas decepções me proporcionaram momentos de cura e crescimento pessoal. Aprendi que Deus tem muito mais a oferecer. Tratar o próximo com bondade, respeito, gentileza e compaixão sem esperar que ele retribua da mesma forma, nos livra de grandes decepções.

Faça uma lista das coisas ou atitudes que você espera das pessoas, incluindo o nome de cada uma e o que você espera delas. Em seguida, reflita se essas expectativas são realistas ou se são fruto de uma idealização infantil, baseada em algo que você não recebeu durante sua infância.

Senhor, sei que o tens muito mais para mim. Perdoa-me por buscar em pessoas o que encontro somente em ti.

Construa pontes

Pais, não irritem seus filhos, para que eles não desanimem (Colossenses 3:21).

Ser mãe de adolescente é um desafio marcado por mudanças intensas no comportamento e no visual dos filhos. Nessa fase, eles tendem a se afastar dos pais, buscando sua própria identidade. Amigos se tornam mais interessantes, as conversas pelo WhatsApp são mais animadas, e o tempo em família diminui. As meninas trocam roupas infantis por estilos mais ousados, e os meninos passam mais tempo preocupados com a aparência.

A comunicação se torna limitada, e o adolescente, focado em si mesmo, raramente oferece ajuda. Conflitos surgem quando os filhos interpretam as regras dos pais como restrições à sua liberdade. Mas é essencial construir pontes e evitar que um abismo se forme entre vocês.

Ouvir e respeitar a opinião do adolescente ajuda a manter a proximidade. Estabeleça regras de forma clara, sem gritar, e vincule-as a benefícios. Se as regras não forem seguidas, ele perde o privilégio. Além disso, ajude seu filho a entender que toda escolha traz consequências, promovendo a autorresponsabilidade.

Não force uma amizade instantânea se a confiança ainda não foi construída. Mostre-se disponível e empática quando ele quiser compartilhar problemas. Lembrar-se de suas próprias experiências na adolescência pode ajudar a criar uma conexão mais profunda. Compartilhar suas histórias de frustração e erros mostrará que ele não está sozinho.

Evite gritar e demonstre que está disposta a ouvi-lo. Certifique-se de que ele saiba que ele é sua prioridade, o que pode evitar crises graves como automutilação e pensamentos suicidas. Não compartilhe seus problemas com todos, preservando sua confiança. Essas pequenas atitudes podem restaurar e fortalecer uma relação fragilizada.

As pessoas são **solitárias** porque constroem **muros** ao invés de **pontes**.
– Antoine de Saint-Exupéry

Pai, assim como tu e Jesus sempre foram próximos e amigos, ajuda-me a ser próxima de meus filhos, ainda que eles estejam em uma fase desafiadora. Ajuda-me a construir pontes de conexão e amor.

101

__/__/__

Não se compara diferentes

Temos diferentes dons, de acordo com a graça que nos foi dada (Romanos 12:6).

A comparação sabota a pessoa que Deus quer que você seja.

Um lápis e uma caneta têm a mesma função: escrever. Ambos atingem o mesmo objetivo de maneiras diferentes, e cada pessoa tem suas preferências – lápis, caneta azul, preta, vermelha ou colorida. Da mesma forma, na vida e no trabalho, não há necessidade de ciúmes, inveja ou comparações com quem desempenha a mesma função que você.

Cada um realiza o trabalho de uma forma única, e isso é natural. Algumas pessoas preferem o trabalho de uma cabeleireira, outras de outra. Alguns gostam dos bolos de uma confeiteira, enquanto outros têm outra preferência. Isso se aplica a cantores, pregadores, lojas e serviços. Cada um tem seu estilo, e isso não é um problema.

O importante é não desmerecer o trabalho dos outros, mesmo que não seja sua escolha no momento. Às vezes, o lápis é ideal porque permite apagar erros; outras vezes, a vida exige uma caneta, quando não há espaço para mudanças. O conselho valioso aqui é: *não se compare e não compare o trabalho dos outros*.

Se Deus chamou você para ser um lápis, seja o melhor lápis que puder. Se Ele a estabeleceu como caneta, escreva com cuidado, pois a rasura pode ser definitiva. O essencial é ser feliz sendo quem você é, realizando sua missão com autenticidade e excelência.

No final, o objetivo é cumprir o chamado de Deus, independentemente de como você faz. Seja lápis ou caneta, o importante é usar seus dons e talentos para fazer a diferença.

Pai, ajuda-me a não me comparar com ninguém e a não comparar as pessoas que acompanho de alguma forma. Não quero estabelecer ninguém melhor que ninguém porque sei que as pessoas possuem dons diferentes.

Antídoto e veneno

"Farei cicatrizar o seu ferimento e curarei as suas feridas", declara o Senhor (Jeremias 30:17).

O Senhor nos convida a um lugar de cura, mas esse processo nem sempre é confortável, pois nos leva a reviver dores profundas. Ainda que seja difícil, revisitar essas memórias guardadas é, muitas vezes, o caminho necessário para a verdadeira cura.

A **cura** da dor está na **dor**.

Se sua alma foi envenenada por traição, abandono, rejeição ou perdas, pode ser necessário confrontar essas feridas novamente para encontrar cura. Assim como o antídoto para o veneno de uma cobra[7] é produzido a partir do próprio veneno, a cura emocional pode vir ao revisitar essas lembranças dolorosas.

Se experiências de rejeição ainda trazem grande sofrimento e paralisam sua vida, é um sinal de que existem raízes profundas não tratadas. Quando revivemos essas dores com a mesma intensidade, é uma oportunidade de "descascar mais uma camada" e avançar no processo de cura.

Para ser curada, é necessário voltar à raiz dos problemas: rejeição, medo, fracasso, perdas e decepções. Peça ao Espírito Santo que revele a origem dessas dores e sentimentos negativos. Quando algo ofender você profundamente, ore e busque entender o "porquê" dessa reação. Não desista de encontrar a resposta.

Liberar perdão e pedir ao Senhor para arrancar a raiz da rejeição é essencial. Além disso, tente entender a situação ou percepção da pessoa que a feriu. Compreender o outro ajuda a elaborar essas experiências e fechar as feridas. Esse é o verdadeiro caminho para a cura emocional e espiritual.

Espírito Santo de Deus, ajuda-me a revisitar os lugares de dor necessários para curar as raízes mais profundas segurando tua mão.

__/__/__

Opine se solicitada

Há coisas que não são necessariamente erradas. Elas só **não são necessárias.**

Sejam todos prontos para ouvir e tardios para falar (Tiago 1:19b).

As mulheres, por natureza, têm o dom de servir, ajudar e aconselhar. No entanto, na ânsia de "resolver" os problemas dos outros, podemos acabar sendo invasivas, agindo como "mães", sem perceber. Isso pode nos deixar frustradas quando nossas sugestões não são bem recebidas.

Eu, por exemplo, sempre tive o ímpeto de aconselhar – algo que começou na adolescência e se fortaleceu com o tempo. Trabalhei por anos aconselhando mulheres e muitas vezes me sentia inclinada a oferecer soluções imediatas. No entanto, aprendi que nem todas as pessoas querem ouvir opiniões, mesmo quando oferecidas com a melhor das intenções. Várias vezes, acabei me chateando porque meus conselhos foram rejeitados.

Hoje uso uma abordagem diferente. Se alguém pede minha opinião diretamente, sinto-me livre para compartilhar o que está no meu coração, pois a pessoa solicitou. Mas quando a pessoa apenas desabafa, tento conter o impulso de dar conselhos e, em vez disso, pergunto ao Espírito Santo: "Devo falar ou apenas ouvir?".

Se sinto que devo falar, pergunto com cuidado: "Você quer ouvir o que tenho a dizer, mesmo que seja algo difícil?". Ou: "Posso ajudá-la mas você está disposta a ouvir, mesmo que não seja o que você espera?".

Cada situação é única, e saber a hora certa de dar um conselho pode evitar muitos problemas. Se seus conselhos não forem bem aceitos, perdoe e aprenda com a experiência. Dar opinião no momento e da maneira correta é o que nos torna verdadeiramente sábias.

Deus, não me envies para falar simplesmente, opera comigo e através de mim, confirma as palavras que eu disser no coração daqueles que as ouvirem.

Afastamento

E ele respondeu: "Ouvi teus passos no jardim e fiquei com medo, porque estava nu; por isso me escondi" (Gênesis 3:10).

Quando pecamos e o Espírito Santo nos convence do erro, a primeira reação é a vergonha, que nos afasta de Deus por medo de sermos rejeitados. Nesse momento, o inimigo tenta nos acusar, fazendo-nos acreditar que Deus está cansado de ouvir nossas desculpas repetidas vezes.

A música de Jeferson Pilar reflete essa luta: "Prometo e falho, Senhor, eu não aguento mais confiar em mim!" Muitas vezes, reconhecemos o erro, pedimos perdão e prometemos não repetir, mas caímos novamente na mesma tentação. Chega o ponto em que nos sentimos sem coragem para pedir perdão de novo. No entanto, esse é um dos maiores erros que podemos cometer.

Afastar-se de Deus por vergonha nos leva a perder a intimidade com Ele, o que nos torna ainda mais vulneráveis ao pecado. Não acredite nas mentiras de Satanás de que Deus está cansado de perdoar. Como Max Lucado disse: "A misericórdia deu ao filho pródigo uma segunda chance. A graça deu uma festa para ele".

Jesus morreu na cruz para nos livrar de toda acusação, medo e vergonha. Aproxime-se dessa graça imerecida. Isso não deve ser uma desculpa para continuar pecando, mas um incentivo para buscar liberdade.

Pratique disciplinas espirituais como oração, jejum e leitura da Palavra, que fortalecem sua resistência ao pecado. A graça de Deus está sempre disponível, e é ela que nos sustenta no caminho de santificação e crescimento espiritual. Confie em Deus, peça sua ajuda e continue avançando, sabendo que Ele nunca se cansa de perdoar.

Deus lançou seus **pecados** e erros no mar do **esquecimento**. Não pegue uma vara para pescá-los. Nessa área da sua vida, coloque uma placa: "é proibido pescar!"

Pai, pequei contra ti, mas não posso me afastar da tua graça e amor, por isso, arrependo-me e peço que me perdoes por

____

____

(confesse seu pecado). Obrigada porque o sangue do teu Filho Amado me conecta novamente com o Senhor.

Dentro de você

Antes de eu formar você no ventre, eu já sabia tudo a seu respeito. Antes que você pudesse ver a luz do dia, eu já tinha planos para você (Jeremias 1:5, A Mensagem).

Tudo o que você precisa para **cumprir seu chamado** está **dentro de você.**

Deus a moldou com um propósito específico e deu a você habilidades únicas para cumprir sua missão de vida. Sua história pessoal também contribui para esse propósito. Muitas pessoas, no entanto, não conseguem enxergar seu chamado porque estão focadas nas ações dos outros, em vez de olhar para si próprias e descobrir os tesouros que Deus já colocou nelas.

Veja o exemplo de José: ele governou na casa de Potifar, na prisão e no Egito. O propósito dele sempre foi governar, independentemente do local ou circunstância. Da mesma forma, seu chamado é algo que você pode exercer em diferentes áreas, mas sempre com a mesma essência.

No meu caso, meu propósito é aconselhar e ensinar pessoas na área emocional com a ajuda de Cristo, por meio das minhas experiências. Eu cumpro isso ao escrever livros, gravar vídeos, ministrar em igrejas, atender como terapeuta, dar mentorias e muito mais. Cada ação contribui para o cumprimento do meu chamado ministerial.

E você, o que está fazendo para cumprir seu chamado? Não espere oportunidades perfeitas. As redes sociais, por exemplo, são uma ótima ferramenta para compartilhar suas experiências e ajudar outras pessoas que precisam de suas palavras, apoio e oração.

Para descobrir seu chamado, pergunte-se: o que coloca seu coração em chamas? O que você faz com facilidade e que a satisfaz profundamente? O que já superou com a ajuda de Deus? As respostas a essas perguntas são pistas sobre o seu propósito.

Deus a preparou com dons, habilidades e paixões únicas. Use-os para alcançar outras pessoas, e que o testemunho da sua vida inspire outros a se aproximarem de Deus.

Pai, creio que o Senhor me escolheu para cumprir uma missão nesta terra e gostaria de pedir que teu Espírito revele ao meu coração quais são os teus planos estabelecidos antes mesmo que eu viesse a existir.

Quebra-cabeça

O caminho dos justos é como a primeira luz do amanhecer, que brilha cada vez mais até o dia pleno clarear (Provérbios 4:18).

A vida muitas vezes parece um grande quebra-cabeça, onde Deus nos entrega as peças aos poucos ao longo da jornada. Lembre-se de quando você tentou montar um quebra-cabeça. Tudo o que temos é a imagem na caixa, mas, ao abrir, as peças estão misturadas e parecem não se encaixar. No início, pode ser confuso e desanimador, pois as peças se assemelham, mas não se encaixam de imediato.

Assim como montar um quebra-cabeça exige tempo, paciência e persistência, a vida também. Quanto maior a imagem, mais complexa a montagem. Deus nos dá uma visão de nossa vida através de suas promessas, mas as peças são liberadas aos poucos, e leva tempo até que tudo faça sentido.

É importante valorizar cada experiência, seja dor, fracasso, alegria ou vitória. Todas são peças essenciais no quebra-cabeça da sua vida, mesmo que no momento pareçam desconexas. Cada uma contribui para a imagem final que Deus tem para você.

Reflita: você tem "deixado o jogo de lado", frustrada e desanimada? Já desistiu de acreditar em um futuro promissor? Talvez alguém tenha "chutado" seu quebra-cabeça, embaralhando seus sonhos com palavras desmotivadoras como "isso não é para você". Assim como quando uma criança vê seu quebra-cabeça bagunçado por um irmão mais velho, às vezes as pessoas tentam destruir nossos sonhos.

No entanto, Deus está construindo algo grande em sua vida, peça por peça. Confie no processo e continue avançando, mesmo quando tudo parecer bagunçado.

Persista com paciência até o **final** do jogo, porque, sem dúvida nenhuma, terá **valido a pena**, pois seu Pai caprichou na imagem final!

Pai, ajuda-me a organizar novamente as peças do quebra-cabeça da minha vida.

Quem está no seu ônibus?

[...] tempo de abraçar, e tempo de se afastar (Eclesiastes 3:5b).

Agradeça por Deus **ter tirado pessoas** da sua vida.

Você tem um destino e uma jornada a cumprir. Imagine que sua vida é como um ônibus que sai de um terminal e segue por várias paradas até o destino final. No início, apenas seus pais e familiares estão com você, mas, à medida que sua jornada avança, novas pessoas entram, como professores e amigos da escola. Na adolescência, algumas pessoas saem e outras entram, conforme necessário.

Ao se casar, seu cônjuge e seus familiares sobem no seu ônibus, enquanto algumas amizades podem descer. Filhos entram em paradas futuras e outras pessoas, como amigos ou parentes, podem sair do ônibus devido a distanciamentos ou perdas.

A lição aqui é que, ao longo da vida, pessoas entram e saem do seu "ônibus". Algumas estão destinadas a seguir com você até o fim, enquanto outras têm uma participação temporária em sua jornada. Pode ser que alguém que entrou em sua vida precise sair agora. Talvez ela esteja "dando sinal" para descer no próximo ponto e você não esteja "abrindo a porta" do seu ônibus, insistindo em manter essa pessoa em sua vida, mesmo que o propósito dela já tenha se encerrado.

Deus não une apenas vidas, mas também propósitos. Se o propósito de alguém na sua vida terminou, é importante abrir a porta e deixá-la partir. Algumas pessoas podem ser tóxicas, controladoras ou manipuladoras, e mantê-las em sua vida só gera sofrimento. Avalie quem está no seu "ônibus" e se é o momento de deixá-las, permitindo que a sua jornada siga com leveza e propósito.

Abra as portas para quem precisa sair e confie que Deus trará as pessoas certas para seguir ao seu lado até o destino final.

Senhor, se é tempo de abrir a porta do meu ônibus e deixar algumas pessoas partirem, ajuda-me a facilitar esse processo.

Querem levar você de volta

Cristo verdadeiramente nos libertou. Não se submetam novamente à escravidão[...] (Gálatas 5:1).

Você já percebeu como algumas pessoas têm prazer em nos puxar de volta aos lugares de onde Deus já nos tirou? Levei anos para superar sentimentos como tristeza, medo, timidez, vergonha, manipulação, isolamento e a sensação de inadequação. No entanto, ao longo da minha caminhada, encontrei pessoas que faziam comentários como: "Você parece triste hoje!" ou "Está preocupada com algo?", mesmo quando eu estava em paz. Tentavam me levar de volta a sentimentos dos quais eu já tinha sido liberta.

Nunca volte para o lugar onde você teve que **orar muito para sair.**

Esses comentários podem nos fazer questionar nossa cura emocional, como se precisássemos provar algo para os outros. Já fui isolada por me sentir inadequada em grupos, envergonhada em eventos e calada por medo de não ser aceita. Mas hoje sou diferente. Falo quando acho conveniente e quando posso trazer algo positivo.

Um exemplo claro disso aconteceu em um Dia das Mães. Já não sofro com a ausência da minha mãe há muitos anos, mas uma "amiga" comentou: "Deve ser muito triste para você não ter sua mãe aqui". Até aquele momento, eu não estava triste, mas suas palavras trouxeram uma culpa repentina, como se eu devesse me sentir mal por estar em paz com essa ausência. Foi uma experiência absurda.

A verdade é que você não precisa agir conforme os outros esperam para provar sua cura. Ser curada é ser livre para ser quem Deus a fez para ser, respeitando seus limites e sua personalidade. Ser introspectiva, reservada ou escolher não compartilhar tudo nas redes sociais não significa que você não é curada. É apenas a sua essência.

Reflita: de quais lugares você já saiu e que algumas pessoas insistem em puxá-la de volta?

Jesus, obrigada por me libertares. Peço que o teu Espírito ajuda-me a não voltar para lá.

Relações tóxicas

A sanguessuga tem duas bocas que dizem: "Mais, mais!" (Provérbios 30:15).

É difícil **libertar os tolos** das amarras que eles **veneram**!
– Voltarie

Você convive com pessoas que sugam você, exigem mais do que você pode oferecer e a fazem se sentir culpada por não corresponder às expectativas delas? Essas são relações tóxicas, que adoecem quem se envolve com pessoas emocionalmente dependentes. Elas precisam constantemente de aprovação, atenção e quando não recebem o que querem, culpam-na pelo afastamento ou pela dor que sentem.

O que elas não entendem é que nenhum ser humano pode preencher o vazio emocional delas. Por anos, eu me deixei manipular por esse tipo de relação. Sentia-me culpada e sufocada, adoecendo emocionalmente. Submeti-me às suas exigências, mas nunca era suficiente.

Ao buscar o direcionamento de Deus para minha vida, percebi que Ele me guiava a me afastar de relações assim. Inicialmente, resisti, temendo magoar essas pessoas e me questionando se estava sendo cristã, ao me distanciar. Pensei que demonstrar o amor de Deus significava suportar essas situações. No entanto, aprendi que Deus me ama tanto quanto ama essas pessoas. Se Ele me usou para ajudá-las em algum momento, também pode me afastar por amor a mim.

Relações tóxicas podem causar pânico, medo e submissão. O amor de Deus por nós é o suficiente para não nos permitir adoecer junto com os outros. Algumas pessoas não querem a ajuda ou o conselho que você oferece — elas querem dominá-la, tê-la sempre disponível, mas sem realmente evoluir.

Se você está em uma relação assim, *afaste-se sem culpa*. Para situações envolvendo cônjuges ou pais, busque ajuda terapêutica para aprender a lidar com essas questões. Cuide de sua saúde emocional e espiritual. Desintoxique-se e confie no direcionamento de Deus para sua vida.

Senhor, peço que me dês discernimento para reconhecer relações que não são saudáveis para minha vida e ajuda-me a afastar-me sem culpa.

As mesmas experiências

Todavia, trarei restauração e cura para ela; curarei o meu povo e lhe darei muita prosperidade e segurança (Jeremias 33:6).

O caminho da cura emocional pode ser descrito por três etapas: *Recordar, repetir e elaborar*[8], conforme Freud ensinou. Isso significa que, enquanto não resolvemos uma situação do passado, ela continuará se manifestando de diferentes maneiras em nossa vida. A repetição de sentimentos e circunstâncias atuais é uma oportunidade de recordar algo vivido anteriormente para finalmente alcançar a elaboração e a cura. Muitas vezes, fazemos isso de forma inconsciente.

Não podemos fugir da dor. Quando uma situação dolorosa surge, é importante buscar o momento em que essa dor já foi vivida. Acessar essa memória, seja em oração, reflexão ou com ajuda de uma conselheira ou terapeuta, é essencial para o processo de cura. Ao revisitar essa dor reprimida, conseguimos reduzir seu impacto em nossas emoções. Também é importante ressignificar a experiência, dando um novo sentido à nossa história e perdoando aqueles que causaram a dor.

Compreender que as dores do presente podem estar ligadas a raízes antigas é fundamental. Por exemplo, quando não tive a presença de uma mãe ou irmã amorosa, busquei inconscientemente preencher essa lacuna em outras pessoas, e, ao sofrer decepções, a dor era potencializada. Quando entendi que a dor atual estava conectada ao meu passado, foi libertador.

A cura vem ao recordar, perdoar e entregar essas experiências à cruz de Cristo. Elaborar significa curar a dor e retirar o sofrimento do coração. Preste atenção às situações recorrentes em sua vida, pois elas podem ser sinais de áreas do passado que ainda precisam ser resolvidas.

Deixe Deus **cavar profundo** e chegar até a **verdadeira raiz da dor**!

Espírito Santo, sonda meu inconsciente e revela-me as situações ou relações que tenho repetido e que me têm trazido dor e sofrimento. Ajuda-me a chegar na raiz dessa dor e cura-me.

Resolva as pendências

Se o seu irmão pecar contra você, vá e, a sós com ele, mostre-lhe o erro. Se ele o ouvir, você ganhou seu irmão (Mateus 18:15).

Dores e sofrimento são **recursos didáticos** para seu **crescimento, transformação** e **santificação.** – Mary Duarte

Sabia que guardar sentimentos e não falar sobre eles pode adoecer sua alma? Muitas vezes nos sentimos rejeitadas, excluídas, mal compreendidas ou desprezadas e, em vez de resolver esses conflitos, guardamos tudo para nós. Isso só intensifica o sofrimento.

Por muitos anos, cometi o erro de me afastar das pessoas em vez de conversar sobre o que me feriu. Tinha medo de expor meus sentimentos, temendo ser ainda mais mal interpretada. Sempre preferi escrever em diários para aliviar meus pensamentos, o que me ajudou a lidar com os sentimentos antes de falar com as pessoas.

Uma dica valiosa é primeiro resolver os sentimentos dentro de você, por meio da oração ou escrita, e só depois conversar com a pessoa que a magoou. Respire fundo e reúna coragem. Marque uma conversa com humildade, peça perdão por seus maus sentimentos e explique como interpretou a situação que a feriu, sem acusar. Pergunte qual foi a intenção da pessoa e se ela também tem algo a dizer sobre suas atitudes.

Peça perdão por qualquer mágoa que você possa ter causado e, se possível, orem juntas. Essa conversa pode não transformar a relação em uma amizade próxima, mas libertará seu coração de mágoas e ressentimentos, permitindo que você siga em frente.

Sei que pode parecer injusto, afinal, foi o outro que a feriu, mas somos responsáveis pelos nossos próprios sentimentos. Essa atitude, ainda que incômoda e dolorosa, traz crescimento, amadurecimento e cura. No final, quem mais se beneficia desse processo é você, ao se libertar das feridas emocionais e abrir espaço para o novo de Deus em sua vida.

Pai, meu coração está ferido com ______________ ______________ (tal pessoa), mas não quero paralisar nesta dor. Ajuda-me a resolver esse conflito e ter conversas que irão me amadurecer e me fazer avançar!

Novas fotos

[...] concentro todos os meus esforços nisto: esquecendo-me do passado e olhando para o que está adiante, prossigo para o final da corrida, [...] em Cristo Jesus (Filipenses 3:13,14).

Já parou para observar uma foto por um tempo? O que veio à sua mente? Que sentimentos surgiram? Quando recebe notificações de redes sociais com fotos antigas, o que isso a faz sentir? Uma simples imagem pode ativar lembranças e sentimentos profundos.

Agora, pergunto a você: Como você tem olhado para o retrato da sua vida? Quando olha para trás, o que surge em sua mente? Se tudo o que vê é tristeza, dor, culpa ou insatisfação, isso indica que você precisa de cura. Muitas vezes, é mais fácil esconder essas emoções, varrê-las para debaixo do tapete. Eu fiz isso por mais de 30 anos, até perceber que elas continuavam a me dominar, influenciando meus comportamentos e decisões sem que eu percebesse.

Em 2012, ao encarar o "retrato" da minha vida, entendi que precisava de ajuda. Iniciei um processo longo e doloroso, mas necessário. A decisão de buscar cura partiu de mim. Clamei a Deus e Ele enviou uma psicóloga cristã para me ajudar. Primeiro, precisei me abrir para trabalhar o passado e me dispor a construir novas histórias. Essa jornada só foi possível com a intervenção de Deus.

Talvez você precise revisitar algumas "fotos" antigas — sentimentos e memórias guardadas — para começar a tirar novas. Não estou sugerindo que você se lamente pelo passado, mas que o ressignifique. O passado não pode ser mudado, mas pode ser transformado em algo novo.

Busque ajuda em sua igreja ou com um profissional. Uma vez que essa ajuda chegar, olhe para frente, avance e comece a tirar *novas fotos* de uma vida restaurada e cheia de esperança.

Não permita que as decepções e perdas amargas **lhe roubem as expectativas** de um novo amanhã!

Senhor, as fotos que representam minha vida até aqui não são tão bonitas e alegres, por isso, peço-te que me ajudes a tirar novas fotos.

113

__/__/__

Leia livros

Meu povo foi destruído por falta de conhecimento (Oseias 4:6).

Quando abro a porta de uma **nova descoberta**, já **encontro Deus** lá dentro. – Albert Einstein

Hoje, no Dia Mundial do Livro, quero incentivá-la a adotar o hábito da leitura. Confesso que, antes de iniciar meu processo de cura e transformação, eu não lia nenhum livro. Os últimos que eu deveria ter lido foram os obrigatórios do ensino médio. Digo isso para encorajá-la, pois a leitura é um hábito que se constrói. Eu tinha muita preguiça só de pensar em ler, e me limitava a livros de contos para minhas filhas e raramente lia a Bíblia.

No início da minha transformação, comecei a me interessar pela leitura. Como não tinha recursos financeiros, pegava livros emprestados e fazia resumos para revisitar o conteúdo depois. Com o tempo, esse hábito foi se fortalecendo, e hoje sempre tenho um livro em mãos. Já perdi a conta de quantos livros li, e sou grata a Deus por ter uma boa biblioteca.

Grande parte do conhecimento que adquiri veio dos livros. A cada fase da minha vida, busquei ler sobre áreas onde enfrentava desafios. Sugiro que faça o mesmo: se o casamento é uma área em que você precisa melhorar, invista em livros sobre isso; se é relacionamento com filhos, procure materiais específicos.

Se você está começando, comece com livros curtos e didáticos. Ler é um hábito que requer disciplina no início. Comprometa-se a ler uma ou duas páginas por dia, faça anotações e destaque trechos importantes, e o mais importante: pratique os ensinamentos ali apresentados. Em pouco tempo, verá mudanças em sua forma de pensar e falar.

Lembre-se: "Você é os livros que lê, as conversas que participa e os sonhos que têm". Comece hoje e veja a transformação em seis meses!

Espírito Santo, peço-te que o Senhor me aponte quais livros preciso ler no momento e usa-os para me ensinar coisas importantes e específicas que contribuam com meu crescimento em ti.

Abra a janela

Mesmo quando eu andar por um vale de trevas e morte, não temerei perigo algum, pois tu estás comigo; a tua vara e o teu cajado me protegem (Salmos 23:4).

Em momentos de dor, perdas, fracassos e luto, é natural querer se esconder, fechando as janelas da alma e se trancando em um quarto escuro. Já vivi dias assim, em que não queria viver, falar com ninguém ou enfrentar a dor. Enfrentei luto e inúmeras perdas, e me isolar só fez minha alma adoecer ainda mais.

Muitas vezes, reclamamos que ninguém nos ajuda ou se importa. Mas já parou para pensar que talvez as pessoas tenham tentado ajudá-la e, ao ver sua falta de disposição, desistiram? *Há coisas que só você pode fazer: abra a janela da sua alma e seja livre!*

Como fazer isso? Dê um basta na dor e tristeza que a dominam. Abandone o vitimismo, pare de reclamar que ninguém a entende ou ajuda. Busque ajuda, se necessário. Chega um momento em que só você pode se levantar, e esse momento é agora. Isso é autorresponsabilidade.

Muitas vezes, nos trancamos em um quarto escuro, reclamando, até sermos chacoalhadas por Deus. Quando situações chegam a um ponto crítico, percebemos que é necessário agir. Mesmo sem forças, é preciso se levantar e buscar ajuda em Deus e, muitas vezes, na terapia. Deus espera nosso posicionamento para começar a agir.

Abrir essa janela pode ser um processo longo e doloroso, mas é essencial. O novo pode assustar, mas permite que a luz entre e transforme a vida. Com o tempo, compreendemos que, apesar das dificuldades, o esforço vale a pena.

Encorajo você a abrir a janela da sua alma, permitir que a luz de Deus entre, e veja o quanto a vida pode ser boa. Vá por mim, você não faz ideia do quanto isso pode mudar tudo!

Você vai sair dessa. Não será sem dor. Não será rápido. Mas **Deus vai usar essa bagunça toda para o bem.** – Max Lucado

Jesus, ajuda-me a abrir a janela da minha alma e ver a tua luz.

Entregue tudo

Entregue seu caminho ao Senhor; confie nele, e ele o ajudará (Salmos 37:5).

"Entregue sua **bolsa a Deus**: Confie e sinta o alívio da **verdadeira entrega**.

Muitas vezes nos sentimos sozinhas, desamparadas e não amadas, simplesmente por criarmos expectativas irreais em pessoas que não têm a obrigação de correspondê-las. O convite de hoje é para permitir que Deus, o Pai Celestial, cuide de você. Embora pareça simples, na prática pode ser difícil. O primeiro passo é orar aceitando Deus como seu Pai. O segundo é passar tempo em sua presença, e o terceiro é confiar.

Uma analogia pode ajudar a ilustrar isso: imagine entregar sua bolsa, algo tão importante, aos cuidados de alguém. Mas mesmo depois de entregar, você fica observando desconfiadamente, com medo de que não cuidem bem. Muitas vezes, acabamos pedindo a bolsa de volta, mesmo sem ter como carregá-la, só para garantir que esteja segura. Agimos assim com Deus. Entregamos nossa vida em suas mãos, mas, diante das dificuldades, rapidamente tentamos retomar o controle.

Ficamos desconfiadas, pensando que Deus não nos vê ou não se importa, e tomamos nossa "bolsa" de volta, mesmo sem poder carregar todo o peso sozinhas. Quando não confiamos em Deus, pecamos. Durante anos, agi assim. Mas, depois de muitas experiências dolorosas e decepções, aprendi a entregar verdadeiramente minha vida ao Senhor. No início, ainda espiava de vez em quando, mas resisti à tentação de tomar o controle novamente.

Com o tempo, é possível perceber que o cuidado de Deus é infinitamente melhor do que o nosso. Mesmo nas dores e desafios, Ele está sempre protegendo e cuidando de cada detalhe. O Espírito Santo nos lembra constantemente: "Eu sempre estou aqui, para cuidar, proteger e acolher. Basta confiar e entregar tudo a mim". Esse é o imenso e amoroso cuidado de Deus.

Pai, confesso que estou cansada de esperar das pessoas o que somente o Senhor pode me dar e fazer. Também entendi que não tenho vocação para cuidar de mim mesma sozinha, por isso, entrego tudo o que tenho e sou aos teus cuidados.

Sabotando

Não entendo a mim mesmo, pois quero fazer o que é certo, mas não o faço. Em vez disso, faço aquilo que odeio (Romanos 7:15).

Você já se viu desistindo de um livro, curso, emprego, abandonando um projeto ou não persistindo em um sonho? Talvez ainda se sinta frustrada por não conseguir fazer o que sabe que é necessário para melhorar sua vida. A causa pode ser a autossabotagem.

Autossabotagem envolve pensamentos e comportamentos inconscientes que nos impedem de alcançar o que desejamos. Quanto mais perto do seu objetivo, mais a autossabotagem surge, tentando protegê-la do esforço ou do desconhecido. Enquanto uma criança faz apenas o que gosta, um adulto entende que é preciso fazer o que deve ser feito, mesmo sem vontade.

Exemplos de autossabotagem incluem desistir de atividades físicas, procrastinar tarefas importantes, evitar o tempo de intimidade com Deus, negligenciar o autocuidado, comer por tristeza, criticar-se constantemente e nunca se alegrar com conquistas. Muitas mulheres cometem esses atos autodestrutivos contra si mesmas, e isso impede o crescimento emocional e espiritual.

Em Romanos 7, Paulo aborda essa luta interna e nos mostra que muitas vezes agimos contra o que queremos devido à força do pecado em nós. Ele também nos aponta a solução: depender da força de Cristo. Quando a mente ou o corpo resistem, é importante clamar por ajuda ao Espírito Santo, pois na força própria muitas vezes não conseguimos.

À medida que adotamos atitudes favoráveis a nós mesmas, nossa autoestima se fortalece. E quando nos relacionamos melhor conosco, isso se reflete em nossos relacionamentos com os outros e na forma como lidamos com os problemas. Buscar essa transformação é essencial para viver de forma plena e saudável.

Quando alguém vive uma **vida disciplinada, vive o seu melhor**, dá o seu melhor e **alcança tudo** aquilo que Deus projetou para ele.

Jesus, ajuda-me a identificar e a me livrar dos autossabotadores que tem me afastado da tua boa, perfeita e agradável vontade para minha vida.

___/___/___

Não é concorrência

Francamente, não quero mais ser incomodado com essas disputas. Tenho coisas mais importantes para fazer, como viver a fé com seriedade. Trago em meu corpo as cicatrizes do meu trabalho por Jesus (Gálatas 6:17, A Mensagem).

Na prática ministerial, infelizmente, há muita competição entre mulheres, pastoras, palestrantes e escritoras. O ciúme, a inveja e a cobiça têm sido frequentes. Onde não deveria haver competição, infelizmente há, por causa da nossa natureza humana. No entanto, precisamos lembrar que, como cristãs, temos princípios diferentes, portanto entenda que: Sua irmã em Cristo não é sua concorrente!

Gosto de pensar na figura de um pai justo, bom e amoroso, que por mais que tenha 10 filhos, proporcionará as mesmas oportunidades a todos, embora com caminhos diferentes para cada um. Gosto de pensar na analogia de uma empresa, onde seus funcionários trabalham juntos pelo mesmo objetivo: fazer a empresa crescer. Gosto de pensar no Reino de Deus onde não deveríamos concorrer com ministérios ou funções, apenas todos trabalharem pelo mesmo objetivo: salvar, curar vidas e glorificar o nome de Cristo!

Satanás tenta roubar nosso propósito, colocando sentimentos de comparação, inferioridade e insegurança. Passamos a acreditar que Deus privilegia algumas pessoas e nos deixa de lado.

Imagine uma mesa enorme, onde todos os filhos e filhas estão reunidos com o Pai. Talvez você se sinta como um pontinho insignificante e invisível em meio a tantos. Mas agora, visualize essa mesa cheia se transformando em uma mesa para dois — apenas você e o Pai, frente a frente. Seus olhos estão fixos em você, e os ouvidos dele estão completamente atentos às suas palavras. Uma mesa exclusiva, onde a atenção de Deus é inteiramente sua. É isso que também entendo quando penso sobre Deus ser onipresente. Ele é único e está disponível somente para você, assim como está para cada uma de nós.

Só **pessoas seguras** e que não competem **pavimentam a estrada para outras pessoas passarem** sem ciúmes ou medo de perder o que construíram.

Pai, perdoa-me se às vezes me sinto insegura e acabo competindo com minhas irmãs. Ajuda-me a me lembrar do seu grande amor e a ser grata por todas as oportunidades.

Centro da vontade

Pois ele fere, mas trata do ferido; ele machuca, mas suas mãos também curam (Jó 5:18).

Já teve a sensação de que tudo está dando errado e, mesmo buscando respostas, não as encontrou? Já obedeceu a Deus e depois se sentiu abandonada? Isso é mais comum do que parece. Passei por isso entre 2015 e 2017, um verdadeiro deserto. Sonhos pareciam frustrados, promessas pareciam roubadas, e os recursos eram escassos. Vivíamos um dia de cada vez, sustentados pelo "maná" diário.

Confiança inclui **ausência de respostas.**

A história de Jó ganhou novo significado para mim naquele período. Assim como ele foi acusado por seus amigos, eu me questionei: será que havia pecado em minha vida ou algo que desagradasse a Deus? No silêncio, a única resposta que recebi foi: "Você está exatamente onde quero que esteja".

Essa resposta me desconcertou. A dor que dilacerava minha alma não era consequência de um erro, mas parte de um treinamento para aquele tempo. Precisei confiar no silêncio de Deus. Com o tempo, aprendi que não preciso de todas as explicações para amar, obedecer e confiar em Deus.

Se você está passando por momentos de dor e perda, quero encorajá-la a ler o livro de Jó. A Palavra de Deus traz consolo, força e encorajamento. Em tempos de dor, o mais importante é confiar e descansar no fato de que Deus ama você e vai curá-la, mesmo que Ele próprio tenha permitido a ferida. Esse processo está capacitando-a para sustentar o que Ele confiou a você.

Lembre-se: vai passar. Meu deserto passou, e hoje colho as bênçãos de não ter desistido. Acredite, a sua vitória também virá.

Pai, confesso que estou confusa com todo o cenário que tenho vivido, mas apesar das dores e falta de respostas, decido confiar em ti.

Afasta pessoas?

[...] amemos uns aos outros, pois o amor procede de Deus (1João 4:7).

Que você **faça pelas pessoas** o que você **esperou** que alguém fizesse **para você** um dia.

Muitas pessoas têm dificuldade em dar e receber amor, encontrando barreiras para demonstrar afeto. Simples gestos, como dar ou receber um abraço, podem ser desconfortáveis. Expressar gratidão, dizer "eu te amo" ou mostrar o quanto alguém é importante parece uma tarefa quase impossível para elas.

Se você se identifica com isso, saiba que há uma raiz por trás desse comportamento, muitas vezes ligada a uma falta de amor ou carinho na história de vida. No entanto, as pessoas ao seu redor podem se sentir rejeitadas ou incomodadas quando o afeto não é retribuído, e isso pode causar afastamento.

Relacionamentos são uma via de troca. Quando apenas recebemos sem oferecer nada em retorno, a conexão pode esfriar. As pessoas precisam sentir que o carinho que oferecem também será devolvido de alguma forma.

Uma das formas de mudar isso é começar aos poucos. Mesmo que seja desconfortável no início, dê o primeiro passo. Abrace, elogie, agradeça, mesmo sem vontade. Com o tempo, essas ações se tornam naturais. O Espírito Santo pode ajudar nesse processo, encorajando a mudança para que o amor flua livremente.

Abrir-se para o amor é fundamental. Nossa vida é curta demais para não desfrutarmos dos melhores relacionamentos que Deus colocou ao nosso redor. No livro *O Pequeno Príncipe*, Antoine de Saint-Exupéry escreveu: "Foi o tempo que dedicaste à tua rosa que a fez tão importante". O que torna as pessoas importantes em nossa vida é o tempo e dedicação que investimos nelas.

Portanto, permita-se dar e receber amor. Pratique o afeto e veja como isso pode transformar seus relacionamentos e trazer alegria para sua vida.

Pai, reconheço minha dificuldade em expressar carinho e amor. Sei que o Senhor se manifesta por meio de nós e não quero limitar tua ação em minha vida. Peço que cures meu coração e me ajudes a compartilhar teu amor, tanto com aqueles que já me amaram, quanto com os que ainda não conheço.

Você se ama?

Eu te louvo porque me fizeste de modo especial e admirável [...] (Salmos 139:14).

Você já parou para refletir sobre seu amor-próprio? Sabe o que realmente gosta em si mesma? Muitas vezes, os conflitos em relacionamentos estão mais relacionados à falta de amor por nós mesmas do que às falhas dos outros.

Por anos, eu me odiei. Durante minha jornada de cura, inicialmente me "tolerei" e, após um longo período, alcancei a aceitação e, finalmente, o amor por mim mesma. Antes dessa transformação, tinha dificuldade em me relacionar. Medos sobre o que as pessoas pensariam de mim e a insegurança me isolavam. Sentia-me inferior e nunca me encaixava, porque, na verdade, estava "desencaixada" de mim.

Anos atrás, passei por um doloroso processo de autoaceitação e amor-próprio. O Espírito Santo me ensinou que primeiro precisamos nos aceitar para depois amar. Por exemplo, quando descobrimos uma gravidez, aceitamos a gestação antes de amar aquele ser especial. Independentemente de ter sido aceita por seus pais biológicos, você é aceita por seu Pai Celestial.

O processo de autoaceitação envolve reconhecer que você não é perfeita e que tudo bem cometer erros. Aceite que opiniões diferentes existem, que sua dor é legítima, e devolva-a a Deus. Reconheça suas características, limitações e até mesmo os "defeitos" que não mudarão. Essa jornada de autoaceitação pode ser desafiadora, mas encorajo você a buscar a ajuda de Deus.

Você é capaz de superar a falta de amor-próprio. O que você ama em si mesma?

O paradoxo curioso é que **quando eu me aceito como eu sou, então eu mudo.**
– Carl Rogers

Pai, ajuda-me para que eu me aceite como sou e muda o que for necessário para que eu me pareça mais com o Senhor.

Você não é o seu erro

Como é feliz aquele que tem suas transgressões perdoadas e seus pecados apagados! (Salmos 32:1).

Não podemos voltar no tempo para consertar os erros, mas podemos **recomeçar a partir de já** e fazer **coisas diferentes.**

A culpa é um sentimento esmagador e pesado que pode nos oprimir. Fui consumida por esse sentimento por muito tempo, alimentando uma identidade construída sobre meus erros.

Muitas vezes, esquecemos a importância da cruz de Cristo, Seu amor e perdão, e acabamos acreditando que nossos erros nos definem. Rótulos como "fracassada" ou "perdedora" nos acompanham, e frequentemente escutamos as mentiras que nossa mente conta sobre nosso passado.

É essencial lembrar que seu erro NÃO a define. Sua vida não se resume aos erros que cometeu, por mais graves que sejam. Quem a define é Deus, seu Pai Celestial, que lhe deu uma identidade como filha amada.

Essa reflexão também se aplica ao seu papel como mãe. Se você tem filhos, não os ama menos por causa dos erros que cometem. Você os corrige, mas não os exclui de sua vida. Da mesma forma, Deus não se afasta de nós por causa dos nossos pecados. Muitas vezes somos nós que nos distanciamos dele por medo e vergonha. Ele continua a nos amar e não nos exclui de sua família, independente das nossas ações.

Quanto mais perto estivermos do Pai, mais alinhadas estaremos com sua vontade e princípios. Não deixe que acusações a derrubem. Mesmo que você se sinta fraca e incapaz, Deus não espera que você enfrente tudo sozinha. Ele deseja pegar suas mãos e guiá-la a uma vida de paz e liberdade, curando as feridas do passado. Permita que Ele faça isso!

Senhor, a tua palavra diz que podemos ser felizes a partir do perdão dos nossos pecados. Obrigada por me perdoares e me dares novas chances. Ajuda-me a aprender as lições necessárias para não cometer os mesmos erros.

Acredite em você

Por que você veio até aqui? Com quem deixou aquelas poucas ovelhas no deserto? Sei que você é presunçoso e que o seu coração é mau...E disse Davi: "O que fiz agora?" [...] (1Samuel 17:28,29).

Sugiro que leia o capítulo 16 e 17 de 1Samuel. Davi tinha um histórico de desprezo por parte de seu pai e seus irmãos. Apesar de ser escolhido por Deus para ser rei, ele nem foi chamado por seu pai quando o profeta Samuel o visitou. Seu histórico de desprezo familiar é evidente, especialmente quando seu irmão mais velho o desdenha. Você pode se identificar com essa experiência de Davi, sentindo que seu sonho ou projeto não é apoiado por sua família, sendo rotulada como presunçosa ou ambiciosa.

Talvez alguém tenha julgado suas intenções, como o irmão de Davi, ou seu pai tenha dito que uma certa profissão não era para você. Se você se sente deslocada no meio familiar, com ideias empreendedoras enquanto todos ao seu redor preferem a segurança, é vital que você acredite em si mesma. É essa chama dentro de você que deve ser nutrida, seja para fazer um curso ou empreender um projeto.

Ore ao Senhor, pedindo que Ele limpe seu coração de influências externas e dúvidas internas. Pode ser hora de abrir a gaveta onde alguns sonhos foram guardados e resgatar o que Deus colocou em seu coração no início da sua jornada. Se no passado você se arriscou e foi ferida por palavras negativas, agora é o momento de deixar essas crenças na cruz de Cristo.

Se pensamentos como "Você não é capaz" ou "Sua chance já passou" dominam sua mente, lembre-se: é hora de liberar essas limitações. Deus tem um plano para você, e é fundamental acreditar nisso para que você possa avançar.

Você não precisa que as pessoas acreditem no que Deus confiou a você. Se Ele **acreditou em você** para lhe dar essa missão, é **suficiente**!

Pai, ajuda-me a me ver como o Senhor me vê.

Filhos curam pais

E ele converterá o coração dos pais aos filhos, e o coração dos filhos a seus pais; para que eu não venha, e fira a terra com maldição (Malaquias 4:6).

A sua **dor** não curada pode **afetar sua geração.**

Os pais frequentemente buscam ajuda profissional para seus filhos, acreditando que o problema é exclusivo deles. No entanto, os profissionais costumam indicar que tanto mãe quanto pai precisam de terapia, pois suas emoções e comportamentos influenciam diretamente as crianças. Uma dor não curada em uma mãe pode impactar significativamente as emoções de seu filho, uma vez que essa transmissão de traumas é geracional.

Quando uma mãe cura suas próprias feridas, essa cura pode se estender aos filhos, já que Deus é um Deus geracional, que trabalha para restaurar famílias. Ele se apresenta como "o Deus de Abraão, Isaque e Jacó", enfatizando sua ação através das gerações.

Os traumas passados afetam as relações entre pais e filhos. Pais excessivamente rígidos e controladores podem gerar rebeldia, enquanto aqueles que são distantes ou omissos podem causar sentimentos de rejeição e insegurança nas crianças.

Recordo da dificuldade que tinha em me relacionar com minha filha mais velha antes do meu processo de cura. Brigávamos frequentemente, e eu lutava para expressar meu amor de forma adequada. No início da minha jornada de cura, Deus me mostrou essa falha e me ajudou a construir um relacionamento sólido com ela. Reconheci meus erros, pedi perdão e, com o tempo, nos conectamos de maneira mais profunda. Deus uniu nosso coração, como o versículo desse dia diz.

Já pensou na importância de você permanecer e perseverar nesse processo tão difícil? Te encorajo a buscar cura para sua própria história, pois isso pode transformar o futuro dos seus filhos, permitindo que eles vivam experiências diferentes das suas.

Senhor, se tenho andado distante dos meus filhos ou dos meus pais, ajuda-nos a criar pontes de relacionamentos saudáveis, em nome de Jesus.

Tempo de jogar fora

[...] tempo de guardar e tempo de jogar fora (Eclesiastes 3:6b).

A correria do dia a dia muitas vezes nos faz procrastinar a organização necessária em nossas vidas, acumulando objetos, roupas e até e-mails que obstruem nosso espaço físico e mental. Essa desordem não só ocupa espaço, mas também sobrecarrega o cérebro com cortisol, aumentando o estresse. Experimente fazer uma faxina em sua casa; você sentirá um alívio instantâneo. Organizar seu ambiente pode influenciar positivamente suas memórias e emoções.

Se você busca mudanças significativas, inicie uma arrumação em sua casa ou escritório. Comece pelo armário da cozinha, descartando potes quebrados e lembranças de eventos que não têm utilidade. Essa limpeza libera espaço e atrai novas oportunidades.

Dedique um dia para organizar a estante da sala ou aquela gaveta bagunçada que você sempre promete arrumar. Faça uma "limpa" nos guarda-roupas, doando roupas que não usa há mais de um ano. Lembre-se: ter contato visual com essas peças pode se tornar um gatilho emocional, trazendo tristeza. Aceite quem você é hoje e desapegue do passado.

Não se esqueça de organizar também papéis e documentos antigos, facilitando sua procura no futuro. Cuide da sua mesa e gavetas de trabalho, e não deixe de fazer uma limpeza digital. Exclua fotos repetidas ou desnecessárias do seu celular e organize-as em pastas. Esse processo de organização traz não apenas clareza, mas também liberdade e renovação para sua vida.

Nada muda se você **não mudar**.

Espírito Santo, dá-me uma dose extra de coragem e força para organizar minha casa e minha vida.

Transforme sua geração

Vivam, portanto, como filhos da luz! Pois o fruto da luz produz apenas o que é bom, justo e verdadeiro (Efésios 5:8b,9).

Não se torne o que fizeram com você.

Há algum tempo, tive uma experiência simples, mas reveladora sobre como minha transformação impactou o futuro das minhas filhas. Após a morte da nossa mãe, criei minha irmã como uma filha. No entanto, sua desobediência e mentiras me feriram profundamente e, na época, eu não sabia como lidar com isso. Hoje, entendo as razões por trás de seu comportamento, mas aqueles anos foram desafiadores.

Essas experiências moldaram minha desconfiança em relação às minhas filhas, levando-me a investigá-las constantemente, como uma mãe neurótica. Cometi muitos erros. Durante meu processo de cura, pedi perdão à minha filha mais velha, que mais sofreu com essa situação, e trabalhei para construir um relacionamento baseado em confiança e amor.

Certa vez, recebi uma ligação da coordenadora do colégio da minha filha mais nova, que na época tinha 14 anos. Ela me informou que minha filha estava com uma nota abaixo da média numa determinada disciplina e que precisava fazer uma prova de recuperação. A coordenadora percebeu a minha surpresa, pois minha filha não havia me comunicado sobre isso.

Ao conversar com minha filha, percebi como minha atitude como mãe havia mudado. Abordei a situação sem suspeitar que ela poderia estar me enganando. No final, descobri que o professor havia cometido um erro ao registrar a nota no sistema. Se eu tivesse reagido como antes, teria sido injusta e poderia ter causado uma mágoa profunda nela.

Te convido a refletir se há comportamentos que você expressa com as pessoas que se relaciona, seja com marido, filhos ou no seu trabalho e igreja, que você percebe ser consequências de gatilhos acionados por experiências passadas. Peça ao Espírito Santo ajuda para identificar e transformar essas reações.

Pai, ajuda-me a não reproduzir nas minhas relações atuais o que recebi ou vivi nas anteriores. Ajuda-me a fazer diferente, em nome de Jesus.

Aceite o seu caminho

"Pois os meus pensamentos não são os pensamentos de vocês, nem os seus caminhos são os meus caminhos", declara o Senhor (Isaías 55:8).

Quantas vezes "brigamos" com Deus ao trilhar caminhos diferentes dos que planejamos? Muitas vezes questionei as direções que Ele me apontou, repetindo a frase: "A vontade de Deus é tão contrária à nossa!" Já vivi experiências em que fui desafiada a esticar minha fé e confiar que o caminho que Deus escolheu era o certo.

Contra **qual vontade** de Deus você tem **lutado**?

Por anos, tomei decisões sem orar ou buscar a vontade divina. Contudo, ao entregar o controle da minha vida, família e futuro a Deus, passei a viver trajetórias que nunca imaginei. A primeira surpresa foi o livro *Saradas para Sarar*, seguida de ministrações, gravações e lives. Embora ame o que faço, enfrentei muitos desafios. Para cada ideia de que Deus me apresentava, eu respondia com desculpas: "não posso, não consigo, não tenho capacidade, outras pessoas estão mais preparadas".

Buscando entender meu desconforto com os caminhos que Deus me mostrava, percebi que minha vontade estava ligada à aprovação alheia. Rejeitava ideias que eu mesmo condenava e desejava ser aceita pelo padrão religioso. No entanto, Deus frequentemente me direcionava a caminhos que poderiam gerar críticas.

Falar como Paulo: "Acaso busco eu agora a aprovação dos homens ou a de Deus?" (Gálatas 1:10) é mais fácil na teoria do que na prática. Ao estudar como Jesus se relacionava com as pessoas, fica claro que, assim como Ele disse: "A minha comida é fazer a vontade daquele que me enviou" (João 4:34), é necessário aceitar o caminho que Deus traçou para cumprir sua missão.

Ao seguir a direção de Deus em obediência, é possível romper barreiras e fortalecer a identidade nos propósitos divinos.

Senhor, ajuda-me a trilhar os caminhos que o Senhor desenhou para mim, pois sei que eles são muito melhores dos que eu imaginei viver. Confio na tua perfeita vontade.

Acesse as memórias

Cura-me, Senhor, e serei curado; salva-me, e serei salvo, pois tu és aquele a quem eu louvo (Jeremias 17:14).

Não podemos ser curados do que nos **recusamos a sentir**.
– Devocional Glorify

A memória é uma poderosa aliada da nossa mente, guardando tudo o que já vimos, ouvimos e experimentamos. Essas memórias ficam armazenadas no inconsciente e influenciam nossos comportamentos. Às vezes, conhecemos alguém e, instantaneamente, não gostamos da pessoa; isso pode ocorrer porque ela lembra alguém que nos feriu ou decepcionou no passado, fazendo com que nossa memória rejeite qualquer associação à dor.

Experiências dolorosas podem resultar em memórias reprimidas, que ficam guardadas a sete chaves, impossibilitando o acesso consciente. Para curar essas dores profundas, é necessário revisitar essas memórias. O Espírito Santo, que habita em nós, conhece todas as nossas memórias e, se permitirmos, Ele nos trará à tona as lembranças que precisam ser trabalhadas no momento certo.

O processo de acessar memórias dolorosas pode ser difícil, mas é essencial para a libertação emocional. Muitas vezes, no lugar secreto, o Espírito Santo me conduziu a relembrar situações que estavam adormecidas há anos, mas que precisavam ser enfrentadas para que a dor fosse liberada. É importante entender que essa cura não acontece da noite para o dia; requer busca, um compromisso com o processo de cura e uma conexão diária com Deus.

Hoje, convido você a iniciar essa jornada de exploração interior, permitindo-se acessar memórias que podem destravar sua vida e seu destino. Este é o primeiro passo para uma transformação significativa e libertadora.

Pai, tenho medo dos quartos escuros da minha alma e das lembranças que lá estão, mas entendo que preciso acessar algumas dores para ser totalmente liberta e viver a vida abundante que o Senhor preparou para mim. Ajuda-me a entrar nesses lugares com segurança no tempo certo.

Agitada demais

Respondeu o Senhor: "Marta! Marta! Você está preocupada e inquieta com muitas coisas; todavia apenas uma é necessária. Maria escolheu a boa parte, e esta não lhe será tirada" (Lucas 10:41,42).

Todas nós temos um pouco de "Marta" e "Maria" dentro de nós, mas a questão é: qual delas estamos alimentando mais? Precisamos trabalhar, cuidar da casa e lidar com diversas responsabilidades, mas o problema surge quando ficamos ansiosas e agitadas por causa disso, como Jesus corrigiu Marta.

Sempre fui uma pessoa ansiosa e agitada demais. Parece que essa agitação veio instalada em meu 'drive' e DNA. Aprendi a não sofrer mais por antecipação depois que conheci o verdadeiro caráter de Deus e seu amor.

Muitas pessoas experimentam a ansiedade de forma intensa, como se ela estivesse profundamente enraizada em suas vidas. No entanto, confiar na paternidade e no plano perfeito de Deus traz paz e diminui as preocupações, mesmo quando a ansiedade insiste em voltar.

Projetos profissionais também podem gerar agitação, mas entender que tudo tem o seu tempo certo ensina a desacelerar. Uma prática poderosa para aliviar essa ansiedade é a solitude, que proporciona momentos de paz e conexão com Deus.

Nesses momentos, a "Maria" interior deve assumir o controle, deixando a agitação de "Marta" de lado. Para alcançar essa tranquilidade, é importante criar um "Lugar Secreto" de quietude. Encontrar um espaço privado, com pouca luz, ouvir louvores e simplesmente deixar o Espírito Santo ministrar à alma traz calma. Respire profundamente, inspire pelo nariz e solte o ar devagar pela boca. Após passar 20 a 30 minutos em silêncio, as atividades diárias podem ser realizadas com mais tranquilidade. Faça o teste!

Essa prática de desacelerar e se conectar com Deus é mais eficaz que qualquer ansiolítico, trazendo paz à alma e ao espírito agitados.

A **ansiedade** gera **cansaço**, **impaciência**, **agitação**, **precipitação** e **incredulidade**.

Senhor, ajuda-me a ser como Maria nos momentos de agitação. Quero adorar-te e calar minha alma angustiada e agitada demais.

__/__/__

Arrependimento

Quem esconde seus pecados não prospera, mas quem os confessa e os abandona, encontra misericórdia (Provérbios 28:13).

Quem é bom de **argumento**, é ruim de **arrependimento**. – Luiz Hermínio

O arrependimento é muito mais que remorso; ele representa uma verdadeira mudança de mente, caminho e direção. Enquanto o remorso gera apenas culpa e peso, sem provocar transformação, o arrependimento é essencial para reconhecermos nossos erros e evoluirmos. Ele nos ensina a corrigir pensamentos e comportamentos, levando à verdadeira transformação.

Embora confessar nossos pecados seja constrangedor, sentir tristeza pelos nossos erros é necessário para criar uma consciência ativa da mudança que precisa acontecer. Como diz 2Coríntios 7:8-9, a tristeza segundo Deus produz arrependimento e leva à salvação, enquanto o remorso apenas nos prende. Jesus reforça essa ideia em Mateus 3:8, onde nos ensina a produzir frutos que demonstrem arrependimento.

Ao longo da vida, haverá momentos em que nos entristeceremos por um propósito maior. Nenhuma mudança significativa ou libertação emocional acontece sem antes experimentarmos um arrependimento genuíno. Esse é um caminho indispensável para quem busca cura emocional.

João Batista, o precursor de Jesus, fundamentava suas pregações no arrependimento. Da mesma forma, Jesus, Pedro, Paulo e outros líderes bíblicos enfatizaram a importância desse ato, revelando como o arrependimento é central para nossa vida espiritual.

Um grande obstáculo ao arrependimento é a consciência cauterizada, quando não conseguimos mais enxergar nossos erros, além das justificativas que usamos para os pecados. Por isso, é crucial pedir a Deus que revele áreas em que temos falhado e nos ajude a não racionalizar nossos erros, mas a enfrentá-los e corrigir o rumo. O arrependimento é o primeiro passo para uma vida plena e restaurada em Cristo.

Espírito Santo, ajuda-me a enxergar meus pecados e gera um arrependimento genuíno em meu coração, a ponto de eu me entristecer, para que assim eu possa viver uma verdadeira transformação nessa área.

Parte de quem viemos

Seus descendentes serão poderosos na terra, serão uma geração abençoada, de homens íntegros (Salmos 112:2).

Por esses dias comemoramos o Dia das Mães, um momento que nos faz refletir sobre a importância dessa figura em nossas vidas. Desde o início, nossa conexão vital com nossa mãe é inegável: é no ventre dela que somos formadas, e dela recebemos o primeiro alimento e cuidados. Além de suprir nossas necessidades físicas, a mãe também nos alimenta emocional e psicologicamente, influenciando profundamente nossas relações conosco e com os outros.

Somos parte de quem viemos, carregando traços e características de nossas mães, seja de forma positiva ou até pelas ausências que nos moldaram. Aceitar nossa mãe, com suas virtudes e falhas, nos ajuda a aceitar a nós mesmas, mudando nossa perspectiva sobre a vida e as relações.

Que tal aproveitar o Dia das Mães para escrever uma carta de gratidão? Agradeça à sua mãe por tudo que ela fez, pelos sacrifícios e pelo amor que lhe ofereceu. Se você também é mãe, louve a Deus pelo privilégio de abrigar os propósitos dele em seus filhos.

Ser mãe é uma dádiva divina, e com isso vem a responsabilidade de abençoar, ensinar e guiar nossos filhos. O que falamos e fazemos hoje impactará o futuro deles de maneira profunda. Esteja atenta às suas necessidades, ouça mais, controle suas emoções, e faça de sua casa um ambiente de amor, correção com sabedoria, e oração constante.

Lembre-se: nossos filhos são presentes de Deus, confiados a nós para que participemos de sua glória e propósito.

Continue trilhando seu **caminho de cura**, porque esse é o melhor **presente** que você pode dar aos seus filhos: a **transformação da sua geração**!

Obrigada, Jesus, por minha mãe ter me dado a vida e por tudo de bom que pude aprender e receber dela. Agradeço-te por também ser mãe (se é o seu caso) e peço sabedoria para prepará-los para o futuro que o Senhor tem para eles.

131
__/__/__

O amor do Pai

Amem uns aos outros. Assim como eu os amei, vocês devem amar uns aos outros (João 13:34b).

Falar com Deus muda o seu jeito de falar com as pessoas!

Muitas vezes, achamos que estamos desempenhando bem nosso papel como mães, acreditando que cuidar da casa, das roupas, das lições e proporcionar passeios seja suficiente. No entanto, sem perceber, podemos nos distanciar emocionalmente de nossos filhos, sendo rígidas, exigentes e autoritárias, sem entender a profundidade do relacionamento que Deus deseja que tenhamos com eles.

A verdadeira maternidade se aprende à medida que conhecemos mais sobre a paternidade de Deus. À medida que Deus nos cura e nos ensina a ser filhas dele, aprendemos a ser mães melhores. O Pai nos ensina a nos aproximar, a olhar nos olhos, a ouvir com atenção e a caminhar ao lado de nossos filhos. Ele nos mostra como tornar a leitura da Bíblia algo leve e significativo, em vez de uma obrigação.

Ser mãe envolve rir, brincar, ser menos rígida e julgadora. Requer aprender com os filhos, respeitar sua individualidade e sonhos, sem projetar neles nossas frustrações ou expectativas. Amar com equilíbrio, dando limites e ao mesmo tempo encorajando, consolando e abraçando. Pedir perdão quando necessário e reconhecer nossas falhas é essencial para construir um relacionamento saudável.

Acima de tudo, a maternidade é uma jornada de fé. Nossas palavras têm poder sobre a vida de nossos filhos, e somos chamadas a guerrear em oração por eles, declarar bênçãos sobre seus futuros e liberá-los para cumprir seus destinos em Deus.

Se você se identificou com essa reflexão, busque o amor do Pai Celestial e peça a Ele sabedoria para demonstrar esse amor na prática com seus filhos.

Pai, ensina-me a amar meus filhos a partir do teu amor.

Faça com o que tem

Então o Senhor se voltou para ele e disse: "Vá com a força que você tem e liberte Israel dos midianitas. Sou eu quem o envia!" (Juízes 6:14).

A história de Gideão (Juízes 6 e 7) nos ensina que, apesar de nossas inseguranças, Deus nos capacita para realizar o impossível. Gideão, mesmo com medo, foi chamado por Deus para liderar Israel, e Deus já havia colocado nele a força necessária para cumprir essa missão. A frase "a força que você tem" do versículo de hoje, lembra que Deus já nos equipou com o necessário para enfrentar os desafios, mas é Ele quem garante a vitória.

Faça **o melhor** que puder com o que **tem em mãos hoje**!

Cada uma de nós tem uma missão e um propósito. Talvez você se questione: "O que eu posso ensinar? Não passei por grandes desafios". No entanto, todas nós temos histórias e experiências de dor, superação, e intervenções de Deus que podem ser compartilhadas para encorajar outras mulheres. Quem nunca enfrentou uma dor emocional, uma traição, ou momentos de rejeição? Quem nunca passou por crises no casamento, dificuldades financeiras, ou enfrentou perdas significativas? Essas experiências, por mais difíceis que sejam, trazem lições valiosas que podem ser transmitidas para ajudar outras pessoas.

Há mulheres que podem ensinar sobre como cuidar da casa com amor, outras sobre estudos bíblicos, empreendedorismo, maternidade, ou até mesmo como superar desafios pessoais. Cada uma tem algo a oferecer, algo que Deus colocou dentro de si.

E não deixe que desculpas impeçam você de cumprir o chamado de Deus: "Minha casa não é bonita para gravar vídeos", "Não sei escrever bem", "Não tenho estudo". Eu já usei cada uma dessas desculpas e outras mais, e mesmo assim, o Espírito Santo não desistiu de mim. Deus capacita aqueles que Ele chama.

Senhor, ajuda-me a enxergar o que o Senhor já colocou dentro de mim para eu executar minha missão.

Não se menospreze

"Mas, Senhor, como posso libertar Israel?", perguntou Gideão. "Meu clã é o mais fraco de toda a tribo de Manassés, e eu sou o menos importante de minha família!" (Juízes 6:15).

Você ganha **força**, **coragem** e **confiança** à medida que faz o que tem que fazer **apesar do medo**.

A história de Gideão ilustra como Deus usa os fracos e inseguros para realizar grandes feitos. Gideão, como muitos de nós, era cheio de medo e dúvidas. Ele se sentia incapaz e menor que os outros, e até mesmo questionava o poder de Deus, pedindo sinais para confirmar o que o Senhor lhe dizia. Apesar disso, Deus permaneceu fiel, cumprindo suas promessas e dando vitória a Gideão e ao povo de Israel.

Assim como Gideão, muitas vezes nos sentimos inseguras, enfrentando desafios que parecem maiores do que podemos suportar. Quando Deus nos apresenta promessas e visões que parecem impossíveis, é comum duvidarmos de nossa capacidade. Quantas vezes, para sobreviver ou pagar as contas, aceitamos trabalhos que não foram feitos para nós, apenas para "nos virar"? Gideão estava malhando trigo em um tanque de prensar uvas, um trabalho improvisado em meio à adversidade.

Muitas de nós passamos por situações similares, executando tarefas que não correspondem ao nosso verdadeiro propósito. No entanto, mesmo em nossos momentos de maior insegurança, Deus nos vê e nos chama. Ele não se limita às nossas capacidades, mas nos capacita para a missão que Ele nos confia. Assim como Gideão, que deixou de se esconder e aceitou seu chamado, somos desafiadas a sair do medo e a confiar na força que Deus colocou dentro de nós.

Eu tive que sair do anonimato e me expor em eventos públicos, em vídeos e lives, enfrentando barreiras que só eu e Deus conhecemos. Seja qual for o seu medo ou insegurança, o importante é dar o primeiro passo, confiando que Deus está ao seu lado. Ele é quem faz o impossível.

Senhor, sinto-me tão pequena e incapaz, mas reconheço que somente a tua força e poder podem me ajudar a cumprir minha missão. Eu me rendo e me entrego para que a tua glória seja vista através da minha vida.

Celebre o outro

Alegrem-se com os que se alegram; chorem com os que choram (Romanos 12:15).

Muitas vezes, em momentos de doença, perda ou dor, contamos com a presença de amigos que nos fortalecem. No entanto, esses mesmos amigos podem não estar tão presentes nas nossas alegrias e conquistas. Antes de se chatear com isso, é importante entender que essa é uma dinâmica comum nas relações humanas.

O ser humano tende a se conectar mais com o sofrimento do que com o sucesso, pois a dor é uma experiência universal. Todos já enfrentaram perdas e frustrações, o que facilita a empatia nesses momentos. Por outro lado, vitórias e conquistas não são tão comuns para todos. Nem todos se recuperam de suas dores, têm as mesmas oportunidades ou estão dispostos a pagar o preço por certos sucessos. Isso explica, em parte, a dificuldade que muitos têm em celebrar as conquistas alheias.

Estudos[9] mostram que ajudar os outros impulsiona nossa felicidade, aumentando a satisfação, o senso de propósito e reduzindo o estresse. No entanto, ao ver alguém alcançar algo significativo, o ego pode se sentir ameaçado ou frustrado, gerando sentimentos de incapacidade ou fracasso. Essa complexidade do comportamento humano é um grande desafio para estudiosos e para nós.

Se perceber dificuldade em celebrar o sucesso de outros, é essencial buscar em oração uma autoavaliação sincera. Peça a Deus que revele as verdadeiras motivações do seu coração e que Ele trabalhe essa área de fragilidade. Da mesma forma, perdoe aqueles que não puderam celebrar suas vitórias, entendendo que essa é uma limitação comum.

Que o Senhor traga cura e entendimento para que possamos tanto chorar com os que choram quanto nos alegrar com os que se alegram.

Muitos querem ver você **bem**, mas poucos querem ver você **melhor do que eles**. – Mac Anderson

Senhor, hoje oro por ________________.
Que o Senhor conceda os desejos do coração dessa pessoa e a abençoe em todas as áreas de sua vida. Ajuda-me a celebrar as vitórias dela com alegria sincera, louvando teu nome. Purifica meu coração de toda inveja e cobiça, em nome de Jesus. Amém.

Família

Deus os abençoou, e lhes disse: "Sejam férteis e multipliquem--se!" (Gênesis 1:28).

É ao redor da **família** que as maiores **virtudes** são **formadas**, **fortalecidas** e **mantidas**. – Wayne Cordeiro

Hoje, 15 de maio, é o Dia Internacional da Família. Desde a criação do mundo, Deus estabeleceu a família como um núcleo fundamental, começando com Adão, Eva e seus filhos. Ao longo da Bíblia, vemos a história de diversas famílias, com erros e acertos. Essas narrativas nos mostram que desde o início dos tempos, as famílias têm desafios e imperfeições.

É importante reconhecer que nenhuma família será perfeita nesta terra. Não devemos esperar perfeição da nossa família de origem nem da família que estamos construindo. No entanto, isso não significa que devemos desistir de buscar melhorias. Com o auxílio de Cristo, é possível crescer, aprender e avançar.

A família é um espaço de ambiguidade: um lugar de afeto, consolo e amor, mas também de desafios, renúncias, erros e perdão. É onde somos chamados a formar vínculos afetivos e a desenvolver nosso caráter. Independentemente de como tenha sido sua família de origem, ela ajudou a moldar sua identidade, crenças e valores. Ainda que algumas bagagens precisem ser abandonadas, sempre há legados e memórias valiosas que podem ser transmitidos.

Se as experiências e valores da sua família não foram favoráveis, você tem a oportunidade de construir uma nova história em seu lar. Crie bons vínculos afetivos com seu cônjuge e filhos, e faça de sua casa um reflexo do amor de Deus. Ore por sua família, trate as feridas do passado e permita que Cristo transforme seu lar. Lembre-se: sua família é seu primeiro ministério, e Deus valoriza profundamente esse projeto. Que Ele lhe conceda sabedoria e graça para cuidar do seu lar!

Pai, obrigada pela família que me deste e ajuda-me a fazer do meu lar um lugar feliz.

Seja forte

Não fui eu que lhe ordenei? Seja forte e corajoso! Não se apavore, nem desanime, pois o Senhor, o seu Deus, estará com você por onde você andar (Josué 1:9).

Deus a fez forte, corajosa, ousada e com poder para liderar e influenciar? Então é hora de assumir sua missão! Muitas vezes, Deus nos guia por um caminho longo de provações e renúncias, preparando-nos para um propósito específico. Mas quando o momento de agir chega, podemos hesitar, temendo o preço que vem com essa responsabilidade.

Assumir quem Deus lhe criou para ser tem um custo: rejeição, críticas, desprezo e julgamentos. Algumas pessoas se identificarão profundamente com sua história, enquanto outras podem odiá-la, invejá-la ou julgá-la. Algumas acharão você dramática, outras exibida. Mas para defender o que Deus a chamou para fazer, é necessário coragem. Coragem para anunciar sua mensagem e persistir, mesmo diante de críticas e julgamentos errados.

Não busque aprovação das pessoas com base nos padrões delas. O que muitos condenam pode ser justamente o caminho que Deus a chamou a seguir. Jesus enfrentou sistemas e religiosos para defender sua verdade e cumprir sua missão. Ele assumiu sua identidade como Filho de Deus, e foi essa convicção que o levou a cumprir seu propósito.

Coragem não é ausência de medo, mas agir apesar dele. Todas as vezes que foi preciso coragem, era para enfrentar desafios onde o medo estava presente. Deus nos desafia a níveis mais altos, que nos amadurecem e fortalecem emocionalmente, mas esses níveis não vêm sem o medo de errar, fracassar ou ser mal interpretada.

Algumas pessoas usarão as piores armas para abalar seu emocional e tentar paralisá-la ou até mesmo destruir você. Talvez porque a coragem que você tem, elas nunca tiveram. Porque as dores que você venceu, elas nunca venceram. Portanto, avance na força daquele que a chamou!

Duvide das suas dúvidas, mas **não** duvide do que Deus disse que faria.

Senhor, ajuda-me a não desistir de ser quem o Senhor me fez para ser.

Faça o bem

Jesus foi por toda parte fazendo o bem e curando todos os oprimidos [...] (Atos 10:38).

Não ajude pessoas para você se sentir amada, **ajude pessoas** que precisam se **sentir amadas**!

Nos preocupamos excessivamente em ser vistos como "boas pessoas", buscando aceitação e aprovação. Quantas pessoas parecem bondosas, mas não agem de forma generosa quando têm a chance? Conheço cristãos que se negam a dar caronas por puro egoísmo. Ser considerado uma "pessoa boa" depende da perspectiva dos outros: se agradamos, somos aceitos; mas ao discordar ou dizer "não", podemos rapidamente perder essa imagem.

Devemos nos preocupar mais em fazer o bem do que em ser vistos como bons. Jesus não caminhou preocupado com o que os outros pensavam dele; Ele estava focado em "fazer o bem". A verdade é que Deus não se importa com nossa performance, se cantamos ou pregamos bem, ou se seguimos rigorosamente todas as regras religiosas. Ele não se preocupa com o número de seguidores nas redes sociais. Há muitos "anônimos" fazendo uma diferença significativa na vida de crianças e pessoas.

Deus não precisa que você seja famoso ou tenha conexões influentes para cumprir suas promessas. Ele também não requer diplomas ou teorias para usar você. O que Deus busca é a entrega, humildade, dependência, obediência e disposição. Ele procura corações adoradores dispostos a amar e ajudar seus irmãos, resgatando aqueles que se sentem órfãos.

Em cada estação da vida, há momentos para se alegrar e oportunidades de fazer o bem. O desafio diário é encontrar razões para se alegrar e agir em prol do bem ao nosso redor.

Jesus, perdoa-me pelas vezes que fiz o bem para ser vista como uma pessoa "boa". Quero servir as pessoas movida pelo teu amor e não por minhas carências e necessidade de aprovação. Ajuda-me a pensar no outro e não em mim. Que eu siga os teus passos.

Não se submeta

Seu povo reconstruirá as velhas ruínas e restaurará os alicerces antigos [...] (Isaías 58:12).

Dia 18 de Maio é Dia do combate ao abuso. Muitas pessoas já vivenciaram algum tipo de abuso, e é um erro pensar que apenas o abuso sexual existe. Há também os abusos psicológicos, que incluem manipulações, chantagens emocionais, *gaslighting*, humilhação pública, *bullying* e ciúmes excessivos. Os abusos físicos englobam agressões, empurrões e cárcere privado. Os abusos financeiros se manifestam em extorsões e manipulações, enquanto os abusos verbais incluem xingamentos e críticas pesadas.

Os efeitos de qualquer forma de abuso podem ser devastadores. Como vítima de abusos sexuais desde os 5 anos até pouco antes do meu casamento, experimentei medo, culpa excessiva, ansiedade, vergonha e insegurança, o que afetou minha vida íntima. As consequências do abuso podem incluir fobia social, disfunção sexual, depressão, problemas de autoestima, distorções de valores, entre outros.

A cura é possível em Cristo Jesus, assim como buscar ajuda terapêutica para abordar os traumas. É fundamental liberar perdão com o auxílio do Espírito Santo e depositar na cruz de Cristo toda dor vivida. Este processo é longo e gradual, mas é viável com a ajuda de Deus.

O mais importante é não se permitir ser abusada novamente. Após experiências de abuso, é comum que outras situações similares pareçam nos perseguir. Contudo, ao aprendermos a nos posicionar e a respeitar a nós mesmas, podemos romper esse ciclo. Isso não é rebeldia, mas uma afirmação de autocuidado e respeito.

Como você se respeita e se trata **ensina as pessoas** a respeitarem e a tratarem você.

Senhor, ajuda-me a identificar se há abusadores sutis em minha vida e ajuda-me a recuperar meu amor-próprio e a desenvolver uma autoestima saudável.

Receba de Deus

Nós amamos porque ele nos amou primeiro (1João 4:19).

Ao receber amor e cura, o próximo passo é **levar o mesmo que você recebeu aos outros.**

Muitas pessoas me perguntam: "Como posso ajudar alguém se eu mesmo preciso de ajuda?" e "Como dar o que não tenho?"

Frequentemente, encontramos desculpas para não nos doarmos aos outros, como o pensamento de que não temos o suficiente para compartilhar. No entanto, aprendi que primeiro semeamos e, em seguida, multiplicamos. Isso não significa sacrificar o que temos, mas sim compartilhar o pouco que conseguimos, seja tempo, atenção, conhecimento ou apoio.

É verdade que, em determinados estados emocionais, uma pessoa pode não estar apta a ajudar. No entanto, se você já avançou um pouco em sua jornada, pode usar essa experiência para auxiliar outros. Embora só possamos dar a partir do que recebemos, é fundamental buscar amor no Deus Pai, que nos cura e nos transborda com Seu amor.

Quando comecei a ajudar mulheres, não sabia o quanto ainda precisaria de cura. O que me impulsionava era o desejo de compartilhar o que havia aprendido com outras que estavam passando por situações semelhantes. À medida que me doava e permitia que o Espírito Santo usasse minhas experiências como instrumento de cura, também encontrava minha própria cura.

Você nunca será totalmente curada se não usar seu sofrimento para ajudar o próximo. Compartilhar sua história e ser um instrumento de Deus dá um novo significado ao que você viveu. As pessoas mais capacitadas para ajudar são aquelas que aprenderam por meio de suas próprias experiências. Suas cicatrizes carregam o bálsamo de Cristo. Assim como Jesus a amou primeiro, você também pode oferecer cura ao outro, à medida que recebe dele.

Pai, agradeço-te por teu amor e por me alcançares com tantas curas. Usa minha vida para levar a mesma porção que recebi de ti ao meu próximo. Traz até mim as pessoas certas que precisam exatamente daquilo que carrego.

Confiança

Quem conhece teu nome confia em ti, pois tu, Senhor, não abandonas quem te busca (Salmos 9:10

Você entregaria sua bolsa, carro ou filhos a alguém que não conhece para cuidar deles? Certamente, não. A confiança em alguém exige um conhecimento profundo, e não apenas superficial. Existe um ditado que diz: "Para conhecer alguém de verdade, é preciso comer um quilo de sal juntos". Essa metáfora destaca que a intimidade se constrói ao longo do tempo, compartilhando experiências e vivenciando altos e baixos juntos.

A **fé** é a nossa **decisão diária** de confiar em Deus.

Para que um relacionamento alcance uma profunda intimidade, é necessário investir tempo, energia e ser intencional. Isso envolve corresponder à amizade, fazer perguntas, abrir o coração e se importar genuinamente. Isso vale para o nosso relacionamento com Deus. Embora Ele nos conheça perfeitamente, muitas vezes nós não o conhecemos totalmente. É preciso um esforço intencional para conhecê-lo em todas as suas facetas: Pai, Criador, Amigo, Professor, Conselheiro, entre outros.

O principal desejo de Deus é desenvolver um relacionamento de intimidade e confiança. Somente quando conhecemos a Deus de forma mais profunda podemos confiar plenamente nele Se você tem preocupações obsessivas sobre o futuro, filhos, casamento ou vida profissional, saiba que essa ansiedade só diminuirá quando você realmente confiar em Deus.

Controlar tudo à sua volta é exaustivo e frustrante; em vez disso, aprenda com as situações que enfrenta. Muitas vezes, Deus permite que vivenciemos desafios para que nossa única opção seja confiar nele. Você não precisa entender todo o processo, apenas confie no propósito que Ele tem para você.

Pai, ajuda-me a confiar em ti, à medida que te conheço cada dia mais.

A importância do olhar

Desvia os meus olhos das coisas inúteis; faze-me viver nos caminhos que traçaste (Salmos 119:37).

Que tal repensar a **comunicação** no seu **lar** e fazer os **ajustes** necessários?

Hoje, a interação digital é uma das principais formas de comunicação. Já parou para pensar em quantas conversas temos sem sair de casa ou encontrar alguém pessoalmente? Embora a internet facilite a vida em várias áreas, é essencial tomar cuidados para manter relações familiares saudáveis.

É frustrante conversar com alguém que não presta atenção porque está no celular. Esse mau hábito tem causado desconexões nas famílias, e quando alguém é cobrado pela falta de comunicação, a resposta muitas vezes é: "Eu lhe falei. Você que não estava prestando atenção".

Você sabia que o contato visual ativa áreas cerebrais que integram cognição, emoção e ação, promovendo atenção, concentração e memória? Estudos[10] mostram que essa conexão, ao manter o olho no olho, gera empatia entre as pessoas. Isso é especialmente importante quando um adulto se comunica com uma criança.

Eis algumas sugestões para se comunicar com os pequenos:

- Abaixe-se à altura da criança para não a fazer se sentir inferior.
- Ouça com atenção, sem interromper ou julgar.
- Oriente a criança sem alterar a voz.
- Reserve pequenas pausas no seu dia para se comunicar com seu filho.
- Demonstre interesse em suas histórias diárias, mesmo que pareçam "bobas".

Quando olhamos nos olhos, expressamos afeto e amor, sinalizando a importância dessa criança. Essas ações ajudarão a formar adultos mais seguros, capazes de identificar e cumprir seu propósito de vida. Portanto, elimine o hábito de "ouvir" alguém enquanto está distraído. Em vez disso, pare o que está fazendo, olhe nos olhos da outra pessoa e diga sinceramente: "Estou lhe ouvindo".

Pai, ajuda-me a olhar nos olhos das pessoas de maneira que elas sintam teu amor e o quanto são importantes.

Dia do abraço

[...] tempo de abraçar (Eclesiastes 3:5).

Hoje celebramos o Dia do Abraço, uma data inspirada por um australiano[11] que, após enfrentar o divórcio dos pais e o fim de um relacionamento, criou o cartão "abraços grátis" e saiu às ruas em busca de conexão. Sua ideia viralizou, levando vários países a reconhecerem a importância desse gesto afetuoso.

O abraço é uma demonstração simples de carinho, mas seus efeitos na saúde e no humor são profundos. É especialmente vital nos primeiros anos de vida, pois gera sensação de proteção e conexão. Além disso, o abraço tem propriedades terapêuticas, promovendo cura, pertencimento e acolhimento. Ele aproxima casais, liberando oxitocina, um hormônio que fortalece o amor e a conexão emocional.

Estudos[12] mostram que o abraço alivia o estresse, reduzindo os níveis de cortisol e amenizando a ansiedade e a depressão. Ele também aumenta a imunidade, diminui o risco de doenças cardíacas e libera dopamina, proporcionando sensações de alegria e bem-estar.

Os abraços têm o poder de conectar, aproximar e curar. Às vezes, um abraço é exatamente o que precisamos para promover a reconciliação e o perdão, especialmente com aqueles que estão chateados, distantes ou magoados. Existem abraços tão profundos e significativos que falam mais do que palavras jamais poderiam expressar. É uma sensação maravilhosa ser envolvido por um abraço apertado, que nos envolve de maneira tão protetora, transmitindo uma segurança reconfortante de que tudo ficará bem.

Neste Dia do Abraço, que tal dar mais abraços intencionais? Imagine como seria reconfortante receber um abraço de Jesus em momentos difíceis. Ao abraçar alguém que precisa de apoio, você se torna uma extensão do amor de Cristo.

Seu **abraço** pode ser a peça que falta no **outro**.

Pai, usa meu abraço para expressar teu amor e acolhimento a quem precisa.

Confronto

Grite a plenos pulmões, não se detenha! Erga a voz como a trombeta e anuncie ao meu povo as suas transgressões e seus pecados (Isaías 58:1, NAA).

"Se o Deus que você diz adorar nunca **discorda** de você e nunca a **confronta**, é bem provável que você esteja adorando uma **versão idealizada de si mesma** chamando de "deus". – John Piper

Senhor, permita-me identificar quando o Senhor está usando pessoas ou situações para me confrontar, e ajuda-me a acolher essa repreensão com humildade no coração.

É verdade que ninguém gosta de ser confrontado ou ouvir verdades difíceis. Durante meu processo de cura, enfrentei muitas situações em que meu esposo me dizia verdades duras, e, por orgulho, lutava para não as aceitar. No entanto, ao me retirar para meu lugar secreto, Deus me lembrava do que ele havia dito, e eu precisava quebrar meu orgulho e reconhecer meus erros. Mesmo sem culpa, o Espírito Santo frequentemente me impelia a pedir perdão, o que desafiava ainda mais meu orgulho, mas essa humildade era essencial para meu avanço pessoal.

O confronto, embora doloroso, é necessário para quem busca cura e transformação. Ele nos ajuda a entender quem somos e onde estamos em nossa jornada. Para que o confronto tenha efeito, precisamos nos permitir ser moldados pelo Senhor. Ele pode se manifestar através da Palavra de Deus, sermões, histórias compartilhadas, livros e até mesmo pessoas próximas que nos dizem verdades.

Nos anos em que atuei como conselheira emocional e espiritual, vi muitas mulheres cheias de orgulho, convencidas de suas certezas. No entanto, ao compartilharem suas experiências, a necessidade de confronto se tornava evidente, e eu, corajosamente, precisava fazê-lo.

Aprendi que, se nos humilharmos diante de Deus, o confronto nos transforma em pessoas melhores, mais sensíveis e ensináveis. É gratificante conversar com pessoas que têm coração aberto, que acolhem e refletem sobre o que recebem. Elas são, sem dúvida, honradas por Deus.

Avalie quais confrontos Deus tem lhe apresentado. Será que seu esposo, mãe, amiga ou filhos tem dito algo que tem incomodado seu coração e acionado o seu orgulho?

Permaneça na instrução

Ele o instruirá no caminho que deve seguir (Salmos 25:12).

Viajar de carro para lugares distantes nos ensina a importância de seguir placas indicativas que aparecem gradualmente ao longo do percurso. Quando partimos, especialmente em uma primeira viagem, não sabemos todas as estradas que devemos tomar. Da mesma forma, na jornada da vida, Deus nos revela o caminho passo a passo, sem nos mostrar o mapa completo.

Embora Ele nos ofereça promessas e direções, é crucial renovar nossa esperança e continuar seguindo a última instrução que recebemos. Ao nos aventurarmos por locais desconhecidos, muitas vezes usamos o GPS para nos guiar. Se ignorarmos suas orientações, é provável que não cheguemos ao nosso destino.

Assim como confiamos em um GPS, precisamos confiar em Deus, que conhece exatamente o nosso destino. Há momentos em que Ele parece em silêncio, como se estivesse 'tirando um cochilo' ou nos esquecendo. Já experimentei isso e, quando acontece, busco lembrar a última coisa que Ele me disse e me mantenho firme nessa direção até que uma nova "placa" apareça.

Você consegue se lembrar da última orientação que Deus lhe deu? Se não houver novas direções, continue avançando, mesmo que pareça que está perdida ou que a chegada demora. Acredite que você pode realizar muito mais do que imagina, apenas mova-se segundo a direção daquele que a chamou.

E mesmo quando tudo parecer errado, lembre-se das palavras de Isaías 55:8-9: "Pois os meus pensamentos não são os pensamentos de vocês, nem os seus caminhos são os meus caminhos".

Quando não tiver **novos** direcionamentos, continue se movendo de acordo com a **última instrução** que Deus lhe deu.

Pai, peço-te perdão, porque às vezes fico tão ansiosa para ter o mapa nas mãos e obter todas as informações para meu destino, que esqueço de seguir a última instrução e aguardar com paciência o próximo direcionamento.

Adotadas

[...] receberam o Espírito que os adota como filhos, por meio do qual clamamos: "Aba, Pai". O próprio Espírito testemunha ao nosso espírito que somos filhos de Deus (Romanos 8:15b,16).

Saia do orfanato de **mãos dadas** com o seu Pai celestial. Tome posse da sua **adoção**!

Hoje é celebrado o Dia Nacional da Adoção[13], data instituída em 2002 para conscientizar a importância de acolher crianças e adolescentes. A adoção é um ato sublime e altruísta.

Quem se candidata à adoção escolhe quem quer chamar de filho, assim como o Pai Celestial nos escolheu e nos adotou como Filhas Amadas. A iniciativa de nos amar e aceitar partiu dele, e não precisamos fazer nada para merecer esse amor.

Seu pai terreno pode ter sido distante, ausente, inexistente, excessivo ou problemático, até mesmo agressivo ou abusador. Embora eu não conheça sua história, sei que a sensação de orfandade pode ser profundamente dolorosa. Por ter vivido essa experiência por muitos anos, posso afirmar que a boa notícia que Cristo nos oferece é que é possível encontrar cura para a dor da rejeição, do desamparo e do abandono na adoção divina.

Max Lucado destaca que: "O amor de Deus não tem causa, é espontâneo e incondicional. Ele nos ama não porque somos bons, ou porque temos fé nele. Ele nos ama por causa da bondade dele, do coração dele e da grande fé dele. Deus te ama simplesmente porque decidiu amá-la. Ele te ama quando você não se sente digna de ser amada. Ele ama você quando ninguém mais ama".[14]

O amor de Deus Pai é essencial em nossas vidas, pois ele oferece um alicerce inabalável de aceitação, perdão e esperança. Esse amor transcende as falhas humanas e nos acolhe em nossa vulnerabilidade, proporcionando um sentido profundo de pertencimento e segurança. Quando reconhecemos e abraçamos o amor divino, encontramos força para enfrentar desafios, cura para nossas feridas emocionais e coragem para nos levantar após as quedas.

Pai, obrigada por me escolheres e por me adotares com amor. Ajuda-me a sentir esse amor de formas específicas no dia a dia, a ponto de me sentir segura como tua filha.

O poder da gratidão

Meus irmãos, considerem motivo de grande alegria o fato de passarem por diversas provações, pois vocês sabem que a prova da sua fé produz perseverança (Tiago 1:2-3).

Quando enfrentamos batalhas mentais, lutas emocionais, provações ou períodos difíceis, muitas vezes nossa tendência é reclamar e alimentar pensamentos negativos. Seja por calúnias, falta de recursos ou conflitos familiares, a reclamação se torna uma resposta automática. No entanto, é crucial entender que a energia que dedicamos aos nossos pensamentos influencia profundamente nosso corpo. Quando nos concentramos em cenários negativos, nosso cérebro interpreta isso como uma ameaça, liberando hormônios que podem causar danos à nossa saúde. Por outro lado, cultivar a gratidão ativa neurotransmissores que promovem bem-estar e paz, enviando sinais ao corpo de que está tudo bem.

Maturidade é aceitar a vontade de Deus mesmo sem entender.

Um estudo[15] afirma que a gratidão produz uma sensação de bem-estar e satisfação, além de diminuir as dores físicas no corpo, aumentando a vitalidade, energia, criatividade, esperança, otimismo e até a imunidade, além de melhorar a qualidade do sono. Também reduz os níveis de ansiedade, depressão, inveja e estresse relacionados ao trabalho. Quantos benefícios ligados ao físico e ao emocional. E tem mais, a gratidão também impacta o campo espiritual.

Quando minha filha mais velha, com apenas um ano e meio, ficou 40 dias na UTI devido a complicações graves, incluindo pneumonia e múltiplas falências de órgãos, vivemos um momento desesperador, com muitas pessoas orando por sua cura. Uma pastora nos orientou a agradecer pela cura como se já tivesse acontecido, em vez de continuar pedindo. Essa mudança de atitude abriu as portas para o milagre.

Portanto, convido você a abraçar a gratidão, até mesmo nas dores, pois elas podem fortalecê-la e amadurecê-la. Cada desafio traz consigo uma oportunidade de crescimento e aprendizado, e vale a pena passar por essas experiências transformadoras.

Senhor, apesar de não entender nada do que está acontecendo em minha vida, escolho agradecer, pois sei que estás comigo e que esta situação trará bons frutos.

Deixe a água correr

Quem de vocês, por mais que se preocupe, pode acrescentar uma hora que seja à sua vida? (Lucas 12:25).

Descanse na certeza de que o que você não pode fazer, **Deus fará por você.**

Em uma semana de agitação e ansiedade, enquanto eu caminhava ao redor de um córrego, observei a água fluindo livremente e o som relaxante da pequena queda d'água. Senti Deus ministrar ao meu coração: *Está vendo, filha, essa água correr sozinha? Eu que a fiz assim. Ela não precisa fazer nenhum esforço para seguir fluindo. E percebe como ela está correndo mais velozmente? É por causa do vento. Quanto mais forte o vento, maior será a velocidade que essa água correrá. Assim também é na sua vida. Sei que você está no meio de um vento forte, mas deixe as águas da sua vida correr e fluir naturalmente. Não precisa fazer esforço para fazer as coisas acontecerem, filha, simplesmente deixe-as correr naturalmente. Quanto maior o vento, maior a velocidade que você alcançará.*

Em alguns momentos, é normal sentir que suas orações não estão sendo ouvidas e que nada muda ao seu redor. Se você busca mudanças e cura emocional, lembre-se de que leva tempo para desconstruir comportamentos formados por experiências passadas. Esse processo pode exigir revisitar memórias para ressignificá-las. Porém, quando você abre espaço para o Espírito Santo explorar sua alma, o trabalho de cura já começa.

Mesmo que o vento esteja forte, permita que a água da sua vida flua. Deixe o Espírito Santo conduzir você a experiências que trarão cura e desbloquearão seu futuro.

Reflita sobre suas ansiedades e preocupações. Pergunte-se: "O que estou me esforçando para controlar sem que Deus me peça?". Deixe a água correr, pois ela levará o que precisa ser removido, limpará o que deve ser purificado e trará o que for necessário. Confie nas águas do Espírito.

Senhor, ajuda-me a não olhar para os ventos contrários e deixar a água correr.

Igual, mas diferente

Porque somos criação de Deus realizada em Cristo Jesus para fazermos boas obras, as quais Deus preparou antes para nós as praticarmos (Efésios 2:10).

Se você tem mais de um filho, entende que o amor por cada um é igual, mas também singular, com qualidades e defeitos próprios. Embora possamos ter afinidades diferentes, a ideia de escolher apenas um filho para ter sucesso é impensável.

Da mesma forma, Deus, nosso Pai, não escolhe um filho em detrimento do outro. Seu amor é incondicional, igual e único para cada um de nós.

É comum ver outras pessoas fazendo ou falando de forma semelhante a nós em nosso trabalho ou ministério, o que pode gerar insegurança e a tentação de desistir. Você já pensou em desistir de algo por sentir que não é única? Eu já passei por isso.

Em 2013, Deus me chamou para atuar na área de vida emocional, algo que nunca esteve nos meus planos. Naquele tempo, poucas mulheres falavam sobre o tema nas redes sociais, e eu pensava que tinha uma mensagem exclusiva. No entanto, com a expansão das redes sociais e o surgimento de várias outras vozes após a pandemia (2020), pensei em desistir.

Enfrentava gigantes internos como medo e insegurança, além da competição externa. Mas, em um momento de reflexão, o Espírito Santo falou ao meu coração: "Muitas fazem o que você faz, e embora você não seja a única que faz isso, cada uma faz de um jeito *único*".

Quero encorajá-la com essa resposta. Não desista do seu chamado só porque outras mulheres fazem algo semelhante. Cada pessoa tem um propósito único. Foque nas sementes que Deus lhe entregou com amor, e o mais importante: faça essas sementes florescerem para a glória de Deus!

Não se compara diferentes. Uma caneta é diferente de um lápis, embora ambos possam realizar a mesma função.

Pai, ajuda-me a cumprir o meu propósito de maneira única.

Você é única

[...] cada um de vocês, individualmente, é membro desse corpo (1Coríntios 12:27).

Deus **ama** cada um de nós como **seres únicos**, como se houvesse apenas um de nós para amar.

Você é única, mas não 'a' única. Quando enfrentamos experiências dolorosas e traumáticas, é comum nos sentirmos vítimas, como se fôssemos as únicas a sofrer. Eu vivi assim por muitos anos, pensando que minha dor era superior à de qualquer outra pessoa. Antes de iniciar minha jornada de cura e transformação, não percebia o quanto esse pensamento era egoísta.

Com o tempo, Deus começou a mudar minha vida, e muitas mulheres passaram a me procurar em busca de ajuda. Trabalhei como mentora e conselheira emocional por mais de seis anos e percebi que elas também se sentiam sozinhas em seu sofrimento. Meu papel era mostrar que, embora não fossem as únicas a enfrentar rejeição, abuso ou traição, sua dor era única e importante.

É fundamental não valorizar excessivamente a dor, mas também não banalizá-la; sem isso, não há cura. Reconhecer suas lutas é essencial, mas isso não deve levá-la à vitimização ou orgulho, fazendo com que você se sinta mais merecedora do que os outros.

Talvez você esteja aguardando o cumprimento de uma promessa divina, pensando que é a única a viver no 'secreto' com Deus fazendo renúncias e sendo 'esmagada' pelos processos, mas saiba que há um exército de mulheres sendo treinadas e preparadas da mesma forma.

Embora você não seja a única a experimentar o sobrenatural de Deus, suas vivências são únicas, assim como o chamado dele para você. O que você viveu é inigualável, assim como a maneira como compartilha suas experiências.

Cada mulher possui uma história, lições e aprendizados que a tornam especial. Por isso, valorize sua jornada, mas também respeite a caminhada das outras. Se você está lutando e buscando a Deus, lembre-se: outras mulheres também estão!

Pai, ajuda-me a não me sentir enciumada quando o Senhor começar a levantar outras mulheres.

Destaque o outro

Pensemos em como motivar uns aos outros na prática do amor e das boas obras (Hebreus 10:24).

Você já notou como é comum que, especialmente entre as mulheres, haja dificuldade em reconhecer a força umas das outras? Muitas parecem sempre competir, sentindo-se ameaçadas em relação a suas conquistas. O reconhecimento dos acertos é muitas vezes ofuscado pelos erros, principalmente dentro de casa.

As mães costumam cobrar mais dos filhos do que elogiar suas vitórias, e as esposas frequentemente criticam os maridos em vez de reconhecer suas qualidades. Essa falta de admiração e encorajamento pode gerar afastamento e baixa autoestima, tornando as pessoas inseguras e hesitantes em suas decisões.

A Palavra de Deus nos ensina a encorajar uns aos outros. Elogiar alguém reforça seu senso de valor e pertencimento, motivando-a a continuar. Não se esqueça de elogiar aqueles que você pode considerar "inferiores", seja no trabalho ou na vida pessoal, além de elogiar seu cônjuge, filhos, pais e até seus líderes e colegas de ministério, pois todos precisam de palavras de encorajamento nessa vida. Te desafio a fazer um elogio ou expressar palavras de encorajamento a alguém todos os dias, pelo menos durante uma semana. Você ficará surpresa com o bem-estar que isso trará a você e aos outros.

Sabe, por muito tempo não encontrei mulheres que reconhecessem meu trabalho e ministério ou que me encorajasse nos dias maus, mas exatamente por não ter tido isso, decidi ser uma fiel encorajadora. Por isso, incentivo você a ser e fazer para as pessoas o que você esperou que alguém fosse ou fizesse a você um dia.

Pergunte-se: você é uma "parteira", que faz os projetos de Deus nascerem na vida dos outros, ou uma "coveira", enterrando-os sob críticas?

Um **elogio sincero** pode semear **confiança** em alguém que está precisando de **encorajamento**. – Joyce Meyer

Pai, perdoa-me se me senti intimidada por outra pessoa e acabei competindo com ela, ajuda-me a encorajar todas as pessoas que passarem por minha vida.

Deus sempre fala

As minhas ovelhas ouvem a minha voz [...] (João 10:27).

Deus só **grita** conosco ou só usa o megafone para se comunicar conosco quando a situação exige isso, no geral, ele **fala baixo e suave**, de maneira que precisamos estar **bem pertinho** para ouvir.

Muitas pessoas afirmam: "Eu não ouço Deus falar comigo". No entanto, Deus está sempre pronto para nos dar sinais, encorajar, confrontar, corrigir e ensinar. Porém, nem sempre Deus se manifesta da maneira que esperamos. Eu costumava desejar que Ele falasse ao meu coração de forma audível e clara, mas percebi que sua voz se revela em impressões sutis em nosso interior.

No início da minha caminhada com o Senhor, eu tinha dificuldade em perceber sua voz e entender a Bíblia, por isso, pedia que Deus tornasse tudo mais claro. Com o tempo, comecei a reconhecer lições divinas em pequenos detalhes da natureza e em metáforas do meu dia a dia.

Certa ocasião, minha filha fez um tratamento com aparelhos ortodônticos e precisou usar elásticos transversais em cada pecinha (*bracket*) do aparelho. Isso gerava uma dor absurda e para que o tratamento surtisse efeito, os elásticos só poderiam ser retirados para comer. Lembro de Deus ter falado ao meu coração através de uma instrução que estava na embalagem dos elásticos. A frase era: *Categoria do tratamento: pesado e contínuo. O sucesso do tratamento depende da sua colaboração.* Uau! Naquele momento, Deus ministrou muito ao meu coração, pois eu estava vivendo um processo "pesado e contínuo" que dependia da minha colaboração para o sucesso do "tratamento" de Deus em minhas emoções.

Talvez você esteja em uma fase parecida com a que passei, e o desespero tem feito você pensar em retirar "os elásticos" para "não sofrer". Lembre-se de que a dor é parte do alinhamento divino, portanto, mantenha seus "elásticos" e persevere; porque creio que Deus colocará um belo sorriso em seu rosto se você fizer a sua parte no tratamento.

Pai, afina meus ouvidos, aguça minha percepção e amplia minha visão para que eu entenda a tua vontade para a minha vida.

Caminho estreito

Esforcem-se para entrar pela porta estreita, pois muitos tentarão entrar, mas não conseguirão (Lucas 13:24).

Muitas vezes aplicamos o versículo sobre o caminho estreito apenas a escolhas pecaminosas, mas ele também reflete os desafios emocionais e espirituais das decisões diárias. O caminho de perdoar sem o reconhecimento do erro e pedido de perdão do outro, o pedir perdão mesmo quando o erro foi do outro, o calar-se em uma discussão é extremamente difícil. Permanecer ao lado de pessoas difíceis de se relacionar, amar incondicionalmente e depender totalmente de Deus também são caminhos estreitos.

É desafiador ser feliz ao invés de querer ter razão, falar a verdade quando mentir parece mais conveniente, e impor limites quando se busca aceitação. O caminho da coragem para apresentar a verdade ao próximo, sem ofender, e o esforço de não se justificar diante de calúnias é igualmente estreito.

Orar por inimigos e perdoar os que nos perseguem, como Jesus ensina, é outro caminho árduo. Tirar todos os ídolos do coração e colocar Deus no centro de tudo exige esforço. A porta para um relacionamento íntimo com Deus é estreita, convidando ao arrependimento, à confissão e a persistência diária em buscá-lo, mesmo quando outras distrações parecem mais atraentes.

Arrepender-se de sentimentos negativos causados por outros, revisitar dores do passado para ressignificar a história e expor vulnerabilidades em um mundo de máscaras são desafios. Agradecer ao invés de reclamar, continuar quando desistir seria mais fácil, tudo isso faz parte do caminho estreito.

O versículo nos chama ao esforço: um caminho difícil, mas que traz uma recompensa abundante. Persevere, pois o estreito caminho leva à verdadeira cura e plenitude em Deus.

Bons resultados são efeitos de **boas decisões diárias.**

Senhor, ajuda-me a entrar pela porta estreita através das minhas decisões diárias que me levarão ao destino que o Senhor escolheu!

__/__/__

Retire a culpa da sua mochila

As minhas culpas me afogam; são como um fardo pesado e insuportável (Salmos 38:4).

Se Deus **apagou seu passado**, por que você insiste em continuar carregando essa **culpa**?

Quantas culpas nós, mulheres, carregamos diariamente? Muitas vezes, acumulamos sentimentos de culpa por não sermos boas filhas, mães ou esposas, por não estarmos presentes o suficiente ou por não atender às expectativas dos outros. Culpa por trabalhar fora enquanto os filhos são pequenos, por não ter dinheiro para suprir suas necessidades, ou por não cuidar da casa como gostaríamos. Essa carga de culpa se estende a relacionamentos, amizades e até mesmo ao cuidar de nós mesmas, gerando angústia e um constante sentimento de inadequação.

É fundamental diferenciar entre ter consciência de um erro e viver se culpando sem agir para mudar a situação. O remorso pode trazer uma tristeza passageira, mas a culpa opressiva gera angústia. Para lidar com isso, considere as seguintes instruções:

1. *Perdoe aqueles que a feriram.* Libere o peso da mágoa.
2. *Peça perdão a Deus.* Confesse seus erros com um coração quebrantado, enumerando-os em oração.
3. *Aceite o perdão de Deus.* Lembre-se de que Seu amor é maior do que qualquer falha. Deus não age como nós; Seu amor é incondicional e eterno.
4. *Perdoe a si mesma.* Aceite seus erros e aprenda com eles. O autoperdão é essencial para que você se ame e se aceite como é, enquanto busca se tornar uma versão melhor de si mesma.

Senhor, eu perdoo meus ofensores e também recebo teu perdão.

Ao seguir essas etapas, você poderá libertar-se do peso da culpa e encontrar paz interior.

Deixe queimar

Davi construiu ali um altar ao Senhor e ofereceu holocaustos e ofertas de paz. E, quando Davi orou, o Senhor respondeu com fogo do céu para queimar a oferta sobre o altar (1Crônicas 21:26).

No Velho Testamento, a Bíblia relata diversas passagens em que Deus consumia os sacrifícios com fogo, um ato necessário para a purificação. Esses sacrifícios podem ser vistos como as renúncias que fazemos hoje. Sempre que obedecemos a Deus, sacrificando os desejos da carne, permitimos que Ele consuma esses anseios, gerando purificação e santificação em nós.

A jornada cristã, baseada no verdadeiro evangelho e na intimidade com Deus, frequentemente exige sacrifícios e renúncias. Tiago 1:14-15 nos lembra que somos tentados pela própria cobiça, que pode levar ao pecado e, consequentemente, à morte. Ao fazermos uma autoavaliação, percebemos a presença de sentimentos e comportamentos impuros, como cobiça, inveja e ingratidão, que precisam ser queimados no altar do Senhor. Hoje, esse altar é a cruz de Cristo, que, através do sangue de Jesus, nos purifica.

A essência da libertação é a santificação, que envolve escolhas e a separação do que nos afasta da vontade de Deus. Tudo que vemos e ouvimos influencia nossos pensamentos, sentimentos e ações. Portanto, é essencial fazer uma faxina no que absorvemos.

No início do meu processo de cura, o Espírito Santo me direcionou a eliminar estímulos que alimentavam o que precisava ser queimado. Viver em santificação não é seguir regras religiosas, mas cultivar um desejo genuíno de ter uma vida profunda com Cristo. Se o fogo da santificação está aumentando em sua vida, lembre-se de que isso trará transformação em todas as áreas. Vale a pena perseverar!

Qual é a parte do seu **caráter** que você sabe que **desagrada** a Deus?

Senhor, ajuda-me a tomar as decisões certas, que me levarão ao destino que o Senhor escolheu!

Saudade

Que vocês experimentem esse amor [...] Então vocês serão preenchidos com toda a plenitude de vida e poder que vêm de Deus (Efésios 3:19).

Toda **perda** deixa um espaço **vazio** que somente a **presença de Deus pode preencher.**

É possível ter saudade do que nunca vivemos? Sim, é possível! As faltas que sofremos devido a perdas, rejeições e abandonos criam lacunas em nossas vidas, revelando o que poderia ter sido vivido. Nunca conheci meu pai biológico, mas ao saber de sua morte, chorei pela saudade de experiências que não tive, como abraços, risadas e conselhos. A perda da minha mãe aos 14 anos também deixou um vazio, pois ela não estava presente em momentos importantes, como minha formatura, casamento ou o nascimento das minhas filhas. Essas ausências geram um profundo anseio pelo que não vivemos.

A única coisa que pode preencher esses vazios é o amor do nosso Pai Celestial. Esse amor é perfeito e completo, capaz de nos curar, consolar e dar um novo sentido à vida. Ao ler a Palavra de Deus, percebemos que esse amor preenche nosso ser, proporcionando uma sensação de saciedade que não depende de outras pessoas.

Se você sente saudade do que não viveu, desenvolva uma vida íntima com Deus acessando sua paternidade e todo amor que está disponível a você. Peça para ser preenchida em toda falta.

Para as mães de filhos pequenos, é fundamental investir tempo de qualidade, oferecendo amor, segurança e apoio. E quando crescerem, esteja ao lado deles em momentos decisivos, como escolhas de carreira ou em períodos de dor, ainda que, apenas segurando suas mãos. Às vezes, a presença silenciosa é mais poderosa do que palavras.

Se você sente a falta de um filho ou marido que partiu, faça uma lista dessas saudades e entregue a Jesus conforme a sugestão da oração ao lado, pedindo que Deus cure e preencha seu coração.

Jesus, gostaria de ter vivido

____

(descrever as situações) com

____

(nome da pessoa), mas mesmo sem entender, deixo essas faltas e desejos na tua cruz e peço que o Senhor me cure da dor dessa saudade e que teu amor me preencha por completo.

Gaiolas emocionais

Portanto, se o Filho os libertar, vocês serão livres de fato (João 8:36).

Viver presa ao passado nos mantém em gaiolas emocionais. A falta de perdão, os fracassos e decepções nos aprisionam, e até mesmo uma fixação em um passado glorioso pode nos colocar em gaiolas emocionais. Ficamos presas à algo que vivemos no passado, e nos esquecemos que a situação externa já mudou faz tempo.

Por isso, é importante lembrar que não somos mais aquela menina abandonada, ferida, abusada e vulnerável. Não somos mais a menina órfã; o Pai nos adotou e nos deu um lar (Salmos 27:10). Não somos a criança indefesa, pois Jesus está conosco todos os dias (Mateus 28:20). Não somos a humilhada que não tinha dinheiro para nada (Filipenses 4:19), nem a medrosa que sofria *bullying* (Josué 1:9). Não somos mais a menina que ninguém acreditava (Jeremias 29:11) ou a rejeitada por aqueles que deveriam nos amar (Efésios 1:4,5).

Podemos ser a mulher que quando menina, sonhava em ser importante e fazer a diferença, acreditando que tudo poderia ser diferente. Te convido a abrir sua gaiola emocional. Não será fácil, mas é necessário.

Em oração, entregue a Deus todas as situações que causaram medo, dor, vergonha, humilhação, tristeza, traumas e rejeição. Peça ao Pai Celestial que reacenda a menina sonhadora sufocada pela dor.

Depois que você for livre, será capaz de compreender a dor de outras pessoas na mesma área e poderá abrir muitas gaiolas, com a ajuda de Cristo, para libertar as que não tem conhecimento de como sair de lá.

Será por meio das **dores** que você vivenciou que as pessoas se **conectarão** com você em **busca de vencer** como você venceu. **Sua dor será sua missão**!

Obrigada, Jesus, por me dares as chaves que abrem essa gaiola através do teu sangue derramado na cruz. Ajuda-me a ter coragem de usar essa chave e ser livre para sempre.

Mendigos emocionais

Eu amei você com amor eterno, com amor leal a atraí para mim (Jeremias 31:3b).

O amor de Deus supera qualquer amor humano.

O termo "mendigos emocionais", criado pelo psiquiatra Dr. Augusto Cury, refere-se a pessoas que dependem de fatores externos para se sentirem felizes e importantes. Você se sente presa à opinião dos outros? Cansada de se explicar e ainda ser mal interpretada? Tem medo de ser manipulada ou de ser abandonada? Eu vivi assim por muitos anos, buscando migalhas de afeto até que Deus me conduziu a um caminho de cura e libertação. Percebi que nenhum amor humano seria suficiente para suprir as faltas acumuladas do passado.

Talvez você esteja há muitos anos em busca de um "conta-gotas" esperando receber pequenas gotinhas de: "gostei de você" "muito obrigada", "nossa, você me ajudou muito", "você é boa no que faz", "você é tão bacana, gente boa, legal...", "você é uma amiga maravilhosa", "você é uma excelente mãe", além da espera de curtidas, emojis, comentários e elogios nas redes sociais sobre você ou seu trabalho...

Imagine a seguinte cena: um majestoso palácio, um rei generoso, uma grande mesa repleta de um banquete e uma princesa diante da porta. Nesta cena, você é a princesa, filha do rei que possui esse lindo palácio. Em vez de entrar e se deliciar com o esplendor que seu pai preparou, você paralisa na porta, pedindo "esmolas" às pessoas que passam.

Reflita se você está buscando apenas as "migalhas" dos outros, enquanto Deus Pai tem um banquete maravilhoso de afeto, de aceitação, aprovação, amizade, companheirismo, amor, de sonhos, realizações e conquistas à sua espera. Então, tome a decisão de entrar no palácio e sentar-se à mesa, aproveitando a abundância que é sua por direito.

Lembre-se de que ninguém compreenderá você, amará ou preencherá como seu Pai Celestial.

Senhor, liberta-me da necessidade de aprovação do outro e de ser aceita pelas pessoas. Não quero mais correr atrás de migalhas emocionais, quero ir ao encontro do teu banquete curador e restaurador.

Doses de amor-próprio

[...] Ame o seu próximo como a si mesmo (Mateus 22:39b).

Amar a Deus sobre todas as coisas e ao próximo como a si mesmo é a essência de uma vida plena. Muitas vezes, acreditamos que amar a nós mesmos é pecado, sentindo culpa ao priorizarmos nossas necessidades. No entanto, Jesus nos ensina que devemos amar a nós mesmos na mesma medida em que amamos os outros, tratando-nos com respeito e dignidade.

Hoje, convido você a cultivar o amor-próprio através de algumas ações:

- *Aceite-se*. Assim como uma mulher aceita sua gravidez antes de amar o bebê, você deve se aceitar primeiro. Isso não significa concordar com seus erros, mas reconhecer que está em um processo de melhoria e focar em suas qualidades.
- *Escreva uma carta para si mesma*. Esse exercício pode ser desafiador, mas comece expressando a saudade que sente de si. Reflita sobre quem você era antes de se abandonar.
- *Faça compromissos consigo mesma*. Comprometa-se a cuidar da sua saúde física, emocional e espiritual, aplicando o que aprendeu.
- *Celebre suas conquistas*. Valorizar suas vitórias é fundamental para fortalecer sua autoestima.
- *Permita-se fracassar*. Não é necessário ser forte o tempo todo; a vulnerabilidade faz parte do processo.
- *Exponha suas imperfeições*. Livrar-se da pressão da opinião alheia gera mais empatia consigo.
- *Evite comparações*. A comparação é um veneno para o amor-próprio.
- *Valorize-se*. Não despreze o que Deus valoriza: você. Ame-se como Deus a ama, olhe para si com amor e gratidão.

Não se esforce para tentar conseguir das pessoas algo que você já tem de Deus: **amor** e **aceitação**.

Pai, agradeço-te por teu amor demonstrado na cruz através do teu filho Jesus. Ajuda-me a me amar de maneira saudável e fazer por mim o que somente eu posso fazer.

Entregue o melhor

Nada façam por ambição egoísta ou por vaidade, mas humildemente considerem os outros superiores a si mesmos (Filipenses 2:3).

Deus não procura pessoas **perfeitas**, mas **dispostas** e **disponíveis**.

O perfeccionismo é frequentemente visto como uma qualidade, mas isso é um engano. Muitas pessoas que agem dessa forma buscam aprovação, aceitação e reconhecimento que nunca receberam de figuras importantes em suas vidas, agindo por uma ambição egoísta para "ser melhores" do que os outros.

Esse comportamento, além de prejudicial, afeta nossa autoestima e amor-próprio, pois não aceitamos nossos limites e nos punimos fisicamente e emocionalmente em busca de reconhecimento. O caminho para a liberdade é aceitar que não somos perfeitas, e está tudo bem.

Durante anos, vivi presa ao perfeccionismo, tornando-me minha pior inimiga. Não precisava de um chefe exigente, pois eu já era a mais severa comigo mesma. Não me permitia descansar ou relaxar; sentia que precisava trabalhar incessantemente, buscando que tudo o que eu fizesse estivesse perfeito aos meus olhos.

Rompi o perfeccionismo com um exercício terapêutico. Quem sabe pode ajudá-la? Escreva sobre uma situação recente em que você se sentiu pressionada a ser perfeita. Pode ser no trabalho, em casa ou um relacionamento. Pergunte a si mesma:

- O que eu esperava de mim nessa situação?
- De onde veio essa expectativa?
- Essa expectativa era realista?
- Escreva como você se sentiu ao tentar atender essas expectativas.
- Como as pessoas reagiriam se eu fosse mais autêntica e mostrasse minhas imperfeições?

Escreva uma carta de autoaceitação do que você considera grandes 'defeitos' em você.

Peça a Deus que transforme o que precisa ser mudado e que lhe conceda a graça de aceitar e conviver harmoniosamente com aquilo que não pode ser alterado. Não deseje ser melhor do que os outros para ser aceita; entregue o seu melhor, pois ele é suficiente para aqueles a quem você foi chamada a servir.

Senhor, ajuda-me a me aceitar como eu sou, com todos os "defeitos" e falhas.

Pregue para si mesma!

Mas esmurro o meu corpo e faço dele meu escravo, para que, depois de ter pregado aos outros, eu mesmo não venha a ser reprovado (1Coríntios 9:27).

Ao longo de nossas vidas, somos chamados não apenas a transmitir conhecimento, mas também a vivê-lo de forma autêntica. Ensinar é uma responsabilidade divina e uma oportunidade de impactar a vida de outras pessoas. No entanto, a verdadeira eficácia do nosso ensinamento se revela quando aplicamos esses princípios em nossas próprias vidas.

Aqueles que se **esquecem** da lição aprendida, estão fadados a **repeti-la**.

Uma experiência engraçada me marcou. Uma conhecida me enviou um texto que tocou profundamente meu coração. Enquanto o lia e chorava, pensava: "Meu Deus, que mensagem poderosa! Eu precisava disso! Quem será que escreveu?". Ao chegar ao final do texto, para minha surpresa, percebi que a autora era eu! Era um texto que havia escrito dois anos antes e do qual não me lembrava. Comentei com a pessoa que me enviou: "Você não vai acreditar, mas acabei de pregar para mim mesma através desse texto!"

Quantas vezes oferecemos conselhos valiosos a amigos e pessoas queridas, mas deixamos de aplicá-los em nossas próprias vidas? Muitas vezes, a sabedoria que compartilhamos é tão clara e necessária, mas esquecemos que ela também pode ser um mapa para nós mesmas.

Que tal dedicar um tempo para registrar esses conselhos em um caderno pessoal? Ao escrever, não apenas refletimos sobre eles, mas também nos comprometemos a praticá-los. Essa prática pode se transformar em um poderoso lembrete da sabedoria que já possuímos e nos ajudar a viver de maneira mais autêntica e alinhada com o que acreditamos. Ao transformar palavras em ações, não só crescemos como indivíduos, mas também nos tornamos exemplos vivos do que pregamos.

Vamos nos permitir viver as verdades que compartilhamos e, assim, inspirar outros com nosso testemunho.

Pai, ajuda-me a viver o que prego, o que falo e o que ensino em teu nome.

Olhe antes de abrir

Acima de todas as coisas, guarde seu coração, pois ele dirige o rumo de sua vida (Provérbios 4:23).

Pequenas permissões abrem espaços para **grandes invasões.**

Suas emoções, vontades, sentimentos e pensamentos residem em seu coração, que, metaforicamente, possui uma porta. A chave para essa porta está do lado de dentro, sob seu controle. Pessoas, palavras, medos, inseguranças, julgamentos e fofocas podem tocar a campainha do seu coração. No entanto, é crucial não abrir essa porta para qualquer um. Antes de permitir a entrada, olhe pelo "olho mágico" e certifique-se de que é algo positivo.

A responsabilidade sobre o que você permite entrar é sua. Portanto, evite abrir a porta para culpas, remorsos, dores do passado, tristeza e comportamentos tóxicos. Evite a tentação de fazer um "cafezinho" e se sentar para discutir com esses sentimentos e comportamentos tóxicos, pois eles não vêm apenas de passagem; eles chegam para ficar e ocupar espaço em sua vida. Proteja seu coração com uma muralha, impedindo que pessoas abusivas lhe tirem a paz, dignidade e amor-próprio.

Algumas pessoas se comportam como "sanguessugas", criando expectativas irreais a seu respeito, fazendo você se sentir mal por não atender suas demandas. Tenha discernimento e não abra a porta para invasões emocionais. Se até Deus rejeita coração orgulhoso, por que se cercar de pessoas que trazem inveja, crítica e maldade? Em vez disso, alimente-se da doce presença do Espírito Santo.

Além disso, mantenha em sigilo as revelações que Deus compartilha com você. Algumas experiências são íntimas e devem permanecer entre você e Ele. Mesmo que curiosos tentem invadir sua privacidade, não use a chave para abrir a porta. Proteja seu coração e valorize o que realmente importa.

Senhor, ajuda-me a ter discernimento e clareza para identificar a quem abro a porta do meu coração.

Julgamos e atraímos

Por que você repara no cisco que está no olho do seu irmão, e não se dá conta da viga que está em seu próprio olho? (Mateus 7:3).

Você sabia que as relações que mais incomodam você são, na verdade, reflexos de você mesma? O que enxergamos de negativo nos outros pode ser uma falha que também existe em nós. Isso acontece devido à projeção psicológica[16], um mecanismo de defesa que nos leva a atribuir a outras pessoas nossos sentimentos, pensamentos ou ações que consideramos inaceitáveis.

A projeção pode ser uma poderosa ferramenta de autoconhecimento, permitindo que identifiquemos nossos aspectos negativos e positivos.

O que mais a incomoda nos outros? Muitas vezes, atraímos pessoas feridas quando ainda não superamos nossas próprias feridas. Se você é melindrosa, atrairá pessoas que também se ferem facilmente. Se é julgadora, atrairá outros críticos. Essa dinâmica revela que aquilo que a irrita ou incomoda no outro pode estar reprimido dentro de você. Em vez de criticar, procure olhar para dentro e reconhecer o que precisa ser tratado.

Se críticas e julgamentos a afetam, é um sinal de que você carrega essas características. Em vez de ficar brava, identifique e trabalhe esses sentimentos em oração. Por outro lado, se as críticas não a afetam, elas pertencem somente àquela pessoa. Nesse caso, ajude gentilmente a pessoa a ver o que não percebe.

Além disso, o que admiramos nos outros também reflete conteúdos que existem em nós. Em vez de se sentir inferior, reconheça suas próprias qualidades. Isso fortalecerá sua autoestima e identidade, permitindo um crescimento pessoal significativo.

Quando Pedro fala de Paulo, eu sei mais de Pedro do que de Paulo. – Freud

Senhor, traz do meu inconsciente para o meu consciente aquilo que não estou vendo ou aceitando dentro de mim. Quero reconhecer o que precisa ser mudado e sei que outras pessoas podem me ajudar nesse processo.

Inclua Deus

É melhor serem dois que um [...] Se um cair, o outro o ajuda a levantar-se. Um cordão de três dobras não se rompe com facilidade (Eclesiastes 4:9,10a, 12b).

O segredo de um **relacionamento saudável** é aprender com o que o outro **tem de melhor**, e **oferecer a ele o que você tem de melhor**.

No Brasil, comemoramos hoje o Dia dos Namorados, uma oportunidade para refletir sobre a importância dos relacionamentos. Fomos criados para nos conectar, mas é essencial lembrar que a felicidade não deve depender do amor do outro. Se você está em um relacionamento – seja namoro, noivado ou casamento – é fundamental aceitar que a vida a dois não é perfeita. Cada parceiro traz suas próprias experiências e bagagens, moldadas por lares, culturas e crenças diferentes.

Essa dinâmica pode ser desafiadora, pois temperamentos distintos influenciam a forma como cada um percebe e reage às situações. Para cultivar um relacionamento saudável e pacífico, o ingrediente principal é a vida com Deus. Somente Ele pode curar as feridas do passado que afetam o presente. Embora um parceiro complemente sua vida, não devemos esperar que ele preencha lacunas emocionais deixadas por experiências anteriores.

A dependência emocional pode resultar na perda da própria essência e identidade, sufocando a outra pessoa com exigências. Portanto, ame-se, aceite-se e valorize-se independentemente do outro. É importante ter momentos a dois, mas também respeitar a individualidade de cada um.

Peça ao Espírito Santo sabedoria para lidar com conflitos e encoraje seu parceiro a crescer. Para as solteiras, valorize-se e não aceite migalhas apenas para não "ficar para trás". Conheça bem seu namorado antes de se comprometer, e nunca delegue a responsabilidade de sua felicidade a outra pessoa. Lembre-se: a verdadeira plenitude vem de um relacionamento saudável com Deus e consigo.

Senhor, ajuda-me a ser completa em ti e somar com essa pessoa que escolhi para estar ao meu lado.

Levante-se

Jesus lhe perguntou: "Você quer ser curado?" Disse o paralítico: "Senhor, não tenho ninguém que me ajude [...]". Então Jesus lhe disse: "Levante-se! Pegue a sua maca e ande" (João 5:6b-8).

Vitimismo não aciona graça. Essa passagem é especialmente impactante, pois ilustra o que acontece quando esperamos que os outros façam algo por nós: ficamos paralisados. No capítulo 5 de João, versículos 1 a 15, conhecemos a história de um homem que era paralítico há 38 anos. Ele estava no tanque de Betesda, onde, de tempos em tempos, um anjo agitava as águas, e os primeiros a entrar eram curados. No entanto, o homem não conseguia se locomover e estava à espera de ajuda, mas ninguém o via, pois as pessoas estavam ocupadas com suas próprias dores.

Então, Jesus chegou a esse lugar, focando exclusivamente naquele homem. Ele o viu e fez a pergunta crucial: "Você quer ser curado?". A resposta do homem foi vitimizada; ele se lamentou sobre a falta de ajuda.

A resposta de Jesus é pontual. Em vez de dizer: "Oh, que pena... que maldade dessas pessoas, como elas são egoístas!", Ele simplesmente ordena: "Levante, pegue sua maca e ande!" O homem obedece e se levanta, começando a andar. Essa história nos ensina que o vitimismo não leva à cura; o que realmente abre caminhos é o nosso posicionamento.

Sentir pena de si mesma ou esperar que alguém se compadeça não muda sua condição. Deus não tem "dó" ou "pena" de você, mas oferece amor e cura.

Hoje, convido você a deixar de lado as lamentações, a parar de 'lamber as suas feridas' e a se levantar, acionando a graça que Deus tem para você!

A **porção de amor** que você precisa para ser curada **está em Deus** e não nas pessoas!

Senhor, perdoa-me por eu ter paralisado tanto tempo nessa dor, esperando dos outros o que somente o Senhor pode me dar, peço-te que me ajudes a levantar.

165

__/__/__

Caminho de cura

Se o meu povo, que se chama pelo meu nome, se humilhar e orar, buscar a minha face e se afastar dos seus maus caminhos, dos céus o ouvirei, perdoarei o seu pecado e curarei a sua terra (2Crônicas 7:14).

Se você **começar hoje**, amanhã terá **dado um passo**, que seja.

O versículo de hoje aponta um caminho de cura emocional. Aqui estão algumas diretrizes práticas que segui em minha jornada para gerar cura em sua vida:

- *Reconheça a necessidade de cura:* Deseje ardentemente essa cura e peça a Deus diariamente até que ela aconteça.
- *Renda-se a Deus:* Deixe de lado orgulho, engano, mentira, egoísmo e autossuficiência, permitindo que Deus atue em sua vida. Se render inclui se "despir" diante do Senhor.
- *Busque ajuda especializada*: Seja humilde e reconheça que a ajuda externa pode ser necessária no processo.
- *Perdoe a si mesma e aos outros*: O perdão é crucial, mesmo que o ofensor não o peça ou reconheça o erro.
- *Identifique áreas a serem curadas*: Peça a Deus que ilumine seu caminho e traga luz a tudo o que está oculto e necessita de transformação.
- *Arrependa-se e confesse seus pecados*: Reconheça os sentimentos e comportamentos tóxicos que resultam de traumas passados.
- *Ressignifique seu passado*: Dê um novo significado às experiências que você viveu.
- *Retire ídolos de sua vida*: Coloque Jesus no centro da sua existência, amando-o sobre todas as coisas.
- *Faça renúncias e obedeça*: Esteja disposta a abrir mão de seu ego e orgulho.
- *Consagre-se e santifique-se*: Afaste-se de estímulos que o levem à velha natureza.
- *Confie em Deus*: Dependa dele mesmo quando não entender o processo.
- *Mergulhe em um relacionamento íntimo com Deus*: Pratique a leitura bíblica diária, oração e adoração.
- *Adquira conhecimento e sabedoria*: Prossiga em conhecer a Deus e a si mesma para identificar suas forças e fraquezas.
- *Ajude outras pessoas*: Compartilhe suas experiências e aprendizados com aqueles que estão passando por desafios semelhantes.

Senhor, reconheço que preciso de cura, por isso, peço que o Senhor me ajude a dar um passo de cada vez.

Inteligência emocional?

Por isso mesmo, empenhem-se para acrescentar à sua fé a virtude; à virtude o conhecimento; ao conhecimento o domínio próprio; ao domínio próprio a perseverança [...] (2Pedro 1:5,6).

O processo descrito pelo apóstolo Pedro – fé, virtude, conhecimento, domínio próprio e perseverança – é fundamental para o desenvolvimento da inteligência emocional. Essa inteligência se reflete nas virtudes do fruto do Espírito Santo, especialmente no domínio próprio. Um relacionamento íntimo com Deus é crucial para cultivarmos essas virtudes, pois quanto mais andamos com Cristo, mais refletimos sua essência.

O conhecimento também é essencial nesse processo. Oseias 6:4 afirma que o povo perece por falta de conhecimento. Ao conhecermos melhor a Deus, também nos conhecemos mais profundamente. Terapias, mentorias, cursos e leituras são ferramentas valiosas para o autoconhecimento, permitindo que identifiquemos nossos pontos fortes e fracos, o que é necessário para exercer o domínio próprio, mas use todas essas ferramentas dependendo do direcionamento e poder do Espírito Santo.

Quando sentimos que estamos perdendo o controle, é importante sair da "zona de perigo" e fazer perguntas reflexivas. Se você sofre ataques de raiva, é crucial identificar a origem dela, que pode estar em situações de perdas, vergonhas, injustiças ou humilhações vividas no passado. Perdoar quem fez a ferida contribui o processo de regulação emocional. Se você tem a tendência a desistir de projetos, o medo de fracassar ou o perfeccionismo podem estar sabotando você.

Além disso, a gratidão tem um impacto profundo em nosso emocional, influenciando nossos neurônios e humor. Quando pensamentos negativos surgem, agradecer a Deus por várias bênçãos pode reverter essa situação. Finalmente, ser empática e generosa é crucial para uma vida emocional equilibrada. Pensar no próximo e contribuir com ações, como doações de recursos ou palavras de encorajamento, fortalece não apenas a nós mesmas, mas também os que nos cercam.

Inteligência emocional é a capacidade de acessar suas emoções intensamente e da **maneira certa**.

Pai, ajuda-me a crescer em conhecimento e na fé em ti, perseverando em meus processos para glorificar o teu nome.

Seja equilibrada

Meu filho, guarde consigo a sensatez e o equilíbrio, nunca os perca de vista [...] (Provérbios 3:21a).

Você terá que fazer muitas **escolhas** e cometer muitos **erros** até **alcançar o equilíbrio** em sua vida. – Wayne Cordeiro

O caminho para uma vida saudável e em paz em todas as áreas é o *equilíbrio*.

1. *Equilíbrio espiritual*: é fundamental buscar a Deus e compartilhar o que você aprende com outras pessoas. Muitas vezes, encontramos pessoas que dedicam horas à oração e leitura da Bíblia, mas não estendem a mão para ajudar ninguém. Lembre-se de que a verdadeira espiritualidade envolve ação e empatia. Não deixe que a busca por Deus se torne uma jornada religiosa.
2. *Equilíbrio emocional*: sua sensibilidade é uma bênção, pois a torna mais receptiva à voz de Deus e disposta a ajudar. No entanto, é importante não deixar que essa sensibilidade a fragilize. Existem pessoas altamente sensíveis que se machucam facilmente com palavras mal colocadas ou brincadeiras de mau gosto. Muitas dependem emocionalmente de outros para tomar decisões, aguardando ajuda e orientação. A dificuldade em ter conversas delicadas ou difíceis e expressar sentimentos pode prejudicar a comunicação, levar à tristeza, ao mau humor ou até a explosões emocionais. Para alcançar o equilíbrio emocional, é essencial dedicar tempo de qualidade a Deus e cultivar o autoconhecimento.
3. *Equilíbrio físico*: manter-se ativa é importante, mas não esqueça da sua vida espiritual. Algumas pessoas se exercitam constantemente, mas não oram; outras têm uma alimentação desregrada, usando a comida como fuga emocional. É essencial adotar hábitos saudáveis, incluindo a moderação no que traz prazer.
4. *Equilíbrio material*: é preciso cuidar de suas finanças. Algumas gastam excessivamente, enquanto outras não se permitem comprar nada para si mesmas. Busque um equilíbrio: economize, mas também seja generosa.

Identifique uma área que precisa de mais atenção e trabalhe nela com a ajuda de Deus. Encontrar o equilíbrio leva tempo, então não desista do seu processo!

Espírito Santo, meu amigo e conselheiro, ajuda-me a encontrar o equilíbrio em todas as áreas da minha vida para que eu desfrute de uma vida saudável.

Está em guerra?

Pois, embora vivamos como homens, não lutamos segundo os padrões humanos. As armas com as quais lutamos não são humanas [...] levamos cativo todo pensamento, para torná-lo obediente a Cristo (2Coríntios 10:3-5).

Se você está enfrentando uma guerra, não utilize armas humanas. Em Efésios 6:12, a Bíblia nos lembra que nossa luta não é contra pessoas, mas contra forças espirituais do mal. Muitas vezes, parece que o inferno se levanta contra nós através de pessoas que apenas buscam nos ferir. Pode ser aquele parente que critica, um chefe controlador, um atendente mal-humorado ou até mesmo discussões nas redes sociais. Esses ataques são estratégias do inimigo que utiliza pessoas para nos desestabilizar.

É fundamental reconhecer que nossa batalha não é com seres humanos e que as armas a serem utilizadas devem ser espirituais.

As armas humanas incluem a indignação que você expressa ao contar seu lado da história, a necessidade de se justificar e se colocar como certa, o uso do poder de convencimento para defender seu ponto de vista, e as explicações que busca para evitar que os outros pensem mal de você. Querer provar que o outro está errado, o desejo de vingança contra quem a feriu e a expectativa de que a pessoa peça perdão e reconheça seu erro, além de forçar situações com suas próprias forças, buscando mudar os outros, são armas humanas.

Em vez disso, foque nas armas que Deus disponibilizou a você: oração, declarações da Palavra, fé, perdão, louvor e adoração. Leve seus pensamentos cativos à obediência de Cristo e confie que Ele é seu protetor.

A verdadeira vitória vem de lutar com as armas espirituais que Deus nos dá. Não desista, não abra mão e, mesmo diante de sentimentos conflitantes, permaneça firme em sua fé.

Você tem subido a **montanha certa**? Você tem lutado as **guerras certas**?

Senhor, deixo minhas armas humanas diante da tua cruz e pego as armas espirituais para guerrear da maneira certa.

Dê oportunidades

Não deixe de fazer o bem àqueles que precisarem, sempre que isso estiver ao seu alcance (Provérbios 3:27).

Deus nos dá oportunidades para que possamos **dar oportunidades a outros.**

Estenda a mesma oportunidade que recebeu. Quero convidá-la a refletir sobre as grandes oportunidades que já recebeu. Consegue se lembrar da alegria que sentiu? Pense nos impactos positivos que essas experiências ainda têm em sua vida.

Pode ter sido uma chance de emprego, um relacionamento especial, ou até mesmo alguém que cuidou de seu filho em um momento de necessidade. Lembre-se da ajuda que recebeu para iniciar um negócio, das condições especiais oferecidas para adquirir algo, ou das ideias que mudaram sua trajetória.

Eu também tive oportunidades marcantes pelas quais serei eternamente grata. A alegria de recebê-las é inesquecível e cumpriu os propósitos de Deus em minha vida.

Assim como essas oportunidades foram importantes para você, reflita sobre como pode oferecer uma chance a alguém hoje, contribuindo com sua jornada. Pergunte a Deus qual oportunidade você pode oferecer. Talvez seja a abertura para uma amizade, uma mentoria, um emprego, ou até mesmo ajudar alguém a divulgar seu trabalho.

Considere comprar roupas ou produtos para quem não tem condições, ou convidar alguém para fazer uma live com você. Ore e peça direção ao Espírito Santo, dispondo-se a ser um canal de bênçãos na vida de quem Deus indicar.

A alegria que você sentiu ao receber uma oportunidade pode ser ainda maior ao estender essa chance a outra pessoa. E mesmo que algumas oportunidades não tenham vindo de quem você esperava, faça ao outro o que não fizeram a você. A generosidade transforma vidas!

Pai, agradeço-te pelas oportunidades e portas que o Senhor abriu para mim através de pessoas. Se hoje estou em condição de estender essas oportunidades a outras pessoas, sinaliza-me quem são e o que posso fazer por elas de acordo com a tua vontade.

Faça pausas

Venham comigo para um lugar quieto e descansem um pouco (Marcos 6:31).

A palavra "quieto" ressoa fortemente neste texto. Jesus convidou seus discípulos a se retirarem para um lugar deserto, longe da agitação, para descansar. Em tempos de tecnologia e excesso de informações, Ele continua nos chamando para momentos de pausa. Por isso, sugiro que você incorpore pequenas pausas ao longo do seu dia.

É comum ligarmos o piloto automático e acelerarmos em busca de resultados. O estilo de vida nas grandes cidades, ou em ambientes de alta tecnologia pode ser desgastante, resultando em falta de paciência e mau humor. Muitas vezes, não percebemos que excedemos nossos limites e as pessoas ao nosso redor sofrem as consequências.

Se você se sente irritada e estressada, é hora de fazer uma pausa. O primeiro passo é identificar o que desencadeia sua impaciência: é o excesso de trabalho, a pressa, a agitação ao seu redor ou alguém que não para de falar? Se tiver dificuldade em identificar, peça ajuda ao Espírito Santo, que a conhece melhor que ninguém. Muitas vezes, andamos cansadas e mal-humoradas sem perceber que isso são luzes vermelhas acesas em nosso painel, indicando que algo não está bem internamente.

Uma vez reconhecidos os sinais, quando eles surgirem novamente, experimente:

- Afastar-se da situação.
- Tomar um copo de água lentamente.
- Mudar para um ambiente ao ar livre.
- Respirar fundo algumas vezes.
- Cantar mentalmente.
- Imaginar um lugar calmo e tranquilo.

Dedique alguns minutos a isso e perceba como sua irritabilidade diminui, evitando agir por impulso e se arrepender depois.

Conhecer nossas **fraquezas** é o primeiro passo para saber **até onde devemos ir**. – Dr. Leandro Teles

Jesus, preciso da tua calmaria nos dias de agitação, por isso, aceito o teu convite para ir a um lugar quieto e descansar um pouco na tua presença.

Você vale o seu esforço!

[...] você é precioso para mim, é honrado e eu o amo (Isaías 43:4b)

Antes de ser amiga de outras pessoas, seja **amiga de si mesma.**

Quantas vezes você se dedica incansavelmente aos outros, mas esquece de se cuidar? A sociedade nos ensina a nos colocar em segundo plano, a priorizar as necessidades alheias em detrimento das nossas.

Um dia, durante meu tempo de intimidade com Deus, uma frase forte ecoou em minha mente: "Você vale o seu esforço!". Naquele tempo eu ainda não me valorizava o suficiente para amar quem eu era e não era capaz de fazer nada para mim. Lembro que a força dessa frase iniciou um processo de cura no meu amor-próprio.

Reflita: Você costuma se esforçar mais para ajudar os outros do que para cuidar de si? Quando foi a última vez que fez algo especial por si mesma, mesmo que fosse algo simples? Não se sente merecedora nem de comprar pequenas coisas, como um iogurte ou produto especial no supermercado? Ao considerar gastar dinheiro para você, qual é a primeira coisa que vem à sua mente? Você sente que deve priorizar os outros? Já percebeu se escolhe opções mais baratas e inferiores para si mesma, mesmo quando merece algo melhor? Como se sente ao pensar que vive em um ciclo autossabotador?

Que impacto essas ações têm em sua vida e bem-estar? O que pode fazer para quebrar esse ciclo e começar a se valorizar mais? Quais ações práticas pode adotar para demonstrar amor-próprio e cuidado consigo mesma? Consegue identificar as crenças ou medos que a impedem de se colocar em primeiro lugar? Que mudanças gostaria de fazer em sua vida para começar a se tratar com a mesma dedicação que trata os outros?

Reserve tempo para fazer o que gosta. Cultivar uma visão saudável de si mesma aumenta sua confiança.

Jesus, ajuda-me a olhar para mim mesma de maneira saudável e a fazer coisas por mim sem sentir peso na consciência. Ajuda-me a acreditar nessa verdade de que eu valho o meu esforço.

Tenha fé

A fé mostra a realidade daquilo que esperamos; ela nos dá convicção de coisas que não vemos (Hebreus 11:1).

A fé é a base essencial para que as promessas de Deus se concretizem em nossa vida. Ela é o firme fundamento que não pode ser abalado. Mesmo quando nos sentimos desmoronadas, se a fé permanecer intacta, Deus pode juntar os cacos e nos reconstruir. No entanto, se perdemos a fé, perdemos tudo.

É compreensível ter dificuldade em acreditar que as coisas melhorarão, especialmente em momentos de deserto, dor ou perda. Se permanecermos firmes em Cristo, essas fases difíceis passarão. Eu também já enfrentei momentos de desânimo e perda de esperança. Se você está passando por um período complicado, lembre-se de que isso não significa o fim de seus sonhos. Muitas vezes, as situações que não saem como esperávamos são, na verdade, um cuidado de Deus.

Quando enfrentei uma grande perda, percebi que, mesmo nas dificuldades, Deus ainda tinha um plano de prosperidade para minha família (Jeremias 29:11). Hoje, vejo promessas se cumprindo, embora de maneiras diferentes das que imaginei. Deus não desiste de seus planos; se Ele falou, Ele cumprirá.

A Bíblia está repleta de histórias de heróis da fé que nos inspiram a renovar nossa confiança em Cristo. Se você se sente desanimada, peça a Deus que renove sua fé. Lembre-se de que a fé não é um mero sentimento; é uma certeza interna. Como diz a canção "Estrada da Fé", de Thamires Garcia: "A fé não sente, ela sabe!" Mesmo que seus sentimentos não ofereçam segurança, declare com confiança o que você sabe, pois o Pai deixou tudo registrado em sua Palavra.

Não tente entender, **apenas confie**!

Senhor, confesso que às vezes desanimo diante de tanta adversidade, mas peço que o teu Espírito renove minha fé para eu prosseguir glorificando teu nome.

Se aquiete

Fiz calar e sossegar a minha alma; como a criança desmamada se aquieta nos braços de sua mãe, como essa criança é a minha alma para comigo (Salmos 131:2).

Jesus tirou um homem surdo da multidão para curá-lo. Muitas vezes, o Senhor também vai tirá-la **do meio da multidão** para que você o ouça falar.

Havia um fazendeiro que perdeu um relógio antigo e valioso, herança de seu avô, em seu celeiro. Após uma longa busca sem sucesso, ele pediu ajuda a um grupo de crianças, prometendo uma recompensa para quem encontrasse o relógio. Empolgados, as crianças correram pelo celeiro, mas ninguém teve sucesso.

Quando o fazendeiro estava prestes a desistir, um menino pediu uma chance para tentar novamente. O fazendeiro, relutante, autorizou o menino a entrar. Após um tempo, o menino saiu com o relógio em mãos, deixando todos surpresos. Ao perguntarem como ele havia encontrado, ele explicou: "Eu apenas me sentei no chão e escutei. No silêncio, consegui ouvir o tique-taque do relógio e segui a direção certa".

Essa história nos ensina que, na agitação, é difícil encontrar respostas. O barulho não traz soluções. Uma mente tranquila é capaz de pensar com mais clareza. Por isso, reserve alguns minutos de silêncio todos os dias para ouvir a voz de Deus, que a guiará nas melhores decisões. Muitas vezes, Deus se revela em sussurros, no silêncio ou por meio da natureza—nos céus, estrelas, flores e pássaros.

Se você está esperando uma voz audível, saiba que Deus fala ao nosso coração mais como uma "impressão" do que como uma voz clara. Por isso, aquiete sua alma, ouça músicas suaves, respire fundo e busque a paz de Deus. Você ficará surpresa ao perceber sua presença no dia a dia.

Senhor, há dias em que minha alma e mente estão muito agitadas, e somente em ti consigo me aquietar. Toma-me em teus braços e sossega minha alma.

Inveja

Pois onde há inveja e ambição egoísta, aí há confusão e toda espécie de males (Tiago 3:16).

A inveja é um dos primeiros pecados mencionados na Bíblia, com Caim matando seu irmão Abel por esse sentimento. Esse é um dos piores sentimentos que a humanidade pode experimentar, pois mata e destrói sonhos, relacionamentos e vidas. A energia espiritual da inveja é tão forte que pode adoecer aqueles que se deixam dominar por ela (Provérbios 14:30). Muitas pessoas não progridem por causa da inveja, que traz consigo outros sentimentos negativos, como raiva, tristeza, ira, ciúmes e maldade.

Arrependa-se de **tentar ser quem Deus não lhe fez** para ser. – Dra. Karine Rizzardi

É fácil perceber a inveja nos outros, mas muitas vezes somos lentas em reconhecer que esse sentimento também pode surgir em nós. Antes de iniciar meu processo de transformação em 2012, eu frequentemente me comparava aos outros, desejando obter os mesmos resultados. Por exemplo, cheguei a fazer sabonetes artesanais só porque uma amiga estava fazendo, ou quase me matriculei em um curso de finanças, mesmo sendo apaixonada por Psicologia, apenas porque uma amiga trabalhava nessa área.

Se você nunca refletiu sobre a inveja em sua vida, peça ao Espírito Santo que revele se esse sentimento está presente em você. É importante fazer essa oração repetidamente, pois a inveja pode aparecer de diversas formas, especialmente se você nunca tratou esse assunto com Deus. Confesse para Deus as pessoas de quem você sente ou já sentiu inveja, arrependa-se e renuncie a esse sentimento.

Trabalhe o perdão em relação a experiências passadas e, se necessário, afaste-se temporariamente da pessoa que desperta sua inveja. Pratique a gratidão diariamente, pois ela é o antídoto mais poderoso contra a inveja. Foque em sua própria jornada, trabalho e propósito, multiplicando o bem através de sua dedicação.

Pai, perdoa-me por tentar ser quem não fui feita para ser. Capacita-me a ver tudo de bom que o Senhor colocou em mim.

Ira

Quando vocês ficarem irados, não pequem. Apaziguem a sua ira antes que o sol se ponha, e não deem lugar ao diabo (Efésios 4:26,27).

O que quer que tenha começado com a **raiva**, fatalmente acabará com a **vergonha**. – Benjamim Franklin

Nunca se viu tantas mulheres iradas e emocionalmente descontroladas como nos últimos tempos. A ira é frequentemente uma descarga de cansaço, estresse, frustração e imaturidade, resultado de experiências dolorosas, como perdas precoces, contextos familiares desestruturados, abusos, rejeição e até herança genética. Embora não tenhamos escolhido os estímulos que alimentam essa emoção, é essencial lembrar que a ira deve ser controlada por nós. Este é um exercício desafiador, mas não impossível.

O pecado não está em sentir ira, mas em deixá-la nos dominar. A Bíblia traz histórias como a de Moisés, que agiu por ira e enfrentou consequências severas.

A ira não prejudica apenas a quem a sente; ela afeta todos ao redor. Imagine um vidro quebrando e espalhando estilhaços, ferindo aqueles próximos a você. Muitas orações não são atendidas devido à ira que nos domina, e relacionamentos se deterioram por causa dela.

O caminho para controlar a ira é desenvolver a virtude do fruto do Espírito Santo: domínio próprio. Sozinha, pode ser difícil identificar a raiz dessa emoção, então peça ajuda ao Espírito Santo para revelá-la e curá-la. Quando sentir a ira se manifestando, saia do local, respire fundo, ore ou cante um louvor. Essas ações ajudarão a gerenciar sua resposta emocional. Buscar ajuda terapêutica para trabalhar as possíveis origens dessa ira pode contribuir com o processo de autocontrole.

Se você está casada com alguém que se irrita facilmente, evite discussões durante esses momentos. Espere a tempestade passar e ore para que o Espírito Santo traga paz ao coração dele. Lembre-se: vocês são uma só carne e têm autoridade espiritual para restaurar a paz em seu lar.

Senhor, ajuda-me a não pecar quando a raiva chegar.

Medo

No amor não há medo; o amor que é totalmente verdadeiro afasta o medo (1João 4:18 NTLH

O medo de cantar canções como "quebra minha vida e faz-me de novo" é uma experiência comum entre muitos cristãos. Muitas pessoas temem a forma como Deus pode usar situações para ensinar e moldar o caráter, o que resulta em falta de rendição e confiança. A chave para vencer esse medo é conhecer a Deus, seu caráter e sua essência amorosa. O autoconhecimento, que vem com a ajuda do Espírito Santo, também é fundamental.

Quando você entende quem Deus realmente é e reflete internamente, é possível controlar seus pensamentos. Uma prática útil é conversar consigo mesma: *Embora tenha enfrentado momentos difíceis, este é um tempo de paz. Se algo ruim acontecer, não poderei impedir. Portanto, confie em Deus e relaxe, pois isso é apenas um mecanismo de defesa do passado.* Essa autoconversa pode parecer estranha, mas é uma ferramenta poderosa para retomar o controle da mente, que muitas vezes é dominada por estruturas inconscientes.

Diante de situações fora de controle, é natural sentir medo e ansiedade, já que nosso cérebro interpreta o cenário como perigoso. Quando estiver enfrentando uma situação fora de controle, apesar dos conflitos internos e da dificuldade em se manter confiante, escolha alimentar sua fé, mesmo que isso exija esforço. Declare a Palavra de Deus sobre sua vida e situação até que os sentimentos negativos se dissipem.

Lembre-se: sentimentos não são fatos! O medo é apenas uma emoção que tenta bloquear você. Confie que há um Deus infinitamente maior que esse medo, que já preparou um caminho de paz para a sua vida!

Alimente seus medos e sua fé morrerá de fome. **Alimente sua fé e seus medos morrerão.**

Que eu possa conhecer-te a ponto de não temer nenhum mal.

Retire os lixos

Senhor, quantas vezes devo perdoar alguém que peca contra mim? Sete vezes? Jesus respondeu: "Não sete vezes, mas setenta vezes sete" (Mateus 18:21,22).

Você nunca perdoará ninguém mais do que Deus **já a perdoou**. Deus **não vai chamar você** a fazer algo que Ele mesmo **já não tenha feito**.

Certa vez, enquanto retirava o lixo do banheiro e da cozinha, me veio a reflexão de que essa é uma tarefa que deve ser feita diariamente. Se eu não cuidar disso, ninguém o fará por mim. Por mais que eu tenha retirado o lixo ontem, ele sempre se acumula novamente. Essa rotina é necessária, pois o acúmulo traz odores e até doenças.

Assim é com nossa alma. Diariamente, somos expostas a "lixinhos" emocionais por meio de palavras, ações, olhares, rejeição, fofocas e julgamentos. É nossa responsabilidade remover esse lixo todos os dias! Se deixarmos acumular, a negatividade se transforma em um odor insuportável, causando feridas que também machucam os outros ao nosso redor. Pode ser frustrante pensar: "Por que preciso perdoar de novo?". Foi exatamente isso que Jesus ensinou a Pedro ao falar sobre perdoar 70 vezes 7.

Gosto de pensar na analogia do caminhão de lixo. Quando o caminhão de lixo passa na sua rua, o coletor de lixos não entra em sua casa para separar e retirar o lixo da cozinha ou do banheiro. Não! Ele recolhe somente o lixo que VOCÊ colocou para fora, na calçada ou na lixeira. Assim é em nossa vida emocional.

Diariamente, enfrentamos pessoas e situações que podem contaminar nosso coração, gerando sentimentos como raiva, tristeza, decepção e ansiedade. Esses são lixos emocionais que precisam ser eliminados da nossa alma. É fundamental fazer essa limpeza regularmente, colocando esses sentimentos negativos para fora e se desfazendo deles. Assim como Jesus faz a sua parte por nós, devemos fazer a nossa e cuidar da nossa saúde emocional.

Pai, ajuda-me a colocar todos os lixos para fora.

Novas sementes

E não nos cansemos de fazer o bem, pois no tempo próprio colheremos, se não desanimarmos (Gálatas 6:9).

A mudança pode ser comparada a uma estrada que você percorre. Imagine que, ao lado dessa estrada, havia um campo preparado para o plantio. Enquanto caminhava, você lançou sementes através de suas ações e regou-as com suas palavras. Com o tempo, essas sementes começaram a florescer, mas os frutos estavam podres e amargos, e o campo, repleto de árvores espinhosas. Ao perceber isso, você se pergunta o que deu errado e descobre que em suas mãos estão apenas sementes ruins – resultado das suas escolhas passadas.

Nesse momento de paralisia, Jesus aparece, troca suas sementes ruins por boas e a orienta a voltar pelo mesmo caminho, onde você precisará arrancar as árvores espinhosas e coletar os frutos podres. Esse trabalho é inevitável, mas a graça de Cristo preparou um novo campo do outro lado da estrada.

Com uma mão, você lida com os frutos ruins e espinhos do passado, que podem machucar. Com a outra, você planta boas sementes, representadas por novas ações, como renúncia, pedidos de perdão, amor, elogios e controle emocional.

Lembre-se: os novos frutos levarão tempo para surgir, assim como os antigos e ruins levaram tempo para aparecer. Esse processo de desconstrução é gradual e exige paciência. Ao permitir que o Espírito Santo vasculhe sua alma, você inicia essa jornada.

A esperança está na promessa de que você colherá bons frutos, se não desanimar. Continue plantando e regando suas sementes com orações. Permaneça firme, pois a colheita virá e beneficiará não apenas você, mas também aqueles que precisam.

Deus não costuma fazer crescer o que você não plantou. Normalmente, **ele multiplica as sementes que você semeia.**

Senhor, ajuda-me a não desistir do meu novo plantio.

179

__/__/__

Não vem ninguém

Não a recebi de fonte humana, e ninguém a ensinou a mim. Ao contrário, eu a recebi por revelação de Jesus Cristo (Gálatas 1:12).

Enquanto buscarmos **aceitação**, estaremos sujeitas a **dor da rejeição**.

Quantas vezes a busca desesperada por palavras de consolo resulta em frustração? Muitas vezes passamos por vales e desertos, sentindo que Deus está ao nosso lado, sustentando-nos com seu amor e Palavra, contudo, em momentos difíceis, ansiamos por uma palavra de apoio de alguém, mas essa ajuda nem sempre aparece, especialmente quando se deposita muita confiança nas pessoas.

Esses desafios servem para ensinar a depender totalmente de Deus e a reconhecer o amor e o cuidado que só Ele pode oferecer. Então, quando depositamos toda nossa expectativa e esperança nele, a ajuda surge quando menos esperamos. Já aconteceu isso contigo? Deus usar alguém que você nunca imaginou com uma palavra de encorajamento?

Ele não usa quem "nós queremos" e também não nos usa "para quem queremos" porque conhece as motivações e intenções de nosso coração e sabe que, às vezes, desejamos receber uma palavra de pessoas que dependemos emocionalmente ou admiramos em excesso. Outras vezes, queremos ser usadas para abençoar pessoas das quais esperamos uma proximidade, amizade, ou sermos vistas, reconhecidas ou pessoas que temos o desejo de agradar por algum interesse pessoal. E Deus não se move através de nós com essas motivações.

Deus deseja usar pessoas para nos fortalecer em dias difíceis, mas é necessário primeiro passar por vales em que parece que todos nos abandonaram para que os nossos olhos se voltem apenas para Ele. Esse processo nos ensina a livrar-nos da dependência emocional do outro e a amadurecer, confiando somente em Deus.

Deus entende o que é necessário para moldar nosso caráter. É fundamental se submeter ao processo e depender somente dele. Se Ele quiser usar alguém, o fará; se não, abrace a solitude e amadureça.

Senhor, perdoa-me por esperar das pessoas o que somente o Senhor pode me dar. Que o teu consolo seja suficiente nos dias maus.

Nada acontece

O deserto e a terra ressequida se regozijarão; o ermo exultará e florescerá como a tulipa; irromperá em flores, mostrará grande regozijo e cantará de alegria (Isaías 35:1,2).

Para que uma árvore floresça, é preciso começar com uma semente. Muitas vezes, há uma expectativa por resultados rápidos em nossa jornada, mas é importante lembrar que uma floresta não surgiu da noite para o dia; um dia ela foi apenas uma semente. Embora a semente não pareça uma árvore frutífera, ela contém todos os elementos necessários para se desenvolver. A diferença entre a semente, a árvore e a floresta está apenas nas fases em que se encontram.

Em nossos processos pessoais, a pressa pela colheita pode nos levar a pular etapas essenciais, resultando em estagnação ou desistência. Quando se planta uma árvore, leva tempo até que suas raízes se aprofundem e algo apareça na superfície. Mesmo que nada seja visível, o que ocorre no subterrâneo é fundamental; as raízes estão se fortalecendo para enfrentar tempestades futuras.

Esse princípio se aplica também à vida pessoal. Se você tem orado pela mudança em seu cônjuge, filhos ou por sua própria transformação e não vê resultados, não desanime. Isso não significa que Deus não está agindo nas profundezas de sua alma, cultivando as sementes de lágrimas, orações e renúncias.

Continue a plantar, mesmo em meio a dificuldades. O agricultor e jardineiro está nutrindo os sonhos que Ele colocou em seu coração. Se você tem buscado por mudanças significativas em sua vida ou ministério e não vê resultados imediatos, lembre-se: suas raízes estão se firmando. O tempo para compartilhar os frutos da sua jornada chegará, pois "nenhum ramo pode dar fruto por si mesmo, se não permanecer na videira" (João 15:4).

Pode ser que você não consiga ainda ver com seus olhos e nem tocar com suas mãos a realidade que espera, **mas você pode continuar crendo com o coração.**

Senhor, ajuda-me a não desanimar nos processos de espera.

Efeitos da Gratidão

Por tudo deem graças a Deus, o Pai, em nome de nosso Senhor Jesus Cristo (Efésios 5:20).

Não perca de vista a **gratidão** e o reconhecimento por tudo o que Deus já fez por você.
– Robert Morris

A gratidão é uma prática poderosa que traz inúmeros benefícios emocionais, físicos e espirituais. Segundo um estudo[17] publicado na revista *Applied Psychology*, escrever diariamente sobre as coisas pelas quais você é grata, especialmente antes de dormir, pode melhorar significativamente a qualidade do sono. Apenas 15 minutos dedicados a essa reflexão ajudam a relaxar e a dormir melhor. Dr. Robert A. Emmons ressalta que a gratidão aumenta a felicidade e auxilia no enfrentamento da depressão. Aqueles que praticam a gratidão diariamente se sentem mais saudáveis e relatam menos dores.

Esse sentimento reduz emoções tóxicas como inveja, ressentimento e frustração, elevando a autoestima e minimizando comparações sociais. Em vez de se fixar no que os outros têm, você começa a valorizar suas próprias conquistas. Além disso, a gratidão diminui o estresse, fortalece a resiliência e ajuda na superação de traumas, mantendo seu coração humilde e dependente de Deus.

Agradeça a Deus por sua vida, por seu cônjuge, filhos e lar. Reconheça as bênçãos do emprego, recursos financeiros e alimento. Aprecie a beleza da natureza, como o céu, as nuvens, o sol e as flores. Valorize os cheiros agradáveis de roupas limpas, comida e um lar arrumado. Celebre o amor do Pai, o sacrifício de Jesus e a oportunidade de abençoar a vida de outros. Agradeça pelos amigos, familiares e pela igreja. Reconheça a gratidão por conseguir pagar contas, por ser agraciada e por realizar desejos e desafios.

Pai, hoje agradeço-te especificamente por

____

____________.

Ore e perdoe

Depois que Jó orou por seus amigos, o Senhor o tornou novamente próspero e lhe deu em dobro tudo o que tinha antes (Jó 42:10).

A história de Jó retrata a fragilidade humana diante das tribulações. Após perder tudo, seus amigos o visitaram com a intenção de consolar, mas, em vez disso, insinuaram que suas calamidades eram resultado de pecados não confessos. Essa atitude evidencia a tendência humana de julgar sem compreender a dor do outro.

Embora quisessem ajudar, falharam em reconhecer que a verdadeira solidariedade se baseia na empatia e no amor. Apesar de sua dor, Jó não se deixou consumir pelo ressentimento; ele se voltou para Deus e orou por seus amigos, demonstrando que a verdadeira amizade é marcada pela compreensão e não pelo julgamento.

Jesus também nos instrui a orar por nossos inimigos, um chamado desafiador que nos convida a superar nossos instintos naturais de retribuição e ressentimento. Em vez de nutrir raiva e amargura, a oração nos ajuda a liberar sentimentos negativos e cultivar um espírito de paz em Cristo Jesus.

Orar por quem nos fere não é apenas um ato de obediência, mas um passo essencial em nossa jornada de fé, refletindo a graça que recebemos e devemos compartilhar.

Reflita sobre suas relações: há alguém que você precisa perdoar ou orar? É importante lembrar que a prosperidade de Jó veio após sua generosidade em oração.

Deus não apenas restaurou Jó, mas lhe deu o dobro do que tinha antes, mostrando que a verdadeira transformação ocorre quando escolhemos a compaixão e o perdão.

O **perdão** é a chave que liberta não apenas quem feriu, mas principalmente quem carrega a **dor**.

Senhor, ajuda-me a perdoar e orar por aqueles que me julgaram ou decepcionaram de alguma forma. Que minha obediência em oração abra portas para minha própria transformação.

Fonte principal

O meu povo cometeu dois crimes: eles me abandonaram, a mim, a fonte de água viva; e cavaram as suas próprias cisternas, cisternas rachadas que não retêm água (Jeremias 2:13).

Tudo o que é temporário nunca substituirá a **plenitude que vem da verdadeira fonte de água viva.**

Neste versículo, Deus nos lembra da importância de buscar nossa satisfação nele, a fonte de água viva. Muitas vezes, nos distraímos e começamos a procurar a felicidade em coisas passageiras, como posses, relacionamentos ou conquistas. Esses esforços podem nos levar a cavar cisternas, mas, como Deus descreve, são cisternas rachadas que não conseguem reter a água.

Quando buscamos satisfação longe de Deus, corremos o risco de nos frustrar e nos decepcionar. Assim como uma cisterna rachada, as coisas deste mundo não conseguem saciar a sede da nossa alma. Elas podem nos oferecer prazer momentâneo, mas logo percebemos que estamos sedentas novamente. É nesse ciclo que perdemos a paz e a alegria genuína que vêm de um relacionamento íntimo com Deus.

Aqui estão alguns exemplos de coisas que podem saciar temporariamente a alma humana, mas que não substituem a satisfação plena que vem de Deus: relacionamentos, realizações profissionais e ministeriais, paixões, viagens, estudos, conquistas, sucesso, reconhecimento, entretenimento, comidas, consumo, compras, passeios, amizades, entre tantos prazeres da vida. Embora essas coisas possam oferecer um alívio temporário e alegria passageira, a verdadeira satisfação da alma é encontrada em um relacionamento profundo e contínuo com Deus. Algumas dessas coisas não são necessariamente erradas, apenas não podem substituir nosso maior prazer, que deve estar no Senhor.

Pense sobre as áreas da sua vida onde você pode estar buscando satisfação longe de Deus. Quais "cisternas" você tem cavado? Existe um hábito, um relacionamento ou uma ambição que você precisa reavaliar?

Senhor, ajuda-me a reconhecer quando estou me afastando de ti e buscando satisfação em lugares errados. Que eu possa sempre lembrar que tu és a fonte que sacia minha alma.

Reflita

"Venham, vamos refletir juntos", diz o Senhor. "Embora os seus pecados sejam vermelhos como escarlate, eles se tornarão brancos como a neve [...]" (Isaías 1:18).

Neste versículo, Deus nos convida a uma profunda reflexão sobre o estado de nossas almas. Todas carregamos a mancha do pecado original. O convite para "refletirmos juntos" é uma oportunidade de entrar em um diálogo íntimo com Deus, onde Ele nos revela não apenas nossa condição, mas também a sua disposição em nos purificar.

Pense em áreas da sua vida onde você sente que falhou ou carregou fardos pesados. Deus está disposto a limpar cada mancha e oferecer um novo começo. A promessa de que nossos pecados se tornarão brancos como a neve é um lembrete da infinita misericórdia de Deus.

É possível que o seu orgulho esteja impedindo você de ver as mudanças necessárias em sua vida. Você pode sentir que as críticas dos outros são injustas ou que estão erradas a seu respeito, especialmente quando apontam áreas que precisam de atenção. Reconhecer seus próprios erros e pedir perdão pode ser desafiador, e talvez você até considere que seus familiares exageram ao comentarem sobre seus comportamentos.

Entretanto, será que não está na hora de deixar de lado as defesas e colocar esse orgulho na cruz de Cristo? Admitir suas falhas não significa que você é uma pessoa má. Na verdade, Deus e as pessoas ao seu redor não deixarão de amá-la quando você revelar sua verdadeira essência.

Este é um convite para uma jornada de transformação pessoal. Ao reconhecer suas imperfeições, você começa a colher os frutos dessa mudança positiva. O primeiro passo pode ser o mais difícil, mas é ele que levará a um crescimento genuíno e ao fortalecimento de seus relacionamentos. Abrace essa oportunidade e permita que Deus trabalhe em seu coração.

A porta é **estreita** demais para que seu **orgulho passe** com você por ela.

Senhor, eu venho a ti hoje reconhecendo minhas falhas e pecados. Obrigada pela promessa de transformação e por tua disposição em me purificar.

Seja ousada

Depois de orarem, tremeu o lugar em que estavam reunidos; todos ficaram cheios do Espírito Santo e anunciavam corajosamente a palavra de Deus (Atos 4:31).

Seja mais **forte** que as suas melhores **desculpas**!

Para viver os sonhos de Deus, é essencial ser ousada e corajosa. Não confunda essa ousadia com a ideia de empoderamento, mas inspire-se em figuras como Débora, do livro de Juízes. Ela enfrentou seus inimigos e defendeu seu povo com bravura. Ao lado dela, Jael também se destacou, derrotando o líder do exército inimigo usando as armas que tinha em casa. Assim como elas, você possui tudo o que precisa dentro de si e em Deus para vencer as batalhas à sua volta.

Comece exercendo essa ousadia em seu lar e em suas orações. Declare com confiança a Palavra de Deus sobre sua vida, casamento, filhos, trabalho e ministério. Muitas mulheres aceitam passivamente a destruição de seus lares, mas o mínimo que se pode fazer é lutar com fé. Jejue e ore intensamente, declare a Palavra de Deus até não ter mais forças, e, ao mesmo tempo, demonstre amor e afeto àqueles que estão se afastando.

Independentemente do resultado, você saberá que lutou bravamente. A colheita virá no tempo certo, mesmo que leve anos. Levante-se com coragem e proteja seu lar!

No campo ministerial, a ousadia também é necessária. Se tiver medo ou vergonha de anunciar o que Deus fez em sua vida, encontre coragem por meio da dependência total do Senhor e da gratidão pelo que Ele fez a você.

Recomendo que aplique essa prática em todas as áreas da sua vida: por meio da oração, abra-se para receber o poder transformador de Cristo Jesus, que lhe dá a força para ser ousada e corajosa. Compartilhe o amor de Cristo por meio das suas ações, das suas decisões e da sua família, e posicione-se com coragem!

Espírito Santo, enche-me de ousadia e coragem para que eu possa assumir minha posição e lutar as guerras necessárias.

Pare de se esconder

E como ouvirão a seu respeito se ninguém lhes falar? [...] Por isso as Escrituras dizem: "Como são belos os pés dos mensageiros que trazem boas-novas!" (Romanos 10:14,15).

Hoje, vamos refletir sobre a importância de vencer as barreiras que nos impedem de cumprir o chamado do Senhor. Muitas vezes, nos escondemos atrás do medo, da insegurança ou da dúvida, pensando que não temos o que é necessário para compartilhar a mensagem de Deus. No entanto, a passagem de Romanos nos mostra que o primeiro passo para que outros conheçam a Cristo é a disposição de alguém para falar.

Deus não espera perfeição, mas sim coragem. Cada uma de nós foi chamada para ser uma mensageira das boas-novas. Ao nos escondermos, deixamos de lado a oportunidade de impactar vidas e de glorificar a Deus. Pense em quantas pessoas ao seu redor precisam ouvir sobre o amor e a salvação que só Ele pode oferecer.

Tudo o que eu mais queria era ficar escondida em uma vida comum, mas o Espírito Santo me convenceu da importância de enfrentar meus medos e compartilhar a mensagem de cura e esperança que havia recebido. Apesar das dificuldades e do desejo de desistir, saber que Deus estava impactando a vida de mulheres através do que Ele me confiou, me motivou a continuar. O que começou como um simples livro se transformou em uma marca do meu chamado: Saradas para Sarar.

Reflita: *Quais experiências passadas alimentam meu medo de falhar ou de ser rejeitada ao cumprir meu chamado? Quais são os medos específicos que me impedem de seguir meu chamado, e de onde eles se originam?*

A coragem de se levantar e continuar, mesmo diante do medo, será a chave para a sua transformação e o cumprimento do seu propósito. Será que você pode orar hoje? *Eis-me aqui, Senhor, para cumprir teu chamado e propósito para minha vida.*

Deus não quer que você **semeie** nada que Ele mesmo não tenha lhe dado a **graça para dar**. – Joyce Meyer

Senhor, ajuda-me a vencer as barreiras que me impedem de cumprir o teu chamado. Dá-me coragem para falar sobre ti e para ser um instrumento do teu amor.

Encare e supere

Mãos ao trabalho! Não tenha medo nem desanime [...] Ele não o deixará nem o abandonará até que se termine toda a construção do templo do Senhor (1Crônicas 28:20).

A vida não é tanto sobre o que você **conquista**, mas sobre o que você **supera**.
– Robin Roberts

Todo ser humano tem a tendência de fugir de seus conflitos, sejam internos ou externos. Muitas vezes, adiamos a resolução de problemas, mas a verdadeira liberdade e crescimento acontecem quando decidimos enfrentá-los. Ao enfrentar o medo de falar em público, você o supera. Ao vencer o medo de uma pessoa, você se liberta da manipulação. Ao encarar críticas, você se desvincula da necessidade de aprovação. Superar uma doença significa vencer o medo da morte, e enfrentar dificuldades financeiras revela que, mesmo em situações difíceis, com a ajuda de Deus, você é capaz de se reerguer.

Não há como vencer sem passar pelo desafio. Por isso, é fundamental parar de fugir, seja de si mesma, de lembranças que precisam ser trabalhadas, ou de conversas difíceis. Evite buscar distrações como compras compulsivas ou alimentos em momentos de tristeza e ansiedade. Enfrente seus medos, e só assim você poderá alcançar o que Deus tem reservado para sua vida.

Minha própria jornada inclui a superação de muitos desafios. Lembro-me da primeira vez que ministrei em público; meu corpo tremia e as dúvidas pairavam em minha mente. A pressão era intensa, e eu considerei desistir. Pensamentos tumultuavam minha mente: *Não sei falar direito, falei rápido demais, fulana me criticou, outras nem se importaram, passei vergonha...* Diante dessa tempestade de dúvidas, eu tinha duas escolhas: sucumbir aos ataques e não multiplicar as sementes que Deus havia plantado em mim, ou obedecer ao meu chamado e enfrentar os desafios. Decidi me apegar ainda mais ao Senhor e seguir em frente, determinada a cumprir o propósito que Ele havia colocado em minha vida.

Portanto, encorajo você a superar seus desafios. Lembre-se: sua missão e propósito são sempre maiores que suas limitações.

Senhor, eu confio em ti para que eu possa superar minhas limitações.

Férias de você?

É impossível escapar do teu Espírito; não há como fugir da tua presença (Salmos 139:7).

Assim como Deus está sempre ao nosso lado, não podemos nos desvincular de nós mesmas. Repare: você passa mais tempo consigo do que com qualquer outra pessoa. É possível tirar férias do marido, dos filhos, do trabalho e das amigas, mas nunca se pode escapar de si mesma. Por onde quer que você vá, sempre estará acompanhada de você. Portanto, é fundamental que você se harmonize consigo mesma. A verdade é que não há como se livrar de si, percebe?

Você não consegue fugir de si mesma. **Aonde você vai, você está com você.**

Sem um relacionamento saudável consigo, é difícil se conhecer, identificar suas preferências, valores e sonhos. Se você se sente assim, convido-a a se resgatar. Reserve um momento na sua agenda para se encontrar consigo mesma. Embora encontremos tempo para trabalho, família e amigos, frequentemente nos deixamos em último plano. Marque um horário só para você e Deus. Ouça louvores e faça o que sentir vontade: fale, chore, dance ou escreva seus pensamentos. Esse tempo é fundamental para fortalecer seu vínculo interior.

Durante esse encontro, aproveite para fazer perguntas a si mesma, como: *Como você está, [seu nome]? Como você se sente hoje? O que tem a afligido? Quais são suas angústias ou preocupações? Você está chateada com algo ou alguém? Por quê? O que está causando sua ansiedade?*

Pode parecer estranho, mas conversar consigo mesma não é "coisa de maluco". Na verdade, essa prática[18] pode ser extremamente benéfica para resolver problemas, organizar seus pensamentos e até mesmo amenizar a tristeza e a solidão. Ao falar sozinha, você ouve o que diz, e isso ajuda a organizar o pensamento e a encontrar respostas para o que não estava claro.

Pai, ajuda-me a fazer as pazes comigo mesma e gostar de me relacionar comigo.

189
__/__/__

Perdas

Eu lhes devolverei o que perderam por causa dos gafanhotos migradores, dos saltadores, dos destruidores e dos cortadores [...] (Joel 2:25).

Aquilo que nos **recusamos a entregar** não pode ser curado. – Brennan Manning

Muitas vezes, nossa fé e esperança se perdem devido ao acúmulo de perdas na vida. Essas perdas podem incluir a ausência de um pai ou uma mãe, o carinho e o amor que nunca recebemos, ou sonhos, casamentos, amizades e até mesmo a saúde. É um vazio profundo, uma cratera que nada e ninguém pode preencher.

A sensação de fracasso é devastadora; nos culpamos e nos perguntamos onde erramos, mas as respostas não vêm. O medo de errar novamente nos aprisiona, causando adoecimento emocional e físico, e nos fazendo paralisar diante da vida.

A única saída é entregar todas essas perdas a Cristo. Eu fiz isso em um momento de desespero, reunindo em minha mente todas as minhas perdas, desde a ausência de um lar amoroso até os projetos e sonhos que não deram certo. Simbolicamente, ergui essas perdas em meus braços e as coloquei na cruz de Cristo. Senti um alívio imenso ao liberar esse peso.

Sugiro que você experimente este poderoso exercício de cura. Comece anotando em um papel todas as perdas e fracassos que você enfrentou até agora. Peça ao Espírito Santo que traga à sua memória tudo o que seu inconsciente registrou como perdas dolorosas.

Com a lista em mãos, feche os olhos e abra as mãos, imaginando-se carregando cada uma dessas perdas. Sinta o peso delas e, em seguida, devolva-as a Cristo em oração, visualizando Jesus recolhendo cada uma do seu colo. Permita-se sentir a leveza que vem ao entregar tudo a Ele e peça que Jesus restaure cada perda, preenchendo os vazios que deixaram em sua vida. Por fim, rasgue a lista como um ato simbólico de libertação, jogando fora todas essas experiências dolorosas.

Jesus, entrego cada dor referente a cada perda vivida e peço que o Senhor preencha cada espaço vazio que essas perdas deixaram.

Sementes

Pelo menos para a árvore sempre há esperança [...] Mesmo que as raízes sejam velhas e retorcidas e seu tronco morra na terra [...], brota e cresce como uma planta nova (Jó 14:7-9 (A Mensagem)

O versículo de Jó 14:7-9 nos oferece uma linda metáfora sobre esperança e renovação. A árvore, mesmo em meio à adversidade e desgaste, possui a capacidade de renascer e brotar novamente. Isso nos lembra que, assim como a natureza, também temos a habilidade de nos reerguer, independentemente do que vivemos.

Alguns sentimentos negativos em nós são frutos de sementes plantadas por pessoas que semearam rejeição, críticas, abandono e traições em nossas vidas. Muitas vezes, essas pessoas não estão mais presentes quando esses frutos negativos começam a brotar em nossas emoções. Por isso, culpar quem lançou essas sementes não resolve o problema, pois o fruto já existe.

Semear é uma escolha, já a **colheita** da sua semeadura **é uma obrigação.**

A boa notícia é que, com a ajuda do Espírito Santo, você pode arrancar essas raízes e plantar novas sementes. Uma maneira prática de fazer isso é mudando sua maneira de falar. Pare de se menosprezar, de afirmar que ninguém a ama ou que você está sempre sozinha. Evite repetir que nada dá certo ou que Deus não a ama. Lembre-se: as palavras que você pronuncia são sementes que você está plantando.

Cultive a semente do amor do Pai Celestial e da Palavra de Deus em sua vida. Fale sobre si mesma de acordo com as verdades que Ele revelou em sua palavra, e você verá seu jardim florescer.

Além disso, perdoe aqueles que plantaram sementes ruins em sua vida. A reclamação e a culpa não trarão bons frutos. Deixe Deus plantar em você sementes de amor, afeto, encorajamento e validação. Independentemente de como foram os primeiros capítulos da sua vida, você pode escolher um novo final. Plante a semente da Palavra de Deus, pois ela não voltará vazia!

Senhor Jesus, ainda que as primeiras sementes lançadas em minha vida não tenham sido boas, escolho semear a tua vida em minha vida.

Qual é o seu porquê?

Ainda que as pessoas se considerem puras, o Senhor examina as intenções de cada um (Provérbios 16:2).

O seu "**porquê**" deve ser infinitamente maior que seu "**como**".

O versículo de hoje nos lembra que, embora possamos nos ver como justas e puras em nossas ações, Deus vai além da superfície e avalia as verdadeiras intenções de nosso coração. Esse versículo nos desafia a olhar para dentro de nós mesmas e questionar o porquê de nossas ações. Estamos buscando reconhecimento, aceitação ou algum tipo de benefício pessoal? Ou estamos agindo por amor e compaixão, desejando genuinamente ajudar os outros?

A Bíblia nos lembra que nosso coração é enganoso, e muitas vezes, mesmo com as melhores intenções, as motivações que nos movem ainda não foram trabalhadas por Deus. Já experimentei várias ideias que acreditava serem de Deus, mas que na verdade eram apenas necessidades da minha alma.

Antes de se comprometer com um novo projeto ou ministério, é essencial passar por alguns filtros. Pergunte-se: *Deus falou com você? Houve confirmação por meio de outras pessoas? Você possui os dons necessários para executar a ideia? Suas motivações são legítimas e fundamentadas em princípios sólidos? Existe um propósito de abençoar os outros nessa iniciativa? Há demanda para o que você deseja fazer? Você é reconhecida por pessoas próximas nessa área?*

É crucial identificar sua verdadeira motivação, pois ela pode impulsioná-la ou pará-la. Se sua intenção for apenas ser reconhecida ou ganhar dinheiro, a falta desse reconhecimento pode fazer com que você desista. Sem um "porquê" forte, será difícil suportar os desafios que surgirem no caminho para alcançar seu propósito.

Descubra a razão por trás de seus objetivos e permita que Deus peneire suas motivações. Jogue fora o que não está alinhado com a vontade dele, e fortaleça sua jornada com um propósito claro e verdadeiro.

Espírito Santo, sonda o meu coração e revela, por favor, as motivações mais ocultas da minha alma.

Conversas difíceis

Temer as pessoas é uma armadilha perigosa, mas quem confia no Senhor está seguro (Provérbios 29:25).

Evitar conversas difíceis é algo comum, especialmente quando o medo de não conseguir se expressar e a preocupação com a interpretação alheia nos dominam. Muitas vezes, esse receio é alimentado pelo temor do julgamento dos outros, mas, na verdade, somos nós que nos criticamos com mais rigor.

Se você precisa ter uma conversa delicada que tem adiado, procure essa pessoa e rompa o bloqueio. Antes, fale com Deus, libere perdão e peça sabedoria.

Se alguém em seu círculo de relacionamentos adota comportamentos que a incomodam, aborde a situação com humildade e comunique o que é importante para você.

Talvez iniciar dizendo que tem sentido que algo está diferente entre vocês e que gostaria de entender melhor o que está acontecendo, seja um bom início. Se tem sentido essa pessoa distante de você sem explicações, pergunte se há algo que você tenha feito que a chateou, por exemplo. Talvez a pessoa só esteja passando por uma fase pessoal difícil e precise de um tempo para processar as coisas.

Em vez de alimentar suposições sobre os motivos que levaram alguém a se comportar de maneira estranha em relação a você, é essencial ter uma conversa aberta e honesta. Muitas vezes, podemos ter conclusões erradas, baseadas em medos ou experiências passadas, criando um abismo maior entre nós e a outra pessoa. Conversar nos proporciona a oportunidade de esclarecer mal-entendidos, expressar nossos sentimentos e ouvir a perspectiva do outro, promovendo empatia e compreensão. Essa troca de ideias não apenas fortalece os relacionamentos, mas também nos ajuda a amadurecer emocionalmente, permitindo que lidemos com as diferenças de maneira saudável. Ao abrir espaço para a comunicação, abrimos também as portas para a reconciliação e o crescimento mútuo.

A maneira **como vemos o nosso problema** costuma ser o problema. – Wayne Cordeiro

Senhor, diante do medo de me expor às pessoas, peço que o Senhor me ajude a ter coragem para ter as conversas necessárias, a fim de melhorar os meus relacionamentos e vencer os meus bloqueios.

3 esferas

Que o próprio Deus da paz os santifique inteiramente. Que todo o espírito, a alma e o corpo de vocês sejam preservados irrepreensíveis na vinda de nosso Senhor Jesus Cristo (1Tessalonicenses 5:23).

Cuidar do corpo, alma e espírito é cultivar um **jardim interior** onde florescem a **saúde**, a **paz** e a **plenitude**.

O ser humano é uma combinação intrínseca de corpo, alma e espírito, e cuidar dessas três esferas é essencial para um bem-estar pleno. O corpo, como nosso templo, necessita de atenção física através de uma alimentação saudável, exercícios regulares e tempo de descanso, além de consultas médicas e realização de exames regulares. A alma, que abriga nossas emoções e pensamentos, requer cuidado especiais. Já para o espírito, nossa conexão com nosso criador, é essencial incorporar disciplinas como oração, leitura da Palavra, adoração, louvor e jejum. Ao equilibrar e cuidar dessas dimensões, promovemos uma vida mais saudável e significativa.

Aqui estão algumas dicas que podem ajudar a fortalecer sua saúde emocional:

Converse com Deus em oração, expressando tudo o que sente. Compartilhe suas angústias com uma pessoa de confiança. Encontre um local tranquilo para ouvir uma canção que ministre ao seu coração por pelo menos 15 minutos. Durma pelo menos 7 horas por noite. Medite na Palavra de Deus. Faça alongamentos. Escreva sobre assuntos difíceis de discutir, mesmo com Deus. Pratique o perdão. Dê novos significados às suas histórias passadas. Aprenda a dizer não e respeite os limites dos outros. Evite reclamações. Pratique a gratidão, mesmo nas dificuldades. Faça doações e ajude outras pessoas. Faça pausas entre as atividades estressantes. Pense antes de falar e ore antes de agir. Diminua o uso de redes sociais e tenha mais contato com a natureza Não se afobe, foque em uma tarefa de cada vez.

Deixo a dica de anotar essas sugestões em uma folha e deixar em um local visível por um tempo, lendo todos os dias até seu cérebro as similar essas novas tarefas. Com o tempo, você colherá os benefícios dessas práticas.

Pai, obrigada pela totalidade do meu ser: corpo, alma e espírito. Ajuda-me a cuidar e preservar essas 3 esferas, de maneira que agrade o teu coração e honre o teu nome.

Faça algo

Quem vive isolado se preocupa apenas consigo (Provérbios 18:1).

Quanto mais perto estamos de Deus, mais Ele nos empurra ao próximo! Há pessoas precisando de respostas que você carrega. Há pessoas precisando de um ouvido, de uma oração, de um abraço, de um conselho que Deus já lhe capacitou a dar. Quando nos isolamos, quando não nos importamos com as pessoas, quando nos escondemos por medo ou vergonha, estamos sendo egoístas e, portanto, não estamos manifestando o DNA de Deus que foi colocado em nós.

Você foi criada para servir a Deus e **serve a Deus servindo pessoas.**

Se você não tem feito nada útil por outra pessoa, isso pode ser um sinal de que está se distanciando de Deus. Quero encorajá-la a se importar com as pessoas de maneira saudável, sem permitir que alguém abuse de você. Esteja disposta a ouvir a dor do outro, oferecer conselhos, orar, prestar serviços ou até mesmo doar uma quantia em dinheiro ou parte do seu tempo para ajudar alguém próximo.

É fundamental manter o equilíbrio ao servir. Se alguém lhe pedir algo que você não pode ou não deve fazer, não se sinta obrigada a atender. É importante reconhecer que existem pessoas que podem querer tirar vantagem de sua bondade. Responda a elas com gentileza, mesmo que sua resposta não atenda às expectativas, só não deixe as pessoas sem retorno, pois isso pode fazê-las se sentir rejeitadas ou desprezadas. Uma resposta, por menor que seja, demonstra cuidado e respeito ao próximo.

Colocar-se no lugar do outro e valorizar o que é importante para ele é um reflexo de Jesus, a quem buscamos imitar. Pergunte-se: o que você pode fazer por alguém hoje?

Senhor, eis-me aqui para ser tuas mãos, abraço, ouvidos e boca aqui na terra. Traz as pessoas certas e me capacita a ser um instrumento seu.

Seja autêntica

Vista-se com o cinto da verdade (Efésios 6:14).

Seja quem Deus criou exclusivamente para você ser. – Dra. Caroline Leaf

Está cada vez mais difícil encontrar pessoas originais e verdadeiras. As redes sociais abriram portas para os filtros, onde todo mundo está sempre lindo e produzido, mostrando uma vida irreal, onde todos parecem ser felizes, realizados e "de bem com vida". Mas, como filhas de Deus, precisamos caminhar na luz e na verdade, pois Jesus é a verdade em pessoa. Diferentemente do que algumas pessoas pensam, ser autêntica não é ser mal-educada e falar tudo o que pensa para qualquer um. Ser autêntica é ser verdadeira consigo mesma e com seus sentimentos. Ser autêntica inclui:

Não ser falsa com as pessoas. Não mentir para as pessoas. Não falar mal de alguém quando essa pessoa não está presente. Não dizer "sim", quando na verdade quer dizer "não". Não fazer coisas que vão contra seus princípios só para agradar outros. Não passar por cima de si mesma e se desrespeitar em prol do outro. Não postar somente fotos editadas ou com a intenção de chamar a atenção das pessoas. Não copiar o jeito de ser de outras pessoas e nem copiar o que ela faz em busca dos mesmos resultados que ela tem. Não comprar algo só porque alguém comprou e você não quer "ficar por baixo". Não fazer algo só porque alguém que você admira está fazendo. Assumir responsabilidades de decisões erradas que tomou. Assumir que errou. Assumir que é vulnerável. Ter coragem de ser imperfeita. Não dizer ao outro o que ele fazer se você não faz. Não concordar com a pessoa se, na verdade, você discorda. Expor sua opinião quando solicitada de forma elegante, mesmo que contrária às opiniões das pessoas a sua volta.

Senhor, perdoa-me por todas as vezes que não fui autêntica e verdadeira comigo e com as pessoas. Quero ser quem o Senhor me projetou para ser.

Seja curável

O sacrifício que desejas é um espírito quebrantado; não rejeitarás um coração humilde e arrependido (Salmos 51:17).

Alguém curável é uma pessoa com o coração aberto, sedento, na busca constante de melhorar como pessoa. Alguém que se avalia, reflete e permite o Espírito Santo moldar e mostrar onde existem comportamentos que não combinam com a identidade de uma filha amada do Pai. É alguém que se arrepende, que confessa e que confia no Senhor para mergulhar em lugares profundos, permitindo o Espírito Santo acessar memórias dolorosas com o objetivo de ser cada vez mais liberta e transformada.

O **Senhor a ama demais** para permitir que você continue como está!

A cura não acontece da forma como muitos imaginam; não é um processo instantâneo. Deus não simplesmente derrama sua glória e diz "pronto, você está curada", nem alguém coloca as mãos sobre você e você exclama "oh, estou curada". Não é assim que funciona! A verdadeira cura é um caminho que passa pela dor. É enfrentar as memórias do passado e permitir que Deus as ressignifique. É ter a coragem de encarar pessoas que você teme, lidar com o peso de perdoar injustiças que sofreu e revisitar experiências passadas, muitas vezes ao lado de pessoas presentes. Essa jornada exige que você busque as raízes de seus conflitos e bloqueios emocionais, para que possa encontrar respostas e avançar.

O processo de cura exige empenho: conhecer a Deus e a si mesma, estudar as Escrituras, ouvir testemunhos de superação e dedicar tempo à oração e ao jejum.

Ser curável significa cultivar um coração ensinável, sensível e humilde, conforme o versículo da nossa reflexão devocional. Sem esses traços, é difícil alcançar níveis profundos de cura. Portanto, convido você a ser uma mulher curável, permitindo que Jesus atue com liberdade em sua alma e espírito.

Pai, que o teu Espírito me ajude a ter um coração curável, humilde, quebrantado, contrito e ensinável. Não me deixes desistir quando a dor estiver intensa. Confio em ti.

197

__/__/__

Desça à olaria

"Desça até a casa do oleiro, e eu lhe falarei ali". Mas o vaso de barro que ele estava fazendo não saiu como desejava, por isso ele amassou o barro e começou novamente (Jeremias 18:2,4).

O **orgulho** é feito de pedra. Golpes fortes da vida podem **lascá-lo**, mas apenas a marreta da realidade pode **quebrá-lo**.
– Max Lucado

A passagem que nos convida a descer à casa do oleiro é um poderoso lembrete sobre a arte da moldagem e da transformação. O oleiro, em seu trabalho meticuloso, representa Deus, que nos molda e nos refaz. Quando observamos o processo de modelagem do barro, percebemos que, muitas vezes, o vaso que está sendo criado não sai conforme a expectativa do oleiro. Isso nos ensina que, assim como o barro, nós também passamos por momentos de imperfeição e fracasso.

A quebra do orgulho é fundamental nesse processo de transformação. O orgulho pode nos levar a nos sentirmos autossuficientes, acreditando que já estamos completas e que não precisamos mudar. Contudo, ao nos depararmos com nossas limitações e falhas, somos confrontadas com a necessidade de humildade.

Quando nos rendemos ao trabalho do oleiro, reconhecemos que é Ele quem tem o poder de nos moldar em algo útil. A humilhação de ser "amassada" pelo oleiro é, na verdade, uma oportunidade de novo nascimento em Cristo Jesus e crescimento em todas as áreas da nossa vida.

O orgulho, muitas vezes visto como uma armadura que nos protege, pode se tornar um obstáculo em nosso crescimento pessoal e espiritual. Quando nos apegamos a essa blindagem emocional, perdemos a capacidade de ver as coisas com clareza, de ouvir o outro e de aceitar a humildade como um caminho para a verdadeira liberdade. A ideia de que o orgulho é quebrado através da humilhação pode parecer desconfortável, mas é na vulnerabilidade que encontramos espaço para a transformação.

Humilhar-se não significa se menosprezar; trata-se de reconhecer nossas limitações e falhas com honestidade. Esse processo de aceitação pode ser doloroso, mas é essencial para o crescimento.

Senhor, se há alguma situação em que eu preciso me humilhar para romper alguma área da minha vida, revela-me e ajuda-me a chegar lá.

Tristeza

Aqueles que semeiam com lágrimas, com cantos de alegria colherão. Aquele que sai chorando enquanto lança a semente, voltará com cantos de alegria, trazendo os seus feixes (Salmos 126:5,6).

Você se sente triste quando as coisas não saem como desejado? Fica chateada com gastos extras, ações grosseiras ou expectativas não correspondidas? Se fere com a indiferença alheia ou compara sua felicidade com a dos outros nas redes sociais? Sente que não é compreendida ou que não avança financeiramente?

Você se sente "feliz" na tristeza, como se fosse um lugar familiar? Você recorre a memórias do passado quando não encontra motivos para estar triste no presente? Você acredita que sua tristeza está enraizada em uma falta de amor e aceitação por si mesma? Você percebe que suas primeiras experiências de vida, marcadas por dor e tristeza, moldaram sua visão de mundo? Você se vê como alguém que sempre atrai problemas para si?

Para todas essas perguntas, minha resposta no passado era: sim! Eu tinha o vício da tristeza e descobri que para rompê-lo, é essencial identificar sua raiz. No meu caso, isso envolvia lidar com a rejeição, abandonos e abusos. Ao receber o amor de Deus, perdoar as pessoas que me feriram, dedicar-me a servir o Reino e investir no meu relacionamento com Deus, pude superar essa dor.

As experiências difíceis que você enfrenta em seus relacionamentos podem ser oportunidades para encontrar a raiz dessa tristeza. Em vez de se concentrar apenas na dor e na tristeza que o outro causou, pergunte-se por que isso dói tanto.

Qual é a raiz profunda desse sentimento? Por meio de oração, jejum, busca e dependência de Deus, você encontrará as respostas necessárias. Além disso, treine seu olhar para enxergar o lado positivo da vida; mesmo que sejam escassos, eles existem. A gratidão é um poderoso antídoto contra a tristeza.

Quando nos **despimos** da mágoa, da tristeza, da dor, do ressentimento e das máscaras, **Deus nos veste de cura, verdade e alegria**!

Pai, que o teu amor inunde cada espaço vazio do meu ser, enchendo de alegria e satisfação, simplesmente por me permitires saber que sou filha amada do Senhor.

199

__/__/__

Volte ao início

Não aconteça que, depois de terem comido até ficarem satisfeitos [...] o seu coração fique orgulhoso e vocês se esqueçam do Senhor [...] (Deuteronômio 8:11-14).

Não podemos esquecer de tudo o que o Senhor já fez por nós.

O Velho Testamento recorda o povo de tudo que Deus fez por eles: sustentou-os no deserto, proveu água e maná, e abriu o mar vermelho. Contudo, muitos se desviaram, esquecendo-se do sustento divino e clamando por milagres em momentos de desespero.

Quando Deus nos chama, Ele nos apresenta um extenso processo de aprendizado repleto de lições que nos acompanharão ao longo de nossa jornada. Embora nosso cérebro registre todas essas informações, o que não utilizamos com frequência acaba se perdendo na memória de longo prazo. Por isso, é fundamental trazer essas lições de volta à nossa memória de curto prazo, que é a que aplicamos no dia a dia.

Na correria da vida cotidiana, muitas vezes cometemos erros ou esquecemos de realizar ações importantes que já aprendemos. É essencial, portanto, revisitarmos essas lições e aplicá-las constantemente, garantindo que nossos aprendizados se tornem parte integrante de nossas vidas e decisões diárias.

Talvez seja hora de refletir sobre sua jornada com Deus. Lembre-se da paixão que sentia por Ele e da busca incessante por sua presença. Pergunte-se: onde você se perdeu? O que fazia e não faz mais? Quais são suas prioridades atuais? Quais ensinamentos você deixou de lado?

Arrependa-se e reavalie suas prioridades. Recomece a buscar a Deus com a intensidade que uma vez lhe atraiu a Ele. Não deixe de praticar as ações que contribuíram para a sua caminhada. Nunca deixe de fazer o que a trouxe até aqui. O retorno ao que é essencial pode revitalizar sua fé e reanimar sua jornada espiritual.

Jesus, obrigada por tudo o que o Senhor fez, faz e fará por mim. Reconheço que o poder e a glória pertencem somente a ti. Quero sempre ter meu coração queimando por tua presença.

Deixe o barro secar

Não permita que a ira domine depressa o seu espírito, pois a ira se aloja no íntimo dos tolos (Eclesiastes 7:9).

Certa vez, uma menina ganhou um brinquedo de aniversário. No dia seguinte, uma amiguinha foi até sua casa para brincar. Por algum motivo, a menina precisou sair com a mãe, e a amiga pediu para brincar com o brinquedo novo enquanto ela estivesse fora. Relutante, a menina aceitou, por insistência da mãe. Quando voltou, encontrou o brinquedo fora da caixa, espalhado e quebrado. Com raiva, queria ir à casa da amiga imediatamente para brigar. Mas sua mãe lembrou-a de algo importante:

Filha, lembra quando sujou seu sapato novo numa poça de lama e sua avó disse para esperar o barro secar antes de limpar? Se tentasse limpar com o barro mole, só pioraria. Com a raiva, é igual: espere ela secar primeiro, e será mais fácil resolver.

A menina se sentou no sofá e, após um cochilo, acordou com a campainha. Era sua amiga, envergonhada, trazendo um brinquedo novo. Explicou que uns meninos destruíram o brinquedo, e que ela tentou consertar, mas não conseguiu. Aliviada, a menina disse: "Não tem problema, ainda bem que minha raiva já secou. Vamos brincar!"

Discussões e desentendimentos nos relacionamentos, família e trabalho podem gerar raiva. Porém, como nessa reflexão, devemos aprender a segurar nossos ímpetos e "deixar o barro secar" antes de agir. Isso evita que injustiças sejam cometidas. Muitos agem no calor da emoção e acabam machucando os outros com palavras pesadas, ou julgam e corrigem sem ouvir o outro lado. Casamentos, famílias e amizades sofrem quando não há autocontrole. Se você luta com a ira, que essa analogia lhe ajude a lembrar de sempre esperar o barro secar.

A forma mais rápida de apagar o fogo da **ira** é com um balde de **oração**.
– Max Lucado

Jesus, ajuda-me a acalmar meus ânimos quando a ira quiser me dominar. Que eu aprenda a esperar a raiva passar antes de tentar resolver algo, para não pecar.

Brilhe a sua luz

Assim brilhe a luz de vocês diante dos homens, para que vejam as suas boas obras e glorifiquem ao Pai de vocês, que está nos céus (Mateus 5:16).

Você **reflete a glória de Deus** de uma maneira única e linda! – Dra. Caroline Leaf

Você já reparou que quanto mais estrelado o céu está, mais lindo ele parece? Gosto de pensar nisso quando reflito sobre competição e comparação.

Nos tempos de redes sociais e exposição fácil, a competição tem sido um grande vilão para muitas mulheres. Eu mesma já pensei em desistir do meu chamado várias vezes, especialmente ao me sentir rejeitada por outras mulheres que se sentiam "ameaçadas" por mim. Também já pensei em desistir por acreditar que outras pessoas já falavam do mesmo assunto melhor do que eu.

A verdade é que todas temos um brilho único. Juntas, formamos um céu estrelado e quanto mais estrelas brilhando, mais lindo ele se torna. Quanto mais mulheres ocupando seus lugares e brilhando suas luzes, mais belo fica o Reino de Deus.

Ninguém pode roubar o brilho de ninguém. E como diz uma canção:

"E em meio a tantas estrelas/ Me vê como ninguém me vê, como ninguém vê..."

Se Deus conta as estrelas e chama cada uma pelo nome (Salmos 147:4), imagine o que Ele pensa sobre você!

Não se compare ou se sinta inferior a outras mulheres. Não há ninguém como você. Isso significa que há algo único que só você pode fazer.

Não desista de brilhar sua luz só porque alguém tentou apagá-la ao lhe rejeitar ou desprezar. Não é apenas sobre brilhar, mas sobre usar o brilho que Deus lhe deu para iluminar o caminho de outras pessoas e levá-las a Cristo.

Acenda a luz que lhe iluminou para aqueles que ainda estão na escuridão do medo, da rejeição e da dor. A presença de Deus em sua vida faz com que outros vejam a luz de Deus através de você.

Senhor, ajuda-me a refletir a tua luz de maneira que as pessoas se aproximem cada vez mais de Cristo Jesus.

Vença a autossabotagem

Sei que nada de bom habita em mim, isto é, em minha carne. Porque tenho o desejo de fazer o que é bom, mas não consigo realizá-lo (Romanos 7:18).

O versículo que lemos nos lembra da luta interna que todos enfrentamos: o desejo de fazer o bem contrasta com a incapacidade de realizá-lo. Esse dilema é um reflexo da nossa natureza humana, que muitas vezes nos leva a agir contra o que realmente queremos e precisamos.

Vencer a autossabotagem exige autoconsciência e, acima de tudo, um entendimento profundo do amor e da graça de Deus. Muitas vezes, somos nossas piores críticas, alimentando pensamentos negativos que nos dizem que não somos dignas de mudança ou sucesso. É vital reconhecermos que esses pensamentos não são a verdade; eles são sombras criadas pelo medo e insegurança.

Para superar essa autossabotagem, precisamos buscar a transformação em Cristo. Isso envolve identificar os padrões de pensamento que nos prendem e substituí-los pela verdade divina. Orar e meditar na Palavra de Deus nos ajuda a alinhar nossos desejos com sua vontade.

Você já se sentiu tensa, com dores e ansiosa pelo futuro? Essa sensação pode indicar que seu autossabotador está no modo hipervigilante, levando a distúrbios emocionais como a síndrome do pânico.

Outro padrão comum é a "síndrome da boazinha", na qual pessoas prestativas se esquecem de cuidar de si mesmas, buscando aceitação ao agradar os outros ou atender suas próprias necessidades emocionais. Elas podem, inclusive, ter dificuldades em cobrar por seu trabalho, sentindo que devem sempre dar tudo de graça.

Pergunte-se: *Por que quero realmente fazer isso? Estou buscando agradar ou espero algo em troca?* Essa reflexão revela sua verdadeira motivação. Se você perceber que busca reconhecimento, evite agir apenas para receber elogios, pois isso pode ser visto como bajulação. Lembre-se de que é sua necessidade de aceitação que impulsiona esse comportamento.

É possível **libertar** uma pessoa do que a impede de mudar, desde que ela **queira**.

Jesus, ajuda-me a identificar o que tem me autodestruído.

Obsessão perfeccionista

Contudo, eles não me ouviram nem me deram atenção; foram obstinados e não quiseram ouvir nem aceitar a disciplina (Jeremias 17:23).

Para sermos diferentes do que somos, precisamos ter **consciência do que somos.** - Eric Hoffer

Entre a insistência e a teimosia há uma linha tênue. É preciso sabedoria para saber a hora de insistir e a hora de parar. Normalmente, insistir é um padrão do perfeccionista, que faz e refaz até atingir o que considera perfeito.

O problema é que esse esforço desgasta, tentando manter o controle de tudo. Ser produtiva é bom, mas exagerar traz riscos para a saúde emocional e física.

A perfeccionista tenta manter tudo em ordem, mas a vida não permite controle total. Se você nunca está satisfeita com seu trabalho, acha que pode fazer melhor ou mais, e se sente que tudo o que faz nunca é suficiente, pode estar lidando com perfeccionismo.

A perfeccionista é mais propensa ao T.O.C. (Transtorno Obsessivo Compulsivo), e a obsessão não agrada a Deus. Na Bíblia, há diversas passagens em que Deus critica a obstinação e teimosia do povo.

Querer ser perfeita rouba sua paz e saúde, além de impedir que você se aceite como é: humana, com falhas. A sua vulnerabilidade, na verdade, é o que conecta você com as pessoas certas.

Não tenha medo das críticas, elas fazem parte do processo. Muitas vezes, as críticas refletem mais sobre quem critica do que sobre você. Aprenda a cobrar menos de si mesma e dos outros, e sua vida será mais leve.

Dicas como: concentrar-se em completar as tarefas prioritárias em vez de se perder em detalhes insignificantes, evitar comparar resultados e substituir competição por colaboração, entendendo que o sucesso é fruto da soma de ações, podem ajudar.

Senhor, ajuda-me a não insistir teimosamente em algo que não é tua vontade para minha vida.

Jesus não a rejeita

Ele já pensava em nós e nos escolheu como alvo do seu amor [...] Ele decidiu nos adotar em sua família, por meio de Jesus Cristo (Efésios 1:4,5).

A busca constante por aceitação, especialmente de quem nos rejeita, muitas vezes está ligada à necessidade de sermos aceitas por quem nos rejeitou primeiro: nossos pais. Afinal, é através deles que nossa ideia de amor é construída.

Quando somos bebês, não temos consciência de quem Deus é. Nossos pais se tornam as figuras principais de amor em nossa vida. Quando eles não conseguem expressar esse amor com palavras e ações, nasce em nossa alma o sentimento de rejeição e não pertencimento.

Contudo, não podemos culpá-los, porque se não deram o amor necessário, provavelmente não o receberam. Esse ciclo de falta de amor tem se repetido por gerações.

A rejeição é uma ferida emocional profunda, porque afeta a maneira como nos vemos e, consequentemente, como nos relacionamos com as pessoas e a vida. Embora não possamos mudar o passado, precisamos aceitar que as pessoas com as quais convivemos hoje não curarão as feridas antigas, mesmo que tentem corresponder às nossas expectativas.

Perdoe quem a rejeitou, especialmente se foram as primeiras figuras de amor em sua vida. Devolva as perdas para Deus e receba seu amor e aceitação. Desenvolva amor-próprio de forma saudável e pare de buscar aprovação de quem não a acolhe. Deus nos amou, e Ele nos capacita a amar a nós mesmas e ao próximo de maneira equilibrada.

Todos enfrentamos rejeição, mas quanto mais fortalecidas estivermos no amor de Deus, menos ela nos afetará. A única maneira de destruir as mentiras que corroem nosso amor-próprio é renovando nossa mente pela verdade da Palavra (Romanos 12:2).

Enquanto você estiver **presa às dores** do passado, **não verá o grande amor que Deus tem por você.**

Pai, ajuda-me a aceitar a verdade de que é o teu amor que me cura e me preenche, e não o amor ou aceitação das pessoas.

A culpa não é minha!

O que você vai ganhar ao criticar um irmão? [...] Sua crítica ou sua tolerância não vão melhorar sua situação nem um pouco (Romanos 14:10,11, AM).

Quem é bom em **transferir culpa** é péssimo em assumir responsabilidades.

Toda vez que você joga a culpa em alguém: no inimigo, nos seus pais, no seu marido, no pastor, no chefe, na professora, na amiga, ou até em Deus, na verdade, está se eximindo de sua responsabilidade.

Enquanto você fizer isso, continuará paralisada, sentindo-se vítima da situação e alimentando um comportamento infantil. Crianças costumam culpar os outros quando questionadas sobre algo errado que fizeram.

Quantas vezes, em brigas no seu relacionamento, você diz: "A culpa não é minha! Eu vou à igreja, sirvo a Deus, não falo palavrão... a culpa é do meu marido!" Ou no seu trabalho ou ministério, tenta mostrar o quanto é perfeita e que, se algo deu errado, com certeza não foi por sua causa. Culpar os outros é mais fácil porque evita que você assuma qualquer responsabilidade de mudança em sua vida.

Mas aqui está a verdade: as coisas só irão mudar quando você assumir sua parte, mesmo que sejam os maus sentimentos despertados pela ação do outro. O que sentimos ou pensamos é nossa responsabilidade!

Culpar os outros é uma fuga. Não tente justificar sua história triste, tome a atitude de mudá-la e amadureça. Um dos sinais de maturidade é assumir a responsabilidade por nossos erros e fracassos.

Eu oscilava entre culpar os outros e me culpar, mas só fui transformada quando parei de culpar qualquer pessoa, inclusive a mim mesma, e assumi minha responsabilidade no processo de mudança.

Aqui estão algumas ações que podem ajudar você:

Perdoe quem a feriu, peça perdão a quem você feriu, arrependa-se de maus sentimentos e comportamentos, reconheça seus erros e peça perdão. Busque intimidade com Deus, leia a Palavra, ore e aja conforme os ensinamentos de Cristo.

Pai, hoje entendi que venho culpando as pessoas à minha volta pelo modo como me sinto, mas quero amadurecer e assumir minhas responsabilidades no meu processo.

A gente se acostuma

Pois Deus não é Deus de desordem (1Coríntios 14:33).

O cérebro humano é extremamente adaptável. Em situações difíceis ou desconfortáveis, ele se ajusta para sobreviver, mesmo que a situação não seja ideal. Essa capacidade de adaptação nos ajuda a seguir em frente, mas também pode nos levar a aceitar coisas que não deveríamos.

Imagine alguém que trabalha em um ambiente tóxico, cheio de críticas e pressões desnecessárias. No início, essa pessoa pode se sentir desconfortável, ansiosa e desmotivada, mas com o tempo, ela se acostuma. As constantes reclamações e o clima pesado começam a parecer "normais". A adaptação ajuda a suportar a situação, mas o impacto negativo sobre sua saúde mental e emocional pode ser profundo.

Esse tipo de adaptação pode ser prejudicial. Muitas vezes, as pessoas se acostumam com situações que não deveriam tolerar, como conflitos em casa, desorganização financeira ou relações destrutivas. Elas aceitam o caos à sua volta, sem perceber que podem sair dessa estagnação. O fato de nos acostumarmos não significa que devemos aceitar. Pergunte a si mesma: "Com o que eu me acostumei e não deveria?".

É importante lembrar que você não precisa aceitar tudo o que seu cérebro se acostuma a ver como normal. Faça uma pausa e reflita: quais áreas da sua vida têm sido invadidas pelo caos? Talvez seja hora de agir, sair dessa zona de conforto e buscar a mudança que Deus deseja para você. Não tenha medo de começar de novo! Deus pode dar-lhe forças para reorganizar sua vida e transformar o que parecia sem solução. Nunca é tarde demais para criar novos caminhos mentais e colocar ordem no caos.

Para colocar sua **vida em ordem**, decida primeiramente colocar ordem nela!

Pai, talvez eu não tenha percebido o quanto me acostumei com coisas desnecessárias em minha vida. Peço que o teu Espírito me ajude a arrumar toda a bagunça e desordem à minha volta.

Dependa de Deus

Confie no Senhor de todo o coração; não dependa de seu próprio entendimento. Busque a vontade dele em tudo que fizer, e ele lhe mostrará o caminho que deve seguir (Provérbios 3:5,6).

Quando você ora e depende de Deus, **está inserindo-o no processo.**

A dependência de Deus deve estar atrelada a tudo o que fazemos na nossa vida, seja pessoal, familiar ou profissional. Deus precisa estar presente no nosso dia a dia, mesmo que pareça simples ou sem grandes desafios.

Nossa natureza humana tende a querer resolver tudo sozinha, sem consultar a Deus sobre sua vontade para nós. Mas os caminhos que outros percorrem, por mais bonitos que pareçam, podem não ser os nossos. As portas que se abrem para outras pessoas podem não ser para nós, e as pessoas que caminham com outros podem não ser as que Deus escolheu para estarem ao nosso lado. E está tudo bem com isso!

O segredo é estar tão conectada com Deus que possamos levar a Ele todas as questões e decisões, das mais simples às mais complexas. Às vezes, é mais fácil ligar para uma amiga, mas Deus também deseja falar diretamente conosco, trazendo impressões ao nosso coração.

Aprender a depender de Deus em cada detalhe da vida – desde o que vestir até as decisões mais importantes – faz toda a diferença. Não posso nem imaginar minha vida sem essa conexão diária, pois só assim consigo evitar as armadilhas que meus desejos ou o inimigo podem colocar no caminho.

Sempre pergunto: "Senhor, devo ajudar essa pessoa? Esse caminho é o que o Senhor escolheu para mim? Devo aceitar esse convite ou fazer esse curso?". Até mesmo para fazer o bem, preciso consultar a Deus para saber se sou a pessoa certa para aquela missão. Reflita: você tem assumido responsabilidades que não são suas? Tem tomado decisões sem consultar a Deus?

Pai, quero compartilhar toda a minha vida com o Senhor. Ajuda-me a ser mais dependente de ti em todos os aspectos da minha vida.

Assuma sua posição

O atleta precisa ser disciplinado sob todos os aspectos [...] Disciplino meu corpo como um atleta, treinando-o para fazer o que deve, de modo que, depois de ter pregado a outros, eu mesmo não seja desqualificado (1Coríntios 9:25-27).

Está difícil? Parece que Deus não lhe dá uma folga? Mal um problema se resolve e já surge outro? Aguente firme, é o seu treinamento! Quanto maior a intensidade, mais rápida será sua chegada ao destino.

A capacidade de enfrentar com humildade as provações e manter uma atitude de adoração, gratidão e obediência a Deus acelera o fim dessas provas. Todas nós passamos por testes, confrontos, perdas e dores. Cada um tem suas batalhas diárias. Posso orar para que você tenha sabedoria para vencer suas batalhas, mas não posso assumir o seu lugar. Cada um deve assumir sua posição ao lado de Cristo, o grande general!

Essas vivências são parte do treinamento. Assim como o atleta se prepara para a vitória, você também está sendo treinada para um propósito maior. Muitas pessoas lutam por um dia e já querem desistir. Sim, não é fácil, e desistir parece a escolha mais confortável. Mas lembre-se: os problemas continuarão até que você assuma sua posição.

Não envie outros para lutar no seu lugar e depois queira receber a medalha. Por mais estreito que esteja o caminho, não reclame. Quando as emoções oscilarem e o medo surgir, mantenha seus pensamentos firmes naquilo que Deus lhe falou.

Louve, adore, e confie! Essas ações a ajudarão a passar pelos processos e alcançar a vitória. Assuma sua trincheira, pegue suas armas (fé, oração, adoração), e só saia com a vitória em mãos!

A intensidade do **treinamento** determina a **velocidade** com que se chega no **futuro**.
– Jim Collins

Senhor Jesus, assumo meu lugar nessa guerra e peço que me direciones à vitória. Ajuda-me a não desistir, principalmente nos dias em que as lutas estiverem intensas.

Cure e desperte!

Senhor, meu Deus, a ti clamei por socorro, e tu me curaste (Salmos 30:2).

A **infância** é o período da vida do qual passamos o **resto dela tentando nos recuperar**.

Cure a menina, desperte a mulher! A rejeição cria crenças limitantes que nos impedem de viver o melhor de Deus. Quantas vezes deixamos de atuar em nosso chamado por medo ou vergonha, enraizados em dores do passado? Quantas vezes deixamos de seguir uma ideia empolgante por medo de nos expor e sermos julgadas nas redes sociais?

Acreditamos que não merecemos, não temos valor ou capacidade, porque vivemos situações que nos trouxeram essa mensagem. As emoções ligadas a esses eventos traumáticos são guardadas com a mesma intensidade da dor sentida, mesmo que tenham ocorrido na infância. Todo adulto já foi uma criança ferida, e quando algo no presente lembra o passado, a "criança ferida" dentro de nós assume o controle emocional.

Quando revivemos essas situações, reagimos como a criança indefesa que fomos, repetindo comportamentos infantis que não foram curados. Quanto mais negamos nossos sentimentos mais profundos, mais força eles ganham. O que importa não é o que você sabe da sua história, mas o que você sente sobre ela. São esses sentimentos que criam crenças de desvalor e incapacidade, mentiras que acreditamos como verdades.

A verdade é que as respostas que você procura estão nos lugares que mais teme explorar. O primeiro passo para romper com essas mentiras é perdoar quem causou a dor e entregar a Deus tudo o que não veio dele. Identifique as situações de rejeição, volte à origem da dor e peça a Deus para ajudar no processo de perdão.

Se tivermos dificuldade em nos amar, aceitar e valorizar, dificilmente seremos realizadas. Libere a menina ferida e permita que ela se torne uma mulher madura.

Pai, ajuda-me a despertar a mulher que o Senhor me criou para ser. Cura as feridas da rejeição e leva-me além dos traumas, para tua glória!

Legado sustentável

De onde você vem e para onde está indo? (Gênesis 16:7b).

A vida é curta, mas o legado que deixamos é duradouro. Deus usa nossas vidas para impactar gerações. Legado não é apenas o que você deixa, mas o que você transmite e que será levado adiante pelas futuras gerações.

Pense no legado que está construindo. Mesmo sem perceber, todas nós estamos deixando uma mensagem principal através de nossas ações e escolhas. Enquanto a herança é o que você deixa para as pessoas, o legado é o que você deixa dentro delas. Quando sua jornada aqui terminar, como você gostaria de ser lembrada pelos seus filhos e pelas pessoas ao seu redor?

O que você faz hoje deixa marcas nas próximas gerações. A forma como você cria seus filhos, por exemplo, molda o legado que eles carregarão em suas próprias vidas. O foco da nossa vida cristã não deve ser apenas ir para o céu, mas viver de maneira que impacte aqueles que estão ao nosso redor.

Por anos, minha única motivação em servir a Deus era "ser salva". Mas percebi que estava deixando um legado de dor emocional para minhas filhas. Quando busquei transformação e um relacionamento verdadeiro com Deus, comecei a escrever uma nova história.

Para construir um legado, reflita sobre sua origem e suas experiências. Sua origem em Deus aponta o seu destino. No início da minha jornada, vivi rejeições, mas ao entender minha identidade em Deus, fui curada e pude deixar um legado de amor, esperança e compaixão.

E você, qual **legado** deixaria se hoje fosse seu **último dia de vida**?

Senhor, conecta-me à minha origem em ti e revela-me o legado que devo deixar para que a minha vida glorifique o teu nome.

Avalie seus aprendizados

Examine-se cada um a si mesmo (1Coríntios 11:28a).

Sua **mensagem de vida** inclui as lições de vida que você aprendeu.

O fracasso é uma parte inevitável da vida, mas o que você faz com ele é o que realmente importa. Pode ser resultado de algo fora do seu controle ou de um erro pessoal. Às vezes, ele reflete expectativas frustradas, o que nos leva a avaliar por que criamos essas expectativas. O importante é lembrar que há uma lição valiosa no fracasso: aprender a fazer o que é certo ou, pelo menos, como não fazer.

Quando olhamos para os erros do passado com sabedoria, eles podem se tornar uma escola para as próximas gerações. Compartilhar suas experiências, incluindo os fracassos, pode encorajar e ensinar outros, mostrando a diferença que Deus fez em sua jornada.

Aqui estão algumas perguntas para ajudá-la a refletir sobre seus aprendizados:

- O que aprendi com o fracasso?
- O que aprendi com a escassez?
- O que aprendi com as decepções da vida?
- O que aprendi com os milagres da vida?
- O que a dor, tristeza e depressão me ensinaram?
- O que aprendi sobre expectativas?
- O que aprendi no momento mais difícil da minha vida?
- O que aprendi com meus erros?
- O que aprendi com minha família?
- O que aprendi com relacionamentos?
- O que eu aprendi com a crítica?
- Que verdades estou negando a mim mesma?

Pessoas maduras sabem extrair lições das suas experiências. Reflita sobre o que você aprendeu e registre essas lições para compartilhar com outros, ajudando-os a crescer.

Senhor, ajuda-me a fazer uma avaliação sincera dos meus aprendizados e a encontrar as pessoas certas que precisam ser ensinadas por minha história.

Não são coisas

Deem graças ao Senhor, porque ele é bom. O seu amor dura para sempre! (Salmos 136:1).

As melhores coisas da vida não são coisas! Quantas vezes nos pegamos insatisfeitas por não ter "coisas" que gostaríamos de ter? Vivemos em um tempo tão focado em conquistas, números, e em mostrar o que temos, que muitas vezes deixamos de ser gratas pelas coisas simples da vida, aquelas que estão à nossa volta diariamente.

Pense em tudo o que Deus já colocou em sua vida: família, trabalho, amigos, sonhos, ministério. Agora, reflita sobre as coisas que Ele já lhe deu, como suas conquistas, casa, carro, roupas, e sonhos realizados. Diante disso, pergunte-se: você ainda se sente infeliz?

Você se sente dependente da aprovação dos outros para ser feliz? Será que compra coisas apenas para se sentir aceita? Se sim, isso pode ser um alerta!

Você não pode depender das pessoas ou das circunstâncias para encontrar felicidade. Muitas pessoas buscam aceitação adquirindo coisas, mas a verdadeira felicidade não está no externo, e sim dentro de você.

Durante anos, busquei essa felicidade em coisas e pessoas, até que compreendi que, com o Espírito Santo habitando em mim, já tenho tudo o que preciso. Além disso, aprendi a valorizar ainda mais meu esposo e minhas filhas, entendendo que eles são o maior presente de Deus em minha vida.

Desejar coisas não é errado, mas condicionar sua felicidade a elas é um erro. Apresente seus desejos a Deus com um coração grato por sua vida, família e o cuidado divino. Essa é a chave para uma vida plena e feliz.

A **ingratidão** pelas bênçãos que temos faz com que vejamos as bênçãos dos outros com **ressentimento** ou **inveja**. – Robert Morris

Pai, perdoa-me por não ser tão grata como deveria. Que meu coração se alegre com as coisas simples da vida, e que eu valorize o Senhor e as pessoas que estão ao meu lado.

Raiz de veneno

Cuidem para que ninguém se exclua da graça de Deus, e que nenhuma raiz de amargura brote, e cause perturbação, contaminando a muitos (Hebreus 12:15).

Não permita que o pior do outro **desperte o pior em você.**

Quantas vezes somos tentadas a nos magoar com alguém, apenas porque essa pessoa não correspondeu às nossas expectativas? Antes de iniciar minha jornada de cura, costumava compartilhar minhas decepções com as pessoas ao meu redor. Infelizmente, isso resultava em influenciar negativamente as pessoas que me ouviam, fazendo com que também se sentissem chateadas com aqueles que me feriram.

Quando nos aprofundamos no processo de cura, percebemos que as dores e decepções continuam a surgir, mas aprendemos a lidar com elas de forma diferente. Em vez de compartilhar essas emoções com todos ao nosso redor, aprendemos a guardar silêncio em relação aos de fora e a levar nossos sentimentos diretamente a Deus. Trabalhando essas emoções com Ele, entendemos a importância de perdoar e abençoar aqueles que nos magoaram. Antes desse entendimento, era fácil permitir que uma raiz de amargura brotasse, mas, como o versículo nos ensina, essa raiz é como um veneno que pode corroer e contaminar.

A amargura contamina o coração e os relacionamentos, matando sonhos, forças e esperanças. Quando deixamos que ela se espalhe, afeta não apenas nossa vida, mas também daqueles ao nosso redor. É nosso dever cuidar para que nossas palavras não contaminem os outros.

Para lidar com essas mágoas de maneira saudável, compartilhe seus sentimentos com Deus e, se necessário, escolha apenas uma pessoa de confiança para desabafar. E lembre-se: nossa percepção das situações sempre carrega nossas experiências anteriores. Somos responsáveis por como reagimos e como permitimos que essas situações nos transformem.

Você pode escolher se vai permitir que as mágoas a tornem amargurada ou se vão moldá-la em uma pessoa de perdão, superação e força.

Pai, decido perdoar _____ pelas feridas causadas. Peço perdão por ter contaminado outros com minhas queixas e ajuda-me a amadurecer enxergando essa situação com mais graça e sabedoria.

Resolva os conflitos

Estarão divididos pai contra filho e filho contra pai, mãe contra filha e filha contra mãe, sogra contra nora e nora contra sogra (Lucas 12:53).

Vivemos tempos de muitos conflitos emocionais, especialmente dentro dos lares. Casais passam dias ou semanas sem se falar após brigas. Filhos e pais se afastam, pois nenhum lado cede para buscar reconciliação. Mães ignoram seus filhos sem perceber o impacto emocional que isso causa.

Lembro-me de ocasiões em que minha mãe ficava dias sem falar comigo quando eu fazia algo que a desagradava. A dor do silêncio era maior do que qualquer punição física. Hoje entendo que ela não tinha maturidade emocional para lidar com os conflitos familiares de forma saudável.

Mas Deus nos chama a um caminho diferente, de cura e maturidade, que começa nos lares. Quando Ele iniciou meu processo de cura, uma das primeiras áreas trabalhadas foi o relacionamento familiar. Tive que aprender a pedir perdão por meus erros no casamento e na criação das minhas filhas. Também precisei liberar perdão e ceder em momentos em que o orgulho poderia ter prevalecido.

Ampliar os conflitos familiares só perpetua um ciclo de dor, transmitindo doenças emocionais para as próximas gerações. O futuro de muitos relacionamentos, especialmente os dos nossos filhos, depende de como lidamos com os conflitos hoje.

Sugiro que peça perdão àqueles com quem convive, mesmo que não se sinta culpada. Perdoe, mesmo sem receber pedidos de desculpa. Conflitos não resolvidos podem travar áreas importantes da sua vida, como a prosperidade. Nossa relação com os outros impacta diretamente outras áreas, inclusive financeiras. Jesus nos orienta a nos reconciliar com nossos irmãos antes de levarmos nossas ofertas a Deus (Mateus 5:23-24).

O caminho do **perdão** é um caminho de **cura** e **sucesso**. Sem o perdão, ficamos estagnadas em um passado de dores e rancores.

Espírito Santo, traz à minha memória todas as feridas e relacionamentos que precisam ser restaurados. Que eu possa pedir perdão e liberar perdão onde for necessário.

Se ajude

O segundo é igualmente importante: 'Ame o seu próximo como a si mesmo' (Marcos 12:31).

Quando você cuida de si, também está cuidando da **casa de Deus**, pois você é **sua morada**.

A maioria das mulheres é excelente em ajudar os outros, seja como esposa, mãe, amiga ou em algum ministério. Ajudar o próximo é fundamental para vivermos nosso cristianismo de maneira genuína, mas é importante lembrar de nos colocar nessa equação também. Jesus nos instrui a amar o próximo como a nós mesmas. Isso significa que, assim como ajudamos os outros, devemos também nos ajudar. Quer saber como?

- Imponha limites saudáveis nos seus relacionamentos, não permitindo que outros a manipulem.
- Reconheça suas vitórias e converse consigo mesma, agradecendo por não ter desistido nos momentos mais difíceis.
- Encerre ciclos que precisam ser fechados – se necessário, rompa com relacionamentos tóxicos. Aceite que nem tudo pode ser mudado.
- Termine o que começou – conclua aquele livro, organize seus documentos ou finalize aquele curso.
- Pare de se vitimizar – você pode transformar sua história, canalizando suas dores para ajudar outras pessoas.
- Pare de se culpar – todos fazemos escolhas erradas, mas Jesus morreu na cruz para nos libertar da condenação. Arrependa-se, aceite o perdão e siga em frente.
- Pare de achar que o mundo está contra você. Nem tudo gira ao seu redor.
- Ore pedindo a Deus saúde, força e alegria para realizar suas atividades diárias.

Lembre-se de que cuidar de si mesma não é egoísmo, mas uma forma de honrar o cuidado de Deus por você. Afinal, quando você está bem, consegue ajudar o próximo com mais qualidade e disposição. Sua saúde física, emocional e espiritual são essenciais para que você exerça plenamente o seu propósito.

Senhor, ajuda-me a não me negligenciar. Sei que sou importante para ti e preciso me ver com a mesma importância que vejo o outro.

Abençoe alguém

Quem faz o bem aos outros, a si mesmo o faz (Provérbios 11:17a).

Peça a Deus que lhe mostre algo que você pode fazer por alguém hoje. É uma alegria ser um canal de bênçãos na vida de outra pessoa. De forma prática, você pode:

- Sorrir, ser gentil e perguntar com carinho como a atendente do mercado, padaria, farmácia ou açougue está.
- Dar um mimo para alguém.
- Enviar uma oração para quem está passando por um momento difícil.
- Oferecer ajuda a alguém.
- Doar uma peça do seu guarda-roupa para alguém que já a abençoou ou para alguém que não pode retribuir a você.
- Comprar um pacote de fraldas para uma mãe de bebê.
- Elogiar uma amiga e encorajá-la em sua jornada.
- Emprestar ou comprar um livro para uma amiga.
- Enviar uma mensagem do YouTube que possa fazer sentido para alguém.
- Fazer um bolo e levar para alguém que esteja enfrentando uma doença, um divórcio ou uma crise emocional.
- Comprar uma peça de roupa para uma criança carente.
- Levar uma criança de condição financeira limitada para passear (shopping, cinema, brinquedos, restaurante).
- Jejuar por alguém.
- Ouvir, acolher e aconselhar com sabedoria.

Não ajude esperando recompensas. **Ajude porque essa foi a tarefa que Cristo deixou a você.**

Ore para que Deus ajude você a enxergar as necessidades ao seu redor e lhe dê sabedoria para cuidar delas. Se não puder fazer algo hoje, faça durante a semana ou, no máximo, neste mês. Pode parecer pequena a sua ação, mas o impacto na vida dessa pessoa será muito maior do que você imagina. Lembro de uma visita que minha madrasta me fez quando eu tinha uns 8 anos. Ela chegou com seus filhos e um saco de pão francês, mortadela e suco "Tang" (suco em pó). Foi tão simples, mas me senti tão amada que até hoje lembro da sensação com carinho.

Pai, mostra-me quem posso ajudar hoje, nesta semana ou neste mês. Dá-me ideias para que essa pessoa se sinta amada e abraçada por ti.

Pontos cegos

"Ainda não entendem?", perguntou Jesus (Mateus 15:16).

Uma mudança de comportamento começa com uma **mudança de caráter.**

Essa passagem mostra um momento em que Jesus conta uma parábola, e Pedro pede uma explicação. Jesus responde com uma pergunta, evidenciando a dificuldade que até mesmo aqueles que caminhavam com Ele tinham em compreender seus ensinamentos.

Se os discípulos, que andavam lado a lado com Jesus, enfrentavam dificuldades para entender o que Ele dizia, imagine nós! Quantas vezes lemos a Bíblia e não entendemos, ouvimos mensagens e não conseguimos captar os princípios ensinados, ou vivemos situações e não percebemos as lições que Deus quer nos ensinar.

Todos nós temos nossos pontos cegos – áreas da nossa vida que nos impedem de ver ou entender o que Cristo está querendo nos mostrar. Muitas vezes, nem conseguimos perceber o que está errado em nós.

O salmista fez orações que nos inspiram a pedir a Deus para enxergar o que não estamos vendo. Ele clamou: "Cria em mim, ó Deus, um coração puro [...]" (Salmos 51:10) e "Examina-me, ó Deus, e conhece o meu coração; prova-me e vê meus pensamentos. Mostra-me se há em mim algo que te ofende" (Salmos 139:23,24).

Foi com orações como essas que Deus começou a me mostrar meus próprios pontos cegos. Pude enxergar falhas de caráter, motivações egoístas, e o que ainda precisa ser ajustado em minha vida para que eu me pareça mais com Cristo.

Jesus corrige, mas também nos ensina com bondade e misericórdia, assim como fez com Pedro. O mesmo Ele faz conosco. Basta pedir.

Talvez Ele queira trabalhar em áreas como orgulho, falta de perdão, egoísmo, falsidade ou pequenas mentiras. Não tenha medo do agir de Deus em sua vida. Embora o processo nem sempre seja fácil, posso dizer com certeza que vale a pena.

Jesus, às vezes sinto que leio a tua Palavra, mas não entendo. Peço que me conceda entendimento para compreender teus ensinamentos e enxergar o que precisa ser mudado em minha vida.

Amor e concessão

Quem fere por amor mostra lealdade, mas o inimigo multiplica beijos (Provérbios 27:6).

Amar não é dar ao outro o que ele quer! Muitas vezes confundimos *amor* com *concessão*. Amar verdadeiramente não significa sempre ceder aos desejos do outro, mas sim buscar o melhor para ele, mesmo que seja necessário dizer "não". Amar é ouvir, aconselhar, orientar, corrigir e, às vezes, confrontar com sabedoria e gentileza.

O amor genuíno nem sempre significa caminhar junto. Há pessoas que amamos, oramos por elas, mas não seguimos lado a lado. Isso não diminui o amor, apenas reflete a sabedoria de Deus em nos guiar por caminhos diferentes.

Quantas vezes fiz concessões, achando que não demonstraria amor se não o fizesse. Mas Deus nos ensina: "O Pai corrige o filho que ama" (Hebreus 12:6). Amar envolve correção quando necessário.

Para as jovens: não ceda às exigências do seu namorado só para provar seu amor. E para todas nós: não se deixe moldar pelas expectativas dos outros. Amar não significa se encaixar no que esperam de você. Nosso molde é o de Deus. Devemos entregar nossa vida, sonhos e obediência a Ele.

Jesus nos dá o exemplo perfeito de amor: Ele não cedia para agradar as pessoas. Ele veio para fazer a vontade do Pai, e é isso que devemos buscar. Mesmo que as pessoas fiquem chateadas, o importante é agradar a Deus. Muitas vezes Ele nos desafia a não seguir a vontade dos outros para testar onde está nosso coração.

Lembre-se: Deus nem sempre atende nossos pedidos, mas isso não impede que continuemos a amá-lo e sermos gratas.

Tentar atender às **expectativas de todos** é como **viver em uma gaiola**.

Senhor, ajuda-me a identificar pessoas manipuladoras e a não me deixar ser presa por expectativas que não vêm de ti.

Desfaça os ídolos

Não faça para si espécie alguma de ídolo ou imagem de qualquer coisa no céu, na terra ou no mar. Não se curve diante deles nem os adore (Êxodo 20:4,5).

A coisa certa na hora errada se torna a coisa errada.
– Prª Viviane Martinello

Ao longo da jornada, fui entendendo que idolatria é tudo o que colocamos no lugar de Deus. Quando algo ocupa grande parte do nosso pensamento, absorvendo nossa força, mente e alma, pode se tornar um ídolo.

O trabalho, os filhos, o marido, a obsessão pela imagem, a busca por reconhecimento, a necessidade extrema de aprovação, dependência emocional, a cobiça... muitos desejos podem ser ídolos. Até mesmo a teimosia se torna idolatria quando insistimos em fazer as coisas do nosso jeito, custe o que custar.

Nos apegamos mais ao que queremos do que ao que Deus deseja para nós, alimentando esses ídolos. Mesmo o desejo de viver as promessas de Deus pode se tornar idolatria, quando colocamos esse anseio acima da confiança em Deus.

Houve momentos em que desejei intensamente as promessas de Deus, mas enquanto esse desejo era maior que minha confiança nele, nada aconteceu. O processo foi longo, e o que funcionou para mim foi:

- Avaliar o que preenchia meu coração.
- Refletir sobre as motivações reais por trás dos meus desejos.
- Arrepender-me das atitudes que me afastavam de quem Deus queria que eu fosse.
- Abandonar práticas que Deus me sinalizou como erradas.
- Quebrar o orgulho e as posturas equivocadas.

Será que você tem dedicado sua força a "deuses" desta terra em vez de dedicar tudo a Deus? Contentamento, gratidão e satisfação em Deus são as chaves para quebrar esses ídolos.

Senhor, hoje me dei conta de que tenho ocupado meu coração com ídolos, e te peço perdão. Ajuda-me a me livrar deles e colocar o Senhor em primeiro lugar.

Amor e aprovação

Feliz é o homem que persevera na provação, porque depois de aprovado receberá a coroa da vida, que Deus prometeu aos que o amam (Tiago 1:12).

Não confunda amor com aprovação, pois são coisas diferentes! Deus nos ama incondicionalmente, independente de nossas atitudes. Ele se alegra quando estamos em sua vontade, mas não deixa de nos amar quando nos afastamos. O amor de Deus por nós é constante, mesmo que Ele nem sempre aprove nossas ações.

Assim como amamos nossos filhos, amigos verdadeiros ou cônjuges sem necessariamente concordar com suas atitudes, Deus também nos ama, mas deseja que nos alinhemos à sua vontade. Para sermos aprovadas, precisamos perseverar em nossos processos e colocar o desejo de Deus acima dos nossos. Isso pode significar sair da zona de conforto e enfrentar desafios internos. Deus usa as circunstâncias difíceis para nos levar aos seus objetivos.

O Senhor frequentemente nos chama a ir além de nós mesmas, a vencer os gigantes que existem dentro de nós. Ele quer que coloquemos sua vontade em primeiro lugar. Se Ele pediu algo, faça com confiança! Mesmo que sua carne resista, peça ao Espírito Santo que a ajude, pois, como está em Filipenses 2:13, "É Deus quem efetua em vocês tanto o querer quanto o realizar".

Não há verdadeira alegria fora da vontade de Deus. Quando se passa a pedir que a soberana vontade de Deus seja feita, uma paz profunda é experimentada, mesmo que nada de extraordinário aconteça.

Se você tem dúvidas ou se sente distante, corra para os braços de Deus, seu amor é capaz de a resgatar, curar e restaurar, e só Ele pode fazer seus sonhos reviverem.

Deus é mestre em transformar **provações em aprovações**!

Pai, agradeço-te por teu amor, que me alcançou mesmo sendo pecadora. Quero fazer a tua vontade e ser não apenas amada, mas também aprovada por ti.

As experiências ensinam

Se o sábio lhes der ouvidos, aumentará seu conhecimento, e quem tem discernimento obterá orientação (Provérbios 1:5).

O único **erro verdadeiro** é aquele do qual **não aprendemos nada**.
– John Powell

Algumas pessoas aprendem com suas experiências, enquanto outras nunca se recuperam delas. A escolha é nossa: amargar-se diante dos desafios da vida ou recuperar-se dos traumas, amadurecer e usar nossa história como uma ferramenta de instrução para esta geração.

Que lições temos tirado de tudo o que fazemos e do que nos acontece? Temos crescido com essas experiências ou nos deixado desanimar? Temos buscado corrigir nossas atitudes ou murmurado diante das dificuldades?

Quando entregamos o controle de nossas vidas a Deus, Ele nos oferece oportunidades preciosas de crescimento espiritual. Podemos ser abençoadas tanto pelos nossos acertos quanto pelos erros, desde que estejamos dispostas a aprender. "É errando que se aprende", diz o ditado. A sabedoria nos permite aprender com os erros dos outros, mas, na maioria das vezes, aprendemos com nossos próprios erros. Para quem busca uma transformação de comportamento, essa é a maneira mais eficaz: identificar o erro e insistir na ação correta até que ela se torne um hábito.

Buscar o direcionamento de Deus é essencial nesse processo. Ao ouvir a voz de Cristo, nossas ações se tornam mais assertivas e somos envolvidas por uma paz maior para fazer escolhas, tomar decisões e entender o momento de agir ou esperar.

Quando não valorizamos as lições que Deus nos dá por meio das experiências, perdemos oportunidades de amadurecer espiritualmente e vivemos presas às frustrações.

Como dizia Thomas Edison: "Eu aprendi muito mais com meus erros do que com meus acertos". Devemos ter o desejo de aprender com nossas experiências, sejam elas boas ou ruins. Coloque tudo diante de Deus e seja grata, crescendo em sabedoria e alcançando a maturidade que Ele deseja para você.

Senhor, ajuda-me a aprender com meus erros e adquirir sabedoria e maturidade.

As tempestades da vida

Ele silenciou o vento até restar um assobio, pôs focinheira nas grandes ondas. [...] e ele os conduziu a salvo de volta ao porto (Salmos 107:29).

Às vezes, o plano de Deus parece desconfortável, confuso e até doloroso. Ele nos leva por caminhos de renúncia, de silenciar quando queremos gritar, de aceitar injustiças sem defesa e, muitas vezes, de perder para ganhar. Mas, nesses momentos, o que precisamos é ser obedientes e confiar que sua vontade é sempre boa, perfeita e agradável, mesmo que não entendamos no momento.

Deus comanda as nossas **caminhadas**, mas também as nossas **paradas**.

As tempestades fazem parte do processo que Deus usa para desenvolver em nós um caráter aprovado. São elas que testam nossa fé e nos preparam para algo maior. Em Marcos 4:35 e Mateus 14:22, Jesus manda seus discípulos entrarem no barco, sabendo que enfrentariam tempestades. Em ambas as histórias, Ele se faz presente. Mesmo quando dormia, Ele estava lá e, quando caminhou sobre as águas, mostrou que nada escapa ao seu controle.

Mas o mais lindo em tudo isso é que, assim como nas duas passagens Jesus se fez presente, Ele também está presente nas tempestades da nossa vida. Como está escrito: "Deus mesmo disse: 'Nunca o deixarei, nunca o abandonarei'" (Hebreus 13:5).

Continue na caminhada. Essa, por sua vez, se faz dando um passo de cada vez. Mesmo que você caia ou tropece, levante-se e continue. Creia que Deus está contigo, amparando-a e levantando-a. Ele é paciente e permanece ao seu lado até você chegar ao seu destino.

E aí, quem está disposta a segui-lo?

Obrigada, Jesus, por se fazeres presente nas tempestades da minha vida. Confio que, no tempo certo, o Senhor acalmará o vento e as ondas que têm balançado meu barquinho.

Nada mais importa

Os verdadeiros adoradores adorarão o Pai em espírito e em verdade. São estes os adoradores que o Pai procura (João 4:23).

Quem depende de **aprovação** para **se mover**, para na primeira **rejeição**.

O Pai está à procura de um coração adorador para trazer seus filhos de volta à casa. Vivemos em uma geração com coração ferido, em um mundo que está órfão do Pai. E Deus conta com cada um de nós para encontrar esses filhos e trazê-los de volta para casa. É tempo de agir!

Até quando você vai continuar dando desculpas, adiando aquilo que já sabe que deve fazer? O medo, a insegurança e a vergonha são sempre os primeiros a aparecer quando recebemos um chamado, mas precisamos lembrar que o inimigo quer nos impedir de ocupar nosso lugar no Reino de Deus.

Até quando você vai fugir do que Deus colocou em seu coração? Até quando vai dizer que não se sente preparada ou capaz? Até quando vai temer a opinião dos outros, deixando de alcançar vidas para Cristo? Até quando vai esperar por recursos ou ajuda para começar sua missão?

Deus quer que busquemos a Ele até que nada mais importe. Até que a opinião dos outros não tenha mais peso, até que a aceitação, o reconhecimento e a comparação não importem mais. Quando colocamos Cristo acima de tudo, os medos, culpas e inseguranças perdem o poder de nos parar.

Precisamos nos render a Ele, até que tudo o mais se torne pequeno diante de seu amor. O que ou quem você precisa deixar de lado para que nada mais importe além de Cristo em sua vida?

Pai, perdoa-me pelas desculpas que tenho dado em resposta ao teu chamado. Ajuda-me a olhar somente para ti e fazer o que deve ser feito.

Espelho de Deus

Sejam meus imitadores, como eu sou imitador de Cristo (1Coríntios 11:1).

Cada um de nós reflete a imagem e semelhança do Deus que formamos em nossa mente. Explicando: se acreditamos num Deus austero, exigente e bravo, esses serão os comportamentos que refletiremos em nossos relacionamentos, inclusive conosco. Agora, se vemos Deus como um Pai amoroso, perdoador e compassivo, isso também se refletirá nas nossas interações.

Nos tornamos cada vez mais **parecidas com aquilo que admiramos ou adoramos.**

Por muitos anos, vi Deus como alguém distante e exigente. Sempre que falhava, acreditava que Ele me castigaria e que tudo de ruim que acontecia era consequência das minhas falhas. Esse era o Deus que me apresentaram: "Se você não for à igreja, Deus vai pesar a mão; se você errar, Ele vai castigá-la..." O resultado dessa visão foi desastroso. Eu me relacionava com regras e religião, e não com Deus Pai amoroso.

Isso trouxe um peso enorme para minha vida. Eu me cobrava perfeição e achava que Deus só me aceitaria se eu fosse impecável. Esse nível inatingível de perfeição me levou a uma depressão profunda, autodestruição e autossabotagem.

Além de ser dura comigo, também era com os outros. Nada do que faziam me satisfazia, e minha constante exigência desgastava todos ao meu redor. Só quando comecei a conhecer Deus como Ele verdadeiramente é – amoroso e paciente – pude mudar essa perspectiva. Aprendi a ir à igreja por amor e gratidão, e não por medo ou obrigação.

Será que você reflete a essência de quem Deus, de fato, é?

Se faz sentido para você, reflita como você se trata e como trata as pessoas à sua volta. Pode ser que você tenha que fazer um ajuste em suas lentes, para ser a imagem e semelhança da essência do único e verdadeiro Deus!

Pai, quero refletir a tua imagem e não a de um "Deus" severo e distante. Ajuda-me a ver-te como o Senhor verdadeiramente é.

Com qual máscara?

Se alguém se considera alguma coisa, não sendo nada, engana-se a si mesmo (Gálatas 6:3).

Conhecer a **verdade** é o primeiro passo para reconhecer o que é **falso**.

Com qual máscara você vai sair hoje? Vivemos em uma sociedade onde as pessoas muitas vezes escondem suas dores, fragilidades e imperfeições atrás de sorrisos e frases, como: "está tudo bem". Quando não conseguem enfrentar a realidade, entram em negação. A negação[19] é um mecanismo de defesa usado para evitar a dor, mas também impede o processo de cura. Às vezes, a pessoa até tem consciência do problema, mas faz "vista grossa", sabendo que, ao admitir, precisará agir para mudá-lo.

Por mais dolorosa que a verdade seja, ela também liberta (João 8:32). Ser verdadeira consigo mesma é o primeiro passo. Pergunte a si mesma: "Está tudo bem de verdade?". Conheço um pastor que, ao ser questionado, costuma dizer: "Estou bem, mas 'tudo' é muita coisa!". Admitir que nem sempre tudo está perfeito ou que você tem falhas é o caminho para a verdadeira transformação.

Encarar suas vulnerabilidades pode ser desafiador, mas essencial para o crescimento. Não tenha medo de reconhecer suas fraquezas, nem de parar de tentar agradar a todos. O fardo de sempre ser a "boazinha" é muito pesado. Você não precisa concordar com tudo para ser aceita. Respeitar-se é tão importante quanto respeitar os outros.

Tire as máscaras diante de Deus em oração. Se há inveja, ciúmes, julgamentos ou comparações, confesse! Deus deseja ver sua verdade, não uma versão idealizada de você. Somente assim, Ele poderá libertá-la e curá-la.

Jesus, que o Senhor seja o espelho da verdade para mim, tirando-me de qualquer estado de negação, para que eu avance nos meus processos de cura.

Como termina

O fim das coisas é melhor que o seu início (Eclesiastes 7:8a).

O que conta é como termina! Talvez o início da sua história não tenha sido bonito, colorido ou feliz e, por isso, você se sinta inferior, desencaixada, insegura ou incapaz. Esses sentimentos são mais comuns do que imaginamos. Um exemplo claro é Mefibosete, neto do rei Saul, que se via de forma tão negativa, ao ponto de dizer a Davi: "Quem é o teu servo, para que te preocupes com um cão morto como eu?" (2Samuel 9:8).

Não permita que seu **passado** determine seu **futuro**.

Mefibosete cresceu em Lo Debar, um lugar de miséria e sequidão, após perder seu pai e avô na guerra. Para piorar, ele ficou manco por um acidente enquanto fugia com sua babá. Aquele lugar e aquelas circunstâncias moldaram sua identidade. Ele não se via como herdeiro de um rei, mas como alguém sem valor, vivendo numa terra de esquecidos.

Talvez você também se sinta como Mefibosete: esquecida, excluída ou rejeitada. Pode ser que a vida tenha tirado algo importante de você — o amor de um pai, a presença de uma mãe, oportunidades ou condições financeiras. Talvez tenham faltado carinho, encorajamento e sobrado vergonha, humilhação e rejeição. Esses vazios podem ter distorcido a forma como você se vê. Mas hoje, assim como Mefibosete, Deus a chama a ajustar sua visão e enxergar o destino que Ele preparou para você.

Lembre-se: o que realmente importa é como termina. A história de Mefibosete foi transformada. Ele, que se via como um "cão morto", passou a comer à mesa do rei (2Samuel 9:9,13). Da mesma forma, Deus deseja reescrever sua história e colocá-la no lugar de honra que Ele planejou para você.

Jesus, ajuda-me a reescrever minha história, confiando que o Senhor pode transformar meu final.

Extraordinário comum

Tudo o que fizerem, façam de todo o coração, como para o Senhor [...] É a Cristo, o Senhor, que vocês estão servindo (Colossenses 3:23,24).

As coisas mais **belas** estão nas coisas mais **simples da vida**.

Por muitos anos, eu vivia reclamando do serviço de casa. Não é fácil, parece que nunca acaba, e raramente somos reconhecidas pelo que fazemos. Mas quando Deus começou a transformação na minha vida, Ele tratou uma área que eu nem imaginava: meu coração em relação ao serviço dentro do lar e à minha família.

O versículo que lemos hoje marcou minha caminhada. Cada vez que a vontade de reclamar surgia, eu me lembrava dele. Aprendi a servir com amor, mesmo nas pequenas tarefas. Comecei a lavar roupa, louça, passar e cozinhar, sempre ouvindo louvores ou pregações. Essa "técnica" me abençoou muito. Muitas vezes, no meio do trabalho, me pegava chorando, sentindo fortemente a presença de Deus. Como Ele falava comigo nesses momentos! Aquele lugar simples se tornava sagrado.

Entendi que Deus se agrada quando cuidamos do que Ele nos deu com amor. Não importa como é sua casa ou sua família – simples ou não – o que importa é o cuidado e o amor que colocamos em cada detalhe. Desde que me casei, já morei em diversas casas (parei de contar depois da vigésima! *risos*). Em algumas, cheguei a viver em um único cômodo, apertadíssimo. E sabe de uma coisa? Aprendi que o que realmente importa não é onde estamos, mas com quem estamos.

Seja fiel no pouco. Cuide do que Deus lhe deu com amor e, com o tempo, você verá até os sonhos mais simples se realizarem. Perfume sua casa, arrume a cama, coloque a mesa... e, claro, mantenha a presença do Espírito Santo viva no seu lar. Oro para que você sirva sua casa e sua família com amor, como o versículo de hoje ensina. Deus certamente recompensará!

Jesus, ajuda-me a servir minha família e minha casa com amor, como se estivesse fazendo tudo para ti.

Construir-se dá trabalho

E todos nós, que com a face descoberta, podemos ver e refletir a glória do Senhor[...] deixando-nos cada vez mais parecidos com ele (2Coríntios 3:18).

"Construir-se como pessoa dá trabalho. Como em quase tudo na vida, procedemos por tentativa e erro; e, por se tratar da vida, não há como desfazer o feito, não há como apagar o que escrevemos ou eliminar as páginas já preenchidas. Na vida, não há rascunho, cada linha escrita permanece assim.

Só se **inspire em pessoas** que se parecem com quem **você quer ser**.

No processo de nos construirmos, não raro nos servimos de pessoas que, de alguma forma, nos inspiram e servem de modelo. Esse procedimento é útil, pois todo mundo precisa de um referencial; mas, muitas vezes, seguimos esse caminho para ganhar aceitação. Tentamos parecer com essas pessoas para ganhar a aprovação que elas já têm.

Até que um dia, nos olhamos no espelho e percebemos que não estamos sendo nós mesmos. Tornamo-nos o outro, e essa descoberta nos coloca diante de uma escolha: ou continuamos a representar o papel, ou refazemos nosso caminho.

Refazer o caminho é a melhor escolha. Sinal de maturidade. Chega um ponto em que, por mais que tenhamos sido ajudados por esses modelos, precisamos encontrar nossa verdadeira essência. Isso requer coragem, pois alguns vão se afastar, decepcionados por não sermos quem eles pensavam. Mas outros vão permanecer e apreciar nossa versão mais autêntica. E, à medida que nos aproximamos da nossa verdadeira essência, encontramos novas pessoas que nos aceitam como somos."

Esse texto do professor Rui Luís Rodrigues captura brilhantemente o processo de construir nossa identidade. No início, buscamos força nos outros, mas, com o tempo, Deus nos guia para encontrar nossa verdadeira essência. Quanto mais curados estamos, mais nos aproximamos da nossa originalidade.

Pai, quero me parecer contigo. Ajuda-me a encontrar minha essência e originalidade em ti.

___/___/___

Deus de detalhes

Ele verá o fruto do penoso trabalho de sua alma e ficará satisfeito (Isaías 53:11a, ARA).

Tenha paciência, **Ele está cuidando dos detalhes**, e tenha certeza de que eles farão toda a diferença!

Quando estamos em um processo de cura e transformação, é natural querermos que Deus finalize logo sua obra em nós. Todo processo de transformação interior exige que nossa "bagunça" emocional seja exposta antes de ser organizada. Assim como ao organizar um guarda-roupa, primeiro tiramos tudo para fora para enxergar o que serve e o que precisa ser descartado. Com nossa vida emocional, o mesmo acontece: precisamos ver o que está oculto para curar e limpar.

Nesses momentos, pode parecer que nossa bagunça emocional até piora. Essa sensação é comum e faz parte do processo de transformação. Se você está nesse ponto, não desista! Todas as jornadas de cura têm esse momento.

Passei por isso também. Quando achamos que estamos prontas, Deus insiste em trabalhar nos detalhes. Ele não nos permite viver as promessas até que esses detalhes sejam cuidadosamente finalizados.

Lembro-me de quando estávamos finalizando a construção da nossa casa, após 11 anos de obra, paradas por falta de recursos. Eu já estava ansiosa para ver a parte superior pronta e comecei a apressar os serviços. Enquanto eu queria logo ver tudo pronto, meu esposo, atento aos detalhes, me fez perceber que essa pressa poderia comprometer o resultado.

Foi aí que me lembrei de como Deus também cuidou dos meus detalhes durante o processo de cura. Ele não se preocupou com a pressa, mas com cada ajuste que fazia a diferença. E foi com essa mesma paciência que apliquei o cuidado aos detalhes na finalização da casa.

Agora, a convido a refletir: quais detalhes Deus ainda está trabalhando em você? Em vez de apressar o processo, que tal permitir que Ele complete a obra no tempo certo?

Senhor, ajuda-me a acalmar o coração e não pular etapas no meu processo pessoal. Sei que os detalhes fazem toda a diferença, e confio nos teus toques finais.

Perfeição ou progresso?

Seja diligente nessas coisas; dedique-se inteiramente a elas, para que todos vejam o seu progresso (1Timóteo 4:15).

Deus não exige perfeição, apenas progresso. No versículo de hoje, Paulo orienta Timóteo a ser diligente e progredir em sua jornada. Quantas vezes exigimos demais de nós mesmas, desanimando, pensando que Deus se decepciona com nossas falhas?

Deus me falou algo que curou meu coração: "Filha, eu não espero perfeição, apenas progresso!" Essa frase me libertou da culpa, que tem o poder de nos paralisar e até nos afastar de Deus, fazendo-nos sentir indignas do seu amor por causa dos nossos erros.

Muitas vezes, me frustrei por não conseguir agir da maneira certa, e achava que Deus também se frustrava comigo. Mas aprendi que Ele só espera que não desistamos. Buscar uma vida "perfeita" é uma armadilha. No processo de cura do meu perfeccionismo, percebi que eu não me permitia errar, porque queria ser melhor que aqueles que me magoaram. Isso me levou a um ciclo de culpa e autojulgamento. Quando falhava, me punia por semanas.

Foi nesse tempo que compreendi a profundidade da graça de Deus. O Espírito Santo me mostrou que, assim como os fariseus, eu estava presa à minha "perfeição", sem entender a graça. Não aceitar minhas falhas era como dizer a Jesus: "Não preciso da tua Graça!" Esse entendimento me trouxe verdadeira liberdade.

Será que você está se cobrando uma perfeição que Deus não exige? Ele quer progresso, não perfeição. Aceite a graça e permita que Deus conduza o processo de transformação em sua vida.

Prefira o progresso à perfeição; cada passo conta na jornada da vida.

Senhor, ajuda-me a progredir e não desistir.

Específica para você

O que ele abre ninguém pode fechar, e o que ele fecha ninguém pode abrir [...] Abri para você uma porta que ninguém pode fechar. Você tem pouca força, mas ainda assim obedeceu à minha palavra (Apocalipse 3:7,8).

Portas grandes abrem devagar.

Deus tem uma porta específica para você, diretamente conectada ao plano dele para sua vida e ao seu chamado. Um detalhe importante: uma chave antiga não abre uma porta nova! Muitas vezes, tentamos usar experiências passadas com Deus para acessar novos começos. Precisamos buscar novas experiências com Ele, para receber as chaves que abrirão essas novas portas.

Cada porta requer a chave certa. Tentar abrir portas que não são nossas ou usar chaves de outras pessoas nunca funcionará. Portas fechadas são oportunidades de amadurecimento. Eu mesma já experimentei muitos "nãos" e portas fechadas na minha caminhada. Tentei me conectar com grupos de mulheres e figuras influentes, mas as portas não se abriram. Tentei estabelecer amizades e parcerias, mas essas portas também ficaram fechadas.

Foi então que entendi uma verdade essencial: portas fechadas podem significar que esse caminho não é para você. Às vezes, buscamos validação ou aprovação de pessoas quando Deus já nos autorizou a seguir em frente. Isso me lembrou de uma frase que ouvi de uma mulher que admirava: "Você não precisa que as pessoas acreditem no chamado que Deus deu a você". Essa frase, embora dura, foi um ponto de virada para mim.

Deus tem a chave correta para cada porta e, no tempo certo, Ele a liberará. É importante confiar que além de abrir a porta, Ele dará a graça necessária para permanecer do outro lado sem se perder.

Reflita: você está magoada com alguém que não abriu a porta que você tanto desejava? Talvez essa porta não fosse a sua. Perdoe e siga em frente, sabendo que Deus abrirá a porta certa no tempo certo.

Pai, não quero forçar portas com minhas próprias mãos, mas confio que o Senhor abrirá as portas certas no tempo certo.

Ajuste a rota

Prestem atenção! [...] Vocês terão bênção, se obedecerem aos mandamentos do Senhor, mas terão maldição, [...] se afastarem do caminho que hoje lhes ordeno (Deuteronômio 11:26-28).

Vivemos em um tempo de crises profundas nas famílias e na vida de homens e mulheres. Mesmo nos lares cristãos, muitas vezes encontramos desrespeito, traições, rejeições e uma intensa dor emocional. Pais feridos estão criando filhos sem vínculos afetivos, e esse ciclo de frustrações afeta diretamente a nova geração.

Mais do que nunca, a Igreja de Cristo precisa se levantar como instrumento de cura. Eu e você somos parte dessa missão. Um dia, Deus iniciou um processo de cura em minha vida que se estendeu à minha casa e agora alcança outras famílias. O Senhor deseja fazer o mesmo em sua vida.

Para que a cura ocorra, é essencial olhar para dentro e avaliar nossas ações. A cura não acontece sem confrontos, sem perdão, arrependimento e correção de relacionamentos. Não há cura sem quebrantamento e clamor.

Em vez de focar nas falhas dos outros, olhe para si mesma. Onde você pode permitir que Deus trabalhe? Muitas vezes, nos desviamos da rota que Deus traçou, mas Ele pode nos guiar de volta. Pergunte a si mesma: quando você parou de buscar a Deus em seu íntimo? Quando soltou da mão dele?

Recalcule sua rota, volte a buscar o Senhor de todo o coração. É tempo de humilhar-se, confessar suas falhas e pedir que Ele ajuste seu caminho. Assim, Deus fará uma grande obra em sua vida e, por consequência, na vida daqueles ao seu redor.

Quando **tudo dá errado** ao mesmo tempo, pode ser a vida mostrando a você que esse **NÃO é o caminho**.

Pai, tenho andado distraída e, sem perceber, distanciei-me de ti. Peço que me perdoes e me leves de volta ao ponto em que me desviei.

Posicionamento

Quem vive segundo a carne tem a mente voltada para o que a carne deseja; mas quem vive de acordo com o Espírito, tem a mente voltada para o que o Espírito deseja (Romanos 8:5).

Nenhuma mudança ocorre apenas sabendo o que precisa ser mudado. **O que gera a mudança é o FAZER!**

Todo posicionamento gera mudança. Somos o reflexo das nossas experiências, crenças e bagagens emocionais. Muitas de nós carregamos conceitos distorcidos que foram construídos ao longo da vida. Quando buscamos uma mudança verdadeira, o primeiro passo é desconstruir esses princípios errados.

Há três perfis de pessoas em relação à mudança de vida:

- *Aquelas que não têm consciência do que precisa ser mudado*. São pessoas que pecam sem saber, com a consciência "cauterizada". Eu já fui assim. Não sabia o quanto errava ao não honrar meu esposo ou servir minha família. Uma consciência cauterizada só é quebrada pela verdade da Palavra de Deus (João 8:32). Buscar sabedoria e discernimento é o caminho para ser liberta dessa condição.
- *Aquelas que têm consciência dos erros e lutam contra os desejos e pecados*. Esse perfil agrada a Deus. Ele não exige perfeição, apenas progresso. Quando reconhecemos nossas falhas e lutamos com Deus contra o pecado, Cristo nos ajuda a vencer.
- *Aquelas que sabem que erram, mas acreditam que a graça cobre tudo, sem se preocupar em mudar*. Essas pessoas banalizam a graça de Deus, utilizando-a como desculpa para continuar pecando. Esse é um caminho perigoso e distante da transformação.

Reflita: Em qual desses perfis você se encaixa? Busque sabedoria, lute contra a tentação e lembre-se de que quando acertamos, é pela graça. Gosto de uma frase que certa vez ouvi: "Quando acerto, é pela graça, e quando erro, há graça!". Não banalize essa graça; seja intencional em sua busca por mudança.

Pai, ajuda-me a ter a mente voltada para os teus propósitos e desejos. Livra-me dos desejos da carne e ajuda-me a fazer o que deve ser feito.

Ferida paterna

Ainda que me abandonem pai e mãe, o Senhor me acolherá (Salmos 27:10).

A função do pai é proteger, cuidar, amar e prover. Ele contribui significativamente para a formação da nossa identidade: "quem sou e para onde vou?". Quando essa paternidade é ausente, surgem disfunções emocionais e comportamentais. A culpa, o perfeccionismo, o vitimismo e a busca por aceitação podem tomar conta, além de problemas como insegurança, ciúmes e autossuficiência, que mascaram o desejo profundo por aprovação e afeto.

Os efeitos da ausência do pai na vida de uma filha são incontáveis, mas há cura e consolo em Cristo Jesus. Nunca conheci meu pai biológico, que engravidou minha mãe de forma abusiva, mas, ainda assim, escolhi perdoá-lo. Compreendo que seu comportamento refletiu suas próprias limitações e, assim como ele, muitos pais são incapazes de oferecer amor por não terem recebido.

Se você tem uma ferida paterna, seja através de palavras mal colocadas, rigidez ou controle excessivo, o caminho para a cura passa por entender a história de vida desse pai. O que também faltou a ele?

Talvez seu pai não tenha conseguido demonstrar amor por causa das próprias limitações, e não por algo que você tenha feito. Ele apenas reproduziu o que conheceu, e o distanciamento pode ser uma armadura que ele usa para se proteger. E quanto maior a armadura, mais frágil o ser que está por trás dela.

O melhor caminho para sua cura e liberdade é perdoá-lo e compreender essas fragilidades. Entenda que você tem um Pai Celestial que nunca falhou, desejou-a e a acolhe você com um amor perfeito. Preencha suas ausências em Deus, junte seus pedaços e permita-se ser reconstruída por Ele! Não há paternidade mais perfeita do que a de Deus.

Não importa o quanto seu pai terreno falhou, **seu Pai Celestial tem um amor incondicional.**

Pai, cura a ferida paterna que existe em meu coração através do teu amor perfeito.

Os filhos imitam os pais

Todos os seus filhos serão ensinados pelo Senhor, e grande será a paz de suas crianças (Isaías 54:13).

A melhor maneira de ensinar nossos filhos é por meio de nossos **exemplos** e **comportamentos.**

Comportamentos ensinam mais do que palavras. Lembro de uma foto da minha filha primogênita, com apenas 2 anos e meio, ajoelhada em oração. Eu poderia dizer que os filhos seguem o exemplo dos pais, o que é verdade, mas também há outra realidade: nem sempre o que fazemos externamente reflete o estado verdadeiro do nosso coração.

Naquele momento, minha filha imitava o que via em mim, mas meu coração não estava alinhado com a reverência que eu aparentava. Eu me ajoelhava para orar porque achava que era a única maneira de Deus me ouvir, mas minhas atitudes, como esposa insubmissa e impaciente, não refletiam um relacionamento sincero com Ele. Eu me envolvia mais com a religião do que com a verdadeira paternidade de Deus.

Hoje, vejo minha filha adulta, com um coração temente, honesta e equilibrada, e louvo a Deus por isso. Sei que não é mérito meu, mas pura graça de Deus. Se eu não tivesse ajustado minha rota, a relação dela com Deus poderia ter sido apenas uma repetição da minha religiosidade do passado. Muitas mães aflitas me procuram, relatando que seus filhos se desviaram por conta de uma criação repleta de religiosidade, mas com pouco amor e presença afetiva.

Como mães, é essencial que nossos filhos vejam não apenas nossos atos de fé, como orar ou ler a Bíblia, mas o resultado desses atos em nossa vida. Que eles vejam amor, paciência e respeito.

Pai, sou grata por meus filhos e peço que me ajudes a ser uma mãe que manifesta o teu amor e exemplo.

Ocupadas demais

Respondeu o Senhor: "Marta! Marta! Você está preocupada e inquieta com muitas coisas; todavia apenas uma é necessária. Maria escolheu a boa parte, e esta não lhe será tirada" (Lucas 10:41,42).

Você tem constantemente a sensação de que não tem tempo para nada? Mesmo fazendo devocionais, assistindo ministrações, lendo textos e livros sobre a importância de desenvolver tempo com Deus, você entende e até deseja colocar em prática, mas não faz ideia de como inserir mais "responsabilidades" no seu dia?

Os afazeres são necessários, e não temos como nos livrar das responsabilidades com a casa, o trabalho e a família. Deus nos confiou essas coisas e, ao executá-las, também estamos adorando a Ele. Mas é preciso organizar nossa rotina para que princípios importantes sejam cumpridos.

É essencial encontrar tempo para orar, louvar, agradecer a Deus diariamente e reservar tempo para ler a Bíblia e livros que gerem transformação. Também é importante investir tempo com a família à mesa, rindo, conversando e abrindo o coração.

Muitas de nós vivem dizendo que não têm tempo nem para chorar as dores, mas ignorar esses sentimentos custa caro. Sempre trabalhei desde os 14 anos e fui ansiosa e agitada como Marta. Depois de anos com esse comportamento, tive um colapso nervoso.

Sugiro que você faça uma lista de prioridades. Deus deve ser o primeiro nome nessa lista. Que tal diminuir o tempo nas redes sociais por alguns dias? Isso vai ajudá-la a encontrar mais tempo para o que realmente importa. Depois, você pode ajustar o tempo que investe nelas, afinal, é fácil perder o foco com tantas distrações. Lembre-se, só damos tempo de qualidade ao que priorizamos. Se você está tendo dificuldade em separar tempo para Deus, talvez seja hora de refletir sobre o que realmente está no topo da sua lista.

Nosso estilo de vida alimenta nossa ansiedade. **Aprenda a fazer UMA COISA DE CADA VEZ!**

Jesus, ajuda-me a demonstrar o quanto te amo, colocando o Senhor como prioridade na minha vida.

Não é confortável

Por isso, irmãos, trabalhem ainda mais arduamente para mostrar que, de fato, estão entre os que foram chamados e escolhidos (2Pedro 1:10).

Os **sonhos** de Deus se realizam com **dedicação**, **esforço** e **oração**.

Você não conseguirá acessar a vontade de Deus e viver tudo o que Ele tem para sua vida de maneira confortável. Nenhum processo de cura, transformação ou restauração é fácil. Tudo o que gera mudança positiva na nossa vida é rejeitado pela nossa carne, porque envolve esforço e comprometimento.

Nosso cérebro foi programado para poupar energia, evitando desconforto a todo custo, mesmo que isso nos mantenha em situações que não são saudáveis. Esse mecanismo existe para preservar nossa sobrevivência, mas também nos impede de sair da zona de conforto. Agora que você entende o porquê dessa resistência, é hora de pedir a Deus a força necessária para superar esses obstáculos.

Não será confortável olhar para sua história e perdoar quem a feriu. Não será fácil reconhecer os sentimentos e comportamentos errados que existem dentro de você. Não será simples mudar sua mentalidade e se arrepender verdadeiramente. Acordar mais cedo para ter tempo com Deus também exigirá esforço. Abrir seu coração para confessar erros ou pedir perdão às pessoas que você machucou será desafiador. Mas, sem dúvida, essas ações são o caminho para a transformação que você tanto deseja.

Precisamos sair da zona de "conforto" e entrar na zona de "confronto". Talvez hoje seja o momento de olhar para dentro, enfrentar algo que você vem adiando e dar o primeiro passo em direção à mudança que tanto busca. O que Deus tem reservado para você é maior do que o desconforto momentâneo.

Pai, dá-me forças e disposição para fazer o que preciso para viver o melhor que o Senhor tem para mim.

Não é sobre você

[...] sendo justificados gratuitamente por sua graça, por meio da redenção que há em Cristo Jesus (Romanos 3:24).

Não sei você, mas eu sou tentada a me justificar para algumas pessoas. No passado, nem percebia o quanto esse hábito de me justificar estava presente em praticamente todas as relações que eu tinha. Tentava incansavelmente mostrar às pessoas o quanto eu era honesta, correta e digna de aceitação.

Quanto mais você sente que **deve se explicar**, mais seu **Ego** está no **controle**.

Já se perguntou: "Por que fulana não gosta de mim? O que eu fiz?". Eu já! Muitas vezes. Enquanto estamos sofrendo com rejeição ou tentando provar nosso valor, colocamos o foco em nós mesmas. E sempre que nosso interesse está no centro, deixamos de lado os interesses de Deus.

Deus não nos chamou para agradar pessoas ou buscar aceitação delas. Nosso chamado é para anunciar seu amor, justiça e salvação. Um dia, ouvi de Deus que ao buscar justificar-me diante de alguém, eu estava agindo de forma narcisista. Foi um golpe duro, mas necessário. Nosso coração é enganoso e cheio de carências. Quando sentimos a necessidade de nos justificar, estamos sendo dominadas pelo medo e pela insegurança.

Se não prestarmos atenção às nossas motivações, corremos o risco de achar que estamos fazendo algo nobre, quando na verdade estamos apenas buscando validação pessoal. O caminho para vencer isso é o arrependimento, pedindo a Deus que nos revele quando estamos agindo de forma egoísta.

Não é fácil, pois nosso orgulho fala alto, mas é o melhor caminho para viver o que Deus tem preparado. Da próxima vez que sentir vontade de se justificar, pergunte: "É sobre mim ou sobre Ele?".

Pai, perdoa-me por me colocar no centro. Que eu aprenda a descansar em tua graça e justificação.

Demora para responder?

Descanse no Senhor e aguarde por ele com paciência (Salmos 37:7, NVI).

Aquiete-se na presença do Senhor, espere nele com paciência (Salmos 37:7, NVT).

Quem não sabe **esperar** o tempo da gestação, **corre o risco de abortar o seu futuro.**

Você já se perguntou por que Deus demora para responder suas orações? Essa é uma dúvida que muitos de nós já tivemos. Eu também já me perguntei isso, até que entendi que Deus valoriza mais o processo do que os resultados imediatos. Ele nos ensina a descansar e confiar, como diz o Salmo 91: "Aquele que habita no abrigo do Altíssimo e descansa à sombra do Todo-Poderoso".

Existem várias razões pelas quais Deus pode demorar para responder:

- Aperfeiçoar nosso caráter.
- Ensinar a confiar e obedecer.
- Testar nossas motivações.
- Fortalecer nossa fé.
- Desenvolver nossa confiança no amor dele.
- Exercer domínio próprio.
- Testar nossa perseverança.
- Preparar as pessoas ao nosso redor.
- Proteger-nos de feridas futuras.
- Treinamento e preparação para algo maior.

Se colaborarmos com Deus nesse processo, aproveitando ao máximo as oportunidades, Ele fará mais do que imaginamos. (Efésios 3:20). Gosto de uma frase de um quadro: "Eu orei por coisas que tenho hoje". Quando penso em coisas, não penso necessariamente em "coisas" materiais, mas em situações, pessoas e momentos. Eu orei por pessoas com quem caminho hoje, mesmo quando elas ainda não tinham chegado a mim. Eu orei pelo que vivo no meu casamento hoje. Eu orei por absolutamente tudo o que vivo hoje, e até mesmo pelas coisas materiais que tenho hoje.

Quero encorajá-la orar por tudo em sua vida. Orar acalma, traz respostas e direção. Mesmo quando a resposta não chega como esperamos, Deus tem um plano. Confie que seu futuro está nas mãos dele e louve a Deus, independentemente das circunstâncias.

Espírito Santo, acalma minha mente e coração para que eu continue confiando em Deus, ainda que não tenha as respostas que desejo.

Por que só eu?

Vistam toda a armadura de Deus, para que possam resistir no dia mau e permanecer inabaláveis [...] (Efésios 6:13).

Eu sei que há dias em que você não quer nem sair da cama. Sei que tem momentos em que a última coisa que você quer é lidar com pessoas. Os sentimentos podem trazer dúvidas, medos e até paralisia. Às vezes, nos cansamos de orar, lutar, perdoar, ceder e renunciar, e nos perguntamos: *Por que só eu? Por que só eu devo ceder, perdoar, ou demonstrar amor? Por que devo pedir perdão se quem errou foi ele(a)?*

Sim, já tive todos esses pensamentos. Já me cansei, já quis me esconder. Mas sabe o que o Espírito Santo de Deus sempre me impulsionava a fazer? Levantar-me, tomar um banho e ir à luta. Mesmo quando não queria, Deus me encorajava a enfrentar o que eu temia. Ele me empurrava a perdoar, a encarar meus medos, a impor limites, e a não permitir que pessoas me manipulassem.

Às vezes, a sensação é como ser esmagada, como uvas que produzem bom suco. Mas mesmo nesses momentos, Deus nunca nos abandona. Ele está sempre segurando nossas vidas em suas mãos. Ele é a nossa segurança, e podemos confiar plenamente nele.

Pare de buscar soluções nas pessoas. Corra para os braços do Pai. Ele nunca comete erros, nunca nos enfraquece ou abandona. A melhor ferramenta para vencer suas batalhas é declarar as verdades da Palavra de Deus, ser grata e louvar até que sua alma encontre descanso e confiança nele.

Fugir do problema impedirá você de aprender com Deus como **vencer suas batalhas.**

Deus, às vezes me canso de lutar sozinha, mas confio que este processo é parte do meu amadurecimento e treinamento.

Mais difícil para mim?

Pois nada é impossível para Deus (Lucas 1:37).

Não chame de **permanente** o que é **apenas um processo** na sua vida!

Você já se perguntou por que parece que tudo é mais difícil para você? Eu já! Inúmeras vezes. Em Marcos 5:25-34, vemos a história da mulher do fluxo de sangue. Se tem alguém que poderia pensar assim, seria essa mulher, não é? Doze anos com uma doença que a afastava da sociedade. Possivelmente, ela não era casada, ou o marido teria pedido o divórcio, já que não podiam se relacionar. Ela não podia participar da vida espiritual, pois era considerada impura.

Além disso, a passagem nos diz que ela já tinha gastado todo seu dinheiro com médicos, então também enfrentava dificuldades financeiras. Apesar de todos esses impedimentos, essa mulher persistiu e alcançou sua cura, deixando-nos uma grande lição.

Se você está enfrentando uma fase desafiadora, aqui estão alguns conselhos:

- *Aceite que as dificuldades fazem parte da vida.* Jesus disse: "Neste mundo vocês terão aflições, mas tenham ânimo, eu venci o mundo". É nossa atitude diante das situações que faz a diferença. Comparação só envenena nossa mente.
- *Não haja como vítima.* Talvez você tenha sido vítima no passado, mas hoje pode cuidar de si mesma.
- *Não espere ser salva pelas pessoas.* Colocamos expectativas irreais nos outros e nos frustramos quando elas não correspondem.
- *Seja persistente.* Quando a jornada fica solitária, é tentador desistir.
- *Lembre dos desafios que você já superou.* Trazer à memória aquilo que dá esperança é um princípio bíblico.
- *Enxergue o desafio como crescimento.* Deus usa esses momentos para amadurecer sua fé e propósito.

Senhor, confesso que tem dias que não tenho ânimo nem para levantar da cama, mas assim como aquela mulher enfrentou uma multidão para tocar em ti, eu enfrento meus dramas para tocar naquele que pode mudar minha história.

Maior tentação

Não sobreveio a vocês tentação que não fosse comum aos homens. E Deus é fiel; [...] ele lhes providenciará um escape, para que o possam suportar (1Coríntios 10:13).

Qual é a tentação que você está enfrentando hoje? Medo, dúvida, preocupação, desânimo, preguiça, insegurança, orgulho, ou talvez falta de confiança em Deus? Pode ser a tentação de procrastinar, reclamar, se comparar, sentir inveja ou até se deixar levar pelos desejos mundanos e as obras da carne. Todos nós enfrentamos tentações diárias, e nossa maior batalha é contra as fraquezas e emoções que tentam nos derrubar.

Tiago 1:14 nos ensina que somos tentados pelos nossos próprios maus desejos. O inimigo conhece nossas fraquezas e trabalha para nos colocar em situações que nos façam cair. É importante identificar os momentos em que você mais se sente tentada. Pergunte-se: "Quando sou mais vulnerável? Quando estou sozinha? Cansada? Sob pressão?". O autoconhecimento é uma ferramenta poderosa para resistir.

Planejar-se e vigiar são essenciais para vencer. Não dê oportunidades para o inimigo tentá-la. Ao invés disso, confesse a Deus seus pensamentos e sentimentos, mesmo os mais difíceis. Ele não a condena, mas ajuda você a resistir e vencer. Quando enfrentamos a tentação, é crucial não agir por impulso, mas sim nos submeter à vontade de Cristo.

Muitas vezes, confundimos tentação com provação. A tentação nos oferece uma escolha, enquanto a provação nos testa sem a opção de evitar. Ambas, no entanto, têm o propósito de fortalecer nosso caráter e nossa fé. O caminho da superação passa pela vigilância constante, oração e entrega completa a Deus.

Lembre-se: você não está sozinha nessa batalha. Deus é fiel e promete não nos deixar ser tentadas além do que podemos suportar. E mais: Ele nos dá o escape para que possamos resistir.

Não é pecado sentir algo. O erro está em **se entregar ao que sente** e **acreditar que esse sentimento a define** ou que definirá o seu futuro.

Pai, confesso que tenho sido tentada na área _____, e preciso do teu livramento e força para continuar resistindo a essa tentação.

Identifique os padrões

Pois o que faço não é o bem que desejo, mas o mal que não quero fazer, esse eu continuo fazendo. Ora, se faço o que não quero, já não sou eu quem o faz, mas o pecado que habita em mim (Romanos 7:19,20).

Você pode amar a si mesma, **apesar de** não amar todo comportamento que tem.
– Joyce Meyer

Mecanismos de defesa são ações que nosso inconsciente manifesta para nos proteger de sentir dor ou enfrentar algo que não desejamos. O problema é que, na maioria das vezes, esses comportamentos se tornam autossabotadores e acabam nos enfraquecendo ou até mesmo nos fazendo regredir no processo de evolução.

Alguns exemplos práticos de mecanismos de defesa:

Quando projetamos pessoas do passado em quem está no presente. Quando projetamos nossos sentimentos escondidos nos outros. Quando regredimos emocionalmente para fases da vida que nos davam prazer imediato (como na infância). Quando negamos situações reais ou sentimentos, ou quando mentimos. Quando não assumimos responsabilidades e culpamos os outros. Comportamentos obsessivos e compulsivos. Bloqueio de memórias traumáticas. Fuga de situações que trazem desprazer. Idealização fantasiosa, imaginando uma vida que nunca foi ou será. Autopunição. Generalizar uma experiência ruim para outras situações ou pessoas parecidas. Buscar compensação do que falta em algo que podemos ter, como comida, por exemplo.

Normalmente, temos a tendência de nos acusar e nos culpar quando erramos, mas a verdade é que a frase inicial do texto reflexivo de hoje afirma que quanto mais nós formos acolhedoras conosco, mais fácil será deixar de apresentar comportamentos autossabotadores. Não estou falando para você acolher o pecado e permanecer nele, de maneira alguma!

Mas se aceitar como Cristo a aceita e vencer o pecado através do sangue de Jesus é um caminho assertivo para eliminar autossabotadores e mecanismos de defesa autodestruidores.

Senhor, ajuda-me a identificar e destruir as defesas emocionais que meu inconsciente desenvolveu ao longo das dores vividas.

Não contamine

Sem lenha, o fogo apaga; sem intrigas, as brigas cessam (Provérbios 26:20).

É muito comum, quando estamos chateadas ou magoadas com alguém, querer contar nosso lado da história. Buscamos desesperadamente aliados que possam nos compreender, com o objetivo de amenizar nossa dor e fortalecer nosso ego ferido.

Mas antes de buscar esse "consolo", quero alertá-la sobre os males que essa atitude pode causar. Qualquer decepção, frustração ou mágoa passa por um processo de amadurecimento em nossas emoções. Enquanto estamos no movimento entre falar com Deus, perdoar e aprender com a situação, aconselho que você não saia contando para todo mundo o que viveu.

Escolha uma pessoa de sua confiança para abrir o coração diante de Deus e diga para si mesma que isso deve bastar! Talvez você esteja se perguntando o porquê desse conselho. A resposta é que quando estamos feridas, temos a tendência de aumentar nossa dor e, sem sabedoria, podemos contaminar outras pessoas com uma ótica ainda não curada.

Exemplo: às vezes, você vive uma situação que a coloca como vítima, mas, passado algum tempo, percebe que também estava errada. Tudo o que você falou sobre a pessoa que a feriu criou uma imagem baseada na sua ótica distorcida, que envolvia sua história de vida, traumas e dores do passado. Entendeu?

Quantas oportunidades perdemos de conhecer, trabalhar ou desenvolver projetos com pessoas porque alguém as contaminou com perspectiva alheia? Cuidado!

Em situações assim, o "Diário de Feridas" pode ser a melhor solução. Escreva a situação em detalhes, descreva seus sentimentos e o que a pessoa fez. Depois, apresente diante de Deus, libere perdão e continue orando até não sentir mais nada negativo.

Só nos sentimos justificados quando contamos a todos a nossa versão da história. **Isso alimenta o EGO.**
– John Bevere

Jesus, perdoa-me por contaminar pessoas com minha versão. Ajuda-me a ver as situações com a tua ótica.

Parceira de Deus

E eu profetizei conforme a ordem recebida. Enquanto profetizava, houve um barulho [...] e os ossos foram cobertos de tendões e de carne, e depois de pele; mas não havia espírito neles (Ezequiel 37:7,8).

Em parceria com Deus, **a vida pode ressurgir** até nos lugares mais secos.

Ezequiel 37:1-8 nos apresenta uma poderosa metáfora sobre a restauração e o papel que cada um de nós desempenha nesse processo. Neste trecho, Deus leva Ezequiel a um vale cheio de ossos secos, um símbolo claro de morte e desolação. No entanto, a mão do Senhor estava sobre ele, mostrando que, mesmo em situações aparentemente sem vida, a intervenção divina é possível.

Deus pergunta a Ezequiel se os ossos poderão voltar a viver, e, ao ouvir a resposta do profeta, Ele o orienta a profetizar. Aqui, encontramos a essência da parceria entre Deus e o homem: enquanto Deus tem o poder de realizar o impossível, é a nossa voz, a nossa fé, que ativa essa ação divina. Ao profetizar, Ezequiel não só declara a verdade de Deus, mas também se torna um canal de restauração.

O processo de restauração, como descrito no versículo, ocorre em etapas: primeiro os ossos, depois os tendões, a carne, a pele e, finalmente, o espírito. Cada etapa é crucial e reflete a maneira como Deus opera em nossas vidas. Muitas vezes, buscamos soluções imediatas, mas Deus trabalha de forma intencional, passo a passo, moldando-nos e preparando-nos para a vida plena que Ele deseja para nós.

Assim, ao enfrentarmos situações desafiadoras e desoladoras, lembremos que a nossa parte é profetizar a vida e a esperança nas áreas secas de nossas vidas. Ao fazermos isso, devemos confiar que Deus fará o impossível, trazendo restauração e vida onde havia desespero. Que possamos sempre buscar essa parceria com Deus, sabendo que, juntos, somos capazes de transformar qualquer situação.

Senhor, ajuda-me a profetizar vida e esperança nas áreas secas da minha vida. Que eu confie em ti, sabendo que, com a minha voz e a tua força, nada é impossível. Amém.

Custou tudo ao Salvador

Porque Deus tanto amou o mundo que deu o seu Filho Unigênito, para que todo o que nele crer não pereça, mas tenha a vida eterna (João 3:16).

Não custou nada a você, mas custou tudo ao Salvador. Há um grupo de pessoas que banaliza a graça. Pessoas que não buscam um relacionamento íntimo com Jesus e tampouco compreendem seu grande amor. Eu fazia parte desse grupo. Mesmo estando dentro da igreja, eu não fazia ideia do que a graça de Cristo representava em minha vida. Tentei aceitação e mérito pelas boas obras, mas esse não era o caminho; até que entendi o que a cruz representa: amor, graça e perdão entregues voluntariamente. Embora a graça esteja disponível "de graça", ela custou a vida e o sangue de Jesus.

Há também pessoas que pecam intencionalmente, apoiando-se na "graça", com o discurso de: "Não preciso me sacrificar, o preço já foi pago!" De fato, não há nada que possamos fazer para garantir nossa salvação e perdão. Isso foi pago por Jesus na cruz. Mas é importante lembrar o que Ele sofreu por nós.

Jesus sentiu medo a ponto de suar sangue no Getsêmani, foi traído por um amigo, rejeitado, desprezado, abandonado no momento mais difícil. Foi caluniado, mal interpretado, julgado injustamente e condenado. Ele foi espancado, cuspido, humilhado, chicoteado, e forçado a carregar uma cruz pesada. Os soldados usaram ganchos que rasgavam sua carne, resultando em perda severa de sangue. Pregos foram fincados em seus pés e mãos, nos locais mais sensíveis do corpo.

Desconfortável, não é? Mas é essencial lembrar o preço da nossa liberdade, cura, redenção e salvação. Não trate a cruz como algo banal. Jesus pagou um preço muito alto pela sua vida. Você tem honrado esse sacrifício com suas atitudes?

Jesus não sofreu para que não sofrêssemos. Ele sofreu para que, **quando sofrêssemos, nos tornássemos mais semelhantes a Ele.**

Jesus, não tenho palavras para agradecer o grande sacrifício que fizeste. Rendo minha vida a ti como gratidão.

Faça uma faxina

Esqueçam o que se foi; não vivam no passado (Isaías 43:18).

Nos despedimos das **pessoas**, mas não dos **sentimentos**. – Iandê Albuquerque

O primeiro passo para qualquer despertamento e transformação é adquirir a consciência de que precisamos de uma verdadeira faxina em diversas áreas da nossa vida. Não podemos progredir sem pedir que Deus recolha o lixo acumulado em nossa alma através dos traumas vividos.

É necessário passar por uma faxina emocional e espiritual. Simbolicamente, quando você dá liberdade ao Espírito Santo, é como se Ele pegasse todas as ferramentas para realizar uma "senhora faxina" em sua vida, limpando sua mente com perdão e jogando fora tudo o que é tóxico e a adoece.

Algumas pessoas conseguem facilmente abandonar situações ou pessoas que trazem sofrimento, mas a dificuldade surge ao abandonar o sonho ou a idealização que criaram sobre essas pessoas ou situações. Não conseguimos deixar alguém que não nos ama mais partir, ou deixar um emprego ou projeto que já não faz sentido, porque estamos apegadas ao ideal que criamos.

Estar com alguém, ter uma amizade ou relacionamento, não significa ter relacionamentos saudáveis. Mais do que manter uma relação, é importante estar com pessoas e em ambientes que a façam crescer e realizar projetos. Se você está com alguém que a enterra e manipula, talvez seja hora de rever essa relação.

Quando você perceber que o que procura não está nas pessoas, mas no amor de Cristo e no seu próprio amor, dará as chaves para essa pessoa sair da sua vida. Deixe ir quem lhe faz mal e leve junto as expectativas que você projetou.

Espírito Santo, faz uma faxina em minha vida. Ajuda-me a identificar as bagagens e lixos emocionais que preciso me desfazer.

Unidade na diversidade

Como é bom e agradável quando os irmãos convivem em união! (Salmos 133:1).

Hoje é comemorado o Dia do Irmão, e a reflexão de hoje é sobre essa relação tão ambígua, complexa e necessária. Você já notou como irmãos, ainda que gêmeos idênticos, são diferentes em personalidade, gostos e preferências? Somos diferentes, e o grande desafio é manter a harmonia e a unidade nessa relação.

A primeira relação entre irmãos descrita na Bíblia não foi agradável: Caim matou Abel por inveja. Há muitas histórias de rivalidades entre irmãos na Bíblia: Ismael e Isaque, Jacó e Esaú, Raquel e Lia, José, que foi jogado no poço por seus irmãos. No entanto, também vemos exemplos de boas relações: Jesus e seus irmãos, André e Pedro, João e Tiago, Marta, Maria e Lázaro, irmãos unidos em amor.

Creio que Deus permitiu que essas relações conflituosas fossem registradas na Bíblia para mostrar que sentimentos pecaminosos podem tentar nosso coração. No entanto, através do modelo santo e saudável que é Jesus, podemos ter boas relações com nossos irmãos. Deus estabeleceu Jesus como o primogênito, e nós somos seus irmãos e irmãs, filhos do mesmo Pai.

A relação entre irmãos reflete muitas das outras relações que teremos ao longo da vida. Conviver com pessoas diferentes nos ensina a respeitar e aceitar o diferente. Mesmo os conflitos entre irmãos ajudam no desenvolvimento emocional, aumentando nossa capacidade de resolver problemas e de desenvolver empatia.

Se você tem histórias mal resolvidas com algum irmão ou irmã, sugiro que converse sobre isso ou escreva, liberando perdão, para que a relação seja saudável no presente.

Jesus nos ensinou a viver a **unidade na diversidade**. Podemos pensar diferente, mas devemos **respeitar** o outro e viver em união.

Pai, agradeço-te pela família que me deste. Ajuda-me a curar e ressignificar meus relacionamentos com meus irmãos, seguindo o modelo de Jesus.

Distrações

Digo isso para seu bem, e não para lhes impor restrições. Quero que façam aquilo que os ajudará a servir melhor ao Senhor, com o mínimo possível de distrações (1Coríntios 7:35).

As **distrações** no caminho **atrasam** a chegada ao seu **destino**.

Lembro-me de uma reflexão que vivenciei há anos. Eu disse, espantada: "Nossa, faz mais de 2 dias que não entro no Facebook!". Naquela época (2014), essa era a rede social mais popular para minha faixa etária. Logo após, senti um toque 'doce e delicado' do Espírito Santo: "Por que ninguém diz, espantada: 'Nossa, faz mais de 2 dias que não leio a Bíblia!'". Foi um "tapa na cara"!

Há muitos anos, fui liberta do vício das redes sociais. Hoje utilizo com moderação, muito mais para trabalho do que para a vida pessoal. Sempre brinco que entramos em uma rede social "só para ver uma coisa" e, de repente, já estamos ouvindo os sinos do Natal (risos). E assim, horas se passam sem perceber.

Reflita: você tem passado mais tempo nas redes sociais do que com Deus? Palavra, oração, louvor e leitura são disciplinas espirituais que a fazem crescer.

Hoje, as próprias redes sociais podem ser ferramentas para crescimento espiritual. No entanto, nossa mente é facilmente distraída. Começamos com a intenção de ver algo edificante, mas acabamos desviadas para conteúdos que não acrescentam nada.

De vez em quando, faça um teste: desconecte-se e tenha um tempo a sós com Deus, com a boa e velha Bíblia ou livros de papel. Pegue caneta e marca-texto, e sublinhe as passagens que tocarem seu coração. Anote lições importantes. Esse exercício ajuda na memorização, e o Espírito Santo a lembrará delas quando você mais precisar.

Quanto mais tempo você investir em aprender da Palavra de Deus, mais conhecimento terá.

Senhor, muitas são as distrações que competem com meu desejo de buscar-te mais. Ajuda-me a focar no que importa para o meu crescimento.

Verdadeira liberdade

Portanto, agora já não há condenação para os que estão em Cristo Jesus[...] me libertou da lei do pecado e da morte (Romanos 8:1).

Hoje é comemorada a Independência[20] do Brasil, ocorrida em 7 de setembro de 1822, quando D. Pedro proclamou a independência às margens do Rio Ipiranga. Com isso, o Brasil rompeu sua ligação com Portugal e se consolidou como nação independente.

Usando esse dia como analogia, de que "nação" você precisa se libertar? As expectativas das pessoas têm a dominado? Você se percebe escrava da opinião e validação alheia, dos seus sentimentos desgovernados, ou talvez de um relacionamento tóxico? Escrava de medos, dívidas ou procrastinação? De um passado traumático, ressentimentos ou mágoas?

Ou talvez seja prisioneira de pensamentos de inferioridade, vitimismo ou negativismo. Será que você é refém da sensação de nunca ser boa o suficiente, da comparação, da inveja ou da dependência emocional? Qual é a sua "independência" que precisa ser proclamada hoje?

Muitos são os pecados que nos aprisionam antes de termos um encontro verdadeiro com Jesus. Ele veio à terra para nos libertar de toda escravidão do pecado, do medo, da necessidade de aprovação e de tudo o que nos impede de viver plenamente. Ele nos fez livres!

Se você diz que perdoou, por que continua falando mal de quem a machucou? Se Deus apagou seu passado, por que continuar na posição de vítima? Se Deus a libertou, por que insiste em ser prisioneira?

Você se torna escravo daquilo que deseja agradar. Se quiser agradar a homens, se tornará escravo deles.

Obrigada, Jesus, porque através do teu sangue derramado naquela cruz, o Senhor me libertou completamente. Ajuda-me a caminhar como uma pessoa livre em ti.

Como quebrar padrões?

Pela fé, o povo marchou ao redor de Jericó durante sete dias, e suas muralhas caíram (Hebreus 11:30).

Todo **crescimento** promove uma **ruptura** de padrões mentais e de crenças limitantes.

O que é um padrão de pensamento? É formado por experiências repetidas, que geram pensamentos e sentimentos automáticos. Esses padrões se constroem a partir de como percebemos e interpretamos nossas vivências e o ambiente à nossa volta. Crenças da infância e adolescência se tornam padrões mentais.

Crenças limitantes são "verdades absolutas" nas quais acreditamos, mesmo não sendo reais. Elas se tornam muralhas que limitam nossa vida. Muitas se formam a partir de palavras ou afirmações recebidas na infância, enraizando-se em nosso inconsciente e moldando nossas ações e escolhas.

O autossabotador é uma parte de nós que fortalece essas crenças limitantes, fazendo com que ajamos contra nós mesmas. Ele age para provar que não somos capazes, que não nascemos para ser felizes, e assim por diante.

Se alguém cresceu sentindo-se amada e capaz, torna-se uma pessoa mais confiante. Já o contrário resulta em insegurança e baixa autoestima. A autoestima determina como você se vê e o que acredita ser capaz de realizar. Talvez você acredite que não consegue algo porque ouviu isso repetidas vezes na infância.

Para identificar padrões que bloqueiam a sua mente, observe uma situação em que sentiu que fracassou. O motivo por trás desse fracasso é o autossabotador. Ele pode se manifestar como medo, procrastinação, comparação, ou até um sentimento de inferioridade.

Para quebrar esses padrões, algumas ações podem ajudar:

Revise sua história e anote o que acredita sobre si mesma, sua família, Deus, relacionamentos, dinheiro, sucesso. Reprograme sua mente com a Palavra de Deus e novas interpretações. Interrompa pensamentos negativos com louvor, atividades físicas, arte, leitura ou declarações positivas.

Senhor, ajuda-me a identificar os padrões que me impedem de evoluir e ajuda-me a quebrá-los.

Dependência emocional

Cada um é escravo daquilo que o controla/domina (2Pedro 2:19b).

Há um número expressivo de mulheres que dependem emocionalmente de outras pessoas, seja em relacionamentos de amizade ou amorosos. São mulheres que não conseguem resolver conflitos sem correr desesperadamente para uma amiga, ou que não conseguem ficar muito tempo sem um relacionamento amoroso.

A dependência emocional nasce de raízes de rejeição, abandono, desamparo, perdas e negligência, muitas vezes plantadas ainda na infância. As consequências são diversas, mas quero abordar duas delas.

Primeiro, quando você depende muito de uma amiga, pode acabar sufocando essa relação. Já vivi situações assim, e é constrangedor. Você quer dizer não ou sinalizar que está demais, mas tem medo de magoar a pessoa, justamente porque ela é tão frágil. Porém, a única forma dessa pessoa crescer e romper essa dependência é pela abstinência.

Se você se identifica como dependente emocional, busque ajuda terapêutica. Se você está presa em uma relação com alguém dependente, peça a Deus por estratégias para lidar com isso, mesmo que machuque o outro.

A segunda consequência é continuar atraindo relacionamentos amorosos tóxicos. Muitas mulheres fazem escolhas erradas por medo de ficarem sozinhas. Para romper, é preciso trilhar um caminho de cura na autoestima.

Pergunte a si mesma: "O que eu acredito que mereço?". Sua resposta será o que você atrairá. O que você busca nas pessoas? Buscamos fora o que Deus já colocou dentro de nós: confiança, coragem, sabedoria, força e capacidade.

Como disse Bob Sorge: "Você só se sente rejeitada por alguém quando gera expectativa de ser aceita. A porta da rejeição se fecha quando a busca pela aceitação é encerrada".

Não corra atrás de borboletas, **plante uma flor em seu jardim e as borboletas virão até ele.**
– Dolores Elhers

Senhor, perdoa-me por depender de outras pessoas. Que o Senhor seja sempre suficiente para mim.

Sua vida é um presente

O Senhor tira a vida e dá a vida (1Samuel 2:6a).

Seja presente na sua própria vida e **continue na presença de Deus**!

Hoje é o Dia Mundial de Prevenção ao Suicídio, e por isso, setembro é conhecido como o mês da campanha do "Setembro Amarelo". Já quase cruzei a linha do suicídio. Tentei tirar minha vida, mas, no processo de cura, entender que ofendi a Jesus com essa atitude e pedir perdão foi uma chave importante. Cristo deu a vida dele por amor à minha vida, e eu queria jogá-la fora. Era como negar a cruz e o amor de Deus.

Se você já se sentiu tentada a tirar sua vida ou se esses pensamentos ainda permeiam sua mente, deixo aqui alguns conselhos:

1. *Fale sobre seus pensamentos com alguém de confiança.* Ao se escutar, você pode obter uma nova perspectiva e reavaliar as ideias negativas.
2. *Não se isole!* O isolamento pode fortalecer os pensamentos negativos. Saia para um parque, tenha contato com a natureza, e encontre pessoas, mesmo sem vontade. Não acredite que ninguém se importa com você.
3. *Busque ajuda profissional com um psicólogo ou psiquiatra.* No meio cristão, há uma resistência em relação a esses profissionais, mas eles são importantes para sua saúde mental. Não enfrente isso sozinha.
4. *Não espere que as pessoas a compreendam.* Às vezes, elas não têm noção da gravidade da sua dor e podem menosprezar sua confissão. Não se magoe se alguém próximo não souber como lidar.
5. *Leia a Palavra de Deus e ouça louvores que falam do amor do Pai.* Peça para o Espírito Santo que lhe permita sentir o amor transformador de Jesus.
6. *Libere perdão para seus pais e pessoas que possam ter lhe ferido.*
7. *Acredite: você é amada.* Sua vida tem valor e o mundo precisa de você. Sua família, amigos e igreja precisam de você.

Pai, obrigada pelo presente que me deste, chamado vida! Que eu possa desfrutar desse presente com alegria no coração.

É difícil dizer "não"

Seja o seu 'sim', 'sim', e o seu 'não', 'não'; o que passar disso vem do Maligno (Mateus 5:37).

Como é difícil dizer "não" para pessoas próximas, não é mesmo? Na verdade, para algumas pessoas, é difícil dizer "não" para qualquer um. Esse medo de dizer "não" está totalmente ligado ao medo de ser rejeitada.

Mas calma! Antes de achar que tem um grande problema com rejeição, saiba que esse é o maior medo da maioria das pessoas. Ninguém gosta de ser rejeitado. Esse medo pode ter se originado das consequências do pecado no Éden, quando a humanidade foi separada de Deus, e ele nos acompanha até hoje.

Pessoas que viveram experiências repetidas de rejeição desde a infância têm esse medo potencializado. No entanto, se ele a acompanhar, você pode deixar de realizar muitas coisas na vida.

Tudo o que Deus lhe der como missão incluirá "decepcionar" algumas pessoas ao dizer "não" a elas. Deus usa isso para libertar o nosso coração da necessidade de aceitação. Imagine se Jesus tivesse se preocupado com o que Marta ou Maria sentiriam ao saber que Ele levaria mais dias para chegar! Ele não teria glorificado o Pai através da ressurreição de Lázaro.

Deus muitas vezes nos ensina a dizer "não" para nos libertar da necessidade de aprovação. Quando você quer agradar alguém a todo custo, corre o risco de ser manipulada. Esse comportamento impede que você seja quem Deus a criou para ser.

Lembre-se: se você disser "sim" a alguém, pode estar dizendo "não" a Deus. Quem você escolhe agradar?

Deus quer nos **libertar** da necessidade de **aceitação** para, na verdade, nos libertar da dor da **rejeição**.

Pai, ajuda-me a identificar os "nãos" que preciso dar a pessoas específicas, porque quero dizer todos os "sins" ao Senhor.

__/__/__

Deus vê

Os olhos do Senhor estão em toda parte, observando atentamente os maus e os bons (Provérbios 15:3).

Dedique-se à **verdade** e seja **honesta** sobre quem você é **consigo mesma**. – Wayne Cordeiro

Sim, Deus vê seu choro e suas lágrimas na hora de dormir. Ele vê sua dor, dificuldades, angústias, desespero, e sua incapacidade de mudar a situação. Deus vê suas renúncias, sua humilhação, entrega, dedicação, fé, esperança e boas ações.

Ele vê seu coração. Vê o quanto você se esforçou para obedecê-lo e perdoar aqueles que a feriram. Vê as horas que você o busca, lê a Palavra e confia nele. Ele vê quando você ajuda, aconselha, abençoa e orienta outras pessoas. Ele também vê seu esforço em manter um coração grato, mesmo quando tudo leva você a reclamar.

E para essas ações, há recompensas do céu, pois essa é uma das promessas de Deus para nós!

É bom ler um texto assim, não é? Conforta a alma. Mas Deus também vê quando você não devolve o troco errado, quando fica de "bico" para o marido, mente, ou não paga alguém. Ele vê quando você julga ser mais espiritual que os outros, quando critica o trabalho alheio, e quando se vitimiza para não perdoar.

Ele vê quando você manipula, se aproxima por interesse, e quando usa as pessoas. Vê quando ignora alguém ferido para não ajudar, quando fala mal pelas costas, ou despreza os outros. Ele vê quando você fere pessoas.

Essa leitura não foi tão confortável, certo? Pois é, assim como há recompensas para as boas ações, também há consequências para as ruins. Pense nisso.

Senhor, sonda meu coração e revela minhas reais intenções. Quero ser aprovada por ti.

Não force portas

Eu sou o Senhor que sonda o coração e examina a mente, para recompensar a cada um de acordo com a sua conduta, de acordo com as suas obras (Jeremias 17:10).

O quanto você tem ajudado as pessoas ou sido gentil esperando algo em troca? No mundo dos negócios, a palavra "networking" é muito comum. Networking é a construção de relações de interesse profissional, que facilita oportunidades e visibilidade. Embora Deus use pessoas para abençoar ou abrir portas, é importante refletir sobre sua motivação ao buscar essas conexões.

Uma coisa é você buscar contatos porque sua profissão exige, outra é colocar sua expectativa em pessoas para que elas façam acontecer o que Deus lhe confiou. Eu mesma já coloquei minha confiança em pessoas e lugares, achando que seriam chaves para meu crescimento. No entanto, Deus sempre encontrava uma forma de me mostrar que seria Ele, e não os homens, quem abriria as portas.

Se você forçar uma porta a se abrir com sua própria força, será preciso mantê-la aberta com essa mesma força, o que é insustentável. Deus testa nosso coração e nossas motivações, principalmente quando nos ensina a depender apenas dele.

As maiores bênçãos e portas abertas na minha vida vieram de pessoas que eu nunca imaginei, e não daquelas em quem depositei expectativas. Quando deixamos Deus agir, Ele usa quem quiser, sem interesses. Ele tem maneiras diferentes de abrir portas para cada pessoa.

Não force portas, porque a porta que não é de Deus destruirá você.

Pai, perdoa-me pelas vezes que não confiei no teu agir. Obrigada porque as portas que tentei abrir sozinha não se abriram. Continuo esperando por tua ação.

Vitimismo

Por que você iria se queixar, ó Jacó, ou chorar, Israel, dizendo: "O Eterno se esqueceu de mim. Ele não se importa com o que acontece comigo!" (Isaías 40:27, AM).

Somos viciados no que nos destrói.
– Dostoiévski

O vitimismo é um dos comportamentos mais tóxicos em nossa vida. Ele nos impede de viver o que Deus tem para nós, de experimentar mudanças, de alcançar vitórias, e de desfrutar a vida abundante que Jesus conquistou na cruz. Ele nos faz sentir que fomos injustiçadas, que o mundo e as pessoas nos devem algo, e que Deus não se importa conosco.

Eu entendo que o sofrimento pode causar estragos emocionais, e a validação da dor é importante no início de um processo de cura. Não podemos curar uma dor sem voltar à sua origem. Se você ainda não olhou para sua história, convido você a trilhar corajosamente o caminho da cura, acessando as memórias mais dolorosas para se livrar da dor.

Quando as memórias vierem à mente, libere perdão para os envolvidos e entregue essas lembranças aos pés da cruz. Acolha sua dor, escreva uma carta para si mesma, conversando com a pessoa que você era na época. Diga que sente muito e que Deus pode transformar essa dor em cura e alegria, se você permitir.

Esse exercício é poderoso quando feito com sinceridade e conduzido pelo Espírito Santo. Depois de trabalhar essas dores, é hora de mudar o discurso vitimista: "Tudo é difícil para mim, ninguém me ajuda, minha vida nunca vai mudar...". Esses pensamentos prendem você ao mesmo ciclo.

Muitas pessoas preferem se lamentar mesmo após receberem ajuda. Pensamos que somos as únicas a sofrer, mas a verdade é que não somos. Todos enfrentam dores e desafios.

Senhor, ajuda-me a vencer a tentação da murmuração e do vitimismo. Muda minha ótica distorcida pelas dores da vida e coloca os teus óculos em mim.

A bondade nos aperfeiçoa

O Deus da paz [...] os aperfeiçoe em todo o bem para fazerem a vontade dele, e opere em nós o que lhe é agradável, mediante Jesus Cristo (Hebreus 13:20,21).

Esse versículo nos revela pelo menos 5 verdades:

A primeira é que Deus nos conduz por um processo de aperfeiçoamento, o que significa que não somos transformadas da noite para o dia. Processos são desafiadores, longos e muitas vezes dolorosos.

A segunda verdade é que o "bem" nos aperfeiçoa. O que você tem feito de bom às pessoas ao seu redor? O quanto tem compartilhado do que tem recebido?

A terceira consideração é que o aperfeiçoamento tem um propósito: que façamos a vontade de Deus. Às vezes, as coisas não saem como gostaríamos porque estamos buscando fazer a nossa vontade, e não a dele.

A quarta verdade é que todo o processo só é possível por meio de Jesus – não há outro caminho.

E, por fim, a quinta verdade: Deus opera em nós o que lhe agrada. Temos permitido Deus operar em nós conforme sua vontade? Talvez Ele esteja tentando moldar áreas como orgulho, falta de perdão, egoísmo ou falsidade.

Não tenha medo do agir de Deus. Permitir que Ele opere não é fácil, mas é o que nos faz crescer e nos preparar para o que Ele tem para nós. Assim como alguém não pode dirigir sem treinamento, nós também precisamos passar por um processo de preparação para receber o que Deus deseja nos entregar.

Eu esperei quase uma década para viver as experiências que tenho hoje. Houve momentos em que pensei em desistir, mas sempre que isso acontece, lembro da missão que Deus me confiou e continuo perseverando.

Plantamos **obediência** em uma estação e recebemos a **recompensa** em outra. **Persevere** na sua obediência!

Espírito Santo, ajuda-me a permanecer nos processos que o Senhor colocou diante de mim, para que eu aprenda a obedecer e a fazer o bem de acordo com a vontade de Cristo.

Receba o novo

Pois o Filho do homem virá na glória de seu Pai, com os seus anjos, e então recompensará a cada um de acordo com o que tenha feito (Mateus 16:27).

Quando desistir já não é uma opção, **o sucesso é inevitável.**

Alguém a feriu ou decepcionou dentro da igreja ou ministério? Está pensando em desistir? Não desista antes de ler isso!

Também já pensei em desistir, mas o Espírito Santo me mostrou que eu estaria sendo egoísta, pensando apenas na minha dor. Ele me fez entender que, ao desistir, não apenas eu perderia, mas também as milhares de pessoas que poderiam ser alcançadas através do que Ele confiou a mim. Minha desistência impactaria até mesmo as gerações futuras, incluindo minhas filhas. Que responsabilidade!

Quando não fechamos ciclos corretamente, ficamos presas ao passado, incapazes de ver o "novo de Deus" à nossa frente. Atendi muitas mulheres com seus ministérios e chamados paralisados por mágoas e decepções. Sempre as conduzi a liberar perdão e devolver todo o tempo dedicado àquele lugar, além de agradecer pelas oportunidades e pessoas que abençoaram.

Essa mesma oração de liberação e gratidão também ajudou mulheres em suas vidas profissionais, estagnadas por causa de demissões. O resultado? Vários testemunhos de vidas ministeriais e profissionais deslanchando após essas orações.

Se sua vida ministerial ou profissional está estagnada, faça essa oração de perdão e gratidão. Não deixe que o diabo ou uma ofensa paralise você. Existem pessoas esperando por respostas que só você carrega! E lembre-se: o que Deus tem para sua vida é maior do que qualquer dor ou decepção do passado. Abra-se para o novo, e confie que Deus está preparando algo maior e melhor para você. Às vezes, tudo o que precisamos é de uma nova perspectiva para enxergar as bênçãos que já estão surgindo!

Senhor, ajuda-me a perdoar quem me feriu na área profissional ou ministerial. Não quero ficar estagnada nessa dor e muito menos desistir das promessas do Senhor através da minha vida.

Não saia do lugar

Jesus respondeu: "Ninguém que põe a mão no arado e olha para trás é apto para o Reino de Deus" (Lucas 9:62).

Não saia do lugar que Deus a colocou! Lembro-me de uma situação em um departamento que trabalhei há muitos anos. Em menos de três meses de contrato, o diretor-geral me chamou para ser sua secretária. Fiquei feliz, pois estava saindo de um trabalho mais braçal e teria a chance de aprender novas habilidades e lidar com pessoas influentes da cidade.

Quem não está pronta para lidar com as **críticas**, não está pronta para o **sucesso**.

Porém, logo que assumi o cargo, os olhares maldosos e os comentários invejosos começaram a me destruir internamente. Não aguentei a pressão e pedi para voltar ao posto anterior. Que erro! Perdi uma grande oportunidade porque me deixei abalar pelas reações das pessoas.

Aprendi que críticas fazem parte da vida, e não podemos evitá-las. Muitas vezes, as críticas que recebemos refletem mais sobre quem as faz do que sobre nós. Na minha caminhada ministerial, Deus me mostrou, por meio de experiências dolorosas, que eu não posso desistir só porque os outros não estão felizes com o lugar que Ele me colocou. José despertou a inveja dos irmãos porque tinha uma capa diferenciada. Talvez Deus tenha lhe dado uma habilidade diferenciada que chama a atenção das pessoas e você se sente mal por isso.

Mas pense que se desistir, você não estará apenas renunciando os seus sonhos, mas também os sonhos de Deus para você. Quantas pessoas deixarão de ser abençoadas por causa do seu medo de desagradar aos outros? Os propósitos que Deus tem para a sua vida são maiores do que seus medos ou limitações. Eles impactarão outras pessoas e gerações. Não há opção de desistir. Você é parte essencial da missão de Deus aqui na terra. Sua vida e seu trabalho são essenciais. Pense nisso!

Senhor, ainda que as críticas, ofensas e reações das pessoas me tentem a desistir, que eu me lembre que tudo é sobre ti e não sobre mim.

Dor e deserto

O próprio Senhor irá à sua frente e estará com você; ele nunca o deixará, nunca o abandonará. Não tenha medo! Não desanime! (Deuteronômio 31:8).

Muitas vezes você só encontra seu **propósito no deserto.**

Você se sente sozinha? Existem fases na vida em que parece que todo mundo desaparece. Mas antes de se chatear, tente perceber se isso não faz parte do treinamento de Deus para você.

Houve um tempo em minha vida, durante um deserto cheio de perdas e frustrações, em que não havia ninguém por perto. Não tinha quem me dissesse que tudo ficaria bem, que eu não estava errada, que Deus não estava chateado comigo. Não havia quem comprasse meus livros ou quem me encorajasse. Não tinha ninguém para remar o barco naquela tempestade, para segurar minha mão ou dar um abraço. A dor e o deserto eram meus companheiros.

Aquela dor era única, e o cálice que eu bebia era só meu. Ninguém poderia mudar a situação, por mais boa vontade que tivesse. Só me restava dividir esse cálice com Jesus, e que experiência foi essa! Aprendi a confiar em Deus, mesmo quando as coisas não saíam como eu planejava. Aprendi que Deus não me devia nada, pois já fez tudo por mim na cruz.

Aprendi a amar a Deus mesmo quando suas mãos estavam "vazias" para mim, a aceitar os "nãos" sem explicação e a confiar, mesmo diante de morte e escassez. Nada foge do controle de suas mãos, e tudo coopera para os seus propósitos em nossa vida.

Se você está passando por um deserto, não perca a esperança. Continue buscando a presença de Deus, porque será ela que a sustentará. O meu deserto passou, e o seu também passará! Permaneça firme e confie que, após essa experiência, sua fé nunca mais será a mesma.

Jesus, ajuda-me a ser aprovada neste deserto e a experimentar ainda mais do amor do Pai.

O outro é espelho

Assim como o ferro afia o ferro, o homem afia o seu companheiro (Provérbios 27:17).

Você sabia que...

Tudo o que você vê no outro e que a incomoda ou irrita profundamente, e que você deseja mudar nele, pode estar reprimido dentro de você, no inconsciente? A psicologia nos ensina que é mais fácil apontar o mau comportamento dos outros do que assumir os nossos próprios. Quando algo em alguém a incomoda muito, pode ser que você, inconscientemente, tenha o desejo de fazer o mesmo, mas não tenha coragem. Em vez de criticar, olhe para dentro de você com humildade e identifique o que está evitando enxergar.

Se você se incomoda com críticas e julgamentos que fazem de você, significa que tem esse comportamento reprimido dentro de si. O que está reprimido precisa ser trabalhado e resolvido. Enquanto negar esse sentimento ou comportamento, ele dominará você. Que tal, ao invés de ficar brava, identificar seus maus sentimentos e orar para trabalhá-los?

Tudo o que você admira nos outros – habilidades, dons, coragem, posturas – também existe em você. Então, ao invés de enaltecer exageradamente os outros, reconheça esses atributos em si mesma.

Tudo o que o outro critica em você, mas que não a afeta emocionalmente, pertence apenas a ele. Não tome para si o que não é seu. Ajude gentilmente o outro a enxergar o que ele não está vendo.

Lembre-se: não podemos mudar o outro, mas somos responsáveis por nossos sentimentos e comportamentos.

Tudo o que nos **irrita nos outros** pode levar a uma **compreensão de nós mesmos**. – Carl Gustav Jung

Espírito Santo, tu és a luz que ilumina minha alma. Mostra-me o que não estou vendo em mim, que está sendo acionado pelo outro.

Resolva os problemas

Caindo em si, ele disse: "Quantos empregados de meu pai têm comida de sobra, e eu aqui, morrendo de fome! [...] Pai, pequei contra o céu e contra ti" (Lucas 15:17,18).

Caiu em si, e foi o melhor tombo da vida. - Autor desconhecido

Gosto da parábola do filho pródigo, registrada em Lucas 15. Nela, o filho mais novo pediu sua parte na herança, saiu de casa e gastou tudo irresponsavelmente. Depois de cair em si, ele reconheceu seu erro, voltou, pediu perdão ao pai, e se reconciliaram.

Essa história nos ensina muitos princípios. Quantas vezes criamos problemas com nossas atitudes impensadas, ansiosas ou egoístas e, depois, culpamos a Deus porque as coisas não saíram como queríamos? Tomamos decisões sem orar ou esperar a resposta de Deus, pulamos etapas e, quando o resultado vem, buscamos culpados: marido, ex-namorado, chefe, amiga... todos, menos nós.

Assim como o filho pródigo provocou o problema, mas se arrependeu e consertou seu erro, nós também precisamos reconhecer os erros que causamos e nos empenhar em corrigi-los. Muitas vezes, causamos brigas no casamento ou na família por falar demais, reclamar demais ou sermos intolerantes. Reconhecer e pedir perdão é um passo essencial, mas frequentemente ignorado.

Convido você a refletir sobre os relacionamentos afastados e, a menos que seja algo que envolva manipulação ou vontade de Deus, repense suas ações. Peça ao Espírito Santo para lhe mostrar onde falhou e conserte o que for possível. A vida é curta demais para perder tempo com orgulho.

Se você está disposta a assumir responsabilidades e resolver os problemas que criou, comece pelo pedido de perdão, saiba que o Pai está esperando para ajudar você a se reconstruir. Não se culpe! Arrependimento não é viver debaixo de culpa. Simplesmente volte, peça perdão e receba o abraço e a festa que o Pai preparou para você!

Senhor, obrigada por acenderes luzes no meu inconsciente, gerando arrependimento em meu coração.

Consagre para multiplicar

Em seguida, mandou o povo sentar-se na grama. Tomou os cinco pães e os dois peixes, olhou para o céu e os abençoou [...] os discípulos recolheram doze cestos com as sobras (Mateus 14:19,20).

Essa passagem nos ensina que, se consagrarmos a Deus o pouco que temos, Ele nos devolve multiplicado e ainda faz sobrar. Deus pode fazer milagres com sua escassez. Quando paramos de reclamar e começamos a consagrar e agradecer a Deus, Ele age de formas surpreendentes.

Jesus consagrou os pães e peixes ao Pai antes de multiplicá-los. Isso nos mostra que tudo o que temos – provisão financeira, dons, talentos, alimentos, família, amigos – vem de Deus, e é Ele quem multiplica para que possamos compartilhar. O segredo está em ser grata pelo que temos hoje, sem nos compararmos aos outros, pois nossa atitude agora determina as bênçãos futuras.

Lembro-me de um tempo de escassez em que orava para Deus multiplicar combustível e alimentos. Sempre vi a mão de Deus agir, multiplicando o pouco que eu tinha. Assim como Jesus partiu o pão antes do milagre, talvez você esteja sendo "quebrada" agora, mas isso faz parte do milagre que Deus realizará através de você, multiplicando bênçãos para os outros.

Às vezes, sentimos que temos pouco a oferecer. Talvez você não se veja como sábia ou espiritualmente fortalecida, mas assim como Jesus multiplicou os pães, Deus pode multiplicar suas forças, alegria, sabedoria e recursos quando você entrega o pouco que tem.

Quando atendi ao chamado de Deus em 2013, eu não sabia como ajudar outras mulheres com o pouco que tinha – apenas meu testemunho e vontade de compartilhar o amor de Jesus. Mas ao consagrar esse pouco, Deus fez milagres, curando muitas vidas. Confie no poder de Deus de multiplicar tudo o que você consagra a Ele.

Os **poucos pães** na mão da pessoa certa **multiplicam** e alimentam multidões.

Senhor, agradeço por tudo o que tens me dado. Consagro a ti o pouco que tenho, confiando que tu podes multiplicar para eu compartilhar as benções.

A beleza se renova

Veja! O inverno passou; acabaram-se as chuvas e já se foram. Aparecem flores na terra, e chegou o tempo de cantar [...] (Cantares 2:11,12a).

Deixe a vida **fechar os ciclos** necessários para que **novos sejam abertos.**

A primavera começa no Brasil entre os dias 22 e 23 de Setembro, uma estação que carrega uma mensagem de renovação e esperança. Nos países não tropicais, as mudanças entre as estações são mais marcadas, mas mesmo no Brasil, a primavera traz uma beleza especial, com flores e cores que se destacam.

Não por acaso, a primavera vem logo após o inverno, como um fôlego de esperança após os dias nublados e retraídos de um inverno emocional. Nossa vida é cíclica e todos passamos por estações – no casamento, na vida profissional, no ministério ou vida pessoal. Há dias de recolhimento e reflexão, e há dias de sol brilhante em que tudo parece correr bem.

Se você está vivendo um inverno emocional – enfrentando um divórcio, luto, perdas ou frustrações – lembre-se: a primavera sempre retorna, trazendo cor e perfume.

A primavera nos lembra que, mesmo após os períodos mais difíceis, a vida sempre encontra uma maneira de florescer novamente. Foque na beleza do que seu problema produzirá, em vez de se concentrar na gravidade da situação.

Pense em sua vida como um jardim. Durante o inverno, as plantas podem parecer mortas, mas as raízes estão vivas, esperando o momento certo para crescer. Da mesma forma, quando nos sentimos abatidas e sem vida, Deus nos sustenta e nos prepara para um novo começo.

Para que a primavera floresça em sua vida, é importante cuidar do seu "jardim" interior. Pratique a gratidão, busque momentos de paz com Deus e alimente sua alma com fé e canções edificantes.

Que esta primavera traga esperança, lembrando que, após cada inverno, há uma nova chance de florescer. Deus está trabalhando em sua vida, trazendo novas bênçãos e crescimento!

Senhor, agradeço pela promessa de renovação que a primavera traz. Ajuda-me a ver além dos desafios e a acreditar que minha vida pode florescer novamente. Amém.

Não prove nada!

Que outros façam elogios a você, não a sua própria boca; outras pessoas, não os seus próprios lábios (Provérbios 27:2).

Você não precisa provar nada para ninguém! Vivemos em uma era em que as redes sociais se tornaram vitrines de nossas vidas. Muitas vezes, vemos pessoas se vangloriando de suas conquistas e resultados, mas, na verdade, algumas estão apenas tentando provar algo para si mesmas e para os outros. Esse comportamento geralmente nasce de uma necessidade de validação, especialmente quando, em algum momento, fomos desacreditadas.

A figura paterna tem um impacto profundo na formação da nossa identidade. A ausência ou falha paterna pode deixar feridas que nos levam a buscar aprovação incessantemente, seja nas redes sociais, no trabalho ou no ministério. Muitas mulheres buscam ser reconhecidas para provar algo a alguém que, em algum momento, desacreditou nelas.

Jesus não apenas nos libertou do pecado, mas também da necessidade de provar nosso valor. Se o seu modelo de paternidade foi falho, é essencial perdoar e permitir que Deus cure suas feridas. Ele quer que você saiba que seu valor não depende do que você faz, mas de quem você é em Cristo.

O que nos torna importantes para Deus não é o que fazemos, mas o que permitimos que Ele faça em nós. Nosso valor é medido pelo que Deus realiza em nossas vidas, nos moldando à imagem de seu Filho.

Hoje, tire um momento para refletir sobre as áreas em que você sente a necessidade de provar algo. Entregue essas áreas a Deus e peça que Ele revele seu verdadeiro valor. Lembre-se: você é amada e aceita por Deus exatamente como é.

Resista à tentação de falar sobre suas conquistas como forma de provar seu valor. Deixe que as pessoas percebam publicamente o que você trabalhou com Deus no secreto.

Se Jesus descesse da cruz para **provar** quem Ele era quando questionado, Ele teria abortado sua **maior missão**!

Senhor, ajuda-me a encontrar meu valor em ti e não nas opiniões dos outros. Cura minhas feridas e revela minha verdadeira identidade como tua filha amada.

Não apresse a saída

Espere no Senhor. Seja forte! Coragem! Espere no Senhor (Salmos 27:14).

Você **sairá do seu casulo espalhando pólen** e vida nas outras flores (mulheres que Deus colocar em seu caminho).

Não apresse a saída do casulo. Lembro-me de uma experiência simples, mas que falou profundamente ao meu coração. Durante uma caminhada, em um dia difícil, uma linda borboleta cruzou meu caminho. Suas cores vivas e desenhos espetaculares captaram minha atenção, desviando meus pensamentos da dor e tristeza para algo belo. Naquele momento, senti como se Deus estivesse me dizendo: "vai passar, um dia você voará livre e bela como essa borboleta".

A borboleta também passou por um processo de dor, morte e ressurreição antes de voar livre. Assim como ela, você e eu também passamos por fases de transformação, e, embora dolorosas, essas fases nos preparam para a liberdade e beleza que virão.

Se você está vivendo um "casulo" agora, lembre-se de que a jornada de transformação é única para cada um de nós. Cada fase, por mais desafiadora, tem um propósito. Aceitar o processo é essencial. Às vezes, queremos apressar as coisas, mas é na espera que Deus trabalha de maneira profunda, preparando-nos para o que está por vir.

Há uma história de um homem que, ao ver uma borboleta lutando para sair do casulo, decidiu ajudá-la cortando a ponta do casulo. Contudo, ao sair, a borboleta não conseguiu voar, pois suas asas não tinham força suficiente. Assim, aprendemos que as dificuldades são necessárias para ganharmos força.

Deixe Deus trabalhar em você, no tempo certo. As dificuldades que você enfrenta hoje estão preparando suas asas para voar alto nos propósitos de Deus. Reserve um tempo para refletir sobre as lições que Deus tem ensinado no seu "casulo" e confie que Ele está formando algo belo em você.

Senhor, ajuda-me a passar por todos os processos necessários para criar minhas asas, segurando em tuas mãos.

Vai passar!

O choro pode durar toda a noite, mas a alegria vem com o amanhecer (Salmos 30:5b).

Você já deve ter escutado essa frase de alguém: "vai passar!" ou "quando casar, sara!". Embora pareçam clichês, essas palavras carregam uma verdade: com o tempo, as coisas melhoram. Sentimentos vêm e vão – a raiva passa, a mágoa passa, a dor passa – desde que você permita que Deus cure suas feridas e a ajude a organizar suas emoções.

De tempos em tempos, passamos por tribulações, e cada fase traz desafios que têm o objetivo de nos aperfeiçoar. Mas a sua reação a essas situações é o que determina quanto tempo você permanecerá nessa fase. As tribulações não são eternas.

Nunca culpe a Deus pelos problemas. Tome responsabilidade pelas suas atitudes, pois Deus está a moldando e preparando para algo maior. As dificuldades são temporárias, e Deus está trabalhando em sua vida, mesmo que você não consiga ver agora.

Não se prenda ao passado, nem caia na armadilha de se ver como vítima. Deus quer ajudá-la, basta você permitir. Não deixe que pensamentos negativos a confundam. Tudo tem um propósito, e Deus tem um novo começo para você. Entregue a Ele todos os seus medos, frustrações e desafios. Deus deseja ser participante de todas as áreas da sua vida.

A esperança é uma âncora para a alma. Mesmo nos momentos mais sombrios, mantenha a esperança viva, lembrando-se que Deus promete que a alegria virá. Talvez a "noite" de choro represente uma fase mais longa, mas se você permanecer em Deus, buscando forças, dias melhores virão.

Você não é o que lhe aconteceu. **Você é o que ESCOLHE se tornar**. – Carl Gustav Jung

Senhor, parece que o choro 'desta noite' está demorando a passar, mas continuo crendo em tua palavra, recusando-me a desistir, pois é certo que a alegria virá.

Esforço em vão

Estávamos para dar à luz. Tivemos dores de parto, mas não demos à luz. Surgiu apenas vento. Nosso trabalho de parto resultou em nada (Isaías 26:18, AM).

O que **você não consegue fazer** nem com muito esforço, o Senhor faz com a maior **facilidade**.

Quantas vezes tentamos mudar algo na força do nosso próprio braço e nos frustramos ao não ver resultados? Lembre-se de uma verdade essencial: qualquer mudança em sua vida é uma parceria entre você e Deus. Você faz sua parte, mas é Deus quem faz o que só Ele pode fazer!

Será que você está plantando as sementes certas, no solo certo? Talvez esteja se sentindo cansada, fadigada ou exausta porque está tentando resolver problemas que não foram designados a você. Está carregando responsabilidades que Deus não lhe deu? Está tentando "ajudar" o Espírito Santo? Tentar controlar o futuro e resolver problemas sozinha só traz ansiedade e cansaço desnecessário.

Muitas vezes, declaramos que nossa confiança está em Deus, mas tentamos resolver tudo sozinhas. Só quando nossos esforços falham é que, relutantemente, entregamos a situação a Ele. Avalie se seus esforços estão produzindo resultados e se você está trabalhando de acordo com a vontade de Deus para sua vida. Se sim, mesmo que as coisas pareçam demoradas, confie que na hora certa, Ele trará o nascimento de tudo o que prometeu.

Preocupação drena nossas forças e saúde. Precisando de energia? Veja esta receita: "Na quietude e na confiança está o seu vigor..." (Isaías 30:15). Deus oferece descanso, mas muitas vezes rejeitamos. Não faça o mesmo.

Se você está no caminho marcado pelas decisões de Deus, mesmo que a jornada pareça longa, confie que Ele está aplainando sua estrada.

Pai, perdoa-me por tentar produzir resultados na força do meu braço. Ajuda-me a descansar e confiar em ti, ainda que o caminho seja mais longo do que imaginei.

Perigo emocional

Disse Marta a Jesus: "Senhor, se estivesses aqui meu irmão não teria morrido" (João 11:21).

A história da ressurreição de Lázaro (João 11) nos traz muitas lições, e uma delas está ligada ao apego emocional e aos perigos do envolvimento emocional. Quando Lázaro adoeceu, a notícia chegou a Jesus, mas Ele permaneceu onde estava por mais dois dias. Ele não correu para acudir Marta e Maria, mesmo sabendo da gravidade da situação. Ao chegar, Lázaro já estava no sepulcro há quatro dias.

Jesus amava aquela família, mas Ele não se deixou levar pelas expectativas emocionais de Marta e Maria. Ele não se preocupou se elas ficariam magoadas ou frustradas por Ele não ter chegado antes. Jesus sabia que o propósito de Deus estava acima das emoções.

Em nossa caminhada ministerial, é natural desenvolvermos ligações emocionais com as pessoas que ajudamos. No entanto, quando esse laço se torna excessivo, podemos prejudicar o processo de transformação delas, pois, por medo de magoá-las, evitamos confrontos necessários. Precisamos equilibrar amor e obediência a Deus, sem nos tornarmos escravos das expectativas alheias.

Jesus nos ensina a importância de manter o foco em obedecer a Deus. Mesmo tendo uma ligação emocional com Marta, Maria e Lázaro, Ele não se deixou levar por impulsos ou pela opinião dos outros. Ele confiava plenamente no plano de seu Pai e seguiu firme, sabendo que o propósito final era maior.

Assim como Jesus, precisamos ser gentis e amorosas, mas não podemos deixar que o medo de magoar alguém nos impeça de fazer o que Deus nos direciona a fazer. A ajuda que oferecemos deve ser guiada por Deus, e não pela pressão emocional das pessoas. As expectativas das pessoas podem ser cruéis e pesadas demais para darmos conta.

Aceitar que somos incapazes de **corresponder às expectativas dos outros** contribui com nossa **sanidade mental**!

Senhor, dá-me sabedoria para discernir entre as expectativas que são justas e aquelas que são irreais. Ajuda-me a viver em paz, sem a pressão de tentar agradar a todos.

Cuidado com a admiração!

Meus amados irmãos, fujam da idolatria (1Coríntios 10:14).

Como são admiráveis as pessoas que não conhecemos bem. – Autor desconhecido

A admiração envolve respeito, consideração e até veneração, o que merece atenção. A excessiva admiração pode ser prejudicial tanto para quem a tem quanto para quem a recebe. Muitas vezes, admiramos figuras que idealizamos em nossa mente, ligando-as a figuras importantes de nossas vidas, como a mãe que gostaríamos de ter tido.

Não há problema em respeitar e ter carinho por alguém, o perigo está em colocá-la em um pedestal que não lhe pertence. Isso inevitavelmente gera decepções, pois ninguém é perfeito. Só conhecemos verdadeiramente alguém ao caminhar junto por longos anos. Às vezes, amamos mais a imagem que criamos do que a pessoa em si.

Quando a admiração se torna excessiva, pode se transformar em veneração, o que a Bíblia descreve como idolatria. Já idolatrei pessoas e fui colocada em pedestais irreais. Aprendi que o lugar de destaque em nosso coração deve ser de Deus. Muitas vezes, transferimos a falta de validação da infância, buscando aprovação em figuras que admiramos.

Quem é admirado também sofre, pois perde o "direito de errar". A idealização cria uma pressão enorme, e basta um deslize para que as mesmas pessoas substituam o ídolo por outro.

O meu conselho é: Observe se você está admirando demais alguém, e se isso não é uma transferência de figuras do seu passado. Desconstrua esse pedestal. Se você sente o peso de ser admirado, lembre-se de que você é um ser humano, suscetível a erros. Prefira caminhar com aqueles que lhe amam de verdade, que aceitam seus defeitos e não a abandonam quando você erra. Admiradores podem colocá-lo em um pedestal hoje, mas ao menor deslize, podem substituí-lo rapidamente. A verdadeira amizade e amor vão além da admiração.

Senhor, dá-me discernimento para reconhecer se estou colocando expectativas irreais sobre os outros. Ajuda-me a sempre colocar o Senhor em primeiro lugar em todas as áreas da minha vida.

Conflitos relacionais

No que depender de vocês, vivam em paz com todos (Romanos 12:18).

Quantas vezes desejamos paz, mas enfrentamos guerras? Começamos bem o dia, mas logo tropeçamos nas palavras ou nas emoções? É natural vivermos conflitos nos relacionamentos, pois cada pessoa interpreta as situações de maneira única e subjetiva. Os conflitos, porém, podem nos moldar e amadurecer, além de nos ensinar a humildade, se permitirmos.

Algumas mulheres se esforçam para ser esposas segundo o coração de Deus ou melhorar seus relacionamentos, mas encontram pessoas que gostam de brigar. Se esse é o seu caso, aqui estão algumas estratégias:

Quando alguém gosta de brigar, não reaja. Ouça sem ignorar a pessoa, e se ela levantar a voz, peça licença e saia antes que você use sua "espada" (língua afiada) para se defender. Se parece que você fala "A" e a pessoa entende "Z", respire fundo e diga: "Entendi você falar isso... Foi isso mesmo?". Se a pessoa continuar reagindo de forma infantil, sugira encerrar a conversa para evitar brigas desnecessárias. Se alguém apontar um erro seu, evite agir na defensiva. Quando conseguir, diga: "Posso estar errada, mas vou trabalhar nisso e voltamos a falar depois, pode ser?" Realmente busque autoconhecimento e, se identificar o erro, peça perdão. Não provoque seus filhos. Reclamar, criticar ou expô-los em público só cria conflitos. Sempre que der uma instrução, confirme se a pessoa entendeu corretamente. Não tente forçar sua "verdade" sobre o outro, seja em questões religiosas, políticas ou qualquer outra. Fique em silêncio quando a raiva surgir. Evite decisões impulsivas que podem ter consequências irreversíveis. Tente se colocar no lugar da outra pessoa, imaginando como você se sentiria no lugar dela.

Quando for ofendida, **espere** 24 horas antes de falar algo. Esse tempo é crucial para **evitar atitudes** das quais possa se **arrepender**.

Pai, ajuda-me a tratar os outros com respeito e dignidade, mesmo quando discordamos. Que eu seja um instrumento de paz e unidade, promovendo harmonia em meus relacionamentos.

Avisos

E Jesus terminou, dizendo: (Fiquem alertas! Não deixem que as festas, ou as bebedeiras, ou os problemas [...] pegue vocês de surpresa, como se fosse uma armadilha (Lucas 21:34 (NTLH)

Como culpar o vento pela **desordem** feita se fui eu quem deixei a **janela aberta**? – Freud

Quantas vezes pensamos que Deus não nos vê ou não se importa conosco? A verdade é que Ele está sempre atento aos nossos passos. Mesmo que não fale o tempo todo, quando percebe que estamos indo por caminhos perigosos, Ele nos envia avisos.

Esses avisos podem vir por sonhos, intuições, passagens bíblicas, conselhos de pessoas, postagens nas redes sociais ou até mesmo grandes problemas que chamam nossa atenção. Eles funcionam como luzes piscando no painel da nossa vida, indicando que algo não está bem.

Pode ser sua saúde física: talvez seu corpo esteja sinalizando que algo está errado devido ao excesso de trabalho.

Pode ser sua saúde espiritual: a falta de vontade de orar, ler a Bíblia ou ir à igreja são sinais claros de que você precisa se fortalecer.

Talvez seja sua vida emocional: tristeza profunda, pensamentos negativos e sentimentos de solidão podem ser avisos de que algo precisa ser tratado.

Na área financeira: dívidas crescentes e a falta de controle financeiro são luzes de alerta.

Nos relacionamentos: afastamento de pessoas, discussões frequentes em casa, no trabalho ou na igreja podem ser sinais de que algo não está funcionando bem.

Vivemos tão ocupadas com nossas rotinas e responsabilidades que muitas vezes ignoramos esses avisos de Deus. Ficamos imersas em nossos afazeres, sem prestar atenção às placas de "atenção" que Ele coloca em nosso caminho. Deus está sempre presente, enviando esses sinais para nos proteger, e não para nos punir. Preste atenção aos avisos que Ele tem dado em sua vida.

Pai, se estou caminhando por estradas que não fazem parte do teu plano para mim, peço que os teus avisos sejam claros para que eu não passe desapercebida.

Autocuidado

Acaso não sabem que o corpo de vocês é santuário do Espírito Santo que habita em vocês, que lhes foi dado por Deus, e que vocês não são de si mesmos? (1Coríntios 6:19).

O **Outubro Rosa** é uma campanha de conscientização que destaca a importância da prevenção e diagnóstico precoce do câncer de mama e, mais recentemente, do câncer de colo do útero. Além do cuidado físico, esse mês nos lembra que o autocuidado deve ser praticado em várias áreas da nossa vida. Algumas sugestões de como desenvolver o autocuidado nos âmbitos espiritual, emocional e físico:

Ouça o que sua alma, corpo e espírito estão **comunicando** a você.

1. *Autocuidado espiritual.* Dedique 30 minutos diários para devocional (oração, leitura da Bíblia, louvor). Declare as promessas de Deus sobre sua vida e família. Participe de uma igreja local e acompanhe ministrações online. Frequente eventos de mulheres para ser ministrada e, ocasionalmente, faça retiros espirituais, mesmo que seja no seu quarto. Agradeça a Deus enquanto realiza suas tarefas diárias. Estude a Bíblia e busque conhecimento em cursos e grupos confiáveis.
2. *Autocuidado emocional.* Perdoe e ore por quem a feriu. Busque ajuda emocional, como terapia ou aconselhamento cristão. Trabalhe suas dores e perdas com Deus e cultive o autoconhecimento. Mantenha um diário de gratidão e outro para suas feridas emocionais. Evite pensamentos negativos e comparações com os outros. Cuide dos seus relacionamentos e aprenda a dizer "não" quando necessário.
3. *Autocuidado físico.* Faça caminhadas e atividades físicas regulares. Beba água, cuide da alimentação e faça alongamentos. Realize o autoexame das mamas mensalmente. Priorize o descanso e encontre momentos de relaxamento. Cuide de sua aparência com uma rotina de cuidados com a pele.

Ao praticar o autocuidado espiritual, emocional e físico, você contribuirá significativamente para o seu bem-estar integral e fortalecendo sua saúde em todos os aspectos.

Pai, ajuda-me a cuidar de mim mesma em todas as esferas da minha vida para glorificar a vida que me deste.

Celebre quem você é!

Então uma voz dos céus disse: "Este é o meu Filho amado, em quem me agrado" (Mateus 3:17).

Se você não for você, quem será **você no lugar de você**?

Jesus recebeu publicamente do Pai o reconhecimento de sua identidade e, em seu grande amor, nos deu o mesmo privilégio: sermos chamadas filhas amadas, em quem o Pai se alegra simplesmente por sermos quem somos.

Você sabia que, ao se criticar ou condenar, está ofendendo a Deus? Quando você se maldiz, está falando mal do que Deus criou. Lembra do versículo sobre nossa formação? "Tu criaste o íntimo do meu ser e me teceste no ventre de minha mãe" (Salmos 139:13).

Por muitos anos, as marcas da rejeição me faziam me maltratar muito. Um dia, o Espírito Santo me mostrou claramente que, ao fazer isso, eu ofendia a Deus.

Hoje, quero compartilhar algumas reflexões que podem ajudá-la no seu processo:

Celebre sua vida, mesmo que pareça difícil!

Não fale mal do que Deus fez, pois você é uma bela criação dele.

Ame o que Deus ama, e Ele ama você.

Agradeça por ser quem você é e pelo tempo em que nasceu.

Comece o dia agradecendo a Deus por seus dons e sua relevância.

O que seria das pessoas ao seu redor sem você?

Ame-se independentemente do amor que recebe dos outros. Nenhum amor externo tem o mesmo impacto que o amor-próprio.

Não espere elogios do outro, faça-os para si mesma. Não espere admiração dos outros, devolva essa admiração a si mesma.

Ao refletir sobre essas verdades, você verá que admirar a criação de Deus em você não é orgulho, pois o próprio Deus admirou sua obra: "E viu Deus que era muito bom" (Gênesis 1).

Pai, obrigada por me fazer existir e ajuda-me a celebrar minha vida com a mesma alegria do Senhor.

Você e sua mãe

Só ele cura os de coração quebrantado e cuida das suas feridas (Salmos 147:3).

Como é, ou foi, sua relação com sua mãe? Essa conexão influencia mais do que imaginamos nossa relação conosco e com os outros. O amor materno fornece a base emocional que nos sustenta da infância até a vida adulta.

Uma mãe deveria acolher, prover, amar e encorajar. Quando recebemos isso, temos mais facilidade de oferecer esses mesmos recursos nas nossas relações. Se você não recebeu isso, não a julgue; tente entender sua história. Talvez ela também não tivesse os recursos internos para oferecer.

Não rejeite o outro quando ele erra, porque **Deus não a rejeita quando você falha**!

Lembro de uma paciente que sofria rejeição pela ausência da mãe, internada desde seu nascimento devido à depressão. A filha também apresentava sintomas depressivos pela falta de afeto. A cura veio quando ela ressignificou a relação com a mãe entendendo uma analogia que apresentei a ela. Eu perguntei se ela tinha um valor específico em dinheiro para me dar, não emprestar, me dar mesmo. Ela, assustada, disse não ter. Então eu disse a ela: "Como você pode exigir algo da sua mãe que ela não tem, assim como eu não poderia exigir que você me desse essa quantia de dinheiro sabendo que você não tem?" Ela entendeu e, a partir daí, como uma "chave virada", parou de cobrar a mãe por algo que ela não podia oferecer.

Já tentou se colocar no lugar de sua mãe? Muitas, feridas na infância, acabam transmitindo essa dor inconscientemente. Proponha tratamento, não julgamento. Aceitar sua mãe, com suas falhas humanas, pode ser libertador. Quando fiz isso, minha vida mudou. A compaixão por sua história pode curar sua relação com ela e consigo. Libere perdão. Talvez escrever uma carta ajude a organizar seus sentimentos e, se possível, declare seu amor e compreensão.

Senhor, ajuda-me a perdoar minha mãe e ter mais compaixão de sua história de vida. Que as ausências causadas por ela sejam preenchidas por teu amor.

Ele vê e recompensa

[...] o trabalho árduo é recompensado (Provérbios 12:14b).

Deus **reconhece** nossa fidelidade e obediência, principalmente nos atos que **não são visíveis,** e nos leva a desfrutar de algumas recompensas.

Muitas vezes, sentimos que nossas lutas e esforços passam despercebidos. Porém, a Bíblia nos lembra que Deus nos vê e conhece cada detalhe da nossa vida, desde os pensamentos mais íntimos até as dores mais profundas do nosso coração. Assim como Ele viu Hagar (Gênesis 16:13) no deserto, sozinha e sem esperança, Ele vê você onde está agora. Ele não é indiferente às suas lágrimas, às suas orações não respondidas, nem aos momentos em que você se sentiu esquecida. Pelo contrário, Ele está presente, atento, trabalhando em cada detalhe, mesmo quando tudo parece parado.

Você ora, clama, geme e ninguém vê. Chora, paga um preço alto, sofre, e ainda pensam que você é 'a super mulher'. Você perdoa, se cala, reconhece seus erros, e ninguém nota. Você se arrepende, conserta suas falhas, quer desistir, se doa, e nada parece mudar. Mas Deus vê. Ele vê todas as coisas – suas orações, angústias, renúncias, dores, perseguições e injustiças. Ele vê sua busca e obediência.

Chegará o momento em que Deus abrirá a mão e fará grandes coisas. Serão tantas bênçãos que você precisará compartilhar, pois irão transbordar!

Como está escrito: "Olho nenhum viu, ouvido nenhum ouviu, mente nenhuma imaginou o que Deus preparou para aqueles que o amam" (1Coríntios 2:9). Continue firme, porque o que você vive no secreto transbordará no público.

Jesus, tenho permanecido em obediência a ti por amor e não apenas pela recompensa, mas me alegro em saber que ela está chegando!

Asas curadas

[...] depois que tiverem sofrido por um pouco de tempo, ele os restaurará, os sustentará e os fortalecerá, e os colocará sobre um firme alicerce (1Pedro 5:10b).

Imagine um passarinho que foi atropelado por algo muito maior que ele. Suas asas e patinhas estão quebradas, e ele não consegue andar ou voar. Ele precisa de ajuda. Agora, imagine que você é esse passarinho. A vida lhe atropelou com perdas, fracassos, traições, dores profundas, abusos e rejeições, e você se sente incapaz de seguir em frente. Assim como o passarinho, você precisa ser cuidada. E, assim como ele é acolhido e tratado, Deus, seu Pai Celestial, está disposto a pegar você e levá-la ao seu ninho para curá-la.

Mas, às vezes, mesmo sem forças, nos debatemos contra essa ajuda. Será que você está resistindo ao cuidado do seu Pai? Permita-me compartilhar algumas reflexões para que você possa analisar sua atitude diante da cura que Deus quer realizar:

Você está resistindo em perdoar aqueles que a feriram?

Você está lutando para devolver todo o lixo emocional que foi lançado em sua vida?

Está se apoiando em seu orgulho ferido, culpando os outros por estar paralisada?

Encontra desculpas para não se posicionar e fazer o que já sabe que precisa fazer?

Por que ainda não criou coragem para pedir perdão a quem precisa?

Lembre-se, limpar as feridas pode ser doloroso, mas é necessário. Assim como o antisséptico arde, mas cura, enfrentar a verdade do passado e permitir que Deus limpe as feridas emocionais é o caminho para a restauração. Só assim suas asas poderão ser curadas, permitindo que você volte a voar.

A primeira atitude de quem quer **sair do poço** é **parar de cavar**.
– Mac Anderson

Senhor, dá-me coragem para enfrentar as feridas do passado e permitir que o teu amor limpe cada uma delas, por mais doloroso que seja. Que eu possa voar novamente, sustentada por tua força e graça.

Identidade curada

[...] correu e prostrou-se diante dele, e gritou: "Que queres comigo, Jesus, Filho do Deus Altíssimo?" Pois Jesus lhe tinha dito: "Saia deste homem, espírito imundo!" (Marcos 5:6-8).

A primeira tentação de Jesus foi sobre **identidade**. Sem convicção de quem Ele era, não cumpriria sua missão.

Nessa passagem, até os demônios reconheceram Jesus como Filho de Deus. Essa era a identidade de Cristo: "Filho de Deus". Essa é a identidade que Ele compartilhou conosco e que Ele deseja que você assuma plenamente.

Em várias falas de Jesus, Ele se define como Filho de Deus: "Meu Pai me enviou [...] não vim para fazer a minha vontade, mas a do Pai [...] o que recebo do meu Pai, compartilho com vocês" (João 8:29, 6:38, 10:18).

Como você tem se definido? Como tem se apresentado ao mundo? Sua autodefinição impacta diretamente como as pessoas a veem e influencia na execução do seu chamado. Acreditar na sua identidade como filha de Deus é essencial para que sua vida reflita Cristo.

Algumas pessoas precisam passar por um processo de cura emocional para reencontrar sua verdadeira identidade. Quer saber como alcançar uma identidade curada? Aqui estão alguns passos fundamentais:

Relacionamento profundo com Deus (leitura da Bíblia, oração, adoração). Dependência total e rendição à vontade de Deus. Perdoar os outros e a si mesma. Deixar o passado na cruz de Cristo. Ressignificar o passado. Arrependimento e confissão de pecados. Consagração e santificação. Submissão, obediência e confiança em Deus. Adquirir conhecimento e sabedoria. Autoconhecimento. Identidade firmada na opinião de Deus, não das pessoas. Autoestima equilibrada. Descobrir os sonhos e propósitos de Deus para sua vida. Ser uma mulher sarada para sarar outras vidas

Quando você abraça a identidade que Deus lhe deu, não há limites para onde Ele pode levar você!

Pai, quero ser reconhecida como sua filha, por isso, peço-te que o Senhor cure tudo o que feriu minha identidade.

Inverta a frase

Cada um examine os próprios atos, e então poderá orgulhar-se de si mesmo, sem se comparar com ninguém, pois cada um deverá levar a própria carga (Gálatas 6:4,5).

Quando nos ressentimos com alguém, tendemos a alimentar pensamentos vitimizados. Gostamos de dizer: "Fulana me feriu muito". Já me peguei várias vezes dizendo isso até mesmo para Deus. No entanto, o amadurecimento traz consigo a responsabilidade sobre nossos sentimentos. Mesmo que a atitude da pessoa tenha sido errada, quem se feriu foi você; portanto, a responsabilidade de lidar com esses sentimentos é sua.

O versículo de hoje nos ensina a carregar nossas próprias cargas. Examine seus sentimentos e, em vez de culpar o outro, aceite que a forma como você se sente é algo que precisa ser trabalhado dentro de você. Experimente inverter a frase e dizer: "Eu me feri com a atitude de fulana(o)", em vez de "Fulana(o) me feriu". Isso nos ajuda a reconhecer nossa vulnerabilidade e a controlar nossa resposta emocional.

Essa simples mudança traz mais autoconsciência e nos liberta do ciclo de vitimismo, nos encorajando a buscar transformação. Gosto da frase de Jean Paul Sartre que diz: "Não importa o que fizeram com você, o que importa é o que você faz com aquilo que fizeram com você". Ou ainda, Carl Jung: "Você não é o que lhe aconteceu, você é o que escolhe se tornar".

Isso não minimiza o que nos foi feito, mas nos dá poder sobre nossa reação. A cura começa quando decidimos parar de esperar que o outro conserte o que quebrou em nós, e deixamos Deus trabalhar em nosso coração, ensinando-nos a perdoar e a seguir em frente.

A história que você conta a si mesma influencia seus **sentimentos**. Já pensou em **ressignificá-las**?

Senhor, ajuda-me a assumir a responsabilidade por meus sentimentos e a lidar com eles de maneira saudável.

Cicatrizes

Venham e ouçam, todos vocês que temem a Deus; vou contar-lhes o que ele fez por mim (Salmos 66:16).

Que suas **cicatrizes** sejam um farol de esperança e um testemunho do **amor** incondicional de Deus.

Cicatrizes sempre contam uma história. Se você observar suas cicatrizes, lembrará das situações que causaram aquelas marcas. Quando Jesus ressuscitou, Ele não mostrou suas feridas, mas sim suas cicatrizes a Tomé.

Cicatrizes sinalizam o que você venceu. As pessoas perguntam: "O que aconteceu para você ter essa cicatriz aqui?" Então, surge a oportunidade de você testemunhar o que Cristo fez em sua vida. Cicatrizes simbolizam vitória, pois mostram o que foi superado. Elas são testemunhas da fidelidade de Deus em nossas vidas.

Somente uma ferida fechada se transforma em cicatriz. Li certa vez uma frase que dizia: "Ferida fechada – ministério aberto." Isso reflete bem o que acontece quando permitimos que o Médico dos médicos cure nossas feridas emocionais. Ao sermos curadas, entramos em uma nova fase: a de servir aos outros. É assim que se define ministério — servir. E você pode servir onde quer que Deus a coloque: na igreja, no trabalho, na faculdade, na família, ou nas redes sociais.

Quando permitimos que Jesus cure nossas feridas, não só somos curadas, mas nos tornamos instrumentos de cura para os outros. Nossas cicatrizes contam a história de batalhas vencidas, dores superadas e do amor redentor de Cristo. Ao compartilhar essas cicatrizes, apontamos para a fonte de toda cura: Jesus. Assim, encorajamos aqueles que ainda estão no processo de cura, mostrando que há esperança.

Cada cicatriz é uma prova de que sobrevivemos e que somos amadas pelo Pai. Ao compartilharmos nossas histórias, podemos ser a luz para quem ainda está na escuridão, guiando outros à cura em Cristo. Que suas cicatrizes sejam um convite para que outros rendam suas dores ao poder curador de Jesus.

Jesus, obrigada porque através das tuas cicatrizes temos cura para nossas feridas. Que sejamos um testemunho vivo da tua glória quando revelarmos nossas cicatrizes.

Não julgue o diferente

Mas quando o Espírito da verdade vier, ele os guiará a toda a verdade (João 16:13).

É natural rejeitarmos o que nos causa estranheza. Muitas vezes, fazemos isso com base em pré-conceitos, mas nossos conceitos não são verdades absolutas. Nossa percepção é formada por milhões de estímulos e experiências, e cada pessoa interpreta as situações de forma única. Como cada ser humano é único, é normal que as pessoas vejam a vida de maneiras diferentes. Isso não significa que um está certo e o outro errado.

A falta de respeito às diferentes trajetórias de vida gera conflitos em nossa sociedade e igrejas. Muitas denominações criticam outras por seu estilo de adoração, sem considerar que existem várias formas de se relacionar com Deus. O amadurecimento exige que estejamos abertos ao novo e não julguemos algo como errado apenas por ser diferente. Colocar tudo diante de Deus e pedir ao Espírito Santo que nos guie à verdade é a melhor maneira de discernir o que é certo.

Aprendi a orar: *Espírito Santo, isso parece estranho para mim, mas não posso julgar que seja errado, só porque está diferente do que recebi em minha formação. Coloco todas essas informações diante de Ti, e aquilo que o Senhor não quiser que eu absorva, passe, mas o que for para me transformar numa pessoa melhor e mais parecida com Cristo, estou aberta para receber as lições.* Essa oração sempre funcionou, pois o Espírito Santo guia com sabedoria e paz, quebrando crenças e expandindo nossa visão, quando necessário.

O novo de Deus pode ofender nossa mente religiosa, por isso precisamos discernimento. Lembre-se de que você também poderá ser julgada por ser diferente, tanto pelos que não lhe conhecem bem quanto por aqueles com crenças distintas. Não permita que isso interrompa sua jornada.

Aqueles que foram vistos dançando foram julgados insanos por quem não ouvia a música.
– Nietzsche

Pai, por favor, peço-te discernimento para não julgar erroneamente ninguém, e que eu não me abata quando eu for julgada injustamente.

Julgamento ou verdade?

[...] façam julgamentos justos (João 7:24).
Julguem entre vocês mesmos [...] (1Coríntios 11:13).

Julgar erroneamente é diferente de constatar uma verdade.

Hoje, vamos refletir sobre a diferença entre julgar e constatar uma verdade. A linha entre esses dois atos pode ser muito tênue no campo emocional. O julgamento ocorre principalmente quando não conhecemos a história completa, quando julgamos pela aparência ou sem caminhar com a pessoa por tempo suficiente.

A Bíblia nos ensina a não julgar os outros levianamente, pois seremos julgados com o mesmo rigor. No entanto, também nos instrui a julgar de forma justa. O versículo de João 7:24 nos mostra essa diferença entre um julgamento incoerente e a revelação de uma verdade de forma justa. Quando não conhecemos alguém de perto, sua história, comportamentos ou sentimentos, o risco de julgar injustamente é alto. Por outro lado, quando caminhamos com alguém e observamos comportamentos repetitivos, podemos constatar uma verdade sem estarmos julgando.

O problema surge quando essa constatação pode comprometer uma relação, especialmente se a pessoa não recebe o confronto com humildade, devolvendo a situação como acusação e trazendo peso para nós.

Passei por uma situação semelhante e orei muito a Deus, questionando se eu estava errada em minha percepção. Busquei confirmação em Deus, e as respostas foram claras, sem dúvidas. Uma pessoa usada por Deus sem saber o que eu estava passando disse: "Não inverta a situação e não deixe ninguém mudar sua visão correta". Outros corroboraram com essa perspectiva. Deus revelou que eu estava novamente em uma relação de amizade abusiva, trazendo peso, medo, culpa e desconforto. Aceitar essa verdade foi libertador. Entendi que eu não estava julgando a pessoa, apenas enxergando a realidade.

Não deixe de sempre avaliar a si mesma em 1º lugar, mas se perceber que está certa, não abra mão das suas convicções com medo de você ser julgada pelo outro.

Senhor, não me permitas julgar erroneamente as pessoas, mas também ajuda-me a ter discernimento e a enxergar algumas verdades escondidas.

Espere corretamente

[...] envie os grãos de sua colheita mar afora, e com o tempo isso lhe trará retorno (Eclesiastes 11:1).

A capacidade de esperar em Deus com esperança e gratidão, entregando a Ele nossos sonhos, medos e angústias, facilita para que as coisas aconteçam de forma mais natural, e até mais rápida. Quando ficamos ansiosas e reclamamos, revelamos que ainda não estamos preparadas para receber o que pedimos.

Aqui vai uma dica: seja grata exatamente pelo que você tem esperado. Por exemplo, se espera uma casa própria, cuide da que tem hoje, seja ela alugada ou emprestada. Se deseja um emprego melhor, valorize o trabalho atual e faça o seu melhor nele. Se busca crescimento, olhe para trás e reconheça o quanto já avançou.

Lembro de momentos em que desejei algo com muita intensidade. Enquanto focava apenas no que queria, as coisas não aconteciam. Mas quando passei a ser grata pelo que já tinha, as mudanças começaram a fluir. Você já observou o ciclo da colheita? Cada árvore dá frutos na estação certa. Na vida também há tempos de plantar, regar e esperar crescer.

Muitas vezes, queremos plantar e colher no mesmo dia, mas precisamos entender que há um processo até que a colheita chegue. O que você planta hoje, colhe amanhã. Se você regar suas sementes com atitudes de fé e gratidão, sua colheita será abundante. A maneira como você reage hoje influencia diretamente o que colherá no futuro. Espere com confiança e gratidão, e verá a recompensa.

A **plenitude** de Deus está esperando você **crescer**.

Pai, perdoa-me pela minha imaturidade e pressa. Entendo que o Senhor tem um tempo perfeito para minha colheita. Ajuda-me a esperar com paz e gratidão.

A importância da infância

Deixem vir a mim as crianças [...] pois o Reino dos céus pertence aos que são semelhantes a elas (Mateus 19:14).

O amor na primeira infância é tão importante para a saúde mental quanto vitaminas e proteínas para a saúde física. – Bowlby

Há algum tempo, Deus me deu um chamado: olhar para a próxima geração. À medida que Ele curava minha alma, também me ensinava a importância da infância. A maioria dos traumas que enfrentamos hoje se formaram na infância. Muitos dos maus comportamentos e pecados que lutamos contra surgiram também nessa fase.

Gostaria de usar esse espaço para alertá-la sobre o olhar que precisamos ter para as crianças, começando com a nossa própria criança interior. É ali que estão a maioria dos traumas que nos afetam hoje. A infância é o "chão" que pisamos a vida toda. Curar a criança do passado nos transforma em mulheres maduras, capazes de agir com propósito e motivações genuínas, sem competições, sem feridas.

Também devemos cuidar das crianças ao nosso redor, especialmente nossos filhos. Eles são reflexos das dores e alegrias que vivemos. O comportamento e a identidade deles são profundamente impactados por nossas atitudes.

Não podemos esquecer das crianças à nossa volta, na nossa comunidade, igreja e até no mundo. Embora não possamos mudar o mundo todo, podemos mudar o mundo de uma criança, construindo uma base emocional e espiritual sólida desde cedo.

As crianças nascem confiando plenamente em seus cuidadores. Jesus usa essa confiança pura para nos lembrar de como devemos crer e depender de Deus, nosso Pai Celestial. No entanto, muitas vezes transferimos nossas feridas para nossos filhos, perpetuando um ciclo de dor. Hoje, Dia das Crianças, é o momento ideal para repensar como nos relacionamos com elas.

Não basta dar presentes; precisamos dar amor verdadeiro, tempo, escuta sem julgamentos e carinho. Precisamos ser exemplos de fé e amor de Cristo em suas vidas. Façamos a nossa parte, e amemos as crianças com o amor de Jesus!

Pai, ajuda-me a curar minha criança interior para que eu amadureça e tenha capacidade interna para dar amor às crianças à minha volta.

Boas práticas

Sejam praticantes da palavra, e não apenas ouvintes, enganando-se a si mesmos (Tiago 1:22).

A vantagem de ter boas práticas, como ler a Bíblia, orar, jejuar, adorar, perdoar, ceder e cuidar da saúde física e emocional, é que elas geram resultados grandiosos em todas as áreas da sua vida. Muitos acreditam que apenas ao ler a Bíblia ou orar estão agradando a Deus, e sim, Ele se agrada. Mas o ponto principal é que essas práticas trazem plenitude para a sua própria vida.

O amor de Deus está nos detalhes. Ele nos ama tanto que nos deixou um mapa de orientação em sua Palavra e um meio de comunicação através da oração. Além disso, Ele continua inspirando canções para consolar e encorajar nossas almas. Deus é um Pai amoroso, e nos deixou muitos presentes. A grande questão é: estamos aproveitando esses presentes?

Lembro de um livro em que o autor compartilhava dicas para facilitar a compreensão e aplicação das Escrituras no nosso dia a dia. Gostaria de compartilhar algumas perguntas que podem ajudá-la a extrair o melhor de cada leitura bíblica e aplicar as boas práticas:

- Existe um direcionamento a obedecer?
- Existe uma instrução a ser seguida?
- Há uma promessa para declarar e tomar posse?
- Existe um pecado para evitar ou a confessar?
- Existe um princípio/mandamento a ser praticado?
- Como eu me sentiria nessa situação? - Tente se imaginar dentro da história bíblica como um dos personagens do texto.
- O quão desafiador é para mim colocar em prática o que esse texto me ensina?

Escreva suas reflexões em um caderno devocional. O hábito de refletir e anotar suas respostas ajudará a fixar o aprendizado e transformar o conhecimento em ação.

O seu **crescimento espiritual** é responsabilidade sua. Tenha uma vida prática de **devoção** a Deus.

Pai, obrigada pelos presentes que me deixaste. Ajuda-me a valorizar e meditar em cada um deles, especialmente em tua Palavra, para que eu tenha boas práticas em minha vida.

__/__/__

Desconectada?

O meu povo cometeu dois crimes: eles me abandonaram, a mim, a fonte de água viva; e cavaram as suas próprias cisternas, cisternas rachadas que não retêm água (Jeremias 2:13).

Esse **vazio** que sente, sem motivo aparente, pode ser apenas **saudade de Deus.**

"Filha, queria tanto falar contigo, mas você tem andado tão apressada.

Você buscou tanto minha amizade[21], mas agora ela já não é tão importante para você.

Você arrumou tantas amizades, está sempre cercada de pessoas e até o espaço que era meu, você preencheu!

Nunca mais conversamos, nunca mais você me contou seus sonhos e segredos. Que saudades tenho das nossas conversas!

Você nunca mais dançou para mim, nunca mais cantou para mim, nunca mais escreveu para mim...

Seus negócios se tornaram mais importantes que nosso relacionamento. Até aqueles 5 minutinhos que você tinha comigo não existem mais...

Se lembra de nossas conversas, dos nossos segredos, das nossas risadas, lá naquele cantinho que você gostava tanto?

Faz tempo que você não me chama de amigo e Pai, apenas de Senhor, e, embora eu seja Senhor da sua vida, ficar na posição de apenas serva esfria nossa relação e prejudica nossa conexão mais íntima.

Hoje eu marquei esse encontro com você porque precisava que você se lembrasse de tudo isso. Não se afaste da minha *presença*, porque ela é a *única* coisa que a mantém de pé!

Fechei as portas das suas amizades e conexões porque precisava ficar a sós com você... só para ver se você lembrava de mim...

Não me agrada vê-la distante de mim. Sua indiferença ao meu chamado e amor entristece meu coração. É tempo de voltar, é tempo de se arrepender, é tempo de reatar nossa amizade. Que saudades estou de você!".

Como seria receber essa carta do seu Pai Celestial hoje?

Que a gente nunca saia da *presença* de Deus e desse lugar, às vezes desconfortável e dolorido, mas curador e libertador!

Pai, perdoa-me por estar distante e ocupada com tantas preocupações. Ajuda-me a abandonar os poços e cisternas que cavei em vão e a beber somente da tua água viva.

Ensino

Mas o Conselheiro, o Espírito Santo, que o Pai enviará em meu nome, lhes ensinará todas as coisas e lhes fará lembrar tudo o que eu lhes disse (João 14:26).

Hoje, celebramos o Dia do Professor, uma oportunidade de reconhecer e honrar aqueles que dedicam suas vidas a ensinar e inspirar. O versículo de hoje nos lembra que o Espírito Santo é nosso Conselheiro e Professor, guiando-nos em todas as coisas. Assim como um professor nos ensina, o Espírito Santo nos ilumina, trazendo à memória as verdades que aprendemos e ajudando-nos a aplicá-las em nossas vidas. Essa parceria entre o ensino humano e a sabedoria divina é fundamental para nosso crescimento espiritual e emocional.

Feliz é aquele que **transfere** o que sabe e **aprende** o que ensina.
- Cora Coralina.

Em 2Timóteo 1:5, Paulo cita que a fé de Timóteo foi um legado herdado de sua mãe e avó. Elas foram fundamentais na formação da fé de Timóteo. Ao refletirmos sobre a importância do ensino, podemos perceber que cada palavra e ação têm o potencial de criar um impacto duradouro. O legado que deixamos é construído não apenas por nossas realizações, mas pela influência que exercemos sobre aqueles que nos cercam. O que ensinamos e como vivemos nossas vidas podem servir como modelos que inspiram outros a seguir um caminho de fé e esperança.

Hoje, reflita sobre a importância do ensino em sua vida. Pense em professores que impactaram sua jornada e na forma como eles compartilharam não apenas conhecimento, mas também amor, apoio e encorajamento. Reconheça que, assim como o Espírito Santo nos ensina e nos lembra, também somos chamados a transmitir o que aprendemos para os outros, criando um ciclo contínuo de aprendizado e crescimento.

Gosto da frase de Carl Jung: O que você faz, faz a diferença; e você tem que escolher que tipo de diferença quer fazer. Cada conversa, cada lição, cada gesto de amor e fé, é uma oportunidade de deixar uma marca positiva na vida de alguém.

Senhor, ajuda-me a ser um exemplo de fé e amor em minha vida cotidiana. Que eu possa transmitir os valores que tu me ensinaste, e que meu legado inspire as próximas gerações a buscarem a ti com todo o coração.

Novos começos

Graças ao grande amor do Senhor é que não somos consumidos, pois suas misericórdias são inesgotáveis. Renovam-se cada manhã [...] (Lamentações 3:22,23).

Sempre há um lugar de **novos começos** em Cristo Jesus!

Em Deus, há sempre um lugar para novos começos. Nunca é tarde demais para recomeçar! Quando o sol se levanta a cada manhã, é como se Deus nos enviasse um recado: "É um novo dia, vamos começar de novo!".

Lembre-se de que as misericórdias do Senhor se renovam a cada manhã. Errou ontem? Vença a culpa e a condenação. Perdoe-se e peça ao Espírito Santo ajuda para errar menos hoje. E vida que segue!

Li em algum lugar que: "Graça é recebermos o que não merecemos e misericórdia é não recebermos o que merecíamos". Em outras palavras, recebemos o perdão que não merecíamos e não recebemos a condenação que merecíamos.

Louvado seja o Senhor, que através de seu grande amor nos oferece graça e misericórdia todos os dias! Deus está escrevendo novas páginas na sua vida, com novas canetas e novos pincéis. Para viver essa nova história, é preciso fé.

Há algum tempo, eu precisei voltar a morar em um lugar que não queria mais voltar. As condições naquele local não eram favoráveis e corria o risco de tirar nossa paz. Alguns medos vieram à tona. No fundo, eu não sentia que seria uma volta, mas sim, algo novo. Embora o lugar fosse o mesmo e as pessoas também, precisava me lembrar de que *eu não* era mais a mesma pessoa. Lembro que nessa época meu esposo disse: "eu não vou *voltar* para tal lugar, eu estou *indo* para tal lugar". Uma palavra fez toda a diferença! Entendi que eu precisava mudar a maneira de ver as coisas.

Quero encorajá-la a ver suas "voltas" como novos começos. Deus sempre faz algo novo, mesmo nos lugares que parecem os mesmos.

Pai, obrigada porque tuas misericórdias se renovam a cada manhã e por criar páginas na minha história. Ajuda-me a crer que o melhor está por vir.

Primeiro em nós

Mas o vaso de barro que ele estava formando estragou-se em suas mãos; e ele o refez, moldando outro vaso de acordo com a sua vontade (Jeremias 18:4).

Jesus é especialista em mudar corações. É Ele quem opera a transformação em nós e nos outros. Muitas vezes, gastamos tanto tempo tentando mudar nossos maridos, sogras, pais ou filhos que esquecemos de nossa principal função: depender de Cristo e manter um relacionamento íntimo com Ele.

O convencimento da mudança no outro vem de Deus, não de nós. É fácil pedir: "Ah, Deus, muda o meu esposo, filho(a), chefe..." Mas Deus não vai mudar ninguém ao nosso redor sem antes nos moldar. Às vezes, Ele usa justamente essas pessoas que nos irritam para nos confrontar, pois quem precisa aprender somos nós. Quando buscamos a nossa própria mudança em Deus, automaticamente, Ele começa a trabalhar na vida dos outros.

Tudo o que precisamos fazer é colaborar com a ação de Cristo. Busque a Deus em primeiro lugar, e Ele fará o restante. O que você não consegue fazer com muito esforço, o Senhor faz com facilidade.

Deus não desperdiça a nossa dor. Mesmo nos piores momentos, há uma saída: *Jesus*! Permita-se ser curada e torne-se um instrumento de cura nas mãos de Deus. À medida que você avança no processo, começa a entender o propósito da sua vida, mesmo em meio à dor.

Para viver a cura emocional e a plenitude que Jesus nos oferece, precisamos derrubar gigantes – não as pessoas ao nosso redor, mas os gigantes dentro de nós: orgulho, ressentimento, falta de perdão, pessimismo, desânimo, mágoas. Nós somos nossos maiores inimigos.

A Palavra de Deus, livros e ministrações podem apontar o caminho, mas somente o Espírito Santo pode nos ajudar a derrotar esses gigantes.

Deus disse: **ame o seu inimigo**. Eu obedeci, e amei a mim mesmo. – Khalil Gibran

Senhor, ajuda-me a parar de focar nos erros dos outros, para que eu possa olhar para os processos que o Senhor está colocando diante de mim.

Perder "seu lugar"?

[...] onde há inveja e ambição egoísta, aí há confusão e toda espécie de males (Tiago 3:16).

Somente você pode ser você, com seu **jeito especial** de ser. – Dra. Caroline Leaf

"Não tenha medo que o outro passe à sua frente e faça mais que você." Essa frase me sacudiu há algum tempo. Houve um período em minha trajetória em que temi "ficar para trás". Eu via mulheres alcançando destaque ao dizerem as mesmas coisas que eu já dizia no anonimato há anos. Por um breve período, senti-me insegura, pensando: "Quando chegar a minha vez, vão achar que estou copiando fulana..."

Incomodada com esses sentimentos, busquei cura. Descobri que esse sentimento provinha de uma infância marcada pela rejeição e falta de inclusão. Meu "eu adulto" ainda carregava feridas do meu "eu infantil". Cavei fundo para curar a raiz e entendi que o que Deus tem para cada um se cumprirá no tempo certo.

Não tenha inveja de quem Deus levanta, pois Ele vê coisas que você não viu. Ninguém é levantado por acaso. Deus sabe das horas em secreto, das renúncias e do preço pago. Não precisa ter ciúmes ou competir. O que Deus tem para você, ninguém pode roubar: sua identidade e seu chamado!

Cada jornada é única. Deus levanta cada um com um propósito específico. Alguns podem alcançar o "sucesso" mais rápido, outros levarão mais tempo. O importante é permanecer fiel ao chamado que Deus lhe deu. Ele conhece suas lutas e seus desejos mais profundos. O que Ele tem para realizar através da sua vida, só você poderá realizar.

Confie no propósito de Deus, amadureça e foque nos seus processos.

Pai, perdoa minha imaturidade e medo de perder meu lugar. Ajuda-me a vencer meu ego e a servir ao teu Reino com humildade.

Você está presente?

[...] ninguém jamais odiou o seu próprio corpo, mas o alimenta e dele cuida, como também Cristo faz com a igreja (Efésios 5:29).

O versículo de hoje nos lembra da importância de cuidar de nós mesmas, assim como Cristo cuida da igreja. Você já refletiu sobre o quanto está presente na sua própria vida? Passamos mais tempo conosco do que com qualquer outra pessoa. Por isso, precisamos cultivar uma boa relação conosco. Afinal, não podemos nos livrar de quem somos.

Houve um tempo em que Deus me fez refletir profundamente sobre o amor-próprio, algo que eu nunca havia considerado essencial para minha cura. Durante anos, eu não apenas deixava de me amar, mas me detestava. Eu me tornei minha maior adversária, depreciando-me constantemente. Isso fez de mim uma pessoa infeliz e negativa.

Às vezes, o maior inimigo não está fora, mas dentro de nós. As palavras e pensamentos que usamos para nos descrever podem ser uma fonte de dor constante. Conviver com essa negatividade interna é desgastante. Pense em como seria estar com alguém que a critica o tempo todo — agora imagine se essa pessoa for você mesma.

Com o tempo, entendi que grande parte da minha tristeza vinha das minhas próprias atitudes destrutivas. Eu era a fonte da minha infelicidade. Reconhecer isso foi o primeiro passo para minha cura. Pedi perdão a Deus e comecei a aprender a me amar.

Quando acordamos com pensamentos negativos, carregamos uma nuvem pesada ao longo do dia. Mas, e se escolhermos lembrar o quão preciosas somos aos olhos de Deus? Você é única e imensamente amada. Quando abraçamos essa verdade, as mentiras da nossa mente perdem o poder.

A transformação começa com a ação. E uma das atitudes mais poderosas que podemos tomar é nunca duvidar do amor de Deus por nós.

Ninguém pode fazer você se sentir inferior sem o seu **consentimento.**
– Joyce Meyer

Pai, perdoa-me por depreciar a tua criação quando falo mal de mim mesma. Liberta-me da autorrejeição e ajuda-me a ver-me através do teu amor.

293

___/___/___

Deus faz a ferida

Venham, voltemos para o Senhor. Ele nos despedaçou, mas nos trará cura; ele nos feriu, mas sarará nossas feridas (Oseias 6:1).

Enquanto você não curar a **raiz** da dor, o ciclo da ferida continuará se **repetindo.**

Deus faz a ferida para revelar uma ferida mais profunda. Às vezes, Deus permite que enfrentemos momentos dolorosos para revelar áreas em nossa vida que precisam de atenção e cura. Ele nos conduz por esses processos não para nos prejudicar, mas para trazer à luz algo que ainda precisa ser tratado. Feridas que não são tratadas adequadamente podem parecer curadas, mas ainda estão abertas por dentro.

Já se sentiu magoada por alguém, como se o comportamento dessa pessoa atingisse diretamente o seu coração? Talvez você tenha ficado surpresa com a intensidade da sua dor, pensando que a reação foi exagerada. Isso é comum quando a dor atual toca em algo mais profundo, algo que estava escondido dentro de você. Por muito tempo, eu me sentia magoada pelas pessoas que me ignoravam ou me desprezavam, seja em mensagens, redes sociais ou em outras situações. Esse padrão de indiferença parecia se repetir, e a cada vez eu me machucava ainda mais.

Deus, em sua bondade, permite essas experiências para revelar feridas. Ele sabe que uma ferida não curada continua a nos afetar. Às vezes, essa dor presente pode ser a chave para curar algo do passado. O desprezo, a rejeição ou até mesmo o silêncio de alguém hoje podem estar reabrindo feridas, muitas vezes ligadas à nossa infância, aos nossos relacionamentos familiares ou a expectativas frustradas ao longo da vida.

Agora que você compreende que uma dor atual pode estar apontando para algo mais profundo, aqui está uma pergunta que pode ajudá-la a refletir e buscar cura: Por que isso me machucou tanto? Qual dor do passado minhas lembranças estão tentando me revelar?

Reconheça essa ferida, traga-a à luz de Deus e permita que Ele trabalhe na raiz, trazendo cura completa.

Pai, ajuda-me a identificar a raiz mais profunda desta dor momentânea e cura-me, em nome de Jesus!

Má água parada

Cria em mim um coração puro, ó Deus, e renova dentro de mim um espírito estável (Salmos 51:10).

Certa vez, ouvi uma metáfora interessante que compara a mágoa com "má água parada" (leia novamente rápido e entenda o trocadilho). A mágoa nada mais é do que memórias ruins que ficam paradas em nossa mente, contaminando nossos sentimentos e nos afastando do propósito que Deus tem para nós. Guardar mágoa é como reter emoções tóxicas que nos envenenam por dentro. Assim como a água parada apodrece e atrai bichos, a mágoa também adoece nosso coração e nossa alma.

Quer saber como se livrar da mágoa? Primeiro, valide seus sentimentos. Não os ignore. Reconheça a dor que alguém lhe causou — seja por ofensa, traição, engano, abandono ou decepção. Sinta essa dor em oração, permitindo que ela venha à tona. Não tenha medo de expressar seus sentimentos diante de Deus.

Depois, libere perdão. Verbalize em voz alta o perdão para as pessoas envolvidas nessa "má água parada". Por fim, abençoe essas pessoas e devolva toda a dor para Deus. Isso trará liberdade ao seu coração.

Talvez você não esteja magoada, mas irritada ou brava com alguma situação ou alguém. Nesse caso, deixo perguntas reflexivas que também podem ajudá-la a se descontaminar desse sentimento:

Qual a importância que isso terá daqui 15 dias (por exemplo)? Essa pessoa é tão importante assim na minha vida? Eu posso mudar essa situação? Eu preciso mesmo falar algo para essa pessoa agora? O que de pior pode acontecer nessa situação?

Essas reflexões ajudam a administrar melhor nossas emoções, desenvolvendo Inteligência Emocional. Ao tirar o foco dos problemas e colocá-los nas mãos de Deus, ganhamos uma nova perspectiva. Libere perdão e seja livre!

Tu te tornas eternamente **responsável** por aquilo que **cativas**.
- Antoine de Saint-Exupéry

Jesus, tu és a fonte de água viva e peço que limpes meu coração com suas águas curadoras, retirando toda mágoa que esteja adoecendo minha alma.

Não é uma conveniência

Fui crucificado com Cristo. Assim, já não sou eu quem vive, mas Cristo vive em mim (Gálatas 2:20).

Sempre estamos em busca do que Deus pode nos dar, mas **é tempo de doar**.

O evangelho não é como um supermercado, onde você pega só o que lhe é conveniente, ou o que você está precisando. Você deve se adequar ao evangelho, e não ele a você!

O evangelho é incômodo e, às vezes, até inconveniente. É aquela "vozinha" que não para de nos dizer:

- Quem você pode abençoar hoje?
- Quem você pode alimentar hoje?
- Quem você pode encorajar hoje?
- Quem você pode ouvir hoje?
- Quem você pode acolher hoje?
- Para quem você pode estender a mão hoje?
- Para quem você pode dar uma oportunidade hoje?
- Para quem você pode facilitar o caminho hoje?
- Quem você pode socorrer hoje?
- Quem você pode ajudar hoje?
- Para quem você pode dar uma informação hoje?
- Para quem você pode dizer 'Sim' hoje?
- Quem você deve perdoar hoje?
- De quem você pode falar bem hoje?
- A quem você pode demonstrar amor na prática hoje?
- Quem você pode elogiar hoje?
- Quem você pode fazer feliz hoje?
- Que criança você pode dar um abraço ou presente hoje?
- Que obra social você pode fazer hoje?
- Que dom você pode doar hoje?
- Deus, o que eu posso fazer pelo Senhor hoje?

Não sei você, mas essa voz do verdadeiro evangelho nunca me deixa numa zona de conforto. Obedecer a essa voz é ser igreja de verdade!

Jesus, que eu não deseje apenas as tuas bençãos, mas que eu seja uma benção do Senhor na vida das pessoas.

Você não é a mesma!

Criarei novos céus e nova terra, e as coisas passadas não serão lembradas. Jamais virão à mente! (Isaías 65:17).

Quantas vezes repetimos o mesmo discurso, dizendo que não somos capazes, que temos medo, que não conseguimos? Quero dizer-lhe que não é porque algo não deu certo que não dará certo hoje. Você não é mais a mesma! Às vezes, não enxergamos a pessoa que estamos nos tornando.

Se **desafie** a ser **tudo** o que foi criada para ser. – Dra. Caroline Leaf

Você pode estar em um processo de cura e transformação, muita coisa já mudou, mas talvez ainda não tenha percebido. Deus quer levá-la a um novo nível, mas você precisa acreditar que é capaz.

Um exemplo pessoal foi uma trajetória desafiadora que tive em 2018, criando o curso online Mentoria Saradas para Sarar. Durante um ano inteiro, escrevi, estudei, gravei e produzi sem recursos profissionais. Foram mais de 120 aulas com fé e coragem. Mas só Deus sabe o quanto sofri nesse período por ser extremamente perfeccionista.

Minha casa não tinha um fundo bonito, câmera profissional, iluminação. E, para piorar, o carro do ovo, da pamonha e outros faziam questão de passar na rua enquanto eu gravava (risos)! Fiz tudo "na unha". Voltava várias vezes por causa desse perfeccionismo, e me atrapalhei nas edições.

Quando surgiu a ideia de gravar outro curso, em 2020, o "Seja mais você", o impacto emocional foi grande, trazendo memórias desafiadoras. Mas Deus trabalhou no meu coração, dizendo: "Você não é mais a mesma!". E era verdade. Tudo havia mudado, internamente e externamente. A estrutura de gravação era outra. Agora, com minha filha ajudando nas edições e meu esposo na produção, tínhamos novos equipamentos. Tudo ao redor era novo, refletindo a transformação interior.

Esse breve testemunho é para que você também possa refletir sobre a sua própria jornada. Você também não é mais a mesma!

Senhor, ajuda-me a enxergar a nova pessoa que o Senhor está formando em mim. Que as experiências do passado não me causem medo ou me paralisem.

Pecado gera afastamento

E ele respondeu: "Ouvi teus passos no jardim e fiquei com medo, porque estava nu; por isso me escondi" (Gênesis 3:10).

A **misericórdia** deu ao filho pródigo uma segunda chance. A **graça** deu uma festa para ele.
- Max Lucado

Quando pecamos e tomamos consciência disso, a ajuda do Espírito Santo é fundamental, pois é Ele quem nos convence, nos constrange e gera arrependimento. Nesse momento, a vergonha nos invade, e muitas vezes nos sentimos inclinadas a nos afastar de Deus, temendo a rejeição por mais uma falha. Essa fuga acontece desde o Éden, como vemos no versículo de hoje.

Nesse momento, o inimigo entra em cena, nos acusando e tentando nos convencer de que Deus já não quer mais ouvir nossas desculpas. Ele sussurra que erramos novamente e que já não há mais chances para nós. Quantas vezes já pensamos: "Deus não vai me perdoar de novo pelo mesmo erro"? Essa dúvida nos paralisa e nos torna prisioneiras da culpa e vergonha.

A canção de Jeferson Pilar diz: "Prometo e falho, Senhor, eu não aguento mais confiar em mim!" E muitas de nós nos sentimos assim. Tentamos mudar, mas acabamos repetindo os mesmos erros, o que nos afasta ainda mais de Deus. Esse é o maior erro: nos afastar de Deus por medo. Quanto mais longe, mais vulneráveis ficamos ao pecado.

A verdade é que Deus nunca se cansa de nos ouvir. Ele é paciente e está sempre pronto para nos perdoar. A graça de Deus nos oferece perdão, mesmo quando falhamos muitas vezes. Contudo, essa graça não é desculpa para continuar pecando, mas nos dá força para resistir ao mal.

Ajuda-me a lembrar que a tua graça é suficiente e que o teu amor por mim é incondicional. Dá-me forças para resistir às tentações e para buscar a tua presença diariamente.

Saqueadas

Vou compensá-los pelos anos de colheitas que os gafanhotos destruíram [...] (Joel 2:25a).

Eu costumo dizer que Deus nos envia à terra com uma mochila cheia de dons, talentos, habilidades e tudo o que vamos precisar para nossa caminhada, para que possamos dar frutos ao Senhor. Mas, em certos momentos da vida, parece que somos assaltadas e essa mochila é roubada.

Dentro dela, poderiam estar a autoestima, autoconfiança, segurança, o amor das pessoas, a esperança e os sonhos. E então, de repente, percebemos que fomos saqueadas. Talvez na sua mochila estivesse o amor e o reconhecimento do seu pai, ou o carinho e as palavras de afirmação da sua mãe. Quem sabe, o sonho de se realizar profissionalmente, de construir uma família feliz, ou sua pureza e alegria foram roubadas por abusos ou situações traumáticas.

Talvez você sinta que não "passou na fila" das habilidades, ou não acredite em si mesma. Esse sentimento pode ter raízes em crenças distorcidas, criadas por falta de sabedoria de figuras de autoridade em sua vida. Às vezes, a vida nos joga em cativeiros de perda, decepção ou frustração. Isso nos faz esquecer quem somos, perdemos nossa essência, e o mundo perde o sentido.

Talvez sua mochila esteja cheia de pedras atiradas por críticas, rejeições ou traições. Mas hoje convido você a deixar essas pedras na cruz de Cristo e olhar fundo na sua mochila. Sua essência ainda está lá. Sua originalidade, sua força, tudo o que Deus lhe deu já está em você. Deus, como Pai amoroso, não esqueceu de nada. Confie e vasculhe sua mochila até encontrar!

Deus esconde **talentos** e **habilidades** no fundo de cada um de nós. Nossa missão é desenterrá-los e afiá-los.
– Lisa Bevere

Pai, sinto que fui roubada em algumas áreas da minha vida, por isso, peço que me ajudes a encontrar a força, alegria e essência que foram perdidas ao longo do caminho.

Bordado

[...] [Deus] os capacite em tudo que precisam para fazer a vontade dele. Que ele produza em vocês, mediante o poder de Jesus Cristo, tudo que é agradável a ele [...] (Hebreus 13:21).

Se tu choras por ter perdido o sol, as lágrimas te impedirão de ver as estrelas. - Antoine de Saint-Exupéry

Às vezes, a vida parece um bordado confuso. Quando olhamos para o avesso de um bordado, só vemos um emaranhado de fios desordenados. Nada faz sentido, e parece impossível acreditar que algo belo possa surgir daquele caos. Em momentos difíceis, podemos ver nossas vidas assim, como algo confuso e sem solução.

Mas Deus, o Grande Artesão, vê diferente. Ele está com a agulha e os fios, trabalhando pacientemente para criar algo extraordinário. Enquanto estamos focadas no avesso, Deus enxerga o lado certo, onde cada fio está no lugar certo, formando uma bela obra de arte.

Talvez, hoje, você sinta que tudo está desmoronando. Porém, assim como no bordado, precisamos confiar no processo. Nem sempre vemos o que Deus está fazendo agora, mas podemos confiar que Ele trabalha para o nosso bem (Romanos 8:28).

Cada uma de nós é uma obra única. Deus não repete arte. O que Ele está tecendo em você é exclusivo. Ele conhece seus detalhes, seus sonhos, dores e alegrias. No final, sua vida será uma obra que reflete o amor e a graça dele.

Quando o processo terminar, o avesso será virado, e o lado certo exposto. A linda obra de arte poderá ser vista e apreciada. Ainda que o processo pareça caótico, a obra que Deus está fazendo em sua vida será perfeita, porque Deus é perfeito. Até lá, descanse na certeza de que Ele está no controle. Não desanime ao ver o avesso, pois Deus está criando algo belo.

Senhor, muitas vezes não entendo o que está acontecendo em minha vida, mas confio que o Senhor está tecendo algo belo, mesmo quando eu só consigo ver o avesso.

Geração que sangra

[...] há doze anos a mulher vinha sofrendo de hemorragia [...] Imediatamente a menina, que tinha doze anos de idade, levantou--se e começou a andar (Marcos 5:25,42).

Enquanto uma geração sangra, a próxima está morrendo. Em Marcos 5, encontramos uma chave emocional profunda na história da mulher com fluxo de sangue. Jesus estava a caminho de curar a filha de Jairo, de 12 anos, quando uma mulher, doente por 12 anos, o tocou com tanta fé que foi curada imediatamente. Aqui, vemos uma filha e uma mulher, ambas necessitadas do toque de Jesus.

Não sangre em cima dos seus filhos a dor de uma ferida não curada no passado.

Certa vez, ouvi uma ministração da querida Dra. Ilma Cunha (psicóloga e palestrante cristã), com base nessa passagem. Ela abordou que enquanto uma geração está sangrando, a próxima está morrendo. Ela trouxe o olhar para a "não coincidência" de que ambas possuíam o número 12 em comum: uma tinha 12 anos, a outra estava enferma há 12 anos. Enquanto uma mulher sangra, a próxima geração adoece.

Embora no contexto bíblico a garota doente não fosse filha da mulher do fluxo de sangue, a palestrante usou como exemplo a curiosidade do texto em relatar o mesmo número de anos nas gerações diferentes.

Na história bíblica, Jesus cura a mulher primeiro, depois a menina. Na minha vida, Deus começou a me curar para que, então, minhas filhas fossem curadas das feridas emocionais que eu causei.

Você já refletiu sobre a origem da sua dor? Seus filhos estão sofrendo por causa do seu "sangramento" emocional? A mulher de Marcos 5 rompeu barreiras e foi curada. Deus espera que você o toque com fé e adoração para receber o que Ele já liberou para sua vida. Sua entrega toca profundamente o coração do Senhor.

Encorajo você a buscar sua cura, assim como essa mulher, para que sua geração seja restaurada!

Jesus, hoje toco no Senhor de uma maneira diferente, assim como aquela mulher do fluxo de sangue um dia tocou em ti. Permitas que eu alcance cura através do teu poder liberado para que minha geração seja alcançada.

__/__/__

Sozinha?

Eu estarei sempre com vocês, até o fim dos tempos (Mateus 28:20b).

Exploramos as **questões mais profundas** da vida na caverna.
– Max Lucado

Sabia que os momentos em que nos sentimos mais solitárias podem ser as oportunidades que Deus nos dá para produzir algo para a glória dele? Quando Jesus passou pelo processo da crucificação, em que nossa salvação foi gerada, Ele estava sozinho. No Getsêmani, quando pediu que seus discípulos orassem com Ele, eles dormiram. Durante o julgamento no Sinédrio, seus amigos o abandonaram. No Gólgota, Ele enfrentou a cruz sem apoio, chegando a clamar ao Pai: " Meu Deus! Por que me abandonaste?" (Mateus 27:46).

Paulo também passou por muitos momentos de solidão em suas prisões, e mesmo assim, escreveu 13 cartas que se tornaram parte do Novo Testamento[22]. Nos momentos de solidão, é fácil se sentir esquecida e desamparada. Porém, essas fases podem ser oportunidades divinas para nos aproximarmos de Deus e permitir que Ele trabalhe em nossas vidas de formas que não imaginamos. Jesus, em sua maior hora de necessidade, sentiu-se sozinho, mas isso não o impediu de cumprir seu propósito. Da mesma forma, Deus pode usar esses momentos em nossa vida para nos preparar para algo maior.

Jesus, ajuda-me a sentir tua constante presença nessa caverna emocional em que me encontro hoje e ajuda-me a ser luz na vida de outras pessoas que estejam em cavernas parecidas com a minha.

Se você se sente só, permita que Deus use esse momento para produzir algo que vai alcançar resultados que você nem pode imaginar. E, mesmo em sua dor, Jesus nos ensina a cuidar do próximo. Ele ofereceu salvação ao homem que estava sendo crucificado ao seu lado. Que tal hoje tirar um tempo para encorajar alguém? Envie uma mensagem, uma canção, uma Palavra, mesmo que ninguém tenha feito o mesmo por você. Seja luz, mesmo em meio à sua solidão.

Nunca se esqueça: Deus está sempre com você, pronto para lhe dar o consolo, o fortalecimento e o descanso que você precisa.

O "não" de Deus

Paulo e seus companheiros foram impedidos pelo Espírito Santo de pregar a palavra na província da Ásia [...] tentaram entrar, mas o Espírito de Jesus os impediu (Atos 16:6,7).

Já aconteceu de você querer fazer algo, como estar em algum lugar, fazer uma viagem, ou se conectar a um grupo de pessoas, mas perceber que Deus a impediu? No momento, pode ser frustrante e parecer injusto, mas é possível que haja um propósito divino por trás desse "não". Assim como um pai amoroso não concede tudo ao seu filho, Deus também nos protege de situações que podem nos prejudicar, mesmo quando não entendemos o motivo.

Há coisas que não são necessariamente erradas. Elas só **não são necessárias**.

Paulo e seus companheiros estavam com a nobre missão de pregar o Evangelho, mas foram impedidos pelo Espírito Santo. Isso nos ensina que, por mais que algo pareça certo aos nossos olhos, não é necessariamente o plano de Deus para nós. Quantas vezes você já se deparou com portas fechadas e não entendeu o porquê? Talvez tenha orado e pedido a Deus por uma oportunidade, mas a resposta foi o silêncio ou um claro impedimento.

Os motivos podem ser diversos. Talvez ainda não seja o tempo certo, ou você ainda precise de preparação. Deus pode estar protegendo você de algo que não está alinhado com o seu propósito para sua vida. Muitas vezes, aquilo que desejamos pode nos afastar dele, por mais promissor que pareça.

O mais importante é lembrar que os "nãos" de Deus são, muitas vezes, sinais de proteção e cuidado. Pode ser que, no futuro, você olhe para trás e entenda que aquele impedimento foi o melhor que lhe aconteceu. Até lá, confie nos planos perfeitos de Deus e saiba que Ele está cuidando de você em cada detalhe.

Senhor, ajuda-me a aceitar os teus 'nãos' com um coração grato e confiante. Sei que teus pensamentos são maiores que os meus, e que cada porta fechada é um ato de cuidado.

Queime as pontes

Quanto à maneira antiga de viver, vocês foram ensinados a despir-se do velho homem, que se corrompe por desejos enganosos, a serem renovados no modo de pensar (Efésios 4:22,23).

Não queira voltar ao passado se Deus já a tirou dele, mesmo que tenha sido repleto de bons momentos.

Sabe quando você precisa tomar uma decisão da qual não há como voltar? É isso que significa "queime as pontes". Refere-se a cortar de vez os laços com o passado, com hábitos, pensamentos e relacionamentos que não nos fazem bem.

Quantas vezes sabemos o que devemos fazer, os lugares e pessoas que devemos evitar, mas ainda fracassamos? Isso acontece porque, embora o espírito queira seguir em frente, o emocional permanece preso a velhos padrões. Deus já nos mostrou o caminho, mas a responsabilidade de permanecer firme é nossa.

Houve um momento em que precisei me comprometer a nunca mais me colocar em situações das quais Deus já havia me tirado. Escrevi uma carta para mim mesma. Essa foi a minha forma de "queimar as pontes", rompendo de vez com aquilo que me puxava de volta para o lugar de onde Deus me libertou. Sabia que não poderia voltar atrás, por mais difícil que fosse.

Se Deus já tirou você da lama, por que você iria querer voltar? Não volte para relacionamentos abusivos, para hábitos que a escravizam, para o comportamento que destrói sua autoestima. Deus chama você a renovar sua mente e a cuidar de si, assim como Ele cuida de você.

Queimar as pontes não é apenas sair de onde está; é fechar qualquer possibilidade de retorno ao que a afasta de Deus. Quais são as pontes que você precisa queimar hoje?

Senhor, ajuda-me a vencer as tentações que insistem em me levar de volta ao lugar de onde o Senhor já me tirou.

Reforma pessoal

Aproximem-se de Deus, e ele se aproximará de vocês! Pecadores, limpem as mãos, e vocês, que têm a mente dividida, purifiquem o coração (Tiago 4:8).

No dia 31 de outubro, comemoramos a "Reforma Protestante", iniciada por Martinho Lutero. Esse movimento transformou o curso da história da Igreja, questionando práticas que distorciam a fé genuína. Assim como Lutero confrontou e reformou os costumes religiosos de sua época, também somos chamadas a viver uma reforma interior, ajustando nossas vidas de acordo com a Palavra de Deus.

Quantas vezes repetimos comportamentos sem questionar suas motivações? Fazemos certas coisas por hábito ou tradição, sem entender o verdadeiro propósito. Por exemplo, já parou para refletir por que algumas pessoas acreditam que só podem orar ajoelhadas? Será que é a posição física que agrada a Deus ou a disposição do coração? Deus se importa com a sinceridade e a conexão íntima que temos com Ele, independentemente de nossa postura exterior.

A Reforma Protestante nos lembra da importância de examinar as tradições e confrontar o que não está alinhado com a verdade bíblica. Da mesma forma, precisamos confrontar os traumas, medos, inseguranças e crenças distorcidas que temos sobre nós mesmas. Quantas vezes acreditamos em mentiras como "eu nunca vou mudar" ou "Deus se esqueceu de mim"? Essas crenças nos afastam da verdade de quem somos em Cristo.

Assim como Lutero buscou a verdade nas Escrituras, somos chamadas a confrontar as mentiras que temos permitido em nossas vidas. Qual é a mentira que você tem acreditado e que precisa ser substituída pela verdade da Palavra de Deus?

Permita que o "Grande Reformador" revele as áreas da sua vida que precisam de transformação. Assim como a Reforma Protestante trouxe de volta a essência da fé, que a sua reforma pessoal traga à tona a verdadeira liberdade que há em Cristo.

O processo da verdadeira mudança só começa com uma **avaliação corajosa, honesta e intensa** dos seus caminhos. – Robert Morris

Pai, reforma todos os cômodos da minha alma. Quero ser uma casa firmada na Rocha para dar abrigo a quem precisa.

Saradas para sarar

[...] para que, com a consolação que recebemos de Deus, possamos consolar os que estão passando por tribulações (2Coríntios 1:4).

O que Deus fez em você se estenderá para além de você, porque **NÃO pode PARAR em VOCÊ**!

Quando Deus iniciou um processo de cura na minha vida, em 2012, eu não imaginava quantas pessoas seriam impactadas pela minha história. Fui acolhida e transformada por uma mulher amorosa, que estendeu a mão quando eu mais precisava. Mal sabia eu que, em pouco tempo, seria minha vez de fazer o mesmo por outras mulheres.

Embora eu ainda estivesse longe de estar completamente curada, foi ao me doar, ouvir e ajudar outras mulheres que comecei a experimentar uma cura mais profunda. O projeto que Deus me confiou, *Saradas para Sarar*, carrega exatamente essa missão. Não somos chamadas à perfeição, mas à disposição e entrega. Deus quer que estejamos disponíveis para abençoar outras vidas.

Quero encorajá-la a se dispor. Foi assim que comecei. Lembro-me de orar no início de um ano: "Senhor, me dê a oportunidade de ajudar alguém todos os dias". E Deus respondeu rapidamente. Naquele ano, pude ajudar alguém diferente todos os dias. É muito mais simples do que parece: basta querer. Mesmo sem me sentir capaz, confiei na força daquele que me chamou.

E você, já se considera uma mulher Sarada para Sarar outras vidas? Se sente que precisa de ajuda, procure apoio na sua igreja, uma mentora cristã ou terapia. Busque a Deus incessantemente, e Ele fará sua parte de forma magnífica.

O processo de ser *Sarada para Sarar* é uma jornada contínua de transformação pessoal. Enquanto nos dispomos a ser instrumentos de cura, Deus vai cicatrizando nossas próprias feridas e nos capacitando ainda mais.

Obrigada, Jesus, por toda porção de cura que o Senhor me concedeu. Como ato de adoração, quero compartilhar essa cura com os necessitados. Apresenta-me essas pessoas para que eu possa fluir do teu amor.

Acesse a força

Diga ao povo de Israel que o Eu Sou me enviou a vocês (Êxodo 3:14).

Quantas vezes você já pensou em desistir? Seja no início de um novo projeto, no meio de uma jornada desafiadora ou quando os resultados que esperava não aparecem. Esse sentimento pode ser paralisante, mas uma maneira eficaz de vencer essa tentação é avaliar sua motivação.

A palavra *motivação* aponta para o *motivo* de uma *ação*.

Qual é o motivo da sua ação? Por que você faz o que faz? Qual é o seu maior "por quê"?

Cada um de nós tem uma motivação muito pessoal, mas se o seu motivo não está sendo suficiente para acessar a capacidade necessária, lembre-se de que Deus já lhe deu toda a capacitação necessária para cumprir o propósito que confiou a você.

Quando Moisés se sentiu incapaz de liderar o povo de Israel e temeu a reação deles, Deus o lembrou de algo muito poderoso: "Diga que o Eu Sou te enviou". Deus é tudo o que você precisa para superar cada desafio.

Quantas vezes falta coragem para enfrentar desafios, e Deus se coloca à frente? Quantas vezes, prestes a desistir, a *força* vem na dose necessária? O Eu Sou a lembra que você tem o poder para superar qualquer obstáculo. Não desista dos seus sonhos!

Se não ocuparmos nossa mente com metas e pensamentos positivos, ela se preencherá com problemas e dificuldades. Escreva suas metas e sonhos. Trabalhe diariamente para alcançá-los. Peça a Deus sabedoria e graça para fazer sua parte e entregue o resto a Ele.

Lembre-se: você é filha do Deus Todo-Poderoso. Ele sabe do incrível potencial que colocou dentro de você. Permita que o Eu Sou guie sua vida e você verá que é capaz de muito mais do que imagina.

A resposta de quem eu sou, está no Grande **EU SOU**!

Senhor, ajuda-me a encontrar forças em ti, o Grande Eu Sou. Capacita-me a seguir em frente quando as dificuldades parecerem grandes demais.

Faça as pazes

Conservem-se livres do amor ao dinheiro e contentem-se com o que vocês têm [...] (Hebreus 13:5a).

Você sabia que experiências do passado não resolvidas podem estar bloqueando a abundância de Deus em sua vida financeira? Quando vivemos períodos de falta ou miséria, nossa mentalidade se molda em torno da escassez. Temos medo da falta e acabamos nos apegando ao dinheiro de forma excessiva.

Nossa visão sobre o dinheiro é influenciada pelas experiências que vivemos. Se conhecemos apenas a falta, corremos o risco de nos tornar avarentas ou de acreditar que não merecemos abundância. Até meus 38 anos, carregava esse medo do grande, do sucesso financeiro. Eu queria prosperar, mas tinha medo do dinheiro, de empreender, de vender. Sentia que não era digna e permitia que me explorassem, não valorizando meu tempo nem meu trabalho.

Certa vez, em um evento para empreendedores, uma mulher me disse: "Você acredita que não merece tudo o que Deus tem para você". Essas palavras me abalaram profundamente. Naquele momento, o Espírito Santo me fez lembrar de uma crença que eu carregava desde a infância: "Meu pai deu dinheiro para minha mãe abortar". Compreendi que, inconscientemente, associei o dinheiro à tentativa de tirarem minha vida.

De uma forma simples, mas intensa, o Espírito Santo me conduziu, ali no banheiro daquele evento, a 'liberar perdão' para o dinheiro e 'fazer as pazes' com ele. Devolvi também em oração toda miséria, falta e escassez para Deus e verbalizei em voz alta que estava me abrindo para a abundância que Ele tinha reservado para mim. Essa experiência transformou completamente minha vida financeira.

Encorajo você a buscar respostas na sua história e, talvez, como eu, romper com crenças limitantes que a afastam da prosperidade.

Uma **má administração dos seus recursos** e relacionamentos, **limita** o impacto e a influência que você exerce no Reino de Deus.
– Robert Morris

Senhor, ajuda-me a identificar e liberar qualquer crença limitante que tenho em relação ao dinheiro. Que eu veja o dinheiro como um recurso que tu me deste para expandir o teu Reino e trazer justiça.

Intimidade é processo

Vocês me procurarão e me acharão quando me procurarem de todo o coração (Jeremias 29:13).

Eu gostaria que você pensasse um pouco nas suas melhores relações, aquelas pessoas com quem você tem uma conexão profunda, seja um amigo próximo ou seu cônjuge. Sabe aquele tipo de pessoa que a entende sem precisar de muitas palavras? Agora, volte um pouco no tempo e tente lembrar como era no começo. Provavelmente, no início, você se sentia um pouco desconfortável, talvez insegura em compartilhar seus sentimentos mais profundos. Comigo foi assim quando conheci meu esposo. Mesmo ele sendo gentil, no começo eu não conseguia me abrir totalmente. Havia uma barreira, uma timidez que me impedia de ser completamente vulnerável.

É impossível viver uma experiência de **intimidade com Deus** sem ser profundamente **impactada** por Ele.

Mas o tempo passou, e hoje ele é meu melhor amigo, aquele que sabe tudo sobre mim. Nossa intimidade foi construída ao longo dos anos, de forma lenta e constante. E isso vale para as amizades mais verdadeiras que construí. Elas não aconteceram da noite para o dia, mas foram desenvolvidas com confiança, respeito e muito diálogo.

Essa é a mesma dinâmica que acontece em nosso relacionamento com Deus. No início, pode parecer estranho ou distante, mas à medida que passamos tempo com Ele, nos abrimos e confiamos mais. Intimidade com Deus exige dedicação e constância. Assim como em qualquer relacionamento, não é algo que você constrói de um dia para o outro, mas sim com passos diários.

E o mais interessante é que, nessa jornada com Deus, também começamos a descobrir muito sobre nós mesmas. Muitas vezes, nos esquecemos ou até desconhecemos quem realmente somos. Há uma força dentro de você, querida, que talvez esteja adormecida, esperando para ser despertada. Quanto mais você se aproxima de Deus, mais Ele revela quem você é de verdade.

Espírito Santo, ajuda-me a desenvolver intimidade com o Pai, a ponto de não duvidar do seu amor e de ter minha identidade firmada em Cristo.

Perdendo?

Se tentar se apegar à sua vida, a perderá. Mas, se abrir mão de sua vida por minha causa, a encontrará (Mateus 16:25).

Às vezes é preciso **perder** tudo que achávamos ser importante para **encontrar** o que verdadeiramente é: **Jesus**!

Ninguém gosta de perder. Desde cedo, somos competitivos por natureza. Basta observar uma criança pequena, que chora ao ter que dividir o brinquedo, porque ela sente que está perdendo algo valioso. Quando crescem, as crianças choram ao perder jogos na escola, doces para os coleguinhas ou até mesmo posições no time. A nossa natureza tende a interpretar as perdas negativamente.

Claro que, na fase adulta, perder dinheiro, emprego, relacionamentos ou bens é extremamente doloroso, e essas perdas têm um peso significativo. No entanto, hoje quero falar de perdas que são parte do nosso processo de crescimento pessoal.

Pense em um bebê que precisa "perder" o seio da mãe para "ganhar" autonomia e começar a se alimentar sozinho. Essa separação, por mais difícil que pareça, é fundamental para seu desenvolvimento. Da mesma forma, em Gênesis 2:24, vemos que o homem deve "deixar" pai e mãe para se unir à sua esposa. Esse "deixar" inclui abandonar a dependência emocional e financeira dos pais, o que pode parecer uma perda, mas, na verdade, é um ganho de uma nova vida e uma nova família.

Perder algo para ganhar outra coisa é um princípio da vida. Por exemplo, quem quer ganhar saúde e boa forma precisa renunciar a hábitos alimentares que não são saudáveis. Renunciar é sempre doloroso, mas traz consigo benefícios que transformam.

Não sei por qual perda você está passando, mas quero encorajá-la a olhar para os ganhos que vieram ou podem vir. Será que essa perda não trouxe maturidade, experiência e crescimento? Às vezes, o que achamos ser uma perda, na verdade, nos impulsiona a algo muito maior. Tente anotar suas perdas e fazer a oração de hoje.

Pai, sei que algumas perdas não foram tua vontade, outras se fizeram necessárias para meu crescimento. Hoje entrego todas as dores e perdas que vivenciei. Recolhe minhas lágrimas e transforma-as em sementes de cura e recomeço.

Felicidade alheia

Levem os fardos pesados uns dos outros e, assim, cumpram a lei de Cristo. [...] cada um deverá levar a própria carga (Gálatas 6:2,5).

Você não é responsável pela felicidade dos outros. Como cristãs, somos chamadas a cuidar, amar e apoiar aqueles ao nosso redor. No entanto, existe uma linha delicada entre ajudar e assumir a responsabilidade pela felicidade alheia. Gálatas 6 nos ensina tanto a carregar os fardos uns dos outros quanto a lembrarmos que cada um deve carregar seu próprio fardo.

Frequentemente, caímos na armadilha de tentar suprir expectativas que não são nossas. Fazemos o possível para evitar que as pessoas sofram ou se frustrem, acreditando que é nossa missão mantê-las felizes. Isso, porém, nos leva a carregar um peso emocional que não é nosso e nos desgasta.

É crucial entender que cada pessoa tem suas próprias batalhas, e não somos responsáveis pela felicidade plena de ninguém — nem mesmo de nossos esposos, filhos, pais ou amigas. Nosso papel é de apoio, não de salvadoras. Em vez de consertar os erros de seus filhos, por exemplo, ensine-os a lidar com suas falhas, pedir perdão e aprender a consertar por si mesmos.

Eu vivi isso com meu esposo. Ele tem um temperamento explosivo e, por muitos anos, me esforçava para fazê-lo feliz, evitando conflitos. No entanto, percebi que, apesar de todo o meu esforço, ele sempre encontrava algo que o deixava insatisfeito. Entendi que não era minha responsabilidade controlar suas reações ou sua felicidade. Quando tirei esse peso dos meus ombros, me senti mais livre e, ao mesmo tempo, ele amadureceu ao enfrentar seus próprios desafios emocionais.

Liberte-se da necessidade de controlar o humor ou as emoções daqueles que você ama. Cada um é responsável por sua própria jornada emocional. Entregue essas pessoas nas mãos de Deus e confie que Ele trará a verdadeira paz e transformação.

Cada um ocupa o lugar em que se coloca.
– Marinalva Calegário

Senhor, hoje entrego a ti o fardo de tentar controlar a felicidade dos outros. Ajuda-me a compreender meu papel e a aceitar que cada um é responsável por suas próprias emoções e reações.

A dificuldade fortalece

Se você vacila no dia da dificuldade, como será limitada a sua força! (Provérbios 24:10

A **dor** não é o fundo do poço, é o **início de algo novo**. A mulher que vai ganhar neném sente a dor que trará uma vida cheia de propósitos à existência.

As dificuldades são frequentemente vistas como obstáculos que nos impedem de avançar. No entanto, elas podem ser ferramentas poderosas que Deus usa para nos fortalecer. Assim como o corpo precisa de exercícios para ganhar resistência, nossa alma também necessita de desafios para crescer e amadurecer.

Há alguns anos, fui diagnosticada com lesões no joelho e, como parte do tratamento, precisei fazer alongamentos e fortalecimento muscular. A dor era intensa e, no início, duvidei se conseguiria suportar. No entanto, com o tempo, percebi que quanto mais eu me esforçava, mais meu corpo se fortalecia. Aqueles exercícios dolorosos se tornaram parte da minha rotina e, eventualmente, eu me senti muito mais forte.

Essa experiência física me ensinou algo profundo sobre a vida espiritual. As dificuldades não são sinais de fraqueza, mas sim oportunidades para crescermos. A dor que sentimos está nos moldando e nos preparando para sermos mais resilientes. Assim como os músculos ganham força quando são esticados, nossa fé se fortalece quando é testada.

Na vida cristã, as provações são essenciais para nosso crescimento. Quando olhamos para a Bíblia, vemos exemplos de pessoas que enfrentaram grandes dificuldades e saíram fortalecidas. Jó, após perder tudo, foi restaurado por Deus. Paulo, apesar das prisões e perseguições, declarou que podia todas as coisas através de Cristo que o fortalecia.

As dificuldades que enfrentamos hoje estão preparando nosso caminho para algo maior. Cada dor é uma oportunidade para crescermos em fé e confiança. A jornada pode ser difícil, mas a cada passo, Deus está nos moldando para alcançarmos nosso propósito.

Pai, sei que estou sendo espremida por algum propósito maior. Ajuda-me a permanecer resiliente e a ser fortalecida no teu poder.

Melhor amiga

[...] tenha um conceito equilibrado (de si mesma) (Romanos 12:3).

Há muitos anos, trabalhei entregando medicamentos na casa de pacientes pela prefeitura. Sempre ia acompanhada de um senhor sábio, que já faleceu. Naquela época, eu vivia em constante conflito comigo mesma. Eram tempos difíceis.

Entre várias pérolas de sabedoria que ele me dizia, uma me marcou profundamente. Ele perguntou: "Você tem conversado com sua melhor amiga?" Rapidamente, respondi: "Sim, falo com a fulana..." Ele sorriu e disse: "Você não entendeu! Sua melhor amiga é você mesma!" Depois acrescentou: "Olhe no espelho e converse com sua melhor amiga, porque ela tem muitas perguntas e respostas para você".

Uau! Aquilo me impactou profundamente, pois eu me odiava e jamais me via como minha amiga. Anos depois, essa frase fez todo sentido para mim. Entendi que minha tristeza vinha das minhas próprias ações contra mim mesma. Eu me depreciava constantemente. Foi então que pedi perdão a Deus e comecei a aprender a me amar, mesmo sendo imperfeita.

Amar a nós mesmas não é sobre vaidade, mas sobre refletir o amor que Deus tem por nós. Quando aceitamos esse amor, somos capazes de amar os outros de maneira mais plena.

Aqui estão alguns exercícios de autoaceitação e amor-próprio que podem ajudá-la:

1. *Converse com sua melhor amiga.* Olhe no espelho e diga palavras de encorajamento. Peça perdão a si mesma pelos erros e se abrace com o amor que Deus lhe deu.
2. *Autorize-se a ser feliz.* Faça uma carta de autorização, permitindo a si mesma ser feliz e sorrir, sem culpa ou medo.
3. *Pratique ações de amor-próprio.* Cuide de você, arrume-se, faça algo especial para si mesma (comida, unha, cabelo). Fale coisas boas a seu respeito e continue praticando o autoconhecimento.

Você também demonstra **amor** e **gratidão** a Deus quando **se cuida** e se valoriza, afinal você é criação dele!

Jesus, ajuda-me para que eu seja minha melhor amiga, cuidando de mim de acordo com a tua vontade. Dá-me sabedoria para tratar a mim mesma com carinho e respeito, para que eu possa também refletir esse amor em minhas relações com os outros.

Abasteça o reservatório

Venham a mim, todos os que estão cansados e sobrecarregados, e eu lhes darei descanso (Mateus 11:28).

O **sucesso** crescente, a **próspera** abundância e o reconhecimento das pessoas também podem a **consumir** excessivamente.

Assim como um carro precisa de combustível para continuar uma viagem, nós também precisamos de pausas para reabastecer nossas forças espirituais e emocionais. Se ignoramos os sinais de desgaste, eventualmente ficamos sem recursos para prosseguir.

Na vida, o "ponteiro" que marca nosso combustível pode refletir nossa paciência, tolerância, alegria, paz, ou amor. Se esses recursos estão se esgotando, é hora de parar e avaliar: o que tem drenado sua energia? As demandas diárias, expectativas das pessoas ou o excesso de compromissos podem deixar você esgotada e sem forças.

Imagine se, sem aviso, você fosse inscrita em uma maratona e, de repente, se visse correndo sem propósito, apenas porque alguém a colocou nessa corrida. Essa é a sensação que muitas vezes experimentamos, pressionadas pelas expectativas dos outros. Mas e se, ao invés de correr sem rumo, você decidisse caminhar no seu próprio ritmo, respeitando seus limites?

O que precisamos entender é que não somos responsáveis por suprir as necessidades de todos ao nosso redor o tempo todo. E isso não é egoísmo, é sabedoria. Deus nos chama a viver com propósito e intenção, cuidando também de nós mesmas, e não apenas correndo para agradar os outros.

Para reabastecer, é preciso buscar a fonte certa. Dedicar tempo para estar com Jesus, ler a Bíblia, cantar louvores, expressar gratidão e adoração a Deus. É fundamental desligar-se das redes sociais e ter momentos de solitude. Abastecemos nosso tanque emocional descansando, estando com pessoas queridas e, até mesmo, ajudando os outros de forma equilibrada.

Então, lembre-se de prestar atenção aos sinais de que seu reservatório está vazio e se recarregar na fonte certa: em Cristo.

Peço que me ajudes a priorizar momentos de descanso e intimidade contigo, para que meu espírito e alma sejam renovados.

O espelho da vaidade

Vaidade de vaidades, diz o pregador, vaidade de vaidades! Tudo é vaidade (Eclesiastes 1:1).

Eclesiastes nos alerta que tudo é vaidade. Quando permitimos que o medo da opinião alheia ou a comparação com outras pessoas influenciem nossas decisões, estamos deixando que a vaidade nos guie. Isso pode parecer inofensivo, mas a vaidade tem o poder de controlar áreas importantes da nossa vida.

Houve um período em que eu fazia lives semanalmente. Mantive essa rotina por quase um ano, até que, certo dia, descobri que uma colega de ministério, a quem eu admirava muito, também estava fazendo lives no mesmo dia e horário que eu. Por um momento, considerei seriamente desistir, com medo de que ela achasse que eu estava copiando sua ideia.

Essa situação revelou minha imaturidade e vaidade. No meio feminino, essa comparação é comum. Mulheres muitas vezes se espelham em outras, buscando alcançar o mesmo sucesso, enquanto outras, por receio, deixam de seguir seus próprios projetos com medo de parecerem imitadoras.

Quantas vezes você já deixou de fazer algo por medo do que os outros iriam pensar? Isso também é vaidade! Quando estamos presas na comparação, esquecemos que o plano de Deus para cada uma de nós é único. Para romper com esse ciclo, é preciso avaliar nossas intenções. Estamos agindo por obediência a Deus ou por necessidade de aprovação? Estamos desistindo de algo por medo das críticas ou porque Deus nos direcionou a parar?

Avaliar nossas motivações nos ajuda a redirecionar nossas ações para glorificar a Deus, afastando a vaidade. O apóstolo Paulo nos lembra em Filipenses 2:3-4: "Nada façam por ambição egoísta ou vaidade, mas com humildade considerem os outros superiores a si mesmos".

Não há outra forma de viver esta vida cristã, a não ser mediante uma **contínua morte para o Eu**. – François Fénelon

Senhor, ajuda-me a enxergar e abandonar qualquer vaidade ou ego que me afaste de ti e da tua essência.

Voz de Deus ou do coração?

O coração é mais enganoso que qualquer outra coisa e sua doença é incurável. Quem é capaz de compreendê-lo? (Jeremias 17:9).

Prudência é calcular o **impacto** de uma decisão. - Tiago Brunet

Como discernir entre a voz de Deus e a voz do seu coração? Aprendi que, muitas vezes, a empolgação e a euforia estão baseadas em nossas emoções e desejos, e nosso coração pode ser enganoso. Quando nossa mente está repleta de barulho e confusão, é um indicativo de que talvez não estejamos ouvindo a voz de Deus. Nesses momentos, o melhor a fazer é esperar. Se o Senhor não nos deu uma nova instrução, é sábio continuar seguindo a última orientação que Ele nos deu, sem pressa ou ansiedade para agir.

Esperar pelo tempo certo e pela vontade soberana de Deus é uma lição de confiança. Às vezes, a resposta de Deus vem com clareza, outras vezes, Ele pode permanecer em silêncio, mesmo que clamemos incessantemente. Nesses momentos, aprendemos que, embora não possamos sempre discernir imediatamente se nossa decisão é correta, Deus sempre estará ao nosso lado, independentemente do resultado.

Lembro de um dia em que eu e meu esposo precisávamos tomar uma decisão importante. Ele disse: "Você nunca saberá se tomou a atitude certa até ver o resultado, mas a certeza que precisa ter é que Deus sempre estará do outro lado com você".

A palavra nos encoraja: "O Senhor firma os passos de um homem, quando a conduta deste o agrada; ainda que tropece, não cairá, pois o Senhor o toma pela mão" (Salmos 37:23-24). Confie em Deus, mesmo quando as respostas não forem claras. Dê pequenos passos de fé, acreditando que Ele guiará seu caminho e interromperá se necessário.

Essa jornada de discernimento entre a voz de Deus e nossas emoções faz parte do amadurecimento espiritual. Deus usa essas experiências para nos moldar, e mesmo que erremos, o importante é incluí-lo em cada etapa e confiar em seu propósito.

Senhor, peço-te que silencies a voz das minhas emoções e aumentes o volume da tua voz, para que eu tenha clareza da tua soberana vontade.

Quem muito se explica...

Porque o Senhor é a nossa defesa, e o Santo de Israel, o nosso Rei (Salmos 89:18).

Você já deve ter escutado a expressão: "Quem muito se explica é porque deve" ou "Quem não deve, não teme". Em muitos momentos, sentimos a necessidade de nos justificar, especialmente quando somos mal interpretadas ou julgadas injustamente. No entanto, nem sempre essa expressão se aplica ao nosso desejo de explicação. Às vezes, quem muito se explica só busca ser compreendida, aceita ou deseja desfazer mal-entendidos.

Quantas vezes nos pegamos tentando justificar nossas ações para um cônjuge, filho ou colega de trabalho, buscando aprovação e entendimento? Isso acontece porque, naturalmente, o que essas pessoas pensam sobre nós importa muito. Mas será que todo esse esforço vale a pena? E se, em vez de nos desgastarmos com explicações, escolhermos a humildade e o silêncio? Deus conhece o nosso coração e é Ele quem nos justifica.

Muitas vezes, nos explicamos porque buscamos validação externa, apoiados no orgulho e na justiça própria. Aprendi que, para quem nos ama, as explicações são desnecessárias, pois o amor verdadeiro compreende e aceita. Por outro lado, quem não gosta da gente dificilmente vai entender, independentemente de nossas palavras.

Lembro-me de encontros com amigos em que sempre justificava minha ausência por causa da bronquite da minha filha. Porém, eles pareciam não aceitar. Com medo de perder aquelas amizades, acabei me sentindo pressionada a tomar decisões que colocavam a saúde da minha filha em risco, tudo para não desagradar os outros.

Deus conhece nossas intenções. Ele nos defende, e não precisamos viver em função de justificativas. Ele vê além das aparências, e nele encontramos nossa verdadeira defesa.

Uns sapatos que ficam bem numa pessoa são pequenos para outra; **não existe uma receita para a vida que sirva para todos.**
- Carl Jung

Ajuda-me a confiar em tua defesa diante das críticas e a não me justificar em busca de compreensão.

Quem cala, consente...

Até o insensato passará por sábio, se ficar quieto [...] (Provérbios 17:28a).

Preocupe-se mais com o seu **caráter** do que com a sua **reputação**. - John Wooden

A expressão "Quem cala, consente" é amplamente usada para indicar que, ao ficar em silêncio, estamos aceitando o que o outro diz ou faz. Quando se trata de como permitimos que alguém nos trate, sim, o silêncio pode ser uma forma de consentimento. Se você aceita em silêncio ser maltratada ou desrespeitada, está, de certa forma, permitindo que isso aconteça. Nesse aspecto, vivemos o que toleramos.

Por outro lado, no que diz respeito a opiniões ou argumentos, nem sempre o silêncio significa concordância. O silêncio, às vezes, é uma ferramenta de maturidade. Deus nos ensina a confiar nele e a não revidar ou nos defender em todas as situações. Muitas vezes, quem cala busca:

Paz e amor; Evitar brigas e discussões; Manter a tranquilidade e o sossego; Preferir ser feliz a ter razão; Cansar de se explicar e justificar; Confiar em sua identidade sem precisar de aprovação externa; Ser moldada por Deus para quebrar o orgulho; Amadurecer e perceber que não vale a pena se defender de tudo; Confiar que Deus trará a justificação no tempo certo.

Estou chegando a uma fase em que me sinto cansada de constantemente me explicar, até mesmo para as pessoas que amo. Nesse processo, estou aprendendo a confiar mais em mim mesma e, acima de tudo, no que Deus diz ao meu respeito.

Contudo, nunca se cale diante de violências ou agressões. E se não souber o que dizer em uma situação delicada, peça tempo para refletir. É sempre melhor esperar do que falar no calor da emoção e se arrepender mais tarde. Responder com sabedoria preserva nossa paz.

Pai, ajuda-me a me calar nos momentos pontuais.

Maturidade

E a perseverança deve ter ação completa, a fim de que vocês sejam maduros e íntegros, sem lhes faltar coisa alguma (Tiago 1:4).

A maturidade nos traz a liberdade de sermos autênticas, de viver nossa verdade sem a necessidade de fingir ou agradar. Ser madura é aceitar nossa história e as falhas — tanto as nossas quanto as dos outros — mesmo quando o caminho tenha sido desafiador. Aceitar quem somos em Cristo nos traz paz e nos liberta do medo.

A maturidade também nos ensina a impor limites, sem medo de perder quem não respeita nosso espaço. Aprendemos a valorizar nossa saúde emocional e a respeitar os outros como são, sem tentar moldá-los à nossa imagem. Compreendemos que o que é bom para nós pode não ser o ideal para o outro, e isso faz parte do respeito mútuo.

No processo de amadurecimento, descobrimos nossa verdadeira identidade em Deus, livres de pressões externas ou regras impostas. Maturidade é viver uma intimidade genuína com o Pai, reconhecendo nosso valor aos seus olhos, mas sem nos acharmos superiores. Aprendemos a nos preocupar menos com as pequenas coisas e a focar no que realmente importa.

Ser madura também significa perdoar, soltar, e entender que, às vezes, é preciso perder para ganhar. Aprendemos a suportar a fraqueza do outro, a sermos altruístas, e a reclamar menos. A maturidade nos ensina a assumir nossas responsabilidades e a deixar de culpar os outros por nossas frustrações.

Algumas características de uma mulher madura incluem pensar antes de agir, controlar impulsos, praticar empatia e não levar tudo para o lado pessoal. Ela sabe dizer "não", respeita seus limites e entende que nem tudo gira ao seu redor. Reflete antes de decidir, expressa sentimentos sem atacar, e se valoriza sem precisar da validação dos outros.

Sentir-se esquecido por Deus nas provações e amado quando tudo vai bem é sinal de **imaturidade.** – Drummond Lacerda

Pai, ajuda-me a entender que as provações são oportunidades para crescer. Cura as dores infantis, dá-me resiliência e guia-me no processo de amadurecimento.

Você atrai

O que eu temia veio sobre mim; o que eu receava me aconteceu (Jó 3:25).

Nossos sentimentos carregam energia que atinge o mundo espiritual, então cuidado: **pensamentos negativos atrairão mais situações negativas.**

Você sabia que manifesta e atrai situações ligadas aos seus maiores medos porque atrai o que sente? Sentimentos são energias, e as energias que emitimos para o mundo, sejam elas boas ou ruins, voltam para nós através de outras pessoas e circunstâncias. Sentimentos têm presença e vida!

Faça uma autoavaliação: quais sentimentos você tem emitido às pessoas à sua volta? Que tipo de pessoas e situações tem atraído? Já viveu a experiência de temer perder alguém, e foi justamente isso que aconteceu? Isso pode ser reflexo da energia que você está emitindo. Atraímos situações que alimentam nossos medos e inseguranças. Se você tem receio de ser rejeitada, pode atrair pessoas que, de fato, a rejeitem. Se você constantemente se compara ou compete com os outros, atrairá pessoas competitivas.

Os sentimentos que carregamos sobre nós mesmas e as situações não resolvidas do passado têm o poder de moldar as experiências que atraímos para nossa vida. Se você tem medo de ser criticada, por exemplo, é possível que atrairá críticas. Se você se sente insegura, pode acabar rodeada por pessoas que reforçam essa insegurança. O que está dentro de você se reflete no mundo exterior.

Por isso, se algo em sua vida parece estar errado, olhe para dentro de si mesma. Peça ao Espírito Santo para trazer luz às áreas sombrias da sua alma. Ao buscar a raiz do sentimento que a incomoda, você pode encontrar a cura. Perdoe as pessoas envolvidas e, se necessário, busque apoio de uma mentora, conselheira ou terapeuta. Lembre-se: você atrai o que sente, e a mudança começa de dentro para fora.

Espírito Santo, traga luz aos meus sentimentos e ajuda-me a encontrar a origem de cada um deles, em nome de Jesus, amém!

Quem é você?

O Senhor deu aos seres humanos inteligência e consciência; ninguém pode se esconder de si mesmo (Provérbios 20:27, NTLH).

Quem é você quando ninguém está olhando? Essa pergunta simples e profunda me desafiou de maneira marcante em 2012, quando Deus começou uma grande obra em meu coração, revelando áreas que precisavam de cura e transformação. Foi o início de um processo de desconstrução do meu "eu". Sempre me preocupei com a forma como os outros me viam e, por isso, me escondia atrás da máscara da "boazinha" para me sentir aceita e amada. Aos 31 anos, eu estava exausta de tentar agradar a todos e de viver de maneira que não refletia quem eu realmente era.

Você se lembra quem você era antes do mundo lhe dizer quem você deveria ser? – Charles B.

Refletir sobre quem eu verdadeiramente era, especialmente quando ninguém estava olhando, foi doloroso. Deus, em sua graça, me mostrou que minha vida estava marcada por orgulho, medo e autopiedade. Eu precisava de arrependimento e de uma mudança genuína. O versículo de hoje nos lembra que não podemos nos esconder de nós mesmas. Muitas vezes, nos vemos pressionadas a colocar máscaras para impressionar ou evitar julgamentos. Fingimos ter mais do que temos ou ser algo que não somos, só para ganhar aceitação ou status.

No entanto, a verdadeira medida de quem somos está nas ações que tomamos quando ninguém nos observa. Como tratamos nossos esposos, filhos ou pais no privado? Como lidamos com os outros quando não há ninguém para impressionar? Essas são perguntas profundas que revelam quem realmente somos.

A autenticidade é libertadora. Quando paramos de tentar agradar os outros e focamos em viver conforme o propósito de Deus, encontramos paz. Meu conselho é: não viva para impressionar, mas para ser o que Deus planejou para você. Como a psicóloga Karine Rizzardi[23] escreveu: "Nunca seremos felizes longe de quem fomos projetadas para ser".

Senhor, perdoa-me por tentar impressionar os outros. Ajuda-me a ser a pessoa que o Senhor me fez para ser, em todo lugar e em qualquer circunstância.

O valor do "não"

Meu filho, não rejeite a disciplina do Senhor; não desanime quando ele o corrigir. Pois o Senhor corrige quem ele ama, assim como o pai corrige o filho a quem ele quer bem (Provérbios 3:11,12).

Deus **não nos abençoará** com algo que vai nos **destruir**.
- Drummond Lacerda

Muitos pais têm dificuldade em impor limites aos filhos, por medo de perder o afeto deles ou criar barreiras na relação. Pais que já experimentaram rejeição em suas vidas tendem a buscar aceitação ao ceder às vontades dos filhos, movidos pelo desejo de serem amados e vistos como bons pais. Mas será que ceder a todas as vontades realmente cumpre o papel de autoridade e proteção que devemos exercer?

O versículo de hoje nos mostra que o verdadeiro amor está em saber corrigir e impor limites quando necessário. Dizer "não" é uma forma de proteger, preparando os filhos para as dificuldades da vida e as consequências de suas escolhas.

Lembro-me de várias vezes em que disse "sim" para minha irmã adolescente, mesmo sabendo que o certo seria o contrário. Eu queria evitar o desconforto, mas isso fez com que ela perdesse o respeito por mim e não se sentisse cuidada.

A Psicologia já nos ensina que o "não" é uma demonstração de cuidado. Quando os pais permitem tudo, podem transmitir a sensação de que não estão prestando atenção, o que faz o filho se sentir negligenciado.

O 'não', embora difícil de dar e receber, precisa ser ressignificado. Enquanto muitos o interpretam como rejeição, Deus nos mostra que o "não" é uma forma de amor e proteção. Se você se sente culpada ao dizer 'não', e tenta compensar com agrados, é importante refletir sobre sua própria história. Talvez você esteja projetando em seus filhos a necessidade de aceitação que nunca recebeu.

Ore pedindo a Deus discernimento. Educar com responsabilidade e impor limites é um ato de amor que, embora desconfortável no momento, trará frutos de maturidade e caráter a longo prazo.

Senhor, ajuda-me a ser firme e amorosa ao educar meus filhos. Que eu não tenha medo de dizer 'não' quando necessário. Cura em mim toda necessidade de aceitação humana e preenche meu coração com o teu amor perfeito.

Satisfeita

Agradeço a meu Deus toda vez que me lembro de vocês (Filipenses 1:3).

Que os meus amores me bastem! Por muitos anos, a carência emocional e o desejo de aceitação me acompanharam, fruto de experiências de rejeição. Mesmo conhecendo o amor de Deus e aprendendo a amar os outros, a maior luta foi aprender a me amar. Passei por uma situação em que desejei ser aceita por um grupo de mulheres no ambiente profissional e ministerial. Com as expectativas frustradas, Deus me fez enxergar que os relacionamentos que Ele havia me dado eram suficientes. Eu estava tão focada no que não tinha que deixava de valorizar as pessoas abençoadas ao meu redor.

Cuidado com a **carência**, ela faz ver afetos onde não existem. – Marinalva Calegário

Para selar essa cura, escrevi uma carta para mim mesma, algo que sempre funcionou como terapia. Abaixo, compartilho a carta com a esperança de que inspire você a fazer o mesmo:

"Que os meus amores me bastem: Deus, meu esposo, minhas filhas, alguns familiares, amigas especiais e eu mesma. Que o amor dessas pessoas e o meu próprio amor sejam suficientes! Que o que Deus sente e pensa sobre mim seja o que eu também penso e sinto.

Roberta, você não vai mais se colocar em situações de rejeição. Você merece tudo o que Deus tem lhe dado e não precisa de migalhas. Que os seus amores lhe bastem. Você é linda, inteligente, persistente, forte e uma excelente esposa, mãe e profissional. Assim como você cuida dos outros, cuidarei de você. Não permitirei que se coloque em situações tóxicas. Foque na sua missão, aproveite a cura e a liberdade que alcançamos. Você merece ser feliz."

Se você ainda sofre com a necessidade de aceitação, sugiro que escreva sua própria carta, permitindo que o Espírito Santo guie suas palavras. Releia sempre que precisar.

Pai, preenche todo buraco que ainda possa existir em mim por causa das faltas vividas.

Filha que serve

Pois nem mesmo o Filho do homem veio para ser servido, mas para servir e dar a sua vida em resgate por muitos (Marcos 10:45).

Não se considere apenas **serva**, mas **filha**. E porque você é filha, você serve!

Porque você é filha, você também serve. A maioria dos cristãos serve a Deus buscando aceitação ou para se sentir amada por Ele. Muitas pessoas se enxergam apenas como servas e não conseguem se ver como filhas. Um servo não tem os mesmos privilégios que um filho, e essa distinção é crucial. No processo de cura, Deus nos revela nossa identidade como Filhas Amadas.

Porque somos filhas, servimos a Deus não para ganhar seu amor, mas porque já somos amadas. Assim como um bebê que cresce e ajuda em casa, nosso serviço flui do amor filial. Esse entendimento traz uma nova perspectiva sobre o que significa ser filha e nos leva a servir com liberdade e alegria, sabendo que nossa posição e valor já estão garantidos em Cristo.

Para descobrir em que área você pode servir, suas habilidades são pistas do que Deus quer que você faça. Responda estas perguntas para ajudá-la a entender seu propósito:

- O que você aprendeu vivendo com sua família?
- Quais eram suas matérias favoritas na escola?
- Do que você mais se lembra do que aprendeu?
- Em quais empregos você foi mais eficiente e mais gostou de trabalhar?
- Qual foi a época que você mais se realizou fazendo algo para Deus?
- O que você mais gosta de fazer?
- Em que momentos você se sente mais viva?
- Que tipo de trabalho faz você perder a noção do tempo de tanta realização?
- Quais problemas, mágoas ou desafios você superou? O que aprendeu com as provações?

Essas respostas indicam o caminho para descobrir sua área de autoridade e propósito.

Pai, talvez eu tenha apenas servido a ti sem conhecer-te intimamente, mas agora entendo que preciso ter consciência de minha identidade como filha. Ajuda-me a entrar nesse lugar.

Refúgio

Lancem sobre ele toda a sua ansiedade, porque ele tem cuidado de vocês (1Pedro 5:7).

Você já se sentiu sufocada pela ansiedade, com pensamentos intrusivos que parecem tomar conta da sua mente, e não consegue se livrar deles? Para muitas de nós, essa luta é constante e desgastante. A ansiedade aparece como um visitante indesejado, que insiste em ficar, mesmo quando confiamos no amor e cuidado de Deus. Ainda assim, nos vemos envolvidas nessa tempestade interna.

Entendo bem esse sentimento. Minha história de vida me condicionou a antecipar cenários negativos, na tentativa de evitar o que já aconteceu antes. Apesar de parecer estar em paz por fora, por dentro eu enfrentava uma verdadeira tempestade. Meu coração acelerava, meus pensamentos corriam sem controle, e eu me sentia presa em um ciclo de preocupação e medo. Era como se estivesse constantemente esperando algo ruim acontecer. Esses pensamentos transformavam preocupações pequenas em ameaças gigantes, roubando minha paz.

Mesmo confiando em Deus, o não saber quando e como as coisas acontecerão desorganizava minha mente. Não sei se você já se sentiu assim: por fora, tudo parece bem, mas por dentro, o impacto das ondas emocionais afeta você como um tsunami.

Aprendi que o único refúgio nos momentos de ansiedade é o Senhor. Quando entregamos cada detalhe de nossa aflição a Ele, sentimos a paz do nosso Pai celestial, que nos envolve e nos acalma.

Se você se identifica com isso, saiba que Deus vê sua angústia. Sempre que pensamentos ansiosos surgirem, ore e entregue cada um deles ao Senhor. Ele é nosso refúgio e paz.

A fé não anula sentimentos. **O importante é focar na fé, e não nas emoções.**

Pai, coloco diante de ti toda a ansiedade que pesa sobre meu coração. Acalma minha mente e meu espírito, e que eu possa descansar verdadeiramente em ti.

Deus vê o coração

[...] Não atentes para a sua aparência, nem para a altura da sua estatura, porque o tenho rejeitado; porque o Senhor não vê como vê o homem. O homem vê o exterior, porém o Senhor, o coração (1Samuel 16:7).

O **essencial** é **invisível** aos olhos.
- Antoine de Saint-Exupéry

Você já se sentiu insignificante ou incapaz de alcançar aquilo que Deus tem para você? Talvez ao olhar ao redor, veja pessoas mais talentosas, capacitadas ou com mais recursos. Foi assim que Davi se sentiu. Ele era o mais novo de seus irmãos, apenas um pastor de ovelhas, desconsiderado até pela sua família. Mas Deus não olhou para sua aparência ou posição social, Ele viu o coração de Davi.

A história de Davi começa quando o profeta Samuel foi enviado à casa de Jessé para ungir o próximo rei de Israel. Samuel pensou que um dos irmãos mais velhos de Davi, com aparência de guerreiro, seria o escolhido. Porém, Deus o corrigiu, dizendo que Ele não vê como o homem vê, pois o homem olha para o exterior, mas o Senhor vê o coração.

Davi foi escolhido por seu coração contrito e obediente. Mesmo cuidando de ovelhas, Deus sabia onde ele estava e o mandou chamar. Isso nos ensina que, quando temos um coração voltado para Deus, não importa quão pequenos possamos parecer, Deus nos vê e nos chama.

Se você se sente incapaz ou indigna, lembre-se que Deus nos capacita em meio às dificuldades para os planos que Ele tem para nós. Ele treina nosso coração para que, no momento certo, estejamos prontas para o propósito que Ele já destinou.

Cuide do seu coração, honre a Deus e obedeça-o. Permita-se passar pelos processos de amadurecimento e glorifique a Deus ao longo da sua jornada.

Jesus, ajuda-me a enxergar a mim mesma com os teus olhos e a reconhecer as qualidades que o Senhor valoriza. Purifica minha visão interior e remova qualquer percepção distorcida sobre quem eu sou.

Solta que flui

Bendito seja o Deus e Pai de nosso Senhor Jesus Cristo, que nos abençoou com todas as bênçãos espirituais nas regiões celestiais em Cristo (Efésios 1:3).

Você sabia que quanto mais focamos no que não temos, mais vibramos na energia da escassez, interrompendo o fluxo natural das bênçãos de Deus?

Lembro de um período em 2020 em que estava muito preocupada com os recursos financeiros da nossa família, devido a compromissos que assumimos com uma reforma em casa. Senti dores fortes nos ombros, como se carregasse toneladas e, de fato, estava!

Deus usou um vídeo para me mostrar que, enquanto eu permanecia fixada na necessidade de dinheiro para resolver essas pendências, estava bloqueando o fluxo das bênçãos. A psicóloga no vídeo disse: "solta essa preocupação que a coisa flui". Ela explicou que, quando estamos presos à falta, nosso cérebro entende isso como escassez e emite essa energia, que afeta o mundo espiritual ao nosso redor, criando ainda mais escassez.

Percebi que, quanto mais eu focava no que não tinha, mais a sensação de falta crescia. Fiz uma oração entregando de coração minhas preocupações financeiras a Deus e, surpreendentemente, em poucos meses nossas vendas de livros e cursos aumentaram significativamente.

Aprendi que, quando soltamos e entregamos de coração nossos medos a Deus, as coisas fluem. Ele já nos abençoou com todas as bênçãos espirituais, como diz a passagem de hoje. A frase que li no livro *Cérebro Ansioso* complementou essa lição: *Você quer muito alguma coisa em específico? O primeiro passo para amenizar a ansiedade e expectativa sobre isso é querê-la menos.*

Jesus nos ensina a perseverar, mas também a confiar em Deus acima de qualquer necessidade. Devemos soltar nossos desejos para que possamos descansar na certeza de que Deus já proveu tudo o que precisamos.

A maneira como **percebemos** o que acontece em nossa vida se torna nossa **realidade**
– Joyce Meyer

Pai, ensina-me a soltar os desejos que consomem meu coração e a descansar na certeza de que o Senhor já me abençoou com todas as coisas que preciso.

A dor do processo

Pois o Senhor disciplina a quem ama... Suportem as dificuldades... Deus os trata como filhos (Hebreus 12:6-7).

Quando a **promessa se cumpre**, a **dor** do processo é **apagada**.

Quando passamos por momentos de dor e mudanças, é natural questionar o porquê. Sentimos o peso das dificuldades e, muitas vezes, nos perguntamos se Deus está ouvindo nossas orações. No entanto, o processo doloroso que enfrentamos é parte do amor e cuidado de um Pai que deseja nosso crescimento.

Lembre-se daquele dia em que, em lágrimas, você clamou desesperadamente a Deus para mudar situações insuportáveis. Essas súplicas foram ouvidas, e muitas vezes, as respostas vêm através de processos que moldam nosso caráter. Deus vai usar experiências para nos treinar para algo maior.

Exemplos na natureza nos ensinam isso: a borboleta precisa passar pelo casulo para ser livre; o ouro é refinado no fogo para ser purificado. Da mesma forma, Deus utiliza os desafios para nos transformar em algo mais precioso.

A dor de hoje é o treinamento para a vitória de amanhã. Deus está preparando você para algo grandioso, uma missão que só pode ser cumprida através desse processo. Confie que Ele está trabalhando em você, moldando seu caráter e preparando seu futuro.

Reserve um tempo para refletir em uma área da sua vida que tem causado dor. Escreva sobre uma situação difícil e como ela faz você se sentir. Agora, pense:

O que esta experiência está tentando me ensinar? Que áreas da minha vida precisam ser transformadas? Como esse processo pode me tornar mais forte ou sábia?

Para finalizar esse exercício psicológico, escreva uma carta para você mesma, como se estivesse falando com uma amiga querida que está passando por essa fase difícil. Expresse encorajamento, amor e apoio, lembrando a si mesma de que todo processo doloroso traz crescimento e que há um propósito maior em tudo isso.

Senhor, entendo que cada dificuldade é uma oportunidade para meu crescimento e confio que estou sendo moldada para algo maior. Aceito o processo e creio na transformação que o Senhor fará em minha vida.

Guardadas pela Palavra

Quem dera tivessem sempre no coração a disposição para temer-me... Assim, tudo iria bem com eles e seus descendentes.. (Deuteronômio 5:29).

Às vezes, ao ler os mandamentos de Deus, podemos sentir que são restrições severas que limitam nossa liberdade. No entanto, assim como um pai ou mãe estabelece regras para proteger seus filhos, Deus nos deu sua Palavra como um guia para o nosso bem.

Imagine uma criança pequena correndo na direção de um forno quente. Ela não conhece o perigo, mas você, sabendo, a impede de se machucar, mesmo que isso a deixe chateada. Da mesma forma, Deus, em sua infinita sabedoria, nos protege, mesmo quando não entendemos o motivo de suas instruções.

Cada escolha que fazemos traz consequências. Quando agimos fora dos princípios de Deus, corremos o risco de colher frutos amargos. Seus mandamentos não nos aprisionam, mas nos livram de armadilhas que o pecado coloca em nosso caminho.

Eva, no Jardim do Éden, é um exemplo claro disso. Seduzida pela serpente, seu coração se distanciou de Deus. Talvez estivesse curiosa ou insatisfeita, mas se tivesse nutrido seu relacionamento com o Criador, teria encontrado nele todas as respostas e satisfações que buscava.

Quantas vezes nos vemos em situações semelhantes? Movidas pela curiosidade, pelo desejo ou insatisfação, ignoramos os avisos de Deus e seguimos por caminhos que Ele claramente disse para evitar. A história de Eva mostra como a desobediência gera dor, afetando não só a nós, mas nossas futuras gerações.

Reflita sobre áreas da sua vida onde você pode estar resistindo à vontade de Deus. Há algo que Ele tem pedido para evitar, mas você tem lutado contra? Peça a Deus para abrir seus olhos, para que entenda que seus mandamentos são um escudo de proteção, e não um fardo.

Leva muito mais tempo para entendermos o **AMOR** de Deus do que a sua **LEI**.

Senhor, ajuda-me a não ver teus mandamentos como proibições, mas como atos de cuidado e amor. Fortalece-me para resistir às tentações e ajuda-me a nutrir um relacionamento íntimo e constante contigo.

329

__/__/__

Rivais ou parceiros?

Então o Senhor Deus declarou: "Não é bom que o homem viva sozinho; farei para ele alguém que o ajude como se fosse a sua outra metade (Gênesis 2:18, NTLH).

Quando o **pai** é **desvalorizado** no lar, a família cresce de forma **disfuncional**.

A expressão "outra metade" revela o propósito divino para a criação da mulher: ser o complemento do homem. Completar significa "preencher totalmente" ou "suprir uma deficiência". Somos chamadas para ser essa peça essencial que completa, não para competir.

Em 1Coríntios 11:11, a Bíblia Viva nos lembra: "No plano do Senhor, o homem e a mulher precisam um do outro. Eles não são independentes". A ideia de Deus é que ambos trabalhem juntos, em um propósito comum. Assim como na Trindade, onde o Pai, o Filho e o Espírito Santo têm papéis distintos, mas são iguais em essência, também somos chamadas a exercer nossa função sem perder nossa identidade e valor.

Por muitos anos disputei com meu esposo: quem trabalhava mais, quem ganhava mais, quem era uma pessoa 'melhor', 'mais espiritual', que gastava menos, que pensava mais nas pessoas. Até que ouvi uma pregação sobre o papel da mulher no lar e pude enxergar o quanto eu estava errada. Naquele momento, percebi que estava agindo fora da ordem divina. Eu criticava e humilhava meu esposo, desrespeitava-o, e o cenário era de brigas e distanciamento. Quando entendi meu papel e, com a ajuda do Espírito Santo, comecei a honrar e respeitar meu marido, o ambiente em casa mudou. Pedi perdão a Deus e ao meu esposo, e colhemos frutos de paz, prosperidade e união.

Você tem sido uma auxiliadora ou está assumindo o papel de líder? Seu marido é seu parceiro, não seu rival. Liste as pequenas coisas que ele faz pela casa e pela família. Agradeça a ele e a Deus por esses gestos.

Senhor, ajuda-me a enxergar meu esposo como parceiro, não rival. Que eu possa honrá-lo e respeitá-lo conforme tua Palavra ensina.

Perdendo a essência?

Pois nele vivemos, nos movemos e existimos (Atos 17:28a).

A palavra "essência" se refere ao que é mais central e fundamental em nós. No entanto, as pressões do mundo moderno e das redes sociais muitas vezes nos afastam dessa verdade. Vivemos em uma época de comparação e busca por aprovação constante, o que pode distorcer nossa verdadeira identidade.

Quantas de nós se perderam nas expectativas e opiniões dos outros? Moldadas pelo que esperam de nós, acabamos usando máscaras para esconder quem somos. Tentamos ser perfeitas no trabalho, nas relações e nas redes sociais, enquanto nosso coração clama por autenticidade e descanso. O sorriso no rosto e o "está tudo bem" tentam sufocar um coração que grita por socorro.

Perdemos nossa essência quando não temos mais "tempo" para se conectar com Aquele que formou nossa essência. Quando nos preocupamos demais com a reputação ou buscamos validação nas conquistas, dinheiro, status e seguidores, nos desconectamos da nossa verdadeira identidade. Essa busca nos torna prisioneiras de uma versão fabricada de nós mesmas, vivendo uma realidade que não reflete quem realmente somos.

Para resgatar nossa essência, precisamos nos reconectar com a fonte: Deus. É necessário curar as feridas que silenciaram nossa essência. Saia da agitação. Fique mais reclusa. Pare para refletir, treine ouvir o que Deus tem a dizer sobre você e encontrará sua essência.

Vamos à ação? Liste as máscaras que tem usado e onde sente que está fingindo ser algo que não é. Liste coisas que trazem alegria e reflitam quem você é.

Quanto mais curadas das nossas feridas emocionais, **mais perto da nossa essência** estamos.
– Karine Rizzardi

Senhor, ajuda-me a encontrar minha essência em ti e me liberta de tudo o que tem anulado minha essência.

A corrida pelo futuro

Portanto, não se preocupem com o amanhã, pois o amanhã trará as suas próprias preocupações. Basta a cada dia o seu próprio mal (Mateus 6:34).

Viva o hoje, curta cada momento, pois eles são únicos e passam rápido!

Quantas vezes nos pegamos vivendo para o futuro? Pensamos: "Depois que tudo se ajeitar, serei feliz. Quando meus filhos se formarem, quando eu conquistar aquele emprego, quando meus sonhos se realizarem..." Mas nessa busca constante pelo amanhã, esquecemos algo essencial: a vida acontece no hoje.

Jesus nos ensina a viver um dia de cada vez, a não nos sobrecarregarmos com as ansiedades do futuro. Cada fase traz um presente de Deus, mas muitas vezes ignoramos esses presentes, preocupadas com o que está por vir.

Seja sincera: quantas vezes você já se pegou projetando o futuro? Durante a gravidez, ansiava por ver o rosto de seu bebê; depois, pelo primeiro passo, a escola, a adolescência, e assim por diante. Vivemos em constante expectativa, sem desfrutar das bênçãos que Deus nos dá no presente. Não precisamos nos preocupar com a faculdade de nossos filhos quando ainda estão no berço!

Essa forma de viver rouba nossa alegria. Em vez de vivermos com gratidão, projetamos nossa felicidade para o futuro. Mas a vida é agora, e cada fase, por mais simples ou desafiadora que seja, tem seu valor. Se não estivermos atentas, podemos perder momentos preciosos.

A gratidão nos ensina a valorizar o que temos agora. Quando somos gratas, percebemos as bênçãos diárias: o sorriso de um filho, momentos de paz, uma oração respondida. Esses são os presentes de Deus, mas muitas vezes passam despercebidos. Viver o hoje também significa confiar que Deus cuida do nosso futuro. Provérbios 19:21 nos lembra: "Muitos são os planos no coração do homem, mas é o propósito do Senhor que prevalece".

Senhor, ajuda-me a viver o hoje com alegria, desfrutando de cada momento. Coloco minhas preocupações com o futuro em tuas mãos, certo de que cuidas de tudo.

Ouse acreditar

E disse Deus: Que a terra produza vegetação: plantas que deem sementes, e árvores cujos frutos produzam sementes de acordo com suas espécies. E assim foi (Gênesis 1:11).

Deus estabeleceu princípios, e a lei da semente é que ela frutifique e se multiplique. O ciclo das nossas ações pode ser comparado a sementes. Toda semente tem o potencial de se transformar em uma árvore, que gerará frutos com novas sementes. O que você carrega em seu coração e semeia na vida de outros pode impactar muitas gerações, formando uma "floresta" de vidas transformadas, para a glória de Deus.

Abraão é um exemplo poderoso de como uma pequena semente de fé pode se transformar em uma promessa cumprida. Deus plantou em seu coração a promessa de uma descendência numerosa, e Abraão ousou acreditar no impossível. Sua fé deu origem a essa grande multidão. Assim como ele, você também carrega sementes que Deus plantou — sonhos, promessas e visões que precisam da sua fé para germinar e crescer.

Deus realiza grandes coisas a partir dos "pequenos começos". A semente que você tem nas mãos pode gerar frutos abundantes, desde que você a plante com fé e perseverança. A questão é: o que você está fazendo com as sementes que Deus confiou a você?

Lembre-se de que as sementes multiplicam segundo suas espécies. Se plantamos sementes de fé, amor e perdão, colheremos frutos dessas virtudes. Mas, se semearmos dor e reclamação, colheremos frutos amargos. "Cada árvore é conhecida pelos frutos que produz" (Lucas 6:44), então, cuide para que suas sementes estejam alinhadas com os propósitos de Deus.

O segredo para uma grande colheita está em perseverar, mesmo sem resultados imediatos. Deus é fiel para cumprir tudo o que prometeu a você. Plante com fé e paciência, confiando no Senhor da colheita.

De uma só semente, pode nascer uma floresta. **Não menospreze a "pequena" semente que Deus lhe deu.**

Pai, obrigada pelas sementes que o Senhor plantou em meu coração. Ajuda-me a cultivar essas sementes com fé, confiando no teu tempo e no teu plano perfeito.

Na mesma balança

Pois se perdoarem as ofensas uns dos outros, o Pai celestial também lhes perdoará. Mas se não perdoarem uns aos outros, o Pai celestial não lhes perdoará as ofensas (Mateus 6:14-15).

Perdoar também inclui **desistir** da esperança, expectativa ou idealização de que o **passado** poderia ter sido **diferente**.

Esse versículo nos apresenta uma balança. Somos perdoadas à medida que perdoamos. Muitas vezes, temos dificuldade em perdoar, em pedir perdão e até em aceitar o perdão de Deus para nós. Acabamos vivendo em cativeiros emocionais, presos às ofensas que recebemos.

Sempre haverá pessoas que, intencionalmente ou não, nos ferirão. Essas feridas deixam marcas, e a dor é real. Quando isso acontece, a melhor escolha é entregar nossas mágoas a Deus e permitir que o Espírito Santo nos guie no caminho do perdão.

O perdão não é um sentimento imediato de cura; é uma decisão. Mesmo após decidir perdoar, a dor e mágoa podem persistir. Mas o segredo é insistir no perdão. Sempre que a mágoa retornar, lembre-se de sua escolha e reafirme: "Eu já perdoei. Estou livre dessa dor".

A maior razão para perdoar é que também precisamos ser perdoadas. Todos os dias falhamos, e Deus nos oferece seu perdão. Da mesma forma, devemos estender o perdão a quem nos machucou.

Vamos fazer um exercício a caminho do perdão?

1. *Identifique a pessoa que você precisa perdoar.* Feche os olhos e pense em quem trouxe dor ao seu coração. Anote o nome dessa pessoa.
2. *Nomeie o que a feriu.* Escreva as situações específicas que causaram dor ou mágoa.
3. *Visualize a entrega a Deus. I*magine-se entregando essas mágoas a Deus, soltando o peso.
4. *Decida perdoar.* Faça uma oração a Deus, declarando sua decisão de perdoar essa pessoa.

Após esse exercício, reconstrua a comunicação interna sobre essa pessoa, mudando a maneira como pensa e fala sobre ela. Nada de "bater na mesma tecla" do que ela fez.

Espírito Santo, traz luz à minha alma, revelando as situações ou pessoas que preciso perdoar e curar.

Onde está o seu olhar?

Lembrem-se da mulher de Ló! (Lucas 17:32).

O versículo faz parte de uma conversa de Jesus com seus discípulos sobre a chegada do Reino de Deus e sua segunda vinda. Entre os avisos que Ele deu, estava a advertência sobre a mulher de Ló. O que Ele queria nos ensinar com essa curta, porém impactante, frase?

Quando Deus ordenou que Ló e sua família saíssem de Sodoma, a instrução foi clara: "Não olhem para trás!" O futuro que Deus havia preparado exigia que eles deixassem o passado completamente. A mulher de Ló, no entanto, hesitou. Talvez o passado tenha começado a sussurrar em seus ouvidos: "E suas conquistas, sua posição, suas posses?" Ela não conseguiu desapegar do que ficou para trás e, ao olhar para trás, perdeu a chance de seguir em frente, transformando-se em uma estátua de sal.

Muitas vezes estamos **estagnados** porque nos **prendemos a âncoras** do passado. Solte-as e prossiga!

Jesus nos alerta sobre o perigo de nos apegarmos às coisas materiais e passageiras. Se fôssemos chamadas a renunciar algo importante por obediência a Cristo, como reagiríamos? Existe algo que seria um grande sacrifício para você deixar? Um título, uma conquista, um relacionamento? Às vezes, colocamos essas coisas no lugar de Deus, vivendo insatisfeitas e presas ao passado.

Deus nos convida a deixar tudo isso e confiar que Ele está escrevendo uma nova história. Não precisamos carregar os fardos do passado para avançar. Se Ele pede que não olhemos para trás, é porque o que Ele tem preparado é maior e melhor.

Vamos fazer um exercício?

Existe algo no passado que ainda prende seu olhar ou coração? Faça uma lista dessas coisas.

Ore, pedindo a Deus que a ajude a abandonar tudo isso.

Queime ou rasgue essa lista, simbolizando sua decisão de seguir em frente.

Jesus, se há algo que estou retendo do passado, que me impede de avançar, mostra-me e dá-me a coragem de entregar tudo a ti.

___/___/___

Frágil

O Senhor está perto dos que têm o coração quebrantado e salva os de espírito abatido (Salmos 34:18).

Suas **experiências** geram significados que **controlam** suas emoções.

Sim, há uma força incrível em nós, mulheres. Nós PARIMOS! Cuidamos da casa, do marido, dos filhos. Fazemos comida, lavamos, passamos, ensinamos as crianças, corrigimos, enfrentamos febres e síndromes... E nunca desistimos. Trabalhamos dentro e fora de casa, sustentamos ou ajudamos no sustento de um lar. Moldamos a próxima geração.

Somos fortes, mas há algo muito frágil dentro de nós: nossas emoções. Como são frágeis! Ouvimos palavras que nos ferem, gestos que nos magoam, e nos ofendemos por pequenas coisas. Não ser convidada para uma festa, não ser chamada para uma foto, ou ser ignorada... algumas escondem isso com uma 'dura' personalidade, mas no fundo, essa 'cara amarrada' revela um medo profundo de rejeição.

Essa é nossa maior força e nossa maior fraqueza. Uma mulher sensível pode ser fonte de empatia, mas também é mais suscetível a mágoas. Se nossas forças não forem equilibradas e entregues a Deus, podem se transformar em fardos emocionais. O segredo está em buscar sabedoria para usar nossas qualidades de maneira equilibrada, sem que aquilo que nos fortalece se torne um peso.

Você deixa de ser melindrosa quando, com humildade, abre o coração e perdoa quem a feriu, reconhecendo que nem sempre o problema está nos outros. Crescemos emocionalmente quando admitimos nossa fragilidade e buscamos ajuda no Senhor, que fortalece o coração quebrantado e cura nossas feridas.

Pergunte a si mesma: "Quais são as áreas da minha vida onde minhas emoções têm me enfraquecido? Estou disposta a reconhecer minhas fragilidades e pedir ajuda?" Coloque essas áreas diante de Deus em oração e peça para que Ele fortaleça seu coração.

Senhor, ajuda-me a desenvolver uma resiliência emocional que só pode vir de ti. Que mesmo diante de situações dolorosas eu encontre força em tua presença e sabedoria para crescer através das adversidades.

Não se sinta mal

O meu Deus suprirá todas as necessidades de vocês, de acordo com as suas gloriosas riquezas em Cristo Jesus (Filipenses 4:19).

Quantas vezes você já se pegou justificando suas conquistas ou explicando algo que comprou? Talvez, ao adquirir um móvel novo, sentiu a necessidade de contar que foi parcelado. Ou, ao receber um elogio por uma roupa, rapidamente disse que era de segunda mão. Isso soa familiar?

É importante entender que você não precisa justificar as bênçãos que Deus tem colocado em sua vida. Se Ele tem abençoado você, aproveite esse momento e honre-o como seu provedor. Você não deve se sentir culpada por estar desfrutando das dádivas do Senhor.

Falo por experiência própria. Por muitos anos, me senti desconfortável ao trocar algum móvel de casa. Quando alguém comentava com um tom de inveja disfarçada, como: "Nossa, sofá novo, que chique!", isso me desconcertava. Talvez a pessoa nem tivesse maldade, mas o problema estava em mim, que não me achava merecedora das bênçãos de Deus.

Ainda luto contra esse sentimento. Quando conquisto algo, sou tentada a explicar detalhadamente os desafios que enfrentei. Mas, então, me lembro: sendo merecedora ou não, Deus me deu, e é meu por direito.

Essa crença de não merecimento é um padrão psicológico que afeta nossa forma de viver e perceber as bênçãos. Quem carrega esse pensamento tende a se sentir indigna de amor e sucesso, criando barreiras invisíveis que impedem de aproveitar plenamente as coisas boas. No entanto, em Cristo, somos feitas filhas de Deus e coerdeiras de suas promessas. Merecimento no Reino de Deus é um presente dado por sua graça. Ao aceitar essa verdade, nos libertamos da culpa e da autossabotagem.

Nada pode me causar mal sem o meu **consentimento.**
– Mary Duarte

Jesus, obrigada por me abençoar com bênçãos sem medida. Ajuda-me a celebrar ao invés de me explicar.

Ore antes de falar

Estou determinado a vigiar meus passos e minha língua, para que eles não me ponham em confusão (Salmos 39:1 (AM)

Quando eu falo, as coisas permanecem como estão. Mas **quando Deus fala, tudo vem a existir**. – Bob Sorge

Quantas vezes, na correria e nos desafios do dia, falamos sem pensar? Ansiosas para resolver tudo rápido, falamos mais do que deveríamos, em momentos inadequados e com as emoções à flor da pele. Nós, mulheres, tendemos a querer resolver as coisas "para ontem" sem esperar por Deus ou buscar sua direção, o que nos leva a situações desconfortáveis, de dor, e até conflitos desnecessários.

Já passei por isso inúmeras vezes. Quando aflita ou ansiosa para resolver algo, falava sem pensar. O resultado? Conflitos maiores e corações machucados, especialmente nos relacionamentos mais próximos, como o casamento. Com o tempo e muitos erros, aprendi que a primeira ação deve ser orar, e não falar. Agora, quando tenho algo a dizer (principalmente ao meu esposo), oro, oro e oro (risos). Peço ao Espírito Santo se realmente devo falar, pois às vezes a questão é pequena ou só está na minha cabeça.

Minha oração tem sido: "Espírito Santo, estou aflita e ansiosa para falar sobre isso. Sei que todas as vezes que falei por impulso, não deu certo. Por isso, entrego essa ansiedade a ti e peço que, se for da tua vontade, ajuda-me a falar no momento certo e com as palavras certas. Mas, se não for, acalma meu coração e ajuda-me a perdoar".

Essa prática tem mudado minha vida. E convido você a fazer o mesmo.

Ferramentas para Sabedoria no Falar:

Pare por 10 segundos. Respire fundo e acalme-se. Faça uma oração silenciosa pedindo que o Espírito Santo guie suas palavras. Pergunte-se: "O que estou prestes a dizer é realmente necessário? Vai edificar ou apenas aumentar a tensão?" Se sentir paz, fale com calma. Se não, espere o momento certo.

Senhor, guia minha boca e me dê sabedoria para saber se devo falar. Se for da tua vontade, ajuda-me a escolher as palavras certas. Se não, acalma meu coração.

Ídolos do coração

Quando eles regressarem para sua terra natal, removerão todos os resquícios de suas imagens repugnantes e de seus ídolos detestáveis (Ezequiel 11:18).

O que ocupa o seu coração? Você já orou e pediu algo a Deus que parecia nunca acontecer? Eu já! Quando me casei, desejávamos ter um bebê, mas levou um ano e meio para que eu engravidasse. A cada mês, a chegada do ciclo menstrual frustrava nossa expectativa. Fiz muitos exames, esperando um "positivo", mas o resultado era sempre "negativo".

Quase sem esperança, finalmente vi o resultado positivo quando a gravidez não ocupava mais o pedestal da minha vida. Foi uma alegria imensa! Sim, há poder em nossas orações e Deus se alegra em nos abençoar, porém, Ele precisa remover alguns ídolos do nosso coração primeiro.

Às vezes, o que mais desejamos pode se transformar em uma obsessão, mesmo quando esse desejo vem de Deus. Se o desejo se torna maior que o próprio Deus, perdemos o foco. Vivi isso no ministério, quando ansiava tanto pelas promessas de Deus que meu desejo superava minha confiança nele. Enquanto buscava as promessas mais do que a Deus, nada acontecia. Mas Deus trabalhou em meu coração, ensinando-me a confiar e descansar. Quando coloquei Deus acima de tudo, no tempo certo, as coisas começaram a acontecer, levando-me a refletir sobre o que realmente ocupava meu coração.

Se você também se sente ansiosa para ver os planos de Deus se cumprirem, aí vão algumas práticas que podem ajudá-la:

Avalie suas motivações e o que preenche seu coração. Há algo tomando o lugar de Deus? Busque intimidade com Deus acima de tudo. Consagre tempo a sós com Ele. Quebre o orgulho, aprenda a perdoar e a reconhecer seus erros. Ame a Deus e ao próximo. Cumpra o propósito que Deus lhe deu, ajudando as pessoas ao seu redor.

Quando aprendemos a **confiar no tempo de Deus**, descobrimos que Ele nunca se **atrasa**, apenas nos **prepara**.

Senhor, ajuda-me a continuar plantando o que o Senhor me confiou enquanto sonda minhas motivações para me aperfeiçoar.

Seja intencional

[...] o Reino dos céus é tomado à força, e os que usam de força se apoderam dele (Mateus 11:12).

Você colhe resultados do que **faz**, não do que **diz que vai fazer**.

O Reino de Deus pode ser entendido como a manifestação da vontade divina em nossas vidas. Para acessarmos essa vontade, muitas vezes, precisamos de força, perseverança e determinação, especialmente quando enfrentamos resistências espirituais e emocionais que tentam nos prender aos velhos padrões. A busca por cura emocional e plenitude exige um esforço intencional e contínuo.

Mudanças profundas em nossos comportamentos e emoções não acontecem da noite para o dia. Nossos sentimentos reagem automaticamente, e nossa mente tende a repetir os mesmos padrões, pois foram formados ao longo dos anos. A neurociência nos ensina que o cérebro é plástico, capaz de se renovar, mas precisa de novos hábitos para que isso aconteça. Romanos 12:2 nos lembra da importância de renovar a mente para experimentar a boa vontade de Deus. Isso demanda ação.

Será "à força" que precisará se humilhar e pedir perdão ao seu esposo, mesmo quando sentir que a culpa não foi sua. Também será com esforço que reconhecerá a rigidez com seus filhos e buscará reconciliação. O processo de mudança exige intencionalidade e disposição para romper com padrões antigos, mesmo que o coração resista.

Além da parte espiritual e emocional, é preciso cuidar do corpo. A prática de atividades físicas libera neurotransmissores que ajudam a regular o humor e trazer equilíbrio. A alimentação saudável também influencia nosso bem-estar emocional, proporcionando mais energia e clareza mental. Pequenos hábitos físicos impactam diretamente nossa mente e espírito.

Identifique uma área da sua vida onde há maior resistência à mudança. Ore pedindo ajuda ao Espírito Santo para agir de forma intencional. Inclua ações diárias que rompam esses padrões e reflita sobre como isso afeta seu estado emocional e espiritual.

Senhor, ajuda-me a ser intencional em minhas ações, rompendo o que me impede de acessar tua vontade em minha vida.

Rejeição

Todo aquele que o Pai me der virá a mim, e quem vier a mim eu jamais rejeitarei (João 6:37).

A rejeição é uma das experiências mais dolorosas que podemos enfrentar. Desde a infância, somos moldadas pela necessidade de pertencimento e aceitação, desejando ser valorizadas pelos pais, amigos, colegas de trabalho e pela sociedade. Quando essa aceitação nos é negada, a dor pode deixar cicatrizes profundas em nossa alma. Sentir-se rejeitada pode abalar nossa autoestima e confiança, fazendo-nos acreditar que não somos dignas de amor.

Enquanto buscarmos **aceitação**, estaremos sujeitas à **dor da rejeição**.

A verdadeira cura da rejeição começa com o entendimento de quem somos em Cristo. Deus nos aceita exatamente como somos, com todas as nossas falhas, fraquezas e bagagens emocionais. Ele jamais nos rejeita. Quando compreendemos essa verdade, podemos nos libertar da necessidade de buscar aceitação nos lugares errados. O amor incondicional de Deus é a chave para curar as feridas emocionais que a rejeição causa.

Além de receber esse amor, algumas ações práticas podem ajudar no processo de cura. O primeiro passo é o perdão. Perdoar aqueles que nos rejeitaram ou feriram pode ser difícil, mas é essencial. Um exercício poderoso é escrever sobre as experiências de rejeição. Anote cada situação, as pessoas envolvidas e seus sentimentos. Depois, ore a Deus, entregando essas dores e liberando perdão.

É fundamental também mudar a fonte de aceitação. Muitas vezes, transferimos nossa necessidade de amor para outras pessoas. No entanto, a verdadeira cura vem quando buscamos nossa aceitação em Jesus.

Faça esse exercício para fortalecer sua Identidade em Cristo: Pegue um papel e anote as verdades bíblicas sobre sua identidade. Algumas ideias: "Sou amada por Deus" (Romanos 5:8), "Sou filha de Deus" (João 1:12), "Sou escolhida e preciosa para Ele" (1Pedro 2:9). Releia essas verdades diariamente e permita que elas renovem sua mente.

Pai, que o teu grande e incondicional amor preencha todas as lacunas do meu ser. Que saber e sentir que sou amada por ti seja suficiente.

Descanso merecido

Você tem seis dias na semana para fazer os trabalhos habituais, mas o sétimo dia é o sábado do Senhor, seu Deus, não farás nenhum trabalho.. (Êxodo 20:9-10

Se **descansar** fosse fácil, não seria um **mandamento** (ordem).

Você já se pegou pensando: "Tenho que fazer isso... Tenho que fazer aquilo..."? Durante muitos anos, essa era a frase que guiava a minha vida. Eu não me permitia parar, achando que sempre precisava estar ocupada, produzindo ou resolvendo algo. Mesmo quando Deus me chamou para focar mais na minha família, a inquietação continuava. Sentia-me culpada por descansar, buscando algo para manter a mente ocupada.

Esse comportamento pode ter várias raízes. Talvez você tenha tido muitas responsabilidades na infância, precisando amadurecer rápido. Ou o medo da rejeição fez você acreditar que só seria amada se estivesse sempre fazendo algo. Talvez tenha associado culpa a momentos de descanso, se punindo sem perceber. Seja qual for a causa, viver dessa forma é exaustivo e emocionalmente desgastante.

Por muito tempo, ignorei que o descanso é um presente de Deus. Eu trabalhava incessantemente, até que meu corpo não suportou mais. Desenvolvi uma tendinite, e nesse momento de dor física, Deus me mostrou o quanto eu estava negligenciando minha saúde e o propósito que Ele tinha para mim. Foi um despertar necessário.

Se você também sente a pressão de "ter que fazer" algo o tempo todo, reavalie suas prioridades. Deus nos chama a desfrutar do descanso.

Reserve um momento para refletir sobre porque você sente que precisa estar sempre ocupada. Ore para que Deus revele o que precisa ser curado.

Programe um tempo de descanso intencional na sua rotina. Desconecte-se das responsabilidades, lembrando que você não precisa "fazer" para ser valorizada.

Senhor, ajuda-me a entender que o que faço não define o meu valor. Que eu seja livre para desfrutar com alegria do descanso necessário e merecido.

Escolhas geram perdas

Se tentar se apegar à sua vida, a perderá. Mas, se abrir mão de sua vida por minha causa e por causa das boas-novas, a salvará (Marcos 8:35).

A vida é cheia de escolhas, e toda escolha envolve renúncia. Quando decidimos por algo, algo mais precisa ser abandonado. Se você quer emagrecer, terá que renunciar ao prazer de comer doces. Se deseja comprar uma casa ou viajar, algumas despesas com roupas ou passeios precisarão ser sacrificadas. E se o seu sonho é uma graduação, serão necessárias horas de estudo em vez de lazer. Cada decisão carrega o peso da renúncia, e quanto maior o objetivo, maior o sacrifício.

As **coroas** estão sempre repletas de **espinhos**. – Thomas Brooks

Esse princípio se aplica em todas as áreas da vida. Ao casar-se, você abre mão da sua individualidade para viver em unidade. Quando se torna mãe, o conforto é substituído pela alegria de cuidar de uma nova vida. E ao escolher agradar a Deus, isso pode significar desagradar pessoas próximas. Como Jesus ensina, quem perde a vida por amor a Ele a encontrará de forma plena.

Então, o que ganhamos? As alegrias que surgem das escolhas são inigualáveis. O privilégio de ser mãe supera qualquer noite mal dormida. A felicidade de um casamento fundamentado no amor e compromisso vale mais do que a ilusão de liberdade. E a paz de caminhar com Deus é maior que qualquer aprovação humana.

Pergunto a você: O que está disposta a perder para ganhar algo maior? Deus nos chama a escolhas que exigem sacrifício, mas nos conduzem a um propósito mais elevado. Quando escolhemos perder por amor a Ele, ganhamos algo muito mais valioso: uma vida abundante e eterna.

Espírito Santo, ajuda-me a saber quais renúncias o Pai espera de mim. Ajuda-me a abandonar tudo o que me impede de viver a tua vida em mim.

Livre de comparações

Não temos a pretensão de nos igualar ou nos comparar... Quando eles se medem e se comparam consigo mesmos, agem sem entendimento (2Coríntios 10:12).

É loucura odiar todas as rosas porque uma te espetou. - Antoine de Saint-Exupéry

Por muitos anos, me frustrei com várias mulheres que cruzaram meu caminho, especialmente no ambiente ministerial. A rejeição, a competição e a inveja pareciam ser comuns. Certa vez, presenteei uma palestrante com meu livro, e sua reação foi de desprezo, mencionando que também escrevia um livro, mas ele nunca foi publicado. Percebi que, por causa da comparação, ela se sentiu ameaçada. Me surpreendi com esse cenário, pois, encontrei muito mais mulheres competitivas, inseguras e ciumentas no meio ministerial, do que em 16 anos de trabalho que desempenhei em ambiente secular anteriormente.

Passei um bom tempo desacreditada de que boas amizades poderiam florescer nesse meio, mas decidi que o que me faltava, eu daria em abundância às mulheres que cruzassem meu caminho. E tenho feito. Incentivar várias mulheres a escreverem livros, iniciar projetos, negócios e mentorias é uma experiência gratificante, e o coração se enche de alegria ao vê-las cumprindo seus propósitos. Ver essas mulheres florescendo é a maior recompensa que se pode receber.

Decidi ser um canal de encorajamento e, ao fazer isso, encontrei um novo sentido para minha jornada. Contudo, preciso ser honesta: já fui "picada" pela comparação. Por um curto período, cobicei os números e resultados de uma colega de trabalho, até que, pela graça de Deus, percebi esse pecado e trilhei um caminho de arrependimento.

Faça uma lista de mulheres que você considera ou já considerou amigas ou colegas. Ore por cada uma delas, pedindo que Deus abençoe suas vidas e remova qualquer raiz de inveja ou competição. Escreva uma carta de perdão para quem a decepcionou, não para entregar, mas para curar sua alma. Unidas, sem inveja, Deus nos levará a conexões divinas.

Pai, ajuda-me a não me ferir com pessoas que se sentem ameaçadas pelos dons que o Senhor me confiou e a não me sentir ameaçada pelos dons das outras.

Tipo de Pai

Quem me vê, vê o Pai (João 14:9).

Que tipo de Pai você vê? A relação que temos com nosso pai terreno influencia diretamente a maneira como nos relacionamos com Deus como Pai. Ela molda nossas percepções, expectativas e até nossas barreiras emocionais. No Antigo Testamento, Deus era muitas vezes visto como um ser distante e severo, pois as pessoas interpretavam suas experiências com base em uma compreensão limitada. Elas acreditavam que tanto o bem quanto o mal vinham de Deus, e essa visão foi transmitida de geração em geração.

Quando Jesus veio, Ele ressignificou essa ideia de paternidade divina. Foi como se Ele dissesse: "Vocês estão entendendo errado sobre meu Pai. Eu vou mostrar quem Ele realmente é". Jesus veio para nos revelar um Pai amoroso, que corrige com amor, mas sempre deseja o melhor para seus filhos. Vendo a vida de Jesus nos evangelhos, podemos perceber o coração do Pai: Ele é manso, humilde e cuida dos oprimidos e necessitados.

Talvez sua experiência com seu pai terreno tenha sido marcada por falhas, dor ou ausência. Pode ser que ele não se pareça com o Pai amoroso que Jesus revela. A boa notícia é que a graça de Deus oferece um novo começo. Você pode ser adotada por esse Pai celestial, que deseja ter uma relação de amor, confiança e segurança contigo. Não há necessidade de viver num "orfanato emocional", tentando preencher o vazio deixado por um pai ausente.

Reserve um momento para refletir sobre a paternidade que você experimentou e como isso impacta sua visão de Deus. Escreva uma carta sincera a Deus, expressando como você O vê como Pai. Peça a Ele para curar as feridas do seu coração e ajudá-la a desenvolver uma relação de intimidade verdadeira com Ele.

Você não pode **olhar para Deus** como Pai a partir da **perspectiva do seu pai terreno.**

Pai Celestial, decido sair desse orfanato emocional, segurando tuas mãos como filha amada. Cura-me de toda memória traumática ligada à paternidade.

Tempo de cura

[...] tempo de curar [...] (Eclesiastes 3:3).

Cada revisita àquela memória traumática pode **reorganizar** e **criar novas conexões saudáveis.**

Cada pessoa tem seu tempo para se curar, especialmente de feridas emocionais. Esse processo varia por vários motivos, um deles é a quantidade de experiências dolorosas acumuladas. Quanto mais intensa e frequente a dor, maior o impacto de novas situações que toquem nessas feridas. Quando uma experiência é carregada de emoção, a memória registra essa emoção atrelando o medo de vivê-la novamente.

A neurociência mostra que nosso cérebro armazena memórias traumáticas em redes neurais, reativadas em situações semelhantes. Por isso, algumas dores demoram para cicatrizar. Nosso cérebro tenta nos proteger, acionando reações emocionais e físicas que nos fazem reviver o passado, intensificando nossas respostas.

Cura não significa que nunca mais sentiremos dor. A cura acontece quando o passado não nos controla mais. As memórias continuam, mas perdem o poder de governar nossas emoções. Quando somos curadas, lidamos com novas dores sem deixar que as antigas nos aprisionem.

Jesus oferece uma cura completa, não só para o passado, mas para cada nova dor que enfrentamos. Ele entende a profundidade de nossas feridas e caminha conosco em cada processo. Mesmo que a memória do sofrimento ainda esteja presente, Ele nos dá força para seguir em frente, sem carregar o peso dessas dores.

Exercício de cura emocional: Reserve um tempo para refletir sobre experiências dolorosas do passado que ainda afetam sua vida hoje. Anote-as em um papel e, ao lado de cada uma, escreva uma verdade bíblica que fale sobre a cura e o amor de Deus. Peça ao Senhor que transforme essas memórias e permita que você experimente a paz ao invés da dor. Isso ajudará seu cérebro a construir novas conexões, substituindo padrões de dor por padrões de esperança e cura.

Jesus, ajuda-me a me libertar dessas feridas e a reconstruir minha vida com base no teu amor.

Jogue o "lixo" fora!

Sejam bondosos e compassivos uns para com os outros, perdoando-se mutuamente, assim como Deus os perdoou em Cristo (Efésios 4:32).

Quando perdoar, Jogue o "Lixo" fora! Sempre recomendo que mulheres, especialmente as mais sensíveis a decepções emocionais, tenham um "diário de feridas", um lugar seguro para despejar sua dor, sem descarregá-la em outras pessoas. Quando somos rejeitadas, mal interpretadas ou ofendidas, tendemos a buscar aliados, compartilhando nossa versão da história para obter empatia. Mas, ao fazer isso, alimentamos nossos sentimentos negativos e contaminamos outros.

Eu não sou o que me aconteceu, **sou o que escolho me tornar**.
– Carl Jung

Esse "diário de feridas" nos ajuda a processar a dor de forma saudável, sem prejudicar quem está ao nosso redor. Eu mesma passei por uma decepção com uma amizade, e, sem entender que meus sentimentos eram minha responsabilidade, ainda culpava o outro por "me ferir". Fiz de tudo para curar a dor, inclusive escrevi no diário. Um ano depois, ainda me sentia desconfortável com essa pessoa. Pedi a Deus uma resposta e lembrei do caderno onde havia despejado tudo.

Na época, minha intenção era me defender, como se o diário fosse uma "prova" de que eu era a vítima. O Espírito Santo, porém, me conduziu a um ato de obediência: jogar fora o que havia escrito. Relutei, sentindo que estava perdendo minha defesa, mas entendi que perdoar, como Deus nos ensina, é renunciar à nossa justiça própria e não usar a lembrança contra o outro.

Agora é a sua vez. Existe algo que você mantém para validar sua dor? Que "lixo" emocional precisa ser descartado? Anote o que vier à mente e entregue tudo a Deus, pedindo forças para liberar toda mágoa. Faça um ato simbólico de libertação – rasgue ou queime o que precisa ser descartado – e declare: "Eu já perdoei e estou livre dessa prisão emocional".

Pai, decido jogar fora todo lixo emocional que ainda guardo. Ajuda-me a perdoar e a ser livre.

Maturidade emocional

Até que todos cheguemos [...] à medida da estatura completa de Cristo, para que não sejamos mais meninos inconstantes [...] cresçamos em tudo naquele que é a cabeça, Cristo (Efésios 4:13-15).

Quando você sabe que Deus o ama, **não fica desesperado pelo amor dos outros.** - Max Lucado

Maturidade emocional é uma jornada necessária para quem busca crescer em Cristo e viver em equilíbrio. Nos ferimos facilmente porque esperamos que os outros façam nossa vontade, como crianças que aguardam a atenção dos pais. Essa dependência revela uma imaturidade emocional, colocando nas mãos dos outros o poder de nos fazer felizes ou tristes. Mas será que é justo dar esse poder a alguém?

Cada pessoa enxerga as necessidades dos outros de acordo com suas próprias experiências e perspectivas. Esperar que alguém adivinhe nossos pensamentos ou sentimentos cria expectativas irreais, e quando não são atendidas, somos facilmente decepcionadas. No entanto, Jesus nos chama para crescer em todas as áreas da vida, inclusive no emocional. O amadurecimento emocional nos liberta, porque nos faz entender que ninguém pode preencher nossas carências como Cristo.

Quando reconhecemos que nossos sentimentos são nossa responsabilidade, paramos de esperar que os outros validem ou satisfaçam nossas necessidades. Independentemente de como fomos tratados no passado, é hora de deixar de lado o modo infantil e permitir que nossas emoções cresçam junto com nossa fé.

Faça esse exercício de autoconhecimento para ajudá-la na sua jornada de autoconsciência e amadurecimento. Pegue um caderno e escreva sobre um momento recente em que você se sentiu ferida ou frustrada com alguém. O que você esperava dessa pessoa? Essa expectativa era justa ou baseada nas suas próprias necessidades? Como você pode responder de forma diferente, alinhada com a maturidade emocional que Deus deseja para você? Da próxima vez que se sentir frustrada ou magoada, respire fundo e pergunte a si: "Essa reação está ligada à minha expectativa de que alguém me faça feliz?" Lembre-se que Jesus é sua fonte de plena satisfação.

Senhor, eu reconheço que preciso crescer emocionalmente em muitas áreas da minha vida. Ajuda-me a identificar os padrões imaturos que têm guiado minhas reações e a entregar a ti minhas expectativas.

Transições saudáveis

Então o Senhor disse a Abrão: 'Saia da sua terra, do meio dos seus parentes e da casa de seu pai, e vá para a terra que eu lhe mostrarei (Gênesis 12:1).

As transições fazem parte da vida de todos nós. Elas nos desafiam a sair da zona de conforto e crescer de formas que, muitas vezes, não antecipamos. Seja uma nova fase, um novo trabalho, ou mudanças mais profundas, cada transição é crucial para o nosso desenvolvimento emocional e espiritual. Quando ficamos no mesmo lugar por muito tempo, corremos o risco de estagnar. Assim como o corpo precisa de movimento para se manter saudável, nossa alma também necessita de mudanças para se renovar.

Na Bíblia, vemos que Deus usa as transições para moldar seus filhos. Abraão deixou sua terra e Moisés foi chamado a liderar o povo de Israel para fora do Egito. Essas mudanças não foram fáceis, mas necessárias para que os planos de Deus se cumprissem e para que ambos crescessem na fé.

Da mesma forma, mudanças em nossa vida podem parecer difíceis, mas são essenciais para o nosso crescimento. Muitas vezes, a resistência às mudanças vem do medo do desconhecido ou da necessidade de controle. Mas, ao abraçarmos as transições, aprendemos a confiar mais em Deus e a depender menos do controle que pensamos ter.

Mesmo que pareçam desafiadoras, mudanças são benéficas para o cérebro, estimulando novas conexões. De tempos em tempos, ele precisa ser reprogramado, e até pequenas alterações na rotina, como fazer um caminho diferente para o trabalho, já ajudam a estimular novas conexões neurais. Se você está presa na rotina, cansada ou desanimada, tente algo novo. Pequenas mudanças, como trocar os móveis de lugar ou fazer uma nova receita, podem gerar impacto no seu bem-estar. Persista nas transformações até que seu cérebro se ajuste e absorva as novas atitudes.

Feliz mudança para você!

É preciso que eu **suporte** duas ou três larvas se quiser **conhecer as borboletas.**
- Antoine de Saint-Exupéry

Senhor, ajuda-me a encarar as mudanças com coragem e a ver nelas oportunidades de crescimento. Que meu coração e mente estejam abertos para o novo.

Pacificadora

Abigail [...] desceu do jumento e prostrou-se perante Davi [...] "A culpa é toda minha" (1Samuel 25:23,24).

Qual a **sua responsabilidade** na desordem da qual você se queixa? - Freud

Abigail é uma das personagens mais inspiradoras da Bíblia, conhecida por sua sabedoria e habilidade como pacificadora. Ela estava casada com Nabal, um homem insensato e duro, quando Davi, que havia protegido os pastores de Nabal, solicitou ajuda para alimentar seu exército, Nabal recusou arrogantemente, despertando a ira de Davi, que planejou destruir Nabal e sua casa. Abigail, ao saber da situação, tomou a iniciativa de interceder. Preparou alimentos e, com humildade, foi ao encontro de Davi, assumindo a culpa pelos atos de Nabal e pedindo perdão. Seu gesto apaziguou Davi, evitando um massacre.

Essa história ensina sobre o poder da paz. Abigail, mesmo oprimida por um marido rude, escolheu o caminho da reconciliação, confiando em Deus para fazer justiça. E foi o que aconteceu: pouco depois, Nabal morreu, e Abigail foi libertada da sua difícil situação, mostrando que Deus cuida da justiça de seus filhos.

Em nossos relacionamentos, especialmente familiares, somos desafiadas a escolher entre ter razão e promover a paz. Conflitos surgem, palavras duras são ditas, mas ser uma pacificadora significa responder com serenidade e confiança em Deus. Abigail não esperou mudanças em seu marido; ela agiu conforme a sabedoria que Deus lhe deu. Da mesma forma, somos chamadas a promover a paz em nossos lares e relacionamentos, confiando que Deus cuidará do resto.

Ser uma pacificadora exige força, humildade e sabedoria. Seguir o exemplo de Abigail é um chamado para renunciar ao orgulho e confiar no julgamento de Deus.

Senhor, ensina-me a ser uma mulher de paz em meio aos conflitos relacionais. Dá-me sabedoria para agir com humildade e graça, mesmo diante de ofensas ou injustiças, confiando que o Senhor é o justo juiz.

Deus da provisão

Ela respondeu: "Tua serva não tem nada além de uma vasilha de azeite" [...] disse Eliseu: "Vá pedir emprestadas vasilhas... e feche a porta" (2Reis 4:2-4).

A história da viúva em 2 Reis 4 é um poderoso exemplo de como Deus transforma situações de escassez em momentos de prosperidade. Desesperada com dívidas, a mulher tinha apenas uma pequena quantidade de azeite, algo aparentemente insignificante. Mas, ao seguir a orientação de Eliseu, Deus multiplicou o pouco que ela tinha, permitindo que pagasse todas as dívidas e vivesse do restante.

Um detalhe interessante é que o milagre aconteceu a portas fechadas. Eliseu pediu que a viúva fechasse a porta para que o milagre ocorresse longe de olhares curiosos e da falta de fé dos outros. Isso nos lembra que muitas vezes Deus opera no secreto, longe de influências externas.

Já passei por momentos de escassez financeira, sem saber como suprir as necessidades do dia. Contudo, quando decidi confiar plenamente em Deus, Ele proveu de maneira milagrosa. Consagrar a Deus o pouco que eu tinha foi o ponto de virada, e vi milagres em minha vida financeira, provando a fidelidade de Deus.

Em momentos de escassez, somos tentadas a focar no que falta. Mas a história da viúva nos mostra que Deus é o Deus da provisão e multiplicação. Quando entregamos o que temos nas mãos dele, o Senhor age de forma milagrosa.

Feche a porta do seu coração para as dúvidas e busque intimidade com Deus. Ele multiplicará o que você tem e fará transbordar suas vasilhas de bênçãos.

Se colocarmos **Deus em 1º lugar**, podemos confiar que **Ele cuidará das nossas necessidades** materiais.

Senhor, agradeço por tua provisão e abundância. Mesmo na escassez, confio que multiplicas o pouco. Ajuda-me a fechar a porta para as dúvidas e confiar em ti, entregando minhas necessidades e sonhos. Que eu transborde em bênçãos para abençoar outros.

A gratidão nas relações

Jesus perguntou: "Não foram purificados todos os dez? Onde estão os outros nove? Não se achou nenhum que voltasse e desse louvor a Deus, a não ser este estrangeiro?" (Lucas 17:17,18).

Ingratidão gera **perda de afeição** das pessoas à sua volta.

Jesus curou dez leprosos, mas apenas um retornou para agradecer. Esse relato mostra como a gratidão é uma atitude rara, mas profundamente importante. Nas nossas relações, a gratidão é um gesto poderoso que fortalece laços, constrói confiança e valoriza a presença e o esforço do outro.

A ingratidão fecha portas e enfraquece relações. Quando deixamos de expressar gratidão, corremos o risco de esfriar as conexões emocionais e espirituais com as pessoas ao nosso redor, além de perdemos oportunidades de criar vínculos profundos e significativos. A falta de reconhecimento cria distâncias, enquanto um simples "obrigado" tem o poder de restaurar e nutrir vínculos.

Como cristãs, somos chamadas a cultivar um espírito grato, não apenas em momentos de grandes bênçãos, mas também nas pequenas graças do dia a dia. Seja no casamento, com filhos, amigos ou no ambiente de trabalho, a gratidão fortalece os relacionamentos. Quando mostramos reconhecimento, somos canais de bênção e criamos um ambiente de amor e aceitação.

Durante seis anos, trabalhei voluntariamente com mulheres na área emocional e percebi claramente a diferença na evolução entre aquelas que cultivavam um coração grato e as que apenas sugavam minha energia, sem se comprometerem com o processo.

Quando reconhecemos o esforço, o apoio e a dedicação de quem investe em nossa vida, fortalecemos os laços de confiança e reciprocidade. A gratidão não apenas valoriza o outro, mas também transforma a maneira como encaramos nossas experiências. Ela nos afasta do orgulho e da autossuficiência, lembrando-nos de que não caminhamos sozinhas. Reconhecer quem nos auxilia é uma forma de honrar o cuidado que recebemos, além de incentivar a generosidade mútua, pois essa pessoa se sentirá ainda mais encorajada à ajudar outras pessoas.

Pai, ajuda-me a reconhecer e valorizar as bênçãos que recebo e expressar minha gratidão a todos que cruzam meu caminho.

Exigência sufoca

Quando pedem, não recebem, pois pedem por motivos egoístas, para gastar em seus prazeres (Tiago 4:3).

A sua exigência pode sufocar o outro. Conviver com pessoas muito exigentes pode ser desgastante. Elas priorizam seus próprios desejos, ignorando o impacto nas emoções e no bem-estar dos outros. Já parou para pensar como suas solicitações podem pressionar quem está ao seu redor? Muitas vezes, sem perceber, acabamos colocando uma carga emocional nos outros, esperando que atendam às nossas expectativas.

Quantas vezes você ficou frustrada quando alguém não atendeu uma demanda sua, mesmo após já ter a ajudado antes? Quando visita sua mãe ou avó, traz consigo roupas sujas esperando que elas lavem, sem nem pensar no esforço delas? Você já exigiu ajuda financeira ou emocional de alguém como se fosse obrigação dessa pessoa? Talvez, em casa, você reserve a melhor parte da comida para si, sem se preocupar com os outros.

Em situações cotidianas, como no restaurante ou na loja, você espera um atendimento excelente, mas raramente agradece ou olha nos olhos de quem a serve? E nas redes sociais, quando pede ajuda, sua atitude demonstra que espera uma resposta imediata, como se a pessoa fosse obrigada a atendê-la?

Essas atitudes podem acabar gerando um fardo nas relações e desgastando os laços. Todos precisamos de apoio e ajuda, mas é importante lembrar que cada pessoa tem suas próprias limitações e desafios. Quando aprendemos a ser mais compreensivos e gratos pelas pequenas gentilezas, nossas relações se tornam mais leves e saudáveis.

Valorize as ajudas que você recebe e tente enxergar cada favor ou gesto como um presente. Permita-se dar espaço para que as pessoas façam o que podem, sem a pressão de atender todas as suas expectativas.

O que lhe **faltou** em algum momento da vida não pode ser **cobrado injustamente** de outra pessoa.

Senhor, perdoa-me por cobrar das pessoas uma conta que não pertence a elas. Ainda que meus pais tenham falhado, entendo que também não posso cobrar deles. Ajuda-me a ter a consciência das exigências injustas que faço ao outro.

Seja uma facilitadora

Não se esqueçam de fazer o bem e de repartir com os outros o que vocês têm, pois de tais sacrifícios Deus se agrada (Hebreus 13:16).

As **pessoas mais habilitadas para ajudar outras** não são aquelas que estudaram a vida através dos livros, mas de suas **próprias experiências.**

No mundo de hoje, a competição é muitas vezes incentivada, e ser uma facilitadora é contracultural, mas profundamente alinhado com o coração de Deus. Muitas pessoas hesitam em compartilhar conhecimento, oportunidades ou conselhos, com medo de perderem sua posição ou que alguém "roube" suas ideias. Isso ocorre em ambientes profissionais, acadêmicos e até no meio cristão.

A generosidade de compartilhar o que sabemos é um presente que abençoa e fortalece os outros. A Bíblia nos encoraja a repartir e fazer o bem, pois Deus se agrada de quem se dispõe a ajudar. Ser uma facilitadora não é apenas sobre compartilhar informações, mas abrir caminhos. Você já percorreu uma estrada e pode ajudar os próximos a seguir com menos dor e dificuldade, refletindo o caráter de Cristo, que entregou tudo por nós.

Muitas de nós já passamos por experiências em que alguém, por egoísmo, se recusou a ensinar o que sabia, seja no trabalho, na faculdade, ou até mesmo em uma nova cidade. Talvez precisássemos de uma simples dica sobre um processo burocrático, um protocolo da faculdade ou até informações sobre o melhor lugar para comprar algo, mas nos deparamos com quem retém essas informações por medo de perder sua posição.

Decidi ser uma facilitadora depois de passar por isso. Ao compartilhar conhecimento e experiência, facilitamos a jornada de outros e demonstramos a verdadeira generosidade de espírito. Ser facilitadora pode transformar vidas, encorajando outras pessoas a seguirem adiante com menos obstáculos.

Reflita sobre como você tem usado seu conhecimento e oportunidades. Há algo que você poderia compartilhar para facilitar a vida de alguém? Seja no trabalho, ministério ou qualquer outra área, pense em como você pode ser uma facilitadora para os outros.

Senhor, quero ser uma facilitadora, alguém que abre portas e compartilha com generosidade. Ajuda-me a não reter por medo ou insegurança, mas a abrir caminhos para os outros.

Torne o difícil em possível

Posso todas as coisas por meio de Cristo, que me dá forças (Filipenses 4:13).

"Ah! Como é difícil fazer isso! Como é difícil chegar a esse nível! Como é difícil perdoar! Conviver com ele é tão complicado! Ela é uma pessoa difícil! Minha situação é ainda mais difícil, porque sou sozinha! É tão difícil buscar a cura! Difícil ler a Bíblia! Difícil encontrar meu propósito de vida! Ajudar alguém? Difícil demais! Gravar vídeos? Escrever? Falar em público? Tudo parece tão complicado! Minha liderança é desafiadora, e as pessoas ao meu redor, tão difíceis!". E, em alguns momentos, você até pensa: "Como eu sou uma pessoa difícil!" ... e a lista parece nunca acabar.

Não há nada impossível para Deus, muito menos difícil. **Entregue suas limitações a Ele e veja-o operar através delas.**

Esses pensamentos ou sentimentos são familiares para você? Quantas vezes nos pegamos dizendo frases como: "Eu não consigo", "É muito difícil", ou "Isso não é para mim"? Essas declarações, por menores que pareçam, são formas de autossabotagem. Elas criam barreiras mentais que nos impedem de crescer e alcançar nossos sonhos.

O versículo de hoje nos lembra que podemos todas as coisas em Cristo. Quando aplicamos essa verdade à nossa vida, nossa mente reage positivamente. Ao substituir frases como "não consigo" por "com Deus, isso é possível", seu cérebro começa a trabalhar a seu favor. Ele se move em direção ao objetivo, em vez de recuar.

Pense nas áreas da sua vida onde você tem dito que algo é difícil. Como isso tem bloqueado seu progresso? Identifique três pensamentos limitantes que você tem repetido e substitua-os por declarações de fé. Repita essas novas palavras diariamente e peça a Deus que renove sua mente, transformando sua visão dos desafios.

Senhor, ajuda-me a reconhecer os pensamentos que me impedem de avançar. Renova minha mente e dá-me coragem para superar as barreiras que criei em meu coração.

O poder das Palavras

Nenhuma palavra torpe saia da boca de vocês, mas apenas a que for útil para edificar os outros, conforme a necessidade, para que conceda graça aos que a ouvem (Efésios 4:29).

A verdadeira transformação começa quando **alinhamos** nossas palavras à Palavra de Deus. **Que suas palavras sejam sempre fonte de vida e graça**!

As palavras têm um poder imensurável em nossas vidas e na vida daqueles ao nosso redor. Muitas vezes, falamos sem pensar, deixando escapar críticas e reclamações que não deveriam ser ditas.

Eu sempre fui uma pessoa que falava demais. Parece até que passei várias vezes na fila das palavras (risos). O que hoje é uma bênção para compartilhar a mensagem de Deus, um dia foi causa de muitos conflitos. Em conversas com amigos ou visitas, eu sentia que precisava falar o tempo todo, achando que o silêncio era um inimigo. Falava sem medir as palavras, e, sem perceber, muitas vezes caía em críticas, fofocas ou reclamações.

O problema não estava apenas em falar muito, mas no conteúdo das palavras. Antes de ser moldada por Deus, minhas conversas frequentemente envolviam críticas, reclamações sobre meu esposo ou minha vida financeira, e eu me colocava no papel de vítima. Depois desses momentos, chegava em casa arrependida, refletindo sobre o que havia dito e me sentindo mal.

Foi então que Deus começou a transformar meu falar. A leitura do livro "Eu e Minha Boca Grande!" de Joyce Meyer trouxe clareza. Me arrependi das palavras que lancei contra minha vida e minha família, e fiz um jejum de críticas por 40 dias. Durante esse período, não apenas evitei críticas, mas também comecei a declarar versículos bíblicos sobre minha vida. Aprendi que só deveria falar se fosse para edificar e trazer graça aos outros.

Experimente você também fazer um "jejum de críticas" por um período. Monitore seus pensamentos e substitua as críticas por palavras de encorajamento. Medite em Efésios 4:29, pedindo a Deus que guie suas palavras.

Senhor, perdoa-me por todas as vezes em que falei sem pensar e lancei palavras de maldição sobre minha vida e sobre os outros. Ensina-me a silenciar quando for necessário e a falar com sabedoria, concedendo graça a quem me ouvir.

Influência positiva

Mesmo que ele se recuse a obedecer à palavra, será conquistado por sua conduta.. (1Pedro 3:1,2).

A história da rainha Vasti, descrita no livro de Ester, nos ensina como o orgulho e a resistência podem trazer consequências inesperadas. Embora as relações entre homens e mulheres hoje sejam baseadas em igualdade e respeito mútuo, as lições espirituais por trás da atitude de Vasti continuam válidas.

Quando Vasti foi chamada pelo rei Xerxes para comparecer em um banquete e recusou, sua desobediência foi vista como uma má influência para as mulheres do reino. O gesto de resistência de Vasti, mais do que uma questão de obediência cega, reflete o impacto negativo que o orgulho e a recusa em ceder podem ter em nossos relacionamentos.

O apóstolo Pedro nos ensina sobre a importância de uma conduta respeitosa, especialmente no casamento. Ele encoraja as mulheres a se submeterem a seus maridos como um ato de amor, respeito e humildade. Ao agirmos com sabedoria, podemos ser uma influência positiva, até mesmo em situações desafiadoras. Esse princípio, no entanto, vai além do casamento e se aplica a todas as áreas da vida, onde o orgulho pode criar barreiras.

Quantas vezes resistimos a ceder em discussões ou a dar o primeiro passo para a reconciliação, esperando que o outro mude primeiro? Esse tipo de atitude alimenta desarmonia. No entanto, quando escolhemos deixar o orgulho de lado e seguir a direção do Espírito Santo, somos conduzidos a agir com amor e humildade, permitindo que a paz reine em nossos relacionamentos.

O exemplo de Vasti nos desafia a refletir: onde o orgulho tem criado barreiras em nossas vidas e relacionamentos? Que possamos aprender a ceder, agir com amor e sermos uma influência positiva para os que nos cercam.

Dizem que o amor é cego, mas o **orgulho é muito mais cego** que o amor.
- Max Lucado

Senhor, ajuda-me a vencer o orgulho e a resistência que muitas vezes me afastam da paz e da harmonia. Ensina-me a ceder quando for necessário, a agir com humildade, sendo uma influência positiva em meu lar e em todas as minhas relações.

Aja com sabedoria

A resposta calma desvia a fúria, mas a palavra ríspida desperta a ira (Provérbios 15:1).

Se você pudesse "comer" suas próprias **palavras**, sua **alma** seria **nutrida** ou **envenenada**?

A história de Ester nos ensina preciosas lições sobre sabedoria, paciência e obediência. Ester era uma jovem órfã que, apesar de todas as razões para se sentir injustiçada pela vida, escolheu não carregar a dor do passado em seus novos papéis. Ela poderia ter se deixado dominar pela perda dos pais ou pela solidão, mas optou por ser uma mulher de fé e confiança no Senhor.

A primeira lição que Ester nos deixa é que o passado não deve nos definir. Ao invés de permitir que sua história a tornasse amarga, ela escolheu a alegria e a disposição para servir. Sua obediência a Deus foi crucial para que fosse usada em um plano maior: salvar seu povo. Isso nos ensina que, nos momentos de maior desafio, devemos buscar o conselho de Deus e reconhecer que nossa força sozinha é insuficiente.

Além da confiança em Deus, Ester demonstrou paciência e sabedoria. Ela soube esperar o momento certo para falar com o rei, ensinando-nos que mais importante do que o que falamos, é *como* e *quando* falamos. Muitas vezes, nossos problemas nos relacionamentos poderiam ser resolvidos com mais calma e sabedoria, se apenas esperássemos o tempo certo.

A prática dessa sabedoria se reflete em como lidamos com situações diárias. Quando permitimos que nossas emoções nos guiem, frequentemente falamos fora de hora ou de maneira inadequada. Ester nos ensina a esperar o momento certo e a confiar que Deus nos guiará na maneira de falar e agir. Uma dica valiosa é sempre seguir a regra: *se, como e quando*. Se devemos falar, como devemos falar, e quando devemos falar. Saber esperar esses momentos é o segredo para evitar muitos conflitos desnecessários.

Senhor, ajuda-me a ser como Ester, a buscar o teu conselho e agir com sabedoria e paciência em cada situação. Que minhas palavras sejam sempre direcionadas por ti e tragam paz e edificação.

O presente "Perdão"

[...] E ele será chamado: Maravilhoso Conselheiro, Deus Poderoso, Pai Eterno, Príncipe da Paz (Isaías 9:6).

Jesus, o Príncipe da Paz, nos ensina que o perdão é um dos caminhos mais poderosos para alcançar verdadeira paz. O Natal é uma época de encontros e celebrações em família, mas, para muitos, também é um momento de confronto com feridas e mágoas acumuladas ao longo do ano. Talvez você esteja pensando em alguém que a magoou recentemente ou até em anos passados. Ou talvez seja você quem tenha dito algo que feriu outra pessoa e ainda não se desculpou. Muitas dessas situações podem ser resolvidas com um simples gesto: o perdão.

Deus não disse que devemos sempre estar certos, mas que **devemos sempre amar**. – Richard Rohr

Dizer "me perdoe" ou "sinto muito" pode quebrar barreiras, restaurar relacionamentos e trazer paz. Pequenos gestos de arrependimento têm o poder de transformar ambientes. Discussões cotidianas, como desentendimentos com o cônjuge ou comentários mal colocados, podem ser resolvidas com humildade. A Bíblia menciona as "pequenas raposas" que destroem vinhedos (Cânticos 2:15). Se não lidarmos com as pequenas feridas, elas podem comprometer o espírito de união do Natal.

Durante essa época, parece que os ataques contra a paz familiar se intensificam. O inimigo sabe que o Natal simboliza a vinda do Príncipe da Paz e tenta destruir esse ambiente de amor e reconciliação. É crucial estarmos atentas e não permitir que pequenas ofensas se transformem em grandes conflitos. Se você feriu alguém, tenha a coragem de pedir perdão. Se foi magoada, libere o perdão. O orgulho não trará consolo, mas o perdão trará paz.

Neste Natal, escolha ser uma pacificadora, promovendo palavras de paz e evitando desentendimentos. Que possamos estender a graça que Cristo nos ofereceu aos outros.

Obrigada, Jesus, por vir à Terra para nos ensinar a viver em amor e perdão. Que meu coração esteja disposto a perdoar e a refletir a paz que o Senhor nos deu.

Abrace a esperança!

Conforme a sua grande misericórdia, ele nos regenerou para uma esperança viva [...] (1Pedro 1:3).

Abra o maior presente de hoje: **Jesus**!

Abrace o Natal com a esperança de um tempo novo. Embora saibamos que Jesus não nasceu exatamente no dia 25 de dezembro, a questão aqui não é teológica, mas emocional. Já refletiu sobre o motivo pelo qual essa data foi escolhida para comemorar o nascimento de Cristo? Este dia nos convida à reflexão e, curiosamente, está próximo ao fim do ano—um tempo de renovação, perdão e novos começos. O Natal simboliza esperança e recomeços.

Entretanto, para muitas pessoas, o Natal também traz sentimentos de angústia e ansiedade. As luzes e decorações que embelezam as casas podem, em alguns corações, despertar memórias tristes de perdas e traumas passados. Para mim, essa data, na infância, também era marcada por uma tristeza que eu não conseguia explicar, mesmo cercada de familiares.

Muitas pessoas sentem a ausência de entes queridos ou enfrentam a pressão de criar o "Natal perfeito", o que pode ser opressor. Para quem enfrenta dificuldades financeiras, a comparação com as redes sociais pode gerar um sentimento de inadequação, transformando a celebração em um momento doloroso.

Em vez de focar na tristeza, que tal se concentrar na verdadeira essência do Natal? Criar tradições pode ressignificar essa data. Assistir a filmes de Natal, enfeitar a casa e envolver os filhos em atividades de caridade, reunir amigos ou familiares para uma ceia simples, organizar jogos ou se voluntariar em ações sociais. Esses gestos criam memórias positivas e ajudam a lembrar o verdadeiro sentido do Natal: amor, esperança e comunhão.

O verdadeiro espírito do Natal não está nos presentes ou nas festas, mas no amor, na paz e na esperança que Jesus nos oferece. Ao abraçarmos esse espírito, podemos encontrar cura e renovação em meio à dor.

Obrigada, Jesus, por vires à terra e seres nosso Salvador. Que a luz do teu amor encha meu coração de paz e gratidão. Obrigada pela esperança de uma nova vida.

O preço do chamado

Respondeu Maria: "Sou serva do Senhor; que aconteça comigo conforme a tua palavra" (Lucas 1:38).

A história de Maria, mãe de Jesus, é um poderoso testemunho de fé e coragem diante das críticas. Maria, muito jovem, possivelmente entre 15 e 17 anos, tinha sonhos sobre o futuro quando recebeu a notícia de que seria a mãe do Salvador. Além da grande responsabilidade, ela enfrentaria desafios emocionais e sociais.

Dizer "sim" ao plano de Deus significava se expor às críticas de uma sociedade conservadora. Uma jovem grávida antes do casamento enfrentaria olhares e sussurros. Maria certamente sentiu a pressão da opinião pública e o impacto em seus relacionamentos, especialmente com José.

Ela nos ensina a lidar com críticas e desconfortos, sem permitir que a opinião dos outros nos afaste do propósito de Deus. Assim como Maria, também podemos enfrentar momentos em que somos mal interpretados ou julgados. Precisamos lembrar de confiar em Deus, independentemente das vozes que tentam nos desanimar.

Maria decidiu focar no milagre que Deus estava gerando em sua vida. Quantas vezes deixamos que as críticas minem nossa confiança? E se, como Maria, ignorarmos as vozes negativas e confiarmos no que Deus está fazendo? Ele deseja plantar sementes em nós que podem gerar frutos de alegria e amor, assim como Maria gerou o Salvador.

Quando Maria disse: "Que aconteça conforme a tua vontade", ela entregou tudo nas mãos de Deus. Essa é a atitude que devemos ter: confiar em Deus sem deixar que o medo e a dúvida nos dominem. As críticas fazem parte da jornada, mas a maneira como respondemos a elas faz toda a diferença.

Se Deus te chamar para ser uma pessoa "**fora da curva**", pode esperar pedradas na sua estrada!

Senhor, reafirmo meu "sim" ao teu chamado e coloco todas as pedras que recebo ou receberei diante de ti, confiando que me defendes e me justificas.

Pequenas coisas

Não se preocupem com a beleza exterior [...]. Vistam-se com a beleza que vem de dentro [...] (1Pedro 3:3,4).

Para manter uma **lâmpada acesa**, temos que colocar óleo nela.
– Madre Teresa

A história de Maria e José nos ensina algo profundo sobre o que realmente importa na criação dos filhos. Eles não puderam oferecer a Jesus os melhores recursos materiais, mas deram o mais importante: sua presença, amor e um lar de fé. Isso nos convida a refletir sobre o valor das pequenas coisas em nossas vidas e a perceber que o extraordinário, muitas vezes, se manifesta no comum.

Vivemos em uma sociedade que mede o sucesso por bens materiais e status. É fácil, como pais, nos perdermos em uma corrida para garantir as melhores escolas e oportunidades. No entanto, o que realmente molda o caráter de nossos filhos são as interações diárias — o carinho, as conversas e o tempo de qualidade. Pequenos gestos de amor e atenção constroem a saúde emocional e espiritual.

Às vezes, somos rápidos em criticar, mas lentos em oferecer palavras de encorajamento. O tempo é um dos maiores presentes que podemos dar. Pequenos gestos como um abraço ou um sorriso têm impacto duradouro.

E se você não tem filhos, essa reflexão também vale para outras áreas da sua vida. Como você tem investido tempo e amor nas pessoas ao seu redor? Seu carinho, paciência e amizade são sementes que você planta em seu lar, nas amizades e na comunidade. Essas pequenas atitudes são capazes de transformar ambientes.

Maria criou Jesus em um lar cheio de amor e fé. Somos chamados a investir tempo e amor, seja na criação dos filhos ou nos relacionamentos que cultivamos.

Senhor, ajuda-me a valorizar as pequenas coisas e a investir tempo de qualidade na vida dos meus filhos ou daqueles ao meu redor. Que eu seja uma influência positiva, transmitindo amor e compreensão.

Organize sua bagunça

A mulher sábia edifica a sua casa, mas a insensata a derruba [...] (Provérbios 14:1).

Como organizar sua bagunça interior? Nossa vida externa muitas vezes reflete nosso interior. Se sua casa, guarda-roupa ou relacionamentos estão em desordem, suas emoções e pensamentos podem estar confusos. Em momentos de caos emocional, pensar ou tomar decisões se torna desafiador. Antes que o ano termine, que tal organizar pelo menos uma área da sua vida? Aqui estão algumas sugestões que me ajudaram no meu processo de cura:

- *Tome consciência da bagunça*. Não se pode organizar o que não se reconhece. Liste as áreas da sua vida que estão em desordem, sejam emocionais, espirituais ou relacionais.
- *Elabore um plano*. Após identificar as áreas, defina ações práticas. Se você precisa melhorar como esposa, por exemplo, anote atitudes a serem mudadas: ser gentil, respeitosa e amorosa. Compre livros sobre o tema e pratique.
- *Organize uma área de cada vez*. Assim como se organiza um cômodo por vez, organize sua vida em etapas. Comece pela "faxina emocional" e fortalecimento espiritual. Depois siga para casa, casamento, filhos, finanças e estudos.
- *Mantenha a organização externa*. Mantenha seu ambiente ao redor organizado, como casa, trabalho e carro. Não acumule tarefas. Faça uma verdadeira "limpeza" no guarda-roupa e doe o que não usa. Organizar o exterior traz equilíbrio.
- *Invista em seu relacionamento com Deus*. Orar, ler a Bíblia e buscar a presença de Deus trazem clareza e paz, essenciais para sua organização emocional.
- *Use um caderno para sua evolução*. Escrever é uma forma poderosa de organizar pensamentos e sentimentos. Registre emoções, sonhos e conquistas, ajudando a desacelerar a mente.

Lembre-se de que organizar o interior e o exterior é uma jornada. Com pequenas ações diárias, a ordem trará paz para todas as áreas da sua vida.

Pouca coisa bem feita é melhor que muita coisa mal feita. – Anésio Rodrigues

Senhor, obrigada por cada dia deste ano, pelas bênçãos e aprendizados. Ajuda-me a organizar toda a desordem externa e interna para evoluir.

Faxina emocional

[...] vocês foram lavados, santificados e justificados no nome do Senhor [...] (1Coríntios 6:11).

A **faxina emocional** não é um fim em si mesma, mas o início de um processo transformador.

Assim como uma casa acumula poeira e bagunça, nosso coração também guarda sentimentos, mágoas, culpas e frustrações que pesam e sobrecarregam nossa alma. Uma "faxina emocional" é um processo necessário para nos libertarmos dessas cargas invisíveis, que afetam nosso bem-estar, escolhas e até nossos relacionamentos. Pequenas mágoas não resolvidas podem se tornar grandes barreiras, impedindo-nos de viver a paz que Deus tem para nós. Comece listando as áreas que pesam no seu coração para trazer clareza sobre o que precisa ser curado e entregue a Deus.

1. *Culpas.* Escreva as culpas que carrega. Confesse seus erros a Deus e peça perdão, deixando essas culpas na cruz, pois Cristo já pagou o preço.
2. *Perdas.* Anote suas perdas. Libere perdão para os envolvidos, incluindo você mesma e, se necessário, até para Deus. Entregue cada perda a Ele.
3. *Frustrações.* Reflita sobre seus planos frustrados. Em oração, entregue suas expectativas e peça que Ele alinhe seus desejos à sua vontade.
4. *Decepções e mágoas.* Libere perdão para aqueles que a decepcionaram. Peça a Deus para curar seu coração e enxergar como essas experiências trouxeram crescimento.
5. *Sonhos não realizados.* Liste os sonhos que não se concretizaram. Libere perdão para quem, de alguma forma, impediu você, e entregue esses sonhos a Deus.
6. *Palavras negativas.* Anote palavras negativas que lhe marcaram. Cancele-as, em nome de Jesus, declarando que elas não têm poder sobre sua vida.
7. *Marcas familiares.* Reflita sobre as marcas deixadas pela sua família de origem (pais, avós, irmãos) e atual (esposo e filhos). Libere perdão e escreva uma carta (sem entregar) com o que gostaria de dizer, devolvendo a Deus para receber cura.

Espírito Santo, ajuda-me a limpar toda bagunça emocional do meu interior. Organiza minha alma e traze paz onde há caos. Que o próximo ano seja transformador.

Pote da gratidão

Quem me oferece sua gratidão como sacrifício honra-me.. (Salmos 50:23).

O "Pote da Gratidão" é uma prática simples, mas muito poderosa, que nos ajuda a cultivar um coração grato, reconhecendo o agir de Deus em nossa vida. A gratidão transforma nossa perspectiva, nos lembrando de que tudo o que temos vem do Senhor.

Deuteronômio 8 nos alerta sobre o perigo de nos esquecermos de Deus quando alcançamos sucesso. Muitas vezes, quando a vida se estabiliza, esquecemos que Deus é o provedor de todas as coisas. O Pote da Gratidão nos ensina a manter viva essa lembrança. Ao escrevermos sobre os presentes diários e os milagres que vivemos, treinamos o coração a reconhecer as pequenas intervenções do amor de Deus.

Escolha um pote de vidro médio com tampa e decore-o. Coloque-o em um lugar acessível para que toda a família possa participar. Deixe um bloco de papel e uma caneta por perto. Toda vez que algo bom acontecer – uma bênção, um presente de Deus ou uma oração respondida – escreva a data e o motivo no papel, dobre e coloque no pote. Não espere só por grandes milagres; as pequenas bênçãos também devem ser registradas.

Ao final do ano, organize um jantar em família e reabra o pote. Eu gosto de fazer isso no "Dia de Ação de Graças". Leia e relembre cada bênção. Depois, faça uma oração em família, agradecendo por tudo que o Senhor fez.

Guarde esses papéis em um envelope e lacre-o com o ano na frente. Abra-o daqui a cinco anos, relembrando as bênçãos e fortalecendo a fé para o futuro. Essa prática nos ensina a sermos intencionais em enxergar a bondade de Deus, até mesmo em tempos de dificuldade.

A **falta de contentamento** é a principal razão pela qual as pessoas **gastam mais do que podem**.
- Robert Morris

Senhor, louvo-te por todo o cuidado e provisão sobre minha família. Sei que tudo o que temos vem de ti.

Comece e termine certo

Adquirir sabedoria é a coisa mais sábia que você pode fazer; em tudo o mais, aprenda a ter discernimento (Provérbios 4:7).

Você **não precisa entender tudo hoje**, mas precisa **decidir caminhar com Deus todos os dias.**

Chegamos à última meditação. Que jornada incrível tivemos! Desde o começo, falamos sobre a importância de uma conexão profunda com Deus. Ao encerrar este devocional, é fundamental reforçar essa verdade: o tempo devocional diário é a chave para a transformação que tanto buscamos. Não existe cura, libertação ou crescimento verdadeiro sem uma conexão firme com o Senhor.

Talvez você sinta a pressão de manter uma rotina de leitura bíblica e oração, mas lembre-se: não se trata de perfeição, e sim de perseverança. Quando você dedica tempo a Deus, Ele responde, trazendo clareza e renovação. Mesmo que os resultados pareçam pequenos, cada versículo lido é uma semente que, no tempo certo, dará frutos.

Pesquisas mostram que a leitura diária da Bíblia por 15 minutos pode trazer mudanças significativas em três anos. No início, isso pode parecer desanimador, mas esses três anos vão passar de qualquer forma. Por que não usá-los para crescer em sabedoria e caráter? Com o tempo, Deus molda o nosso coração e nos torna mais parecidas com Ele.

Minha oração para você hoje é que tome a decisão de buscar mais de Deus. Não apenas para encontrar respostas ou resolver problemas, mas para conhecê-lo mais profundamente. Que você seja uma mulher renovada, mais forte e cheia de sabedoria.

Cultive um coração grato e se comprometa diariamente e firmemente a caminhar mais perto de Deus. Creio que o que Ele tem preparado para sua vida é muito maior do que você pode imaginar. Seguimos lado a lado nessa caminhada, confiantes de que, com Deus guiando nossos passos, o melhor ainda está por vir.

Que Deus a abençoe imensamente!

Senhor, te agradeço por cada dia deste ano. Ajuda-me a iniciar o próximo com disciplina e fome pela tua Palavra, buscando-te de todo o coração. Amém.

Referências bibliográficas

1 CNN Brasil. *Conheça os 7 tipos de descanso que seu corpo e sua mente precisam.* <https://www.cnnbrasil.com.br/saude/conheca-os-7-tipos-de-descanso-que-seu-corpo-e-sua-mente-precisam>. Acesso em 7 de novembro de 2023.

2 BBC Brasil. *Esta é a melhor decisão que você pode tomar na vida, segundo neurocientista que estuda felicidade.* <https://www.bbc.com/portuguese/geral-43016386>. Acesso em 09 de novembro de 2023.

3 BBC News Brasil. *É possível herdar traumas de nossos pais?* <https://www.bbc.com/portuguese/vert-fut-48139796>.

4 Ministério da Saúde. *Síndrome de Burnout.* <https://www.gov.br/saude/pt-br/assuntos/saude-de-a-a-z/s/sindrome-de-burnout>. Acesso em 24 de janeiro de 2024.

Síndrome de Burnout ou Síndrome do Esgotamento Profissional é um distúrbio emocional com sintomas de exaustão extrema, estresse e esgotamento físico resultante de situações de trabalho desgastante, que demandam muita competitividade ou responsabilidade. A principal causa da doença é justamente o excesso de trabalho.

5 *Cuidados pela vida. Ler livro antes de dormir ajuda a combater a insônia.* <https://cuidadospelavida.com.br/blog/post/ler-livro-antes-de-dormir-ajuda-a-combater-a-insonia>. Acesso em 8 de fevereiro de 2024.

6 Guia-me. *Reflexão: A janela e o lençol sujo.* <https://guiame.com.br/nova-geracao/geral/reflexao-a-janela-e-o-lencol-sujo.html>. Acesso em 3 de junho de 2024.

7 Instituto Butantan. *Como é produzido o soro contra o veneno das cobras.* <https://butantan.gov.br/bubutantan/como-e-produzido-o-soro-contra-o-veneno-das-cobras>. Acesso em 17 de junho de 2024.

8 Mundo Psicologia. *Recordar, repetir e elaborar.* <https://mundopsicologia.com.br/blog/recordar-repetir-e-elaborar/>. Acesso em 28 de junho de 2024.

9 Post, S. G. (2005). Altruism, Happiness, and Health: It's Good to Be Good.

10 UOL. Olhar nos olhos prepara cérebro para se conectar; entenda o mecanismo. https://www.uol.com.br/vivabem/noticias/redacao/2019/04/11/olhar-nos-olhos-prepara-cerebro-para-se-conectar-entenda-o-mecanismo.htm?cmpid=copiaecola<https://www.uol.com.br/vivabem/noticias/redacao/2019/04/11/olhar-nos-olhos-prepara-cerebro-para-se-conectar-entenda-o-mecanismo.htm>. Acesso em 8 de julho de 2024.

11 Educação UOL. *Dia do abraço.* <https://educacao.uol.com.br/noticias/2023/05/22/dia-do-abraco>.

12 Estado de Minas. *A importância do abraço para a saúde mental.*<https://www.em.com.br/app/noticia/saude-e-bem-viver/2022/10/09/interna_bem_viver,1403466/a-importancia-do-abraco-para-a-saude-mental.shtml>. Acesso em 08 de julho de 2024.

13 Brasil Escola. *25 de maio — Dia Nacional da Adoção.* <https://brasilescola.uol.com.br/datas-comemorativas/dia-nacional-adocao.htm>. Acesso em 8 de julho de 2024.

14 Max Lucado. *Amor acima de tudo.* 1ª edição, São Paulo: Thomas Nelson, 2010.

15 *A Mente Maravilhosa. Os benefícios da gratidão.* <https://amenteemaravilhosa.com.br/os-beneficios-da-gratidao-saude/>. Acesso em 8 de julho de 2024.

16 A Mente Maravilhosa. *A lei do espelho: o que vê nos outros é na verdade seu reflexo.* <https://amenteemaravilhosa.com.br/lei-espelho-ve-nos-outros-seu-reflexo/>. Acesso em 15 de julho de 2024.

17 Forbes. *Benefícios cientificamente provados da gratidão.* <https://forbes.com.br/sem-categoria/2014/11/7-beneficios-cientificamente-provados-da-gratidao>. Acesso em 12 de outubro de 2024.

18 Extra. *Falar sozinho faz bem à saúde, confirmam especialistas.* <https://extra.globo.com/noticias/saude-e--ciencia/falar-sozinho-faz-bem-saude-confirmam-especialistas-21328775.html>. Acesso em 10 de agosto de 2024.

19 Psicólogo.com.br. *Mecanismos de defesa: 10 tipos mais comuns.* <https://www.psicologo.com.br/blog/mecanismos-de-defesa-conheca-os-tipos>. Acesso em 24 de agosto de 2024.

20 Museu Aeroespacial. *7 de Setembro - Dia da Independência.* <https://www2.fab.mil.br/musal/index.php/curiosidades-historicas-item-de-menu/958-7-de-setembro-dia-da-independencia>. Acesso em 2 de setembro de 2024.

21 A reflexão desse dia foi baseada em um trecho da tradução da canção "Reatando a amizade" de Samuel Mariano, com acréscimo de palavras adaptadas pela autora.

22 Hernand*es Dias Lopes. LPC Cursos.* Como entender as cartas de Paulo. <https://www.lpccursos.com.br/como-entender-as-cartas-de-paulo>. Acesso em 10 de setembro de 2024.

23 Karine Rizzardi. *Foguete não tem ré.* São Paulo: Editora Vida, 2022.

anotações

anotações

anotações

anotações

anotações

anotações

anotações

Sua opinião é importante para nós.

Por gentileza, envie-nos seus comentários pelo e-mail:

editorial@hagnos.com.br